四川"高品质学校建设的探索与实践"课题研究系列

（课题批准号：川教函〔2018〕495号）

高品质学校建设

实践之行

主　编　刘　涛

本册主编　崔　勇　沈媛元

四川教育出版社

图书在版编目（CIP）数据

高品质学校建设.实践之行/刘涛主编；崔勇，沈媛元分册主编.—成都：四川教育出版社，2021.8
ISBN 978-7-5408-7735-4

Ⅰ.①高… Ⅱ.①刘… ②崔… ③沈… Ⅲ.①学校管理—研究 Ⅳ.①G47

中国版本图书馆CIP数据核字（2021）第149444号

高品质学校建设·实践之行
GAOPINZHI XUEXIAO JIANSHE SHIJIAN ZHI XING

主　　编　刘　涛
本册主编　崔　勇　沈媛元

出 品 人	雷　华
策划组稿	余　兰　李健敏　卢亚兵
责任编辑	李霞湘　李萌芽　孟庆发
责任校对	高　玲
封面设计	成都墨之创文化传播有限公司
版式设计	武　韵
责任印制	田东洋
出版发行	四川教育出版社
地　　址	四川省成都市黄荆路13号
邮政编码	610225
网　　址	www.chuanjiaoshe.com
制　　作	四川胜翔数码印务设计有限公司
印　　刷	成都市锦慧彩印有限公司
版　　次	2021年9月第1版
印　　次	2021年9月第1次印刷
成品规格	185mm×260mm
印　　张	29.25
字　　数	528千
书　　号	ISBN 978-7-5408-7735-4
定　　价	98.00元

如发现质量问题，请与本社联系。总编室电话：（028）86259381

《高品质学校建设·实践之行》
学术指导委员会

(按姓氏笔画排序)

王 磊　李小融　吴定初
罗 哲　周小山　熊志刚

《高品质学校建设·实践之行》
编委会

主　　编：刘　涛
本册主编：崔　勇　沈媛元
副 主 编：周　玉　文贤代　余　琳　高　翔　何世红　何云竹　李　蓓　刘　晏
　　　　　张家明（成都市成华实验小学）　李　强　吴明平　李笑非　胡　昳
　　　　　胡启军　毛道生　刘新江　刁　玲　邹晓敏　彭海霞　王艳林　祝　波
　　　　　朱祥烈　李维兵　马长俊　宿　强　张友红　曹永超　王仕斌　刘　凯
　　　　　岳家军　丁世明　王　宇　何　煦　涂　蓉　张　立　曾小钢　唐振华
　　　　　孙　超　陈　铸　康永邦　杨　雪　邹泽君　钟雪兰　张文龙
成　　员：肖世林　李芝伦　黄正萍　赵三苏　杨　勤　陈　倩　黄　莉　胡　露
　　　　　朱　燕　王亚丽　罗　屹　李　敏　何　苗　乔晓丽　王威威　张红梅
　　　　　黎　明　黄　颖　龚　艳　刘　芸　杨晓文　巫晓翠　杨　溢　胡　笳
　　　　　黄　俭　温佳瑜　臧　玲　杨　静　周　玲　肖丽萍　郑长宏　郭　建
　　　　　李文超　刘显平　王贵飞　肖　敏　袁玉梅　宾　莎　税长荣　李　继
　　　　　许丽萍　何陶华　熊　瑛　张瑶瑶　郜　美　谢　鑫　曾滟茹　曾　珂
　　　　　梁中秀　叶敏霞　孙佳一　范　颖　陈文君　古　红　闫　瑾　林　琳
　　　　　何燕莉　胡文东　温红丽　陈　璐　林　艳　甘玉穗　孙　霞　吴鸿雁
　　　　　向荣丽　任　红　廖佳秋　罗锦霞　张　怡　张　瑶　何玉树　张丽平
　　　　　申丽芳　付黎明　廖勤生　朱元根　先有利　戴　霞　杨　洋
　　　　　张家明（成都市棕北中学）　姜　祺　刘一锦　徐光杰　王　永　杨　槐
　　　　　唐　蜜　梁银平　赵咏梅　蔡敏艳　廖　媛　雷　丽　张勤丽　张　周
　　　　　周　洋　龚　雪　苟海艳　向文泉　熊　燕　魏蓉开　邓清华　胡　忠
　　　　　王义金　张　鸥　李雪梅　何亚新　邓富玉　熊仕蓉　崔　奂　洪梦露
　　　　　彭应美　李　然　梁　黎　钟海刚　陈兴中　刘莉莉　谢　颖　陈　林
　　　　　李华倩　刘怡珺　刘启平　吴庆国　孙　丹　高汉宁

序

践行新时代教育发展改革的高品质学校建设

四川教育有较坚实的基础，近年来发展改革取得了很大进展。回归教育初心，办好人民满意的教育既是四川教育鼎兴的愿景，更是现阶段追求的目标。提供充足的教育供给是政府和学校的职责，需要逐步实现以人的现代化为最高目的的包括观念、条件、内容方法及技术与管理等方面的教育现代化。为此，有必要遵循教育规律，探索加快四川教育发展、提升教育质量与水平的现实路径。2018 年以来，国家和省级层面相继出台了一大批加快教育改革发展步伐的文件，很大程度上明确了新时代我国及四川省教育改革和发展的价值取向、思路及政策举措，并规定了各项具体任务；当前的关键是抓落实，尤其是解决顶层设计如何在一所学校落地的问题。为此，四川省教育科学研究院整合各方力量，组织全省 84 所学校和 3 个区域教育主管单位开展了以"高品质学校建设"命名的四川省重大教育课题研究，力图以高品质学校建设为引领，全面提升全省教育发展水平。经过数年努力，课题成果已见效益，不仅在高品质学校特征、关键要素与组合方式及建设路径等理论层面取得一些突破，更在践行高品质学校建设理念层面上初见成效。课题组在总结经验的基础上，筛选出 43 个实践案例，作为《高品质学校建设·理论之思》的姊妹篇结集出版，以争取让这些成果能够发扬光大。这实在是一件应该赞许的好事。

研究的深化，四川样本

通过国内外多年的探索，案例研究和示范已经成为现代教育研究的一种重要的先进方法和手段。它虽然着重实践及其提升，但并不简单，需要研究者具备一定的学术素养和水平。从问题的提出、案例的选择、理论的准备、实践的设计规划及流程设定、操作的原则要领和策略的运用及展开，一直到最后的提炼和总结乃至形成文本，都需要明晰的思路、大量的创造，更要求遵循严谨的逻辑及科学的方法。案例研究的本质是理论联系实际，经过验证的案例来源于理论和实践，但经过一番"折腾"和打磨提炼，其结晶价值可能会高于它们的源泉。正因如此，案例研究和相关的案例教学在方法论上独树一帜，应该得到更多的关注。

本书案例来自四川全省41所不同学段、不同类型的学校（另外2个案例来自地区教育局），提炼了它们在高品质学校建设路程中所积累的宝贵经验，其中不乏各种理论的应用检验，也有在某一方面的明确主张，还有实践进程的详细展现，更有概括而成的范式、操作流程策略和各种要点的分析。这些案例依托丰富的具体教育场景，呈现出各种不同的样态，并形成规范的文本，加之后附各位专家的精准点评，不仅有各自独特的理论和实际价值，而且具有相当的可推广性和可复制性。

这41所学校虽然在四川全省学校中只占极少部分，但"一叶知秋"，综合而观，它们实际上构成了一幅高品质学校建设的五彩斑斓的图画。我们通过分别和整合考察这些案例而"窥其全豹"，依稀看到一条通过高品质学校建设全面提升学校办学水平和教育教学质量的现实途径，客观上贡献了一份落实国家教育改革发展大政方针的"四川样板"。由此联想到这43个案例背后成千上万校长、教师、学生、家长及其他研究者难以估量的努力及因此产生的现实和潜在的效应，完全可以由衷地说他们是无与伦比的创造者和贡献者。每一个案例及本书产生的整个过程都是主持者和参与者勇气、能力、毅力的结晶。事实上，人们所思所想、所作所为、所述所写，三者并非想当然地一致，它们之间存在着不易逾越的障碍，需要不同能力水平的教育参与者的结合才能连接和跨越。想得出却做不出，做得出却说不出、写不出的状况在当今教育界的确太普遍。有些人是缺乏思路，有些人有思路而无法实现，还有些人能做出一些事但又苦于总结或拙于表达，特别是不能通过成果因此、出版让想法观点或实践成果大范围地被人理解、接受和复制，以致不能充分发挥示范效应，导致一茬又一茬后来的实践者反复经历同样的摸索历程。这可以说是巨大的现实困境。从这个角度看，这本案例集也开出了医治这个痼疾的一剂良药。

教育的品质，多元多样

通过研读这些案例，我个人有两点对高品质学校建设的体会，供读者参考。

首先，高品质学校实施的是促进学生全面发展的素质教育。高品质学校应通过"五育"并举完成立德树人的根本任务。本书提供的案例涉及德智体美劳诸方面，涵括课程课堂改革、德育美育心理健康综合实践与劳动教育、队伍建设、学校管理及评价、家校社合作等当前教育改革前沿课题，虽然每个案例重点突破某一个方面，但最终都以"××+"融合的形式体现出促进学生各项素质全面发展的现代教育观。

其次，高品质学校不是仅仅指哪一种、哪几所或哪几类学校，高品质学校的样态和建设途径是多元多样的。我们所提倡的高品质学校建设不仅是追求一个固定的结果，更重要的是要展现生动的发展过程。本书的案例成功地展现了这一点。案例涉及的学校，既有各级各类示范学校，也有不少地处城乡、各具特色、正处于发展探索进步中的一般学校。这些学校在达成国家规定的各种目标的前提下形成不同的特点，让来自不同家庭、不同社区、具有不同资质特色、处于不一样学业水平的学生各展所长，各得其所，都得到最适合自身的发展；在让每一个学生、每一个教师、每一个家庭都因此受益的基础上，让每一所学校都能提升其品质，让每一个区域学校的整体教育水平都得以提高。

显而易见，追求学校高水平发展是所有学校的愿景。本书提供的案例都有其先进性和价值，完全可供其他学校参考借鉴。当然，这些学校也应对已成功做法不断完善，特别要注意制度化的建设，以求延续；还要主动探究解决面临的大量重点、热点及难点问题，以更大的勇气和决心探索和创新，以求学校向现代化的转型。

对于高品质学校建设践行的具体路径，我认为有以下两点最为要紧：

第一，充分认识新时代教育发展背景，加强紧迫感和责任感，敢于面对和解决学校教育存在的现实问题。

百年未有之大变局、实现中华民族伟大复兴的中国梦是当前教育发展和改革的最大背景。同时，社会加速变化，新的科技革命方兴未艾，互联网和人工智能时代来临，并成为人类新的生活方式，在带来便利和生活水平提升的同时也带来新的矛盾，加之新冠肺炎疫情的冲击，原有的世界格局面临剧变，大国博弈和竞争空前激烈，未来机会和风险并存，具有严重性、紧迫性和不确定性。这使人才和人的发展含义更加明确，要求新的一代具备以学习能力为核心的适应性和创造性、强大的心理平衡和社会包容能力。新的要求对学校教育提出了前所未有的挑战。学校教育面对这样的现实，需要培养大量的高智力、高情商、高包容性的时代精英和优秀人才，更要培养大量高素质的普通劳动者和社会的一般成员。学校不仅要提供涉及知识学习和价值理念的内容，还须在一定程度上充实学生的心灵，预防和解决他们可能面临的思想和心理问题，有时甚至要提供涉及生命价值与意义的终极关怀（生命教育）。所以，学校教育最终要教给孩子们的不是具体知识技能与一般能力，而是更加广泛、更具有基础意义的适应能力、创造能力和心理调节能力。也应看到，新的科学技术为学校教育能力的提升提供了条件，也为学校教育在较高水平基础上追求均衡公平、快速发展和变革提供了机会；另一方面，新的社会变化中也隐藏着加剧不同人群利害冲突、阶层撕裂、隔阂扩大的风险。学校教育是影响这两大可能性走向的重要变量，追求学校的高品质最终不可能偏离这一根本价值取向。新时代学校的高品质和人们常说的学校格调一样，需要宽阔的眼界和格局，它们是高品质学校建设的前提。

学校教育的改革需要顺应学生发展并与其互动，不能脱离学生和社会的现实而"自娱自乐"，又需"在教言教"，发挥学校教育的主动性，参与社会发展进程。我们提倡"事在人为"。当前学校教育中存在一些比较突出的问题，应该在高品质学校建设进程中予以解决。例如，学校应试"刷题"盛行，反映出学校管理和教师教育教学能力不足。当前的教育改革急需改变以"刷题"为主的教学方法，做到考试成绩与素质教育兼顾；与此同时，不能"站在城市高楼傲慢地指着大山"，急需提供有效策略，解决有关各方"没办法"的问题。又如，学生的学习负担过重，压力过大，心理健康问题突出，对社会、学校、家庭形成巨大压力，需要突破心理健康瓶颈，提高实效性，探索实施积极教育。再如，教师队伍的状况不能完全令人满意。与传统学校和班级相比，学生分类分化与个性化倾向明显，学生及其家庭和社会的诉求增多，教育教学常规和管理要求繁杂，教师甚至还要承担非教育性任务，虽然名义上教师课时与过去相似，但如要圆满完成任务，工作量成倍增加，教师工作负担较重，压力较大，客观上造成一些教师消极应付。今天的教师职业正在成为社会上最复杂、最困难、最需理解支持和整体提升的职业之一。当前教师职业道德和学养问题比较严重，教师职业倦怠，一些学校采取监控式和形式主义的教师管理，问题不少。学校应根据自身实际和教师新的特点，探索建立外源性动机和内源性动机相结合的新的激励机制，教师自身也需要把"育人"和"育己"结合起来。

第二，遵循教育规律，回归教育原点，在坚守和变革中提升学校教育教学质量水平。

教育，尤其是基础教育具有周期性和滞后性，宏观上需要始终遵循教育规律，微观上每一学科的字词概念、原理法则和定理定律均需一个一个地掌握，都需要一定的时间和空间，否则不可能有教育教学质量提升；教育的育人本质也需贯彻始终，不能坚守则一事无成。反之，如不能与时俱进，顺应变化着的社会、家庭、学校环境和师生个体，在教育目标、观念与方法上不断调整，就完不成教育教学任务，同样事倍功半。学校无论选择走怎样的路，一定要回应初心，既遵循体现学校教育共性的一般规律，坚持常规办学，也要有学校独特的东西，"特色"往往是学校实力的核心，至为难得。

学校如果选择承担使命，那么在面对未来的取舍时必须有重大的坚守和创新。比如，是否能在艰苦的成长期坚守课堂，能否在把主要精力放在教学成绩上的同时关注队伍建设和学校文化建设，是否能坚守使命、愿景和价值观不动摇，等等，经过人事起伏、岁月沧桑，形成吸引与淘汰机制，留下一些可传承的东西，使学生成长、教师成长、校长成长、学校成长。为此，需在不断研究和掌握教育的本质和规律的基础上，吸纳运用中外传统和现代教育的精华。

变革的核心，回归原点

当前学校变革发展最核心的任务是回归体现学校教育本质的学生、课堂和教师三大原点。

首先要回归学生。学生是具有无限发展潜力的生动个体，学校要完成"从百分比到每一个"的转变，做到在任何时候、任何情况下，不以任何理由放弃或伤害任何一个学生。鼓励学生一心向学，提升学生的求知欲、进取心和责任感；鼓励勤勉、严格要求，重视教学质量和效率，在减轻不合理学习负担的同时，重视挑战，敢于竞争，防止所谓"宽松世代"的出现。

其次要回归课堂根本。课堂教学是提升质量主要的源泉，是完成学校目标任务的主要途径，课堂教学是"有科学规律的自由运动过程"，它是科学也是艺术，需要经验，也有学术性和学科性。教师需要系统学习和研究课堂教学规律，摒弃"照本宣科"，掌握"传授"技能，提高启发水平，做能够提升学生水平的现代教师，做教育改革的探索者，完成从教书匠到教育家的历史性转变。学校应鼓励教师研究课堂及学科教学规律，做到探索掌握教育和课堂教学规律的系统理论性学习与精准的分科、专业的研究学习并重。

最后要回归教师。尊重教师人格和职业尊严，研究教师心理特征，提升教师使命感和成就感，减少不合理的教师负担，创设相对宽松自由的教师教学空间，确保合理公平的教师待遇，吸引优秀人才加入教师队伍，防止优秀教师离开学校系统。

未来的学校，突破创新

学校要注重利用和传承中国传统教育精华，尤其是"五育"并举、立德树人的经验，励志和正面教育的优秀做法，"家校合一"的教育模式，数理化文史哲各科教学筑牢"双基"、培养能力的教学方法。

现代信息技术系统不仅是一种新的教学手段,实质上已经成为一种新的学习、工作和生活方式,学校要深刻认识现代教育信息技术在转变教育教学模式、提高教育教学质量、增强效率、创设教育场景、改良教育生态、转变教育样态和促进教育教学改革进程等方面的关键作用。每一所学校在提升品质的进程中都要不断超越时空局限,力争突破,绝不要认为使用新的信息系统只是政府与个别城市示范学校的事,新的技术为学校实现跨越式发展提供了机会和可能性。

学校要注意总结和吸取新冠肺炎疫情期间线上教育教学的经验,高度关注线上和线下有机融合的问题,注意克服教育信息化过程中的弊端。学校要根据国家教育评价改革方案积极开展评价改革,减轻功利性和内卷性竞争,以达成提高师生积极性、促进发展和革新的评价目的。学校需要不断完善常规管理事务流程,在关键的"过经过脉"处下功夫,以求把各类教育参与者和学校部门连接成一个有机的、生动的、高效的、有自我调整和发展能力的现代型组织。

总而言之,本书提供了可借鉴和参考的样本。我们从中看到了高品质学校建设的前景,因而在感到振奋和受到激励的同时,完全有理由对高品质学校建设的未来抱有更大的期待。

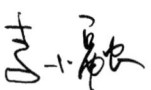

2021 年 3 月 23 日　成都华西坝

李小融,成都师范学院二级教授,四川省心理学会名誉理事长,四川省教育学会学术委员会主任,享受国务院政府特殊津贴专家

| 前言 |

高品质学校建设的"关键词"

教育发展到今天,"高品质教育"已成为国家、民众和教育人的共同诉求。怎样围绕这一诉求,书写新时期高品质教育的鸿篇巨制?摆在我们面前的这本《高品质学校建设·实践之行》,收录了来自实践的回答。

追高品质教育之梦,举全省教育研究之力所开展的跨区域、跨学校的"高品质学校建设与实践"重大研究课题,以"高品质"为主题词,书写了连接历史、立足当下、前瞻未来的教育新篇章。

究竟怎样才能做好高品质学校建设的大文章?各子课题单位在总课题组的统领下,在共同的理想情怀和信念的感召下,依据办学实际,选择对学校发展最具影响力的关键词谋篇布局,遣词造句,实践演绎,形成了这本盘点经验、凝结思想的成果集。

文化创生

高品质学校的诞生与成长,得益于"文化"的明媚之光朗照、清新之风吹拂、甘甜之露泽润。这样的文化是"创生"所致。四川大学附属小学传承百年历史,对接教育现实,培育出以"海纳百川·行知并芳·向上向好"为核心的现代生活教育文化。这种传承式、内生式的学校文化,营造了学生"全面、有个性、有品质"发展的育人新生态。成都市第十四幼儿园理性叩问高品质幼儿园的文化特质"是什么",解读和领悟园所文化的内涵与外延,共创、共生"和美"文化理念,确立和落实"培养健康、自信、灵动、共情、创造的'和美娃'"的育人目标。宜宾市兴文县香山民族初级中学校将"生活与美食"这一彰显学校特色的综合实践劳动课赋以乡土情怀和创美价值,形成美劳融合、育养心性的学校文化。以上三所学校的文化创生,均以"育人"为逻辑起点，遵教育规律，循历史脉络，依本土特色，据校本实际，引发我们关于学校文化"创什么生，怎么创生"的深度思考。

德育实践

学校德育是高品质学校建设的基石。然而，在社会转型期的复杂环境下，德育之基难免被动摇。如何破解学校德育根基不牢的难题？成都市成华实验小学遵循儿童身心发展规律，通过构建情感诱导、活动体验、环境感染、评价促进合一的"知心德育"，唤醒学生道德的内生能量，启蒙学生主体性意识，助力学生品性人格成长。巴中市巴州区第七小学校利用本土资源，结合育人实际，探索新时代小学德育"协同育人"的现实路径，构建红色文化、传统文化入脑入心的"协同育人"机制，通过实践性活动，输入立德正能量，厚植"雷锋"优基因，铺就生命亮底色。这两所学校的德育，无一例外地规避了道德说教，强化了实践体验，稳固了德育基石。

课程建设

课程改革语境呼唤"国家课程校本化实施"。课题组学校各施其招、各显其能，培育生命健康发展的课程土壤。成都市成华小学校融美育于德育、智育、体育和劳动教育之中，构建了以"尚美学科课程群""尚美系列活动课程群"为主的美育课程体系，实施"语言与文学美、数学与创造美、体育与健康美、艺术与生活美、品德与社会美"课程，走上了"五育"融合的课程建设之路。峨眉山市第一小学校基于"全人、全纳、共生、共赢"的主张，智慧地处理学科与素养、综合与建构、教法与学法等要素的关系，减少了重复的课程内容，拓宽了课程空间，突破了学科壁垒，优化了课程资源，使课程富有高价值营养。四川省双流棠湖中学以"牵一发而动全身"的整体性课程改革，率全省之先实现了"三全"式选课走班，破解了课程编排、学生适应、教师评价的难题，创生了选课走班"全覆盖"的基本经验。

课堂变革

课堂是教育改革的核心地带和育人的主阵地，课堂品质决定学校品质。成都市茶店子小学校以"项目制体育课堂"为载体，采用教学项目多元化、培养目标多元化、教学方式多元化、训练效果多元化、评价方式多元化、参与方式多元化的实施策略，激发学生对运动的兴趣，使其在各自喜爱和擅长的体育项目中养成终身锻炼的习惯。

达州市通川七小新锦学校以创建"深度学习与高阶思维课堂"为突破口，实施"宜、疑、绎、忆、移"五字教学策略，构建高阶思维课堂，促进深度学习，改变了学生问题意识弱、实践创新难、思维层次浅的现状，走上了轻负高效的课堂提质之路。成都七中初中学校以培养学生创造性学习能力为至高追求，着力于数字化学习环境下高品质学校未来课堂的建设，通过"跨界融合，众筹共享"持续完善学校数字化学习环境建设；通过"深耕课堂，聚焦创生"，不断探索未来课堂中学生的创生学习力表征，以及教师在课堂的可视化创生上的行为表现，形成独具特色的"全科课堂教学资源库"和培养学生创造性学习能力的实践策略。以上三所学校的探索与实践，生动地回答了课堂"为谁变、怎么变"的问题。

队伍发展

一所高品质学校背后必有一支高素质的教师队伍。如何打造高素质队伍？成都七中实验学校的回答是：激发教师发展的内生能量，加强实践现场的校本研修，构建专业提升的"教师实践机制""组织引领机制""学校保障机制"，实施"主题研修的组织策略""阅读分享的对话策略""反思实践的改善策略""专家引领的支持策略"，有力促进教师专业提升和精进。成都市温江区实验幼儿园基于教师素质提升，形成"夯实成长基础""提供成长助力""插上成长翅膀"的教师专业发展思路，构建"以'三大路径'为抓手，激发教师职业认同""以'四个方向'为支持，助力教师主动发展""加强团队合作，实现教师成长增值"的队伍建设举措。成都市高新区实验小学从文化的视角解码教师发展，提出"在多元共建、自主创生的课程建设中培育""在平等对话、和谐共生的课堂改革中彰显""在自觉反思、精益求精的多元研修中营造""在团队行走、立己达人的教师培养中唤醒""在雅趣共存、多彩互生的闲暇生活中丰富"的教师文化建设路径，培育具有"大气、高雅、精进"特质的"生长型"教师文化。

管理优化

区域教育管理和学校管理千头万绪，而管理的智慧在于管主放次抓关键，瞄准最能影响发展的核心部位与关键环节精准发力。泸州市江阳区教育与体育局在区域高品质学校建设的引领中坚持任务导向，精准把握区域内学校品质提升的关键要素，秉持"共融、共生、共赢"理念，进行资源整合，并通过构建和运行具有特色的"3141"模式，挖掘学校潜力，激发办学活力。成都市金牛区教育局以新思想、新理念引领区域教育高质量发展，破解"学位不足""品质不优"难题，打好学位、品质攻坚站，营造区域教育优质均衡新生态。四川省成都市第八中学校多年坚持党建引领学校发展大局，高度重视党建，以党建促进教师队伍建设，以党建指引学生全面发展，追求办学的"方向明、站位高、路子正"。成都市石笋街小学校在建设新校区的过程中，发挥母体学校办学优势，通过具有鲜明现代色彩和时代性的蜀蓉校区的规划设计，对社会、学校大小环境资源和教育活动进行一体化设计，并提出"三势"观和"四向定拓展"的建设主张，确定"升维"的高品质办学目标，以高标准、创新性的设计促进新校区迈上了自主发展的快车道。

评价改革

评价改革是迈向高品质学校的阶梯。成都市双流区实验小学以中共中央国务院《深化新时代教育评价改革总体方案》为引领，坚定"立德树人""'五育'融合""一个都不能少"的教育信念，瞄准改革的重心，构建可操作的评价体系：一是明确了在学生发展应遵守"底线制度"基础上的分年级评价，二是形成了学业质量评价游戏化、德育评价生活化、美育评价展示化、体育评价赛事化和劳动教育评价情境化的"五育"并举评价方式，这样在很大程度上克服了评价脱离实际的形式化倾向。都江堰市永丰小学秉持"为每一个独特的生命成长赋能"的理念，响应"改进结果评价、强化过程评价、探索增值评价、健全综合评价"的国家导向，探索"五育"并举综合发展的评价改革，以具有可操作性的信息化处理和大数据分析方式，开展即时性评价和学生表现性评价，有效地激励了学生全面发展和自主发展。

高品质学校建设的动力引擎不是管理层面的行政意志，也不是办学绩效评价，而是办学主体基于教育使命、育人初心的自我发展"内需"。本聚焦高品质教育的"主题词"，选择高品质学校建设的"关键词"，个性化地书写了办学主体在使命、初心和内需引动下的能量输入和输出。

2021 年 4 月 3 日

| 目录 |

第一篇 ▶ 文化创生篇

003　基于现代生活教育的高品质学校文化系统构建与移植生长
　　　四川大学附属实验小学集团

012　践行健康第一理念　深入推进素质教育
　　　——电子科技大学附属实验小学创新探索个性化教育"新学堂"
　　　电子科技大学附属实验小学

022　高品质幼儿园文化的特性与构筑
　　　成都市第十四幼儿园

032　基于"劳美"融合的特色文化探索实践
　　　宜宾市兴文县香山民族初级中学校

第二篇 ▶ 德育实践篇

045　高品质学校建设下的成华实小"知心德育"实践之路
　　　成都市成华实验小学

055　新时代小学德育协同育人的策略与路径
　　　巴中市巴州区第七小学校

064　家校共育，助力学校高品质发展
　　　乐山市外国语小学

第三篇 ▶ 课程建设篇

077 高品质幼儿园幼儿交往体验课程构建的思与行
攀枝花市实验幼儿园

090 幼儿园"生命·生活·生态"课程的创变
乐山市实验幼儿园

102 以生命科学课程构建促进幼儿园高品质发展
成都市新都区机关幼儿园

112 面向学生未来发展的"小学生·大课程"
成都市实验小学

121 基于高品质学校建设的尚美课程体系
成都市成华小学校

131 高品质学校的课程体系构建与改革之指向核心素养的美术学科课程校本化实践
成都高新区中和小学

143 融合创新理念下的高品质"龙行凤仪"课程的实施与构建
成都市龙泉驿区实验小学校

152 基于STEAM理念的学校品质课程的建设与实践研究
——以基于世界文化遗产都江堰水利工程的STEAM课程为例
都江堰市灌州小学校

162 高品质学校"五育"课程建设案例之舞动生命的韵律美
　　峨眉山市第一小学校

172 建设手工艺品质课程　为听障学生赋能
　　——听障学生手工艺品质课程的开发与实践
　　泸州市特殊教育学校

182 普通高中全面实施选课走班的改革试点
　　四川省双流棠湖中学

第四篇 ▶ 课堂变革篇

195 高品质幼儿园游戏育人策略的特质与实施
　　成都市第十六幼儿园

207 高品质学校建设课程改革实践研究之"项目制体育课堂"建设
　　成都市茶店子小学校

217 高品质学校建设背景下创建"深度学习与高阶思维课堂"的五字策略
　　达州市通川区七小新锦学校

226 数字化学习环境下高品质学校未来课堂建设研究
　　四川省成都市第七中学初中学校

236 着眼于高品质学校建设的课堂变革实践研究
　　成都七中育才学校（水井坊校区）

244 让每一个孩子智慧生长
　　——高品质学校建设背景下的智慧课堂变革实践研究
　　成都市棕北中学

第五篇 ▶ 队伍发展篇

255 基于教育现场的校本研修：高品质教师队伍建设的"牛鼻子"
　　成都七中实验学校

264 高品质幼儿园园长的特质与修炼
　　绵阳市花园实验幼儿园

277 高品质幼儿园教师专业成长路径的思与行
　　成都市温江区实验幼儿园

285 高品质幼儿园教师的专业能力提升路径
　　——基于"教育活动计划与实施"的集团园本教研实践
　　成都市第十幼儿园教育集团

295 求解"生长型"教师文化的密码
　　成都高新区实验小学

第六篇 ▶ 管理优化篇

307 区域推进高品质学校建设的策略
泸州市江阳区教育和体育局

315 高品质学校建设的政府推进策略
成都市金牛区教育局

323 党建引领学校高品质发展
四川省成都市第八中学校

332 优化"自主发展"育人模式提高学校整体建设品质
四川师范大学附属中学

342 以学科育人推动高品质学校建设
眉山市东坡区苏祠初级中学

352 中职学校高品质专业群建设的探索与实践
四川交通运输职业学校

361 高品质课后服务的实践探索
泸州师范附属小学校

370 高品质学校特色教育发展的实践探索之阳光教育：让每一个孩子向阳而生
四川师范大学附属上东学校

381 四向拓展　开放共赢
成都市石笋街小学校

392　高品质幼儿园环境的特质与创设
　　　成都市金牛区机关第三幼儿园

402　高品质幼儿园的课程管理新范式
　　　宜宾市市级机关幼儿园

411　凸显儿童本位　打造高品质幼儿园环境
　　　成都市温江区光华实验幼儿园

第七篇 ▶ 评价改革篇

423　高品质学校学生综合素质评价改革实践
　　　——以成都市双流区实验小学为例
　　　成都市双流区实验小学

434　为每一个独特的生命成长赋能
　　　——透视创新学生"五育"发展评价改革
　　　都江堰市永丰小学

后　记

第一篇

文化创生篇

基于现代生活教育的
高品质学校文化系统构建与移植生长

问题聚焦

面对新时代，百年名校如何更好地落实党和国家的教育方针，如何在已有的办学成果基础上进一步突破，更好促进儿童全面而有个性地真实成长？2017年，四川大学附属实验小学集团（以下简称川大附小、附小）将"从富有走向高贵，从困倦走向自由，从知重行滞走向行知合一"作为学校及集团未来五年着力解决的三大问题，全面构建附小现代生活教育高品质文化体系，并在集团各成员校进行移植培育。2021年，学校将"海纳百川·行知并芳"作为附小精神写入五五规划，推动川大附小高品质发展。

成果简介

一、改革背景

（1）新时期教育方针落实的根本需要。为全面贯彻新时期党的"落实立德树人根本任务，培养德智体美劳全面发展的建设者和接班人"教育方针，需要进行学校实践层面的文化理解和系统构建。

（2）新时代教育发展的改革需要。"公平而有质量的教育"是新时期教育发展和改革的主要任务，而"全面发展、充分发展和自由发展"是学生在新时代教育发展中的必然需要。全面、科学、系统地形成新时代学校教育发展的文化体系，是学校教育改革的关键抓手。

（3）学校自身发展的现实需要。自1908年以来，在四川通省师范学堂（四川大学前身）第一任监督（校长）徐炯先生"学生事大"的治学主张指导下，川大附小始终致力儿童教育，躬身教育实践，探索教育真理。1999年后，在时任校长余强先生的主导下，"生活教育"成为学校的主流办学思想，在近18年的办学实践中，初步形成了学校现代生活教育的办学实践和思考。2017年后，面对新时代，"如何在附小办学历史回望的深刻总结中继承，在附小教育现实发展中面对机遇与挑战，在教育未来展望的洞察选择中创新"成为川大附小教育发展需要着力关注和求解的问题，而这些需要从学校文化和思想层面给出系统的回答。

二、改革主张

1. 坚持"顶天立地、守正创新"的办学实践原则

2017年以来，围绕新时代党的"落实立德树人根本任务，培养德智体美劳全面发展的建设者和接班人"教育方针，党中央、国务院等出台了一系列新时代中国特色社会主义教育的重要文件，全面形成了新时代教育改革和发展的国家顶层设计，附小教育改革正是在这一顶层设计下进行的自觉行动。而立足于儿童心理健康和心智发展的科学认识，基于对教师队伍发展现实和学校未来的科学定位等，"顶天立地"成为附小教育办学实践的原则之一。

附小教育改革一方面须立足百年办学已有成果，另一方面，面对新时代儿童成长的身心特点，育人方式、学习方式、技术支持、学习环境、师生关系和家校关系等需要基于时代特征时时调整创新，因而"守正创新"成为附小教育办学实践的原则之二。

2. 坚持学校精神的持续进化培育

改变和支持教育最根本的力量是文化，而精神是文化的核心，需以精神培育实现学校发展从共向到共生共荣。2018年，附小在追求高品质发展的学校文化建构中，形成了"海纳百川、行知合一"的附小精神。"海纳百川、有容乃大"是四川大学的精神追求，附小在精神培育中，取其前部分即"海纳百川"，同时，附小多年来坚持以"生活教育"为学校主流办学思想，因此，"行知合一"成为附小精神追求之二。2020年后，学校在研究实践的基础上，将"海纳百川、行知合一"调整为"海纳百川、行知并芳"，使之共同形成新时代附小教育的精神追求和精神气象，我们希望：附小师生能以"海纳百川"的精神气象来培育自己的视野、胸襟和气质，以"行知并芳"来达成学习、生活和成长的目标。

3. 坚持学校进化型组织生态的培育构建

学校文化及精神的培育生长是一个系统工程，而致力于走向卓越和优秀的进化型组织生态是文化培育的必要条件和根本目标。面对新时代，附小教育逐渐形成以"和善创造、向上向好"为文化培育选择的进化型组织生态。其中"和"为中国文化群体生活的根本和基础，"善"为中国文化个体进化之路的起点和基石，"创造"为现实和未来存在与发展的核心与关键，"向上向好"既为发展的目标追求，更为发展过程中的心态。"和善创造、向上向好"共同构成附小教育改革和发展的组织生态建构的价值选择。

三、改革路径

1. 附小现代生活教育文化的全面总结、提炼和成体系

2017年以来，在全面总结附小百年教育文化的基础上，附小立足于"时代背景、国家主张和儿童立场"，从精神、儿童和生活等三个维度对川大附小现代生活教育文化进行系统建构，形成了"学生事大""做堂堂止止中国人，成和善创造生活家""海纳百川·行知并芳·向上向好"的附小教育文化三大核心命题，和"因现代生活而教育、在生活中教育、用生活来教育、为美好生活的向好向上而教育""生活成就教育，教育创造生活"的现代生活教育基本主张，并通过"时代价值观"13条、"基本价值观"15条、"重点概念"9个共同形成附小的教育哲学文化体系，成为引领附小及集团各学校向上向好发展的文化价值和精神生长之本。

2. 附小现代生活教育文化的内化、拓展和生长

四年来，附小现代生活教育文化被系统总结和提炼，从"课程、课堂、教师、治理、评价"等内涵发展和集团"同行、高品、个性"拓展发展两个维度得以内化、拓展和生长。

（1）附小现代生活教育文化的内化生长。现代生活教育双程共生系统：附小从现代生活教育文化出发，通过系统变革，全面优化完善现代生活课程体系。坚持从"立德树人·五育并举"到"五育融合·课程五育"，持续引导达成"课堂五育·情生智长"的落实与生长成为附小课程实现的价值取向。聚焦附小育人目标，全面重构附小现代生活教育核心课程，即学生成长课程。以"德智体美劳""五育"并举与融合为五大支柱，以"心理健康与心志情意智发展"为内环提升学生的生命张力，以"信息思维与生活实践"为外环促进学生现代生活能力的拓展提升，形成以内外两环共生互育为关键支撑的课程体系。以人与自我、人与社会、人与文化等的融合、融通和融汇为

校本课程品质化的核心抓手，通过"学科课堂、活动课堂和环境课堂"三条路径落实生长，形成附小现代生活教育学生成长双程共生系统。

现代生活教育三堂共生格局：课堂是课程实施和学程落实的主要路径。基于附小现代生活教育文化，附小现代课堂由"学科课堂的落实与生长，活动课堂的体悟与拓展，环境课堂的润化与支持"三个部分组成。聚焦"儿童感、生活味、思维度、创造性"四大核心要素，通过"学科、活动、环境"课堂的协调配合，形成附小"现代生活·情智课堂"主张，以实现附小教育综合育人质量诉求，即"可检测的学业质量、可观察的综合素养、可持续的学习动力"，促进儿童的"好奇心、生活力和创造力"等个性成长，最终形成支持学生"全面发展、兴趣扬长、个性成长"的生态发展的课堂格局。

教师梯度发展生态团队：教师队伍是附小现代生活教育文化落实的主要力量，在教师发展过程中，以"温暖人心、扶正人性、传递信念"为附小育人根本价值，以"儒雅担当、静美活力、自信谦逊、信念坚定、海纳百川、敏于思辨、行知并芳"为附小教师发展主张，促进教师"专业素养、职业素养、社会素养和生活素养"四大素养生态发展，形成具有"高认可、情智型、研究性"的附小教师梯度发展生态团队。

四位一体的现代评价体系：基于新时代评价的基本思想、原则、目标和方法的评价改革重构是附小现代生活教育文化落实的重要工作。评价遵循定量与定性相结合的原则，坚持过程性评价、终结性评价和增值性评价三位一体的评价策略，形成更好促进附小学生、教师、组织和学校四位一体共同发展的现代评价体系。

（2）附小现代生活教育文化的外显拓展。基于"从富有走向高贵"的集团新时代高品质发展文化定位，附小教育集团依托集团化办学的优势成果，全面探索"善同行、高品质、好个性"的集团发展新机制，逐渐形成"一源三核三体多联"的集团化发展新格局，即以"川大附小＋"为附小教育文化与社会形态教育共同体的"一源"，以川大附小、川大附小分校、川大附小清水河分校3所紧密型校区为"三核"，以东山学校、川大附小江安河分校、川大附小南区3所学校为"三体"，以集团内6所学校辐射联动其他学校为多联协同发展，最终实现"凝聚并拓展一所学校的精神气度，求解并成就一个儿童群体的高质量成长，探索并建构一种教育的高品质生活方式"的集团发展愿景。

3. 附小现代生活教育文化的显形、物化和成品

余秋雨说："文化，是一种成为习惯的精神价值和生活方式。它的最终成果，是集体人格。"附小现代生活教育文化通过学校教育内涵发展和集团化外显拓展，在师生的校园生活中显形和物化，成为一种积极的高品质教育文化现象。

(1) 重构附小精神图腾。2005 年后，百合花成为附小的精神图腾，它来源于林清玄先生的散文《心田上的百合花》。"静美而不失活力，自信而不失谦逊，信念坚定而不失海纳百川"是附小人赋予百合花的精神内涵，在此基础上形成了校歌《百合花开》和百合花文化等。2017 年，学校对附小百年文化进行全面深入梳理和提炼后，逐渐形成附小的现代生活教育文化。在此过程中，附小认识到承载四川大学精神的凤钟更能全面契合附小百年文化，也更能引导和承载附小的未来发展，故确定附小精神形象应是凤钟，自此，凤钟成为附小最核心的精神图腾。"海纳百川、行知并芳、立人新民、堂堂正正、和善创造、向好向上"是凤钟文化的精神内涵，由此展开形成附小凤钟亭、校徽、凤钟论教、凤钟传奇等凤钟系列文化。

(2) 更新附小环境文化空间。2017 年后，学校在附小原有环境空间文化的基础上，进行了系统更新升级。以"天下风度、汉唐风骨、庭院风韵、生态风景、大家风流"五风和"生态家园、书香文园、雅趣乐园、智慧梦园和规则学园"五园为附小环境空间文化建设总体要求，对环境空间进行全面改造，高标准完成了"一路、三带、三院、三廊、三场、八楼、二十四景"的校园景观主线图景，形成附小"博物园·雅正院·试验场·创想地·生活家"现代生活家园文化样态。同时，全面建设现代"情智校园"，支持教与学方式变革，使适时性学习、项目式学习、探究式学习、个性化学习和协作性学习等成为现代附小的主要学习方式。

(3) 更新附小现代生活方式。附小精神文化和环境空间文化滋养着附小师生的心灵，潜移默化地影响着附小人的集体人格和生活方式。这种集体人格和生活方式的核心即附小凤钟文化的精神内涵。附小通过《附小凤钟赋》《附小少年行》《附小一日歌》等引导师生形成更好的附小生活方式，通过"凤钟记忆·师道芳华""凤钟传奇·附小少年"和"凤钟论教·向好向上"等来培育和承载附小的集体人格。

4. 附小现代生活教育文化的校区移植、生长和内化

文化移植与生长绝非机械重复地照搬照抄而是带着蓬勃张力的生命延续，各美其美的精神生长。源于母体，优于本部，在文化的衍变中既血脉相连，同时又充分彰显出附小文化的唯一性和独特性。附小现代生活教育是附小教育集团共同的文化创造成果，同时又是指导集团各成员校发展的文化契约。

川大附小分校以附小现代生活教育的"活教育"为核心进行学校文化的移植，凸显"兼容并蓄·活学笃行"价值，既体现文化移植的传承，也体现校园文化个性，在传承中创新，在移植中生长，这是学校文化再造的使命，也是校园文化建设的个性诉

求。通过学校精神壁、愿景墙、"立人"柱等物质文化环境，让师生实现精神成长。

清水河分校全面探索、移植和生长附小现代生活教育高品质文化体系，通过"移植生长，重构文化系统；聚焦目标，明确质量地位；重点突破，优化育人课程；情智相融，变革课堂形态；深化研究，促进教师成长；共创共享，更新育人空间"六大发展路径，在融合中不断发现独特亮点，在探索中实现个性萌生，形成"行知并芳·人和若水"的学校文化新定位。

干部队伍和名师团队是附小文化校区移植和生长的核心力量，因此，加强这两支队伍的文化认同建设和精神培育是优秀学校文化移植和生长的关键。

四、改革成效

1. 附小现代生活教育文化的体系、目标与路径全面清晰

（1）系统总结、提炼和完善附小现代生活教育文化的思想及内涵，形成"凤钟记忆·向上向好"思想汇编文本，第一次全面而系统地凝聚了附小教育的集体记忆，实现了故事传承。

（2）形成附小教育文化哲学系统深化发展的目标，并全面落实展开。

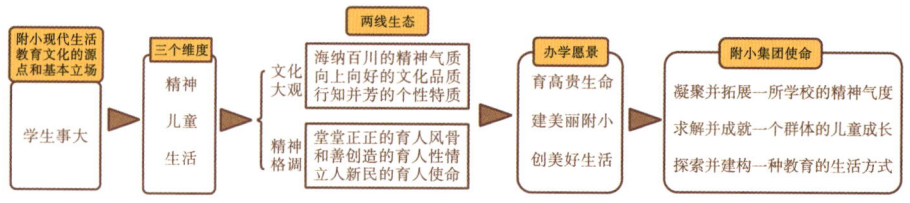

图1 附小现代生活教育文化生长拓扑图

（3）全面凝聚附小文化共识，形成附小育人文化内涵发展路径。

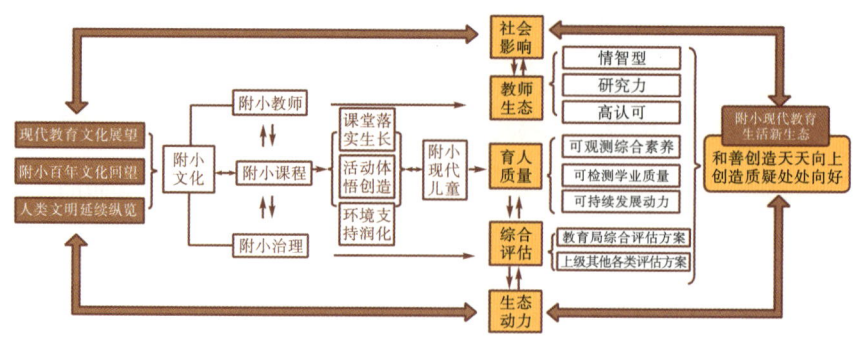

图2 附小育人文化内涵发展结构图

（4）形成附小现代生活教育集团化发展的新生态。

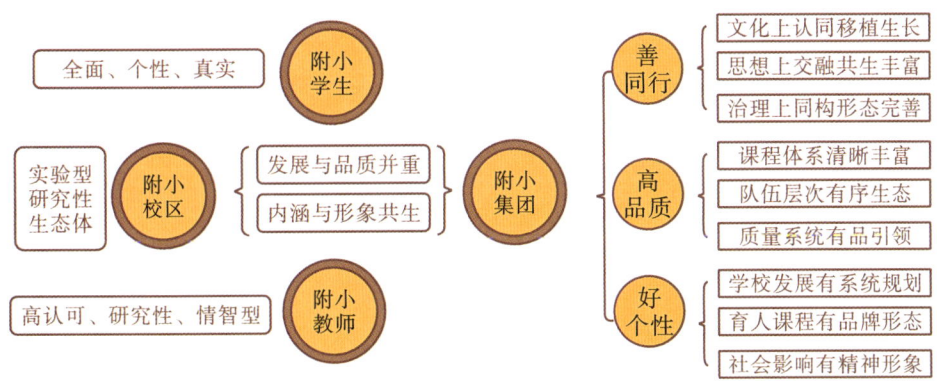

图 3　附小教育集团新生活

（5）基于现代生活教育文化的附小儿童课程与学程形态全面完成并展开。

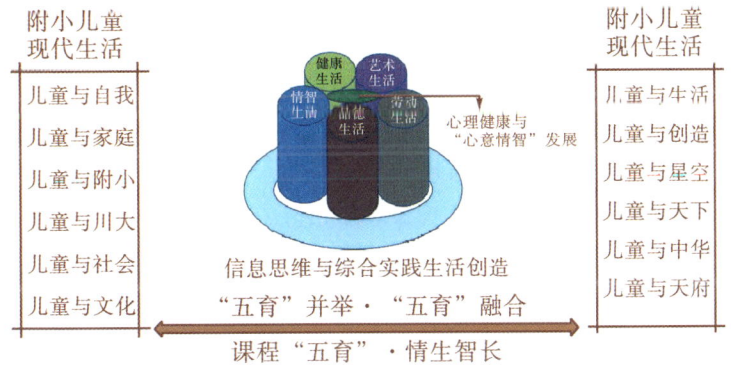

图 4　附小儿童现代生活课程学程结构图

（6）基于现代生活教育文化的附小环境空间文化完成并呈现高品质形态。

图 5　附小"成长门"

2. 附小儿童"全面而有个性的真实成长"更有品质地发展

附小儿童全面而有个性的真实成长的本质是附小儿童的好奇心、好知欲和好习惯都得以全面激发和进化生长。四年来，附小形成了管乐、美术、舞蹈、艺术体操、编程和传统文化等特色发展课程，学生参与各类社团的比率达到100%，在德智体美劳等各方面都得以全面发展。社会对附小的认可持续提升。

3. 附小教师高认可研究性情智型的梯度发展生态逐渐形成

教师专业发展学术水平进一步提升。开展改革四年来，教师参与各级各类比赛达395人次，这四年成为附小教师参赛最多的时段；发表文章40余篇，课题研究均取得历史性突破；新增名优教师26人；50余名名优教师到各地讲学80余次，宣讲8000余人次；吸引了来自全国各地的校长和教师6000余人到学校学习交流。

教师文化认同进一步增强，积极参与附小文化建设，传承附小文化；近四年，教师对管理团队的认同比例均在96%以上，家长对教师的认同比例均在98%以上。

4. 附小向善向上向好高品质发展逐渐实现

近四年来，学校各项发展数据稳步提升，取得了显著成绩，获得了更为广泛的社会认同和赞誉。学校本部获得教育部荣誉5项，省市区荣誉27项，为附小历史上所得荣誉最多的时期；2019年、2020年，在武侯区办学综合督导评比中，学校本部、分校和清水河分校均名列前茅，为附小集团化发展以来的最好成绩。

学校圆满承办三次大型学术论坛：四川省陶研会"好学校——2019学校管理小学校长年会暨川渝豫三地小学校长高峰论坛"、中小学管理杂志社2019全国集团学校校长精习系列研修班"集团学校的运行密码"论坛、四川省教育科学研究院主办的2020年四川省第27届小学教育教学改革研究共同体暨第3届STEM教育教学改革研究共同体学术研讨会。同时，2020年附小在中国教育学会主办的基础教育首届论坛的分论坛上作学校文化的主题发言。

反思提升

（1）基于附小文化进一步探索优化形成附小育人方式新范式。完善附小课程体系，实现附小课程与学程系统的生态有机契合，全面推进信息技术与现代思维的融合生长。

（2）进一步探索优化教师高位生态发展新机制。形成结构合理、层次有序、能力突出的现代附小教师团队，不断创造、丰富和示范美好生活的品质与意义。

（3）全面推进学校现代治理机制改革新突破。聚焦育人方式变革和标准落实，形成支持儿童全面而有个性真实成长和学校研究性生态体高品质发展的附小现代评价方式和现代治理结构。

（4）强化附小现代教育五领导，即战略、文化、教育、课程和反思领导。从政治、道德和学术三个人格系统构建集团新形态，形成集团高位均衡发展和各校区持续优质生长的教育共同体平台。

（供稿：四川大学附属实验小学集团，刘晏、黄颖、龚艳、刘芸）

专家点评

四川大学附属小学集团顺应新时代教育改革与发展的要求，立足学校自身的发展定位，坚持"顶天立地，守正出新"的办学原则，在办学实践中不断总结经验，提炼办学精神，形成了以"学生事大""做堂堂正正中国人，成和善创造生活家""海纳百川·行知并芳·向上向好"为核心命题的现代生活教育文化。

现代生活教育文化是川大附小办学经验与智慧的结晶，川大附小把这一文化融入教育教学改革实践，不仅用这一文化指导学校本部的课程建构、课堂设计、教师发展和评价改革，而且还向分校积极推广这一文化，让其在分校落地生根、开花结果，提升分校的办学质量和文化凝聚力。同时，川大附小还多措并举，推动这一文化的"活化"和"物化"，其社会影响力日益彰显。

川大附小现代生活教育文化的构建与移植实践研究明确了现代生活教育体系的目标和路径，促进了学生全面、有个性、有品质的发展，推进了教师的梯度有序成长。为了进一步挖掘现代生活教育文化的教育价值，建议参照政策转移理论对现代生活教育文化的推广移植作进一步深入研究。

——王磊

践行健康第一理念　深入推进素质教育
——电子科技大学附属实验小学创新探索个性化教育"新学堂"

问题聚焦

国家教育部与卫健委数据显示，2018年我国儿童青少年总体近视率为53.6%，2020年与2019年相比，小学生的近视率增加了15.2%。全国小学生体重异常率达25.6%，33%的学生不同程度存在健康隐患。儿童青少年近视率高、体质差已成为我国基础教育亟待解决的问题。

成果简介

一、改革背景

2007年，在康永邦担任电子科技大学附属实验小学校长的第一个开学典礼上，不到半个小时就有23名学生因体力不支被扶走休息。2007年9月，学校基于学生体质健康检测达标率不及85%的现状，提出基础教育急需解决学生"体质差、情商低和思维能力弱"三大突出问题。学校以"立德树人"为根本任务，致力于解决这三大难题，尤其是"体质差"的问题，努力以高质量教育体系促进学校的高品质发展。

2008年起，根据学生视力普遍不良的现状，学校大胆改革教育质量评价标准，把近视率纳入班级考核指标中，随后推行"每天一节体育课，每天一个小时大课间活动""每天锻炼活动两小时以上"等应对策略。

为改善文化课教师占用学生课间休息时间的问题，学校鼓励体育教师担任班主任，目前全校有14名体育教师担任班主任。为发挥乒乓球护眼的特别功效，学校积极争取各方支持，为全校学生提供了 829 张乒乓球桌，并提出了"单打竞争，双打合作，捡球助人为乐"的校园乒乓球文化。

如今，学校发展为成都市基础教育名校集团，现有 4 个校区（2021 年秋季将增加第 5 个校区）、129 个教学班、6700 余名师生、3 名正高级教师和 6 名特级教师。

2011 年，学校个性化办学特色首次被中央电视台报道，至 2020 年，学校改革创新事迹已被中央电视台报道 6 次，并作为西部地区基础教育典型案例被新华社、《人民日报》等主流媒体专题报道，形成独具特色的"新学堂"个性化教育经验。全国"新学堂"联盟参加学校达 100 余所，其中，山西省大同市多所小学挂牌"新学堂"教育实践基地。

图 1　电子科技大学附属实验小学（府青校区）

二、改革主张

学校以"办不一样的高品质学校，做有灵魂的高品质教育"为使命，立足解决儿童"体质差、情商低和思维能力弱"三大难题，以体育教育改革为突破口，以"健康第一"为核心，创新构建"1234"教育主张与十三项改革：

1. 一个理论

"五指理论"，以人手的五指启迪教育。"新学堂"赋予"五指理论"的基本要义是：

（1）位置。五根手指的位置不同，它们在各自的位置上发挥着不同的作用。教育应让每位学生找准自己的发展位置，确立理想愿景，并为实现愿景而踏实行动，走好学习生活的每一步。

（2）个性。五根手指的长短、粗细、指纹等各不相同，呈现多元化样态。教育应尊重学生的多样性，包容差异性，因材施教，发展潜能，促进个性化成长。

（3）责任。五根手指围绕共同目标，职责明确。教育应培养学生的责任担当意识，学会为自己负责、为他人负责、为社会和民族负责。

（4）品质。五根手指和谐共生，产生握力。教育应致力于培养学生的合作意识、创新精神和实践能力，引导他们乐于与他人合作共事、友善相处、创新实践、共同实现人生梦想。

（5）境界。双手左右对称（产生美感），协同一致（同心同德）。教育应引导学生发现美、欣赏美、创造美，应培养学生的全球视野、家国情怀，凝心聚力实现最优发展。

2. 两大理念

一是"动起来，让每个生命更精彩"，强调学校从上至下、从内到外都要行动起来，主动作为，积极开拓创新，不断深入探索落实学生培养目标；也强调学生的成长在活动中，学生的健康在充分的运动中。二是"心系健康，赢在习惯"，强调师生家长要树立"健康第一"的意识，共同关注学生身心健康与良好习惯的养成。

3. 三大目标

学校创新构建了"身体好、情商高、学习能力强"的塔状培养模型，这是学校为解决基础教育三大难题而创新确定的培养目标。

图 2　电子科技大学附属实验小学塔状培养模型

4. 四大誓言

"管住自己、立志成才、学好本领、报效祖国"是学校教育观念、教育方法和教育目的的集中体现。全校师生每天诵读，人人入脑入心，潜移默化塑造学生的价值观、人生观和世界观。

5. 十三项改革

为落实"身体好、情商高、学习能力强"的培养目标，学校实施了十三项改革：第一质量（学生看得远、长得高、立得稳、跑得快、坐得住、想得通、处得好）与学业质量底线考核；每天户外锻炼活动三小时；养生保健教育；学生人人当干部；学生人人有奖状；未来的我（理想教育顶层设计）；教师定期轮岗走班；走班制与校本课程拓展；成长课堂建设（体动、脑动、手动、心动、互动）；把支部建立在年级上；教师人人当干部；教师三大修炼（人格修炼、学识修炼、技能修炼）；家长资格证（"第一任教师"资格证）。

学校的一系列改革探索，形成了"新学堂"的基本架构，促进了"新学堂"育人的高品位、高质量发展。

三、改革路径

1. 因地制宜，破解活动条件不足难题

学校针对场地狭小实际，完善体育场地、器材、师资力量等方面的基础保障，积极开展体育教育改革。

（1）创新拓展体育场地，把教学楼顶空置区域与校园边角区域改造为乒乓球区，在立面围墙上安装篮球板；大力推广跳绳、乒乓球、循环跑等占地面积小、容纳学生较多的体育运动；改变传统校园绿化模式，推动校园去草坪化，以果树等高大树木为运动"遮阳棚"，采用垂直绿化，利用攀缘植物向空中生长的特性，在保障学生活动空间的同时，确保校园绿化充足。

（2）因地制宜配置体育器材，基于乒乓球占地少、护眼效果明显的特点，坚持"有空地就配置"，全校配置乒乓球桌829张，有效解决了城区学校场地小运动空间不足的问题，最大限度保障了学生的运动需求。

（3）大力加强体育师资力量建设，体育教师由最初的7人增加至现在的52人，约占学校教师总量的15%，实现专人专业指导学生每天锻炼活动2小时以上。

（4）体育教师担任班主任，2015年起尝试让体育教师进入班主任队伍，现有14

名体育教师担任班主任，更好保障了学生体育锻炼，进一步促进学生身心健康发展，获得家长与学生广泛好评。

图3　电子科技大学附属实验小学学生打乒乓球

2. 丰富内涵，构建特有体育课程体系

学校始终突出课程建设在教育改革中的基础性、先导性、全局性地位，优化体育课程体系。见表1。

表1　电子科技大学附小体育课程课时设置

课程 \ 年级	一年级	二年级	三年级	四年级	五年级	六年级
国家体育课程（周课时）	4	4	3	3	3	3
走班制课程（周课时）	0	0	0	1	1	1
体育专项课程（周课时）	1	1	2	1	1	1
阳光大课间课程（周课时）	7.5	7.5	7.5	7.5	7.5	7.5
课后延时服务体育锻炼课程（周课时）	5	5	5	5	5	5

说明：每课时按40分钟计，阳光大课间每天1.5课时，课后延时服务体育锻炼每天1课时。学生每天固定参加体育学习3.5课时，计2.3小时。

（1）每天开设一节体育课，构建包含国家体育课程、校本体育课程的学校体育课程谱系，大幅提升体育课占比，从教学安排上保障学生体育锻炼时间。同时，严禁其他学科挤占体育课时间,确保开齐、开足体育课。

(2) 设置每天时长60分钟的阳光大课间,将其排入班级课表,每周累计达7.5学时。

(3) 开设体育专项课程。设置国际象棋、艺术体操、乒乓球、网球、篮球、足球等10余门专项体育课程,要求学生在掌握体育课程标准要求的基本技能之外至少掌握一种专项体育技能。目前,乒乓球、足球、网球等项目已发展为学校的优势特色课程。

(4) 借助社会资源开设体育社团课程,与少年宫、乒乓球协会、足球俱乐部等校外社团合作,下午放学后开设时长60分钟的社团课程,学生根据需求自主报名参加,为学生进一步提升体育运动技能、强化体质搭建课外训练平台。

3. 立德树人,首倡"健康第一"评价改革

切实落实学校将学生体质健康达标作为教育教学考核的重要内容,坚持"儿童健康是第一标准"的教育质量评价标准。从2008年起,将学生近视率纳入了班集体评优、教师评优晋级绩效考核与学生评优考核指标,近年来,持续细化考核评价标准,包括任教班级学生无特殊原因健康状况不合格,教师评优一票否决;在各级"三好优干"评选过程中,将学生视力水平纳入"身体好"评选标准,占总分数10%;对学科教育质量实施学业水平底线考核,平均误差允许达到5%,以避免单纯追求分数制约学生健康成长。

4. 课堂结构变革,保障学生视力健康

减轻学生学业负担是除保障学生户外活动外最有效的视力保护手段,在课堂结构上,学校大胆探索,实施了课堂结构变革,以求从程序上强力推进学生视力保护。

(1) 课前吟诵强意识:万物生长靠太阳,"目"浴阳光视力强;有视力才有实力,有健康才有未来。让师生熟记以强化防控近视意识。

(2) 课中"三创新"保视力:①着力构建体动、脑动、手动、心动、互动的"五动"模式成长课堂。②倡导养成每节课"3+N"习惯,即不少于3次鼓掌,争取N次站起来的机会(想回答问题时站起来、先做完题目时站起来、与其他同学答案不一样时站起来等),通过使身体动起来,保护学生身心健康。③设置课中防近视"三个20",即坚持每天室内课(含延时服务)第20分钟时全校广播优美的防近视轻音乐20秒,全体师生起立远眺20米外的地方20秒。

(3) 课间"清空"看远方:任课教师每节课要做到准时下课,下课后,教师要提醒全班学生到教室外活动与远眺。

为保障师生家长随时掌握学生视力情况，学校在校园多个区域安装视力检测表以及具备人脸识别功能的视力检测仪，方便学生随时进行视力检测，强化学生视力保护意识。

5."责任课程"开设，支撑学生全面发展

注重管理责任分担和成果共享，形成"人人有事干，事事有人干"的良好氛围，让学生在自我管理中接受责任教育，实现人格健康发展。

（1）设置全覆盖的事务管理岗位。班主任梳理出班级内外的事务管理岗位，并根据人数设置相应数量的自主管理小岗位，如图书管理员、讲台管理员、节能管理员、清洁管理员、文明礼仪劝导员、绿化管理员等，让学生人人可参与班级事务管理。事务管理岗位划分细致、职责明晰，如清洁管理，即有地面清洁、走廊卫生、清洁工具等管理员，实现班级事务学生自我管理全覆盖。

（2）形成互帮互助的管理模式。每个班都设置了专任组长岗位，专任组长由后排学生担任，负责管理前排学生的学习、锻炼、卫生、礼仪和纪律，通过每周学生位置的轮换，实现管理与被管理关系的变换，用制度实现同学之间的互帮互助。

（3）实行自荐与竞聘、轮换与淘汰的岗位任职模式。事务管理岗位和专任组长采取个人自荐、举手表决的方式产生，每周轮换一次；此外，各班还设置了竞聘岗位，由班长、学习委员等传统岗位组成，经民主选举产生，对班级相关岗位事务负责，接受全体同学监督。竞聘岗位任职采用任期制、淘汰制，需要通过竞选演讲、无记名投票等程序才能当选，如任期内履职不到位，可全班投票罢免。学生人人享有公平参与班级管理的权利，人人承担班级管理的责任，培养了学生的公正意识、规则意识、责任意识。

6."活动课程"支撑学生情商发展

发挥实践育人功能，培养学生的研究探索能力和实践能力，强化理论与实践结合，推动活动课程常态化实施。一是精心筹划主题活动课程。每月分别开展以传统文化、科技、英语、音乐、美术、阅读、体育、数学、信息技术为主题的文化活动月，设置亲子游、挑战赛、表演赛、分享会、作品展等主题活动内容，为学生提供沉浸式学习、过程性探索场景，促进学生主动思考，提升学习能力。二是开展特色体验活动课程。设置红领巾种植园，开设水稻、蔬菜种植等特色活动课程。比如水稻种植体验课程，每班选取学生代表参与种植、收割、称重，学校特聘种植师进行管理，收获的果实分发各班，学生可带回家观察、食用和种植，切身感受食物的来之不易。该项课程与教

育部办公厅印发的《教育系统"制止餐饮浪费培养节约习惯"行动方案》要求高度契合,《中国青年报》等多家媒体报道。三是探索学科综合实践课程。将学生参与校园种植水稻、蔬菜的过程作为实践案例,种植成果作为教具,丰富各学科教学场景。比如,组织学生观察水稻生长规律,讲授自然社科知识;观察成熟的稻穗,传递谦虚踏实的人文精神;学生用作文记录种植感受、用数学知识测算作物产量,在英语课堂交流种植过程、在美术课堂描画水稻实物,实现身、心、脑协调统一的过程学习。

7. 家校创新"持证上岗",实现专业协同

家长的教育水平极大影响学校的教育效果。为提升家长教育水平,从2011年起,学校倡导家长持证上岗:开展每期4次以上的家长培训,从育人理念、方法、家校合作等方面综合考量家长培训效果,对综合表现优、共育效果好的家长颁发家长资格证("第一任老师"资格证),激发家长参与家校共育的积极性、责任感、荣誉感。探索实施家长积分制,对资格证进行动态管理,推动家长常态化长效化履行好教育子女的责任。为提升家长防控近视教育水平,学校与专业机构合作,设立健康副校长,每期聘请专业眼科机构专家对全校6300多名家长进行视力防控专题培训,提升家长对近视防控的认识,帮助家长配合学校做好学生的视力保护工作。

四、改革成效

近14年的改革中,学校坚持"新学堂"办学理念,持续推进改革创新,实现了学生体质健康持续向好发展,教师队伍建设取得实质性突破,学校整体发展获得社会高度认可。

"健康第一"理念的落地,有效激发了学生的学习兴趣和学习潜能,近年来学校毕业生最终考入清华大学、北京大学等国内外名校人数居全区前列。各类活动的长期开展,有效促进了学生个性化发展,学生阳光自信、个性化发展好,获得国家、省级艺术、体育、数学等比赛一等奖15项。学生体质持续向好发展,体重异常率低于全国平均数据4个百分点,近视率低于全市红线8.5个百分点,体质健康测试优秀率高于全区平均数据19个百分点。2020年18个毕业班学生平均身高达到155.2 cm,高出2014年本校毕业班学生3.7 cm,学生体育比赛成绩突出,获得国家级、省级各类体育项目比赛一等奖26项。

教师队伍不断成长,拥有正高级教师3名,特级教师6名,名师名校长工作室领衔人3人。学校和教师影响力、知名度持续提升,50余名教师相继应邀到北京、广

东、云南、贵州、新疆等 30 个省、自治区、直辖市讲学。教研成果突出，获得省、自治区、直辖市教学成果奖近 50 项，发表教育教学相关论文 100 余篇，已出版《学校也可以这样办》《数学也可以这样教》《鸡蛋里面有骨头》等多种学术、教研专著。

2019 年，学校成为全省唯一荣获"先进党组织"的小学；2020 年 9 月，校长康永邦被评为蔡崇信公益基金会首届"以体树人"全国十大杰出校长；2020 年 11 月，学校改革成果由省卫健委和省教育厅联合发文在全省推广；2020 年 12 月，学校成为教育部首批"一校一案"典型学校；2021 年 3 月，教育部在成都召开的近视防控工作会议上，组织参会的相关领导到学校（为本次会议唯一调研的小学）现场调研。

反思提升

坚持"学生健康是评价教育质量的第一标准"以来，学校在改革创新的道路上克服了诸多困扰，最终证明这是符合国家教育方针的。实际探索工作不断找到理论支撑，比如《运动改造大脑》这本书，有力支撑了学校的理念与主张；在视力保护方面的诸多探索也获得业界高度认可。

学校的改革创新与现有评价制度相契合，从而更广泛地引导社会共同把学生体质健康放在首位，而不是本末倒置地受制于对分数的追求与焦虑。

为党育人，为国育才，学校始终不忘初心，牢记使命，勇毅前行，努力破解基础教育三大难题，践行"身体好、情商高、学习能力强"的培养目标，坚持十余年来，逐步形成"新学堂"的基本特色，以让更多的学生成为党和国家的优秀人才。

（供稿：电子科技大学附属实验小学，康永邦、张鸥、李雪梅、何亚新）

专家点评

在推进教育现代化进程中，将健康理念融入高品质教育是必然要求。该案例充分展示了电子科技大学附属实验小学在高品质学校建设过程中将"健康第一"理念深度嵌入基础教育，创新探索个性化教育"新学堂"的发展历程、改革措施、特色做法和成效，契合了习近平总书记强调的"健康是'1'，其他是'0'"的讲话精神，为其他学校的素质教育发展提供了一个鲜活的实践案例。电子科技大学附属实验小学在探索具有自身特色的高品质教育模式的过程中，做到了紧扣现实问题，精准把握了基础教育中学生普遍存在的"体质差、情商低和思维能力弱"三大突出问题，并秉持"健康第一"的价值理念，依托体育教育改革，创造性地提出了"1234"的系统教育主张和契合实际的十三项改革措施，创新了素质教育的发展模式，实现了学生"学习、情商、身体素质"的全面发展。该校以体育教学改革为突破口，打造了丰富多彩的体育课程体系、系统的"责任课程"和"活动课程"，将学生健康纳入考核评价体系，充分调动了家长维护学生健康的积极性，强化了学生保护视力的意识。其许多措施具有很强的先进性和合理性，具有重要的推广价值。

——罗哲

高品质幼儿园文化的特性与构筑

问题聚焦

文化是立园之根、兴园之魂，育人过程的文化浸润、践行立德树人根本任务、"五育"并举促进师生全面发展等是高品质幼儿园文化的具体表现。在高品质幼儿园建设的大趋势之下，基于幼儿园文化"零""散"等普遍问题，成都市第十四幼儿园重点围绕"高品质幼儿园文化的特性是什么"和"高品质幼儿园文化如何构建与形成"进行了探讨与实践。

成果简介

一、改革背景

文化特性是高品质幼儿园的"软"实力。文化特性生成于人与环境相互作用的独特实践活动中。高品质幼儿园建设过程产生的文化，在高品质教育理念下得到重构，形成带有高品质幼儿园建设的文化特性。幼儿园文化作为一种以幼儿园教育质量为中心的文化，是幼儿园长期教育实践活动的产物，是在全体教职工不断与幼儿园特定环境相互作用的实践中创造出来的，具有自身的特性。

构建并实践有特性的园所文化，有助于将幼儿园的办学理念和办学特色渗入教育的各领域和各要素之中，是高品质幼儿园建设的重要路径之一。高品质幼儿园文化构筑就是以文化建设为核心，对幼儿园文化进行整体规划与提炼，使教育的各个要素和资源具有活力和内生力，不断追求更好状态和更高水平的过程。分析高品质幼儿园文化特性，有利于梳理与提炼园所文化中共性与个性的特点，为进一步凝练园所文化、引领园所高质量发展提供重要的精神与理念支撑。

二、改革主张

高品质幼儿园文化具有鲜明的特性。高品质幼儿园文化是温暖人心的共创记忆、凝聚人心的共享愿景、鼓舞人心的共生力量，从个体汇聚成整体，孕育出生命共同体。那么高品质幼儿园文化应该有什么样的特质呢？

1. 时代性——教育的价值导向

"培养什么人、怎样培养人、为谁培养人"这一根本问题是教育改革的根本，不同的时代背景聚焦不同的问题，形成各有侧重的教育策略和机制。高品质幼儿园文化立足于时代发展需要，彰显出明确的价值导向，其时代性特质主要表现为：第一，积极汲取时代发展的新思想、新理念；第二，彰显教育的本质特点和本体价值；第三，遵循学前教育的原则要求以及幼儿身心发展规律。

2. 系统性——要素的互融共生

高品质幼儿园文化的系统性是以文化为核心，让幼儿园改革、课程、教师、环境、家园等各个教育要素形成一个有机整体，一以贯之，称之为底色系统。系统中各要素基于高品质幼儿园文化发挥各自独特的价值和功能，同时形成有机联系，共同作用于实践。具体来说，高品质幼儿园文化是园所改革的底层脉络、课程建构的底层逻辑、教师发展的底层动力、科研突破的底层资源、环境创设的底层代码、家园共育的底层信念、幼儿成长的底层基因。

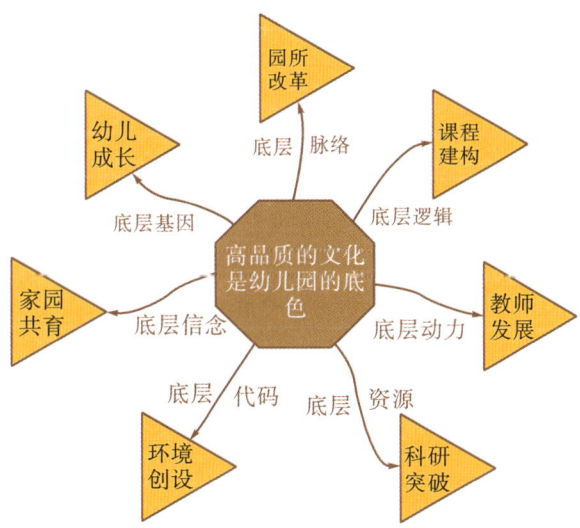

图1 成都市第十四幼儿园高品质幼儿园文化底色系统图

3. 儿童性——园所的文化核心

幼儿园文化是一种价值观、一种行为方式、一种氛围，更是一种影响力，这种无声的力量来源于儿童、服务于儿童、作用于儿童。3-6岁幼儿身心发展特点决定了教育的内容和方式，决定了教师的视角和行为。高品质幼儿园文化必须以儿童为本，才能更好地在改革浪潮中对幼儿园文化建设进行理性思辨，避免盲目跟风或断章取义式的借鉴。

4. 园本性——特色的滋养成长

幼儿园是一个"生命体"，其"血脉"就是文化，因其血脉的不同，就会形成不同的园所生命力。因此，每个园所自身的文化生态系统、独特的历史文化积淀具有不可复制的特点。高品质幼儿园文化以生命个体的和谐美好、共融共生为追求，身处其中的幼儿、教师、管理者及家长互相依存、互动共进，实现生命共同成长，这是园所独具特色的内涵和个性，更是园所文化生态系统完善和发展的核心。

5. 生长性——未来的发展视域

高品质幼儿园文化要随着实践和认识的深化呈现动态发展过程，即不断地丰富内涵，扩大外延。高品质幼儿园文化如一棵树，根在地下，是信念和价值追求，是文化主体与关键；茎叶在地上，在根系滋养下自我成长。既要不断培育有生命力的根系，又要保障和助力茎叶的发展壮大，新的生长会成为园所发展的新视角和新动力，形成园所文化源源不断的生命力。同时，高品质幼儿园的生长性还体现在集团化办园模式对分园文化的辐射与集团治理，促进分园文化的个性生长。

三、改革路径

1. 系统设计园所文化理念体系

缺乏整体构建的文化，会导致各文化要素出现不关联的现象，影响幼儿园的发展。系统设计文化要以核心理念为主线，实现幼儿园教育各要素的有机联系。进行系统设计需注意：

（1）需要理性思考，认真研究幼儿园文化的内涵。凝练核心理念以凸显文化内涵，使核心理念成为幼儿园文化的逻辑起点，体现幼儿园文化对质的追求。

（2）立足实际，明确变革需要和发展方向。认真审视社会发展和幼儿园内部发展状况，明确变革需要，以幼儿园实际需求为落脚点，理性思考幼儿园文化建设的发展方向,架构切实可行的文化体系。

成都市第十四幼儿园从幼儿生命成长出发,在近30年的办园历程中寻根求源,在共创、共享、共生中积淀,形成"和美"文化的理念体系,凝练"中国底色、多彩童年"的办园理念,确定"以和至美、以美至和"的文化追求,构建在和美中走向未来的园本精神,实现"健康、自信、灵动、共情、创造""和美娃"的育人目标、"和美"大伙伴的教风及每一朵和美之花独特绽放的学风,同时通过集团化办园丰富"和美"文化体系内涵,扩展外延,构建"和声、合异、和美"的集团文化,让文化引领发展。

图2 成都市第十四幼儿园学生红红火火迎春节

2. 构建与实施民俗节日课程

以幼儿园办园理念为指导,持续深入实施民俗节日课程,彰显民族文化生长力、传承力和发展力,让民俗之美滋养每个幼儿,为幼儿生命涂上文化底色,以培养健康、自信、共情、明理及对中国传统文化具有认同感、亲近感、自豪感的中国味幼儿。民俗课程在具体实施中要注意:

(1)融合。处理好文化价值和教育价值的融合、成人文化和儿童文化的融合、文化传承与探索创新的融合。这不仅是理念的指南,也是行动的目标,让民族文化与幼儿的成长融合共生,使之成为幼儿本真的生活。

(2)过程。民俗节日具有时限性,许多传统节日只有一天,将民俗节日教育放在节日当天,时间过短,无法充分展现传统节日的民族文化生长力。因此,幼儿园将民俗节日作为一个完整过程加以设计,分为节前(认识、酝酿情感)、节中(表达情感,达到高潮)、节后(积淀,回味情感),使之扩展为民俗节日与幼儿生活经验紧密结合的过程。

（3）体验。结合民俗活动的过程性、情境性、渗透性、互动性、融合性等特征，幼儿园通过不同形式的民俗活动丰富幼儿对传统文化的认知和体验，帮助幼儿对民族文化从一般性认知拓展到深度认知，逐步实现价值升华。

（4）互动。幼儿、教师、家长都是幼儿园民俗节日课程的实施者和体验者，在亲子互动与师幼互动中，成人和幼儿一起重温在民俗节日活动中获得的情绪体验，并使其转化为一种持久的情感，在"节前—节中—节后—下次过节"的循环往复中扎根幼儿心田，成为幼儿生命中永不磨灭的民族文化底色。

3. 培养有文化根基的教师

教师是园所文化的践行者，幼儿园应着力培植教师的文化素养，以文化根基为核心要素，转变教师的教学理念，提升教学能力，影响并带动幼儿"学"的一系列改变。具有文化根基的教师特征为：敏感性、理解力、渗透力、融合力及参与性，表现为对近在身边的、贴近幼儿生活的、丰富的文化资源能及时捕捉、挖掘与转化，将幼儿园文化理念渗透在幼儿一日生活中。培养具有文化根基的教师可以从五个点位着力：

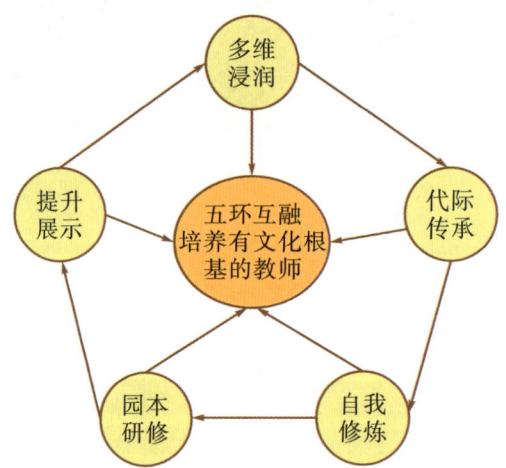

图 3　成都市第十四幼儿园培养有文化根基的教师实施图

（1）多维浸润。文化犹如一条思想、情感与行为的河流，在幼儿园内部流淌，细水长流地浸润，潜移默化地影响。通过与幼儿园文化融合的环境影响、看幼儿园发展历程视频、讲幼儿园发展故事等方式，生动诠释幼儿园文化体系的内涵，营造出浓浓的文化浸润氛围，帮助教师深度感知园所文化。

（2）代际传承。借助师徒结对，新手教师、成长教师与成熟教师进行差异互动，对幼儿园文化体系的理解与践行实现接力与传承。一批批教师的成长和成熟带动一批批青春、激情的青年教师，在周而复始的循环中，园所文化成为连接不同代际、不同成长路径教师共同发展的动力之源。

（3）自我修炼。夯实教师文化根基的真正动力不是来自外部的任务，而是来自教师内心深处的诉求。在园所影响下，完善教师培养管理机制，使教师提升自我文化修养，提高文化自觉水平，不断丰富自己的文化底蕴，并将其外化为实施民俗节日课程等行为方式，这样的实践赋予更多活力和生机，使其能在实践中夯实文化根基。

（4）园本研修。①以幼儿园文化体系实践中的困惑、问题解决为研究内容开展研修。②运用文化视角、幼儿视角，关注民族文化生长力在活动中的体现。③知行合一，将研修成果运用于下阶段文化实践中。

（5）提升展示。采取现场活动、课程审议、经验交流等方式展示教师在高品质幼儿园文化实践中的探索过程，尽力为教师提供展示的舞台，将准备的过程作为教师全方位历练自己，不断汲取、反思和调整的过程，以得到同行、家长的肯定和赞许，使其成为教师持续研究的推力。

4. 创设融合生长的支持性文化环境

采用"多维空间＋文化元素"整合共构的方法，依托课题研究项目，创设真实的环境，为幼儿提供"准生活"的样态，引导幼儿自发参与，引发幼儿的情感和学习行动。具体可通过三个关注来落实。

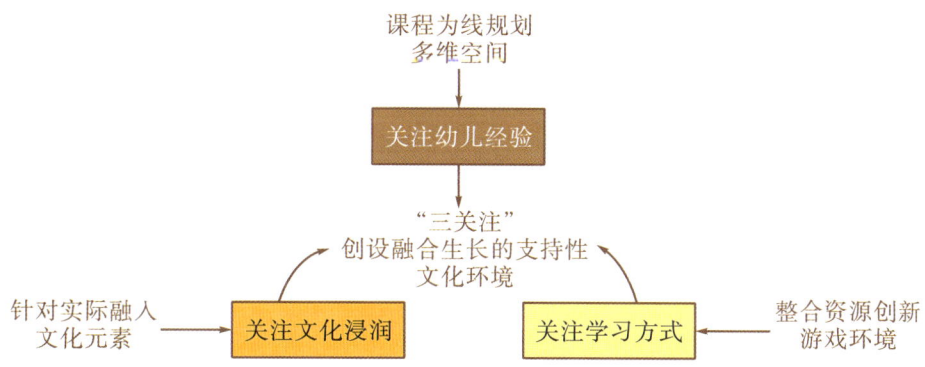

图4 成都市第十四幼儿园支持性文化环境创设实施图

（1）关注幼儿经验，以课程为线规划多维空间。挖掘幼儿园空间资源，利用公共空间和班级空间特点整体规划，以班级主题墙和区域空间一体创设方式，与课程对接；整合幼儿园公共空间，如操场、顶楼；延展公共空间，包括走道空间和平台空间，为幼儿生活学习提供支持性空间。

（2）关注文化浸润，针对实际融入文化元素。在与幼儿生活贴近的现代环境中融入传统文化元素，使其成为幼儿能触摸得到的文化。通过民间艺术方式如剪纸、编织、拓印等，和具有传统文化特征的物品如青花瓷盘、灯笼、如意锁等，使浓浓的传统文化氛围充盈着幼儿园。

（3）关注学习方式，整合资源创新游戏环境。幼儿对文化的感知学习是通过"玩"完成的，玩既是方式也是过程。因而要创设"固定＋动态"的文化环境，打造固定的文化长廊，将反映核心文化价值的故事、习俗、俗语进行呈现，浸润幼儿生活的每一天。

5. 家园共育下的文化共构

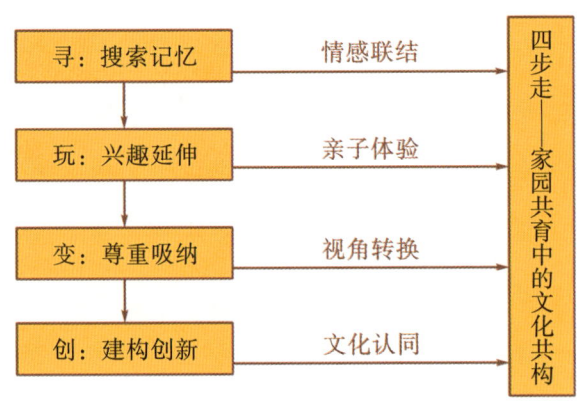

图 5　成都市第十四幼儿园家园共构文化步骤图

（1）寻——搜索记忆中的情感联结。发起对民俗节日活动的记忆搜寻活动，一方面让家长重温童年的美好记忆，唤起对传统文化的回忆；另一方面让幼儿在家庭氛围中感受和体验几代人的共同记忆，营造全家一起重温、讨论传统节日的氛围，共享节日的美好。根植于每个人心中那份不变的情感，使我们能从时间的长河里体验到历史的发展，感受到同为中国人、同过中国节、同享中国味、同立中国心的情感共鸣。

（2）玩——兴趣延伸里的亲子体验。玩是亲历文化的有效方式，玩游戏的过程是幼儿记住节日、期待节日的载体，使节日焕发出源源不断的生命力。亲子共同在春节活动中"找福字""剪窗花"，端午活动中"包粽子""赛龙舟"，这些参与和体验拓展了家园共育内容。

（3）变——尊重吸纳中的视角转换。面对幼儿的需要，家长要转变角色，更充分地了解幼儿的想法，更有意识地尊重幼儿对文化的体验和理解，在不同的活动和互动中通过"变视角"走进幼儿的心灵。

（4）创——创新构建里的文化认同。民俗节日来源于久远的历史，与现代生活有一定的距离，幼儿在玩民俗节日的过程中，用已有的生活经验去认识、感知，实现新的构建文化，家长给予支持，使传统文化与幼儿的现实生活连接起来，创新的是形式，传承的是文化精粹。

6. 集团办园中的文化辐射

（1）文化认同——追求"和声"。追求和声，需要做到将"一"的追求和"多"的特点创造性地结合。"一"指一个主旋律，即集团发展理念——促进每个幼儿健康快乐发展；"多"指多个分园，秉承集团发展理念，在融合中成长。

一方面整合人力资源，有关集团发展和分园发展的大事，举全集团之力，通过输出、互派、临时组建等方式共同完成。

另一方面整合管理资源，总园积淀的优质管理经验及集团新制定的管理制度、各分园结合实际的管理创新都成为"和声"的前提。

（2）多元发展——追求"合异"。分园建设的"合异"：在集团文化的引领下，各分园分析自身的优势与挑战，在共享中创生，寻找空间，促进分园文化的生长，为一园一品奠定基础。如成都第十四幼儿园和煦分园形成"温暖的阳光、健康的儿童"核心文化理念，和悦分园形成"和乐其美、悦动童心"核心文化理念，和鸣分园形成"护翅翱翔，飞向梦想"核心文化理念……

集团管理的"合异"：集团各园是否有序、高效运转，集团是否可持续发展，关键在集团班子的"合异"，这里的"合"是凝聚、合作，"异"是各司其职。

教师发展的"合异"：教师是教育的第一资源，是幼儿园发展的核心竞争力。幼儿园集团化发展更要激发教师的发展潜能，使每位教师发挥优势、高质发展。

（3）联动合力——追求"和美"。进行总园与分园、新生园与新生园、新生园与成长园三级联动，构建学习共同体，实现共赢。

四、改革成效

1. 文化成为推动幼儿园整体发展的源在动力

基于文化体系的构建与实施，成都市第十四幼儿园参与了《走向高品质学校·幼儿园卷》第二章"文化——幼儿园的底色"的编写，本园文化实践研究案例通过《走向高品质学校·幼儿园卷》出版，近十篇相关论文发表，两次走向世界OMPE学前教育研讨会，各级各类平台的几十次报告交流等走向全国，乃至在世界发声。

2. 为教师专业发展注入新鲜活力

具有文化根基的教师队伍逐步形成，成为建设高品质幼儿园的基层动力。

3. 促进幼儿的全面多元发展

多元化的民俗节日课程成为幼儿园践行立德树人的主要路径，贯穿始终的节日情感教育让幼儿不仅得以深度体验，更是在融合的过程性体验中展现出具有文化亲近感、认同感、自豪感、归属感的"中国味"幼儿特质，使其能在传统文化的浸润中实现德智体美劳全面发展。

反思提升

1. 把握时代主旋律，与时俱进

时代性并不是抽象的概念，其本身就是普遍性与特殊体性的统一、历史性与现实性的交融。而文化要发展，就必须随着时代的变化而不断进行更新调整，需要思考"我们的文化是不是能够符合时代，是否实现了与时俱进的生长？"因此，时代性与生长性既是我们把握文化特质的首要关键，也是幼儿园发展进程中实现动态更新的风向标。

2. 培养文化认同感，内外兼具

文化认同是人们在一个民族共同体中长期共同生活所形成的对本民族最有意义的事物的肯定性体认，其核心是对一个民族基本价值的认同。幼儿园群体是一个不断更新变化的群体，每年家长和幼儿不断轮换，新教师也不断加入，新进教师、新入园幼儿及家长是否能认同幼儿园的理念，逐步形成对园所文化内化于心、外化于形的认同感，这既是幼儿园发展所要面临的共性难题，同时也是决定幼儿园发展品质的关键所在。

3. 表达文化园本性，独具匠心

幼儿园是不断发展的，如何进行文化的表达是一个难点。故宫博物院故宫学院院长单霁翔曾说："作为一个博物馆，最重要的是要把文化资源真正地融入人们的生活。"融入生活、连接当下，这是推动传统文化活起来的一个重要方式。幼儿园亦如此，要进行文化的园本性表达，应始终珍视幼儿的实际生活经验，以幼儿喜闻乐见的方式去进行外化呈现、多样表达。

（供稿：成都市第十四幼儿园，何世红、王亚丽、罗屹）

专家点评

本文对"高品质幼儿园文化的特质是什么"和"高品质幼儿园文化如何构建与形成"进行了探讨。首先从提出问题入手，架构了理论框架和逻辑结构，保证了该文论证的理论性、逻辑性、完整性。我们说幼儿园的园所文化建设，不是一个局部的问题，而是一个全局性、整体性的问题。该文首先回答了"高品质幼儿园文化的特质是什么"这一问题，从园所文化所应具有的内涵入手，分析了高品质幼儿园文化的性质、结构、组成，从而指出建设高品质幼儿园文化，目标是幼儿园的整体发展；其次，基于高品质幼儿园文化的内涵和建设方向，从教育价值、办园理念、文化建设的方法论体系、课程理念、幼儿园教育主体、办园环境等方面，结合该园的建设案例详细阐述了高品质幼儿园文化建设路径，并用该园文化建设的生动例子论证了建设路径的有效性，该文的可贵之处还在于并没有满足于现在的建设成效，而是有所反思，并进一步探索了园所文化建设的未来发展方向，彰显了文化建设的发展性、时代性、内生性。

——熊志刚

基于"劳美"融合的特色文化探索实践

问题聚焦

"五育"并举如何"并"？怎样让"五育"并举从理论指导走向实践落地，进而构建学校特色文化？作为川南少数民族地区县城初中，兴文县香山民族初级中学校（以下简称香山中学）如何建设高品质学校的特色文化，落实其中的"五育"并举理念？

成果简介

一、改革背景

国家在深化教育教学改革、劳动教育、美育等方面出台了与大政方针一脉相承的一系列文件。其中，《中共中央国务院关于深化教育教学改革全面提高义务教育质量的意见》指出，要"坚持'五育'并举，全面发展素质教育"，要"增强文化理解""优化综合实践活动课程结构"。

《中共中央国务院关于全面加强新时代大中小学劳动教育的意见》指出，劳动教育要"符合学生年龄特点，以体力劳动为主，注意手脑并用、安全适度，强化实践体验，让学生亲历劳动过程，提升育人实效性"，要"整体优化学校课程设置，将劳动教育纳入中小学国家课程方案和职业院校、普通高等学校人才培养方案，形成具有综合性、实践性、开放性、针对性的劳动教育课程体系"。

中共中央办公厅、国务院办公厅印发的《关于全面加强和改进新时代学校美育工作的意见》指出，"美育是审美教育、情操教育、心灵教育，也是丰富想象力和培养创新意识的教育，能提升审美素养、陶冶情操、温润心灵、激发创新创造活力"。

高品质学校建设课题的研究成果指出，学校发展的破局点是：战略研判、思维重构、政策落地、整体转型、路径创新；高质量，指培育人才质量高，培育过程质量高，"五育"并举，低负高效。"劳美"融合探索正好对此进行了呼应。

综上可知，"五育"并举是让学生全面发展的必然路径，但当前的评价导向往往让学校教育"重智育而轻其他"。因此，香山中学试图把重点培育与全面培育相结合，借劳动教育与美育融合的实践之路，积累经验，破解"五育"并举之难题。

二、改革主张

劳动教育与美育融合的实践探索（以下简称"劳美"融合），与"立德树人"的育人目标和人的全面发展理念一脉相承。除了把握育人导向、遵循教育规律、体现时代特征、强化综合实施、坚持因地制宜等基本内容外，香山中学结合地处川南民族地区这一校情，在实践尝试中提出以下主张：

（1）"劳美"融合的实践应促进基于"人"的发展的现实意义。国家提出教育改革方向，提出"五育"并举，就需要学校能与时俱进。但究竟如何实施，没有现成的完整系统的操作方法，尚需要学校去尝试、探索和实践。

（2）劳美融合的研究是破解学校高品质发展难题的有益途径。让学校有自己的品位、品相、品格，树立品牌，走向高品质发展，只追求考试分数显然不行。

（3）"劳美"融合的特质应是"多育互益"。"劳美"融合的互益性，让劳动教育与美育融合，达到"1＋1>2"的效果。劳动教育可以渗透美育，又是实现美育的途径，二者互相促进。

（4）"劳美"融合可助推学校特色文化培育。香山中学结合校情，在"劳美"融合实践中充分注意利用当地的自然资源、文化资源和人文资源，编写劳动教育与美育融合的特色教材，利用学校课堂教授学生相关的知识及技能，依托手工坊进行实践，取得很好的成效。

（5）"劳美"融合实践呼应"五育"并举，回应劳育、美育新要求。无论是劳动教育还是美育，每所学校都会有一定程度的实践，积累了一定的经验。从教育发展的方向来看，学科融合、"五育"并举均是趋势，而"劳美"融合既是对其回应，又是达成这些目标的尝试和过渡。

（6）"劳美"融合的研究应具样本性。从某种意义上说，"五育"并举为一种理想状态，而具体怎样进行"跨育"融合，没有操作样本。香山中学劳动教育与美育融合的实践，既是贯彻落实"五育"并举的突破口，又可为更多方面的融合提供借鉴。

（7）"劳美"融合应体现教育的情怀与担当。它以学生喜爱的方式进行融合，打通了家庭劳动教育、学校劳动教育和美育之间的壁垒，为学生成长、成才、成人作铺垫。

（8）劳美融合实践应拓展学生的眼界。可让学生关注劳美学习与文化背景的关系，尊重本民族文化特色，接纳世界多元化，在智育之外增加他们对世界的了解。

虽然劳动教育与美育并非新名词，但二者的融合实践研究符合国家关于教育改革的要求，也是新时代学校教育改革中的一个突破点。

三、改革路径

国家相关政策中均有对"劳美"融合改革路径的表述，其中重要的是结合地方文化资源设立劳动、艺术特色课程，广泛开展校园劳动和艺术活动，推进中华优秀传统文化艺术传承建设。其共同的指向为：一是重视美术教育、劳动教育等在人的发展中所具有的积极作用；二是拓展美育课程、劳动课程的内容，加强美育、劳育与其他学科的联系，以及与学生生活经验的联系；三是符合自身实际。

因此，香山中学"劳美"融合改革的基本思路是分析劳动教育与美育之间的共性与个性，找到两者的互促点和共同指向，不断实践，为"五育"融合提供方向与路径的借鉴。

1. 找准劳美教育特质，实施精准融合

无论是"五育"并举还是个性特长培养，最终的指向都要以"人的发展"为归宿。在进行"劳美"融合时，必须分析二者的广度、宽度和深度，发现切入点、创新点、学生兴趣点，以让劳动教育和美育落地落实。

新时代劳动教育已从纯工具变得更具人文性，在社会发展和文明推动中的作用更加明显；美育需要与其他方面进行融合，才能更好地得到提升。

香山中学面临"缩规模、强质量"的关键时期，如果不改革，就将在激烈的竞争中萎缩。进行"劳美"融合改革，是打破当前桎梏的有效措施。改革势在必行，香山中学从"劳美"融合的实践研究开始，对收集到的信息进行归类、整理、分析，研判出问题存在的根源，梳理解决问题的思路，以期透过现象看本质，分析"劳美"融合的需求与出路，实现精准融合。

2. 建立长效的劳美融合发展机制，激发师生行动力

高品质学校课题成果指出高品质学校发展规律：能告诉我们如何提升学校品质——每当品位得到提升的时候，学校固有的行为方式就不再适应新的理念，质量的落实就受到挑战；而每当质量提升到一定程度的时候，就会面临发展的瓶颈，就需要新的理念来破局。

"劳美"融合发展机制的建立，正是学校为打破当前格局和发展桎梏进行的有益尝试。这项机制主要从以下方面进行规划，目的在于提高师生的行动力。

（1）有一个较长期的合理规划。根据学校实际，专门划出固定区域作为"劳美"融合探索场所。按计划投入资金，把学校现在格致楼底楼四间功能室、底楼大厅、学校原车库等全部规划为"劳美"融合基地，总面积近2500平方米，打造成艺术馆、工作坊、陈列室等。现在，初期投入已完成，草编、竹编、花草纸等工作坊已建成。加上生物、化学等实验室，能够满足500余名学生"劳美"社团的在校实践需求。

（2）设立合理的"劳美"融合社团。香山小学认为，高品质学校建设的出发点之一是合理。作为"劳美"融合探索，合理的要求有两点：一是适应学生成长需要；二是学生有兴趣。调查发现，有69.14%的学生愿意积极争取参加学校组织的劳技兴趣小组和艺术创意比赛，他们中有84.38%的学生希望培养自己的动脑、动手能力，有78.91%的学生希望提高自身审美素养。可见，他们天然希望能把劳动教育和美育融合在一起。为此，学校精心设置了"百草结"和"好吃"等大型社团，根据学生兴趣再进行细分，供学生选择。

（3）为教师提升素养创造机会。学校不遗余力把教师送出去培训、带教师拜访非遗传承人等，让教师们在这个过程中不断提高自己的专业素养，获得新的收获和发展。

（4）挖掘和整合各类资源。本校学生家庭所在地为农村和乡镇街村的占了56.22%，在兴文县城生活的学生，其上一辈大多从农村走出，因此他们对农村的自然资源和劳动资源并不陌生，面对农村地区具有的丰富劳动教育资源和素材，学校在以往的劳动教育和美育课程中没能很好地利用，导致教学和生活脱节。香山中学地处川南，有悠久的农耕文化历史，有丰富的地方文化资源和人文资源，在地方特色传统和师生之间，就差一个"连接点"。针对此建立的长效机制，充分尊重学生对劳动教育和美育的认识态度，准确研判学生在劳动素养、美育素养和劳动创造等方面的情况，便于更好地找准切入点，为"劳美"的融合提供依据。

3. 开发特色课程，实现"劳美"互益

劳动教育只有在实践中才能真正践行，美育也只有在实践中才能真正感悟。学校所要做的工作，就是找到符合初中生实际的可操作的融入方式，包括劳动课程的学习，课程、课堂、课题齐驱，序列化社团的开展，特色社团的开设……通过观摩、讨论、实践、研究，激发相融智慧、产生思想碰撞，在借鉴中学习，在共享中创造，打通"劳美"连通路径，以达到"劳动愉悦心灵，美育促进发展"的目的。

（1）研究适合边远山区县城初中学生劳动教育与美育融合的教研内容，通过选定、处理、实施、评判等方法与策略，提升劳动教育与美育融合的合理性。

兴文县少数民族占县域人口的10.6%；香山中学现有少数民族学生379名。由于历史原因，少数民族一般聚居在地理条件相对较差的边远地区，经济、文化和社会发展水平普遍落后于汉族聚居区，但独具民族文化和地方文化特色。香山中学大部分学生虽来自农村，但劳动教育在过去20多年并未得到强化。相反，劳动教育的价值在一定程度上被忽视，劳动教育正处于被淡化、弱化的阶段，现已在整个教育体系中变成了短板。没有劳动，也就谈不上美育、谈不上创造。事实上，在过去几十年，很多学校往往只注重智育，"考什么教什么"现象严重，其他几"育"被忽视，更谈不上深入研究如劳动教育与美育融合等内容了。这就要求新时代的老师们重新出发，正视现实，进行探索，开拓新路。

结合香山中学具体情况，学校从以下方面进行了初步整合：形式上让农村学生与城市学生相互交流，让动手能力强的与动手能力弱的学生交流，让有经验和无经验的学生交流；分专题、分层次实施活动；把内容课程化，明确每一次专题的主题、时间、地点、目的、人员，让学生在活动中有所思、有所得。

这样，既完成了"劳美"融合特色读本的开发、改进，又找到了劳动教育与美育融合，促进学生发展的有效方法。同时，学校还把"劳美"融合改革纳入管理体系建设，让这项行为制度化，使改革有了强有力的制度保障。

（2）探索开展研究性学习，形成实践活动课程，构建符合县域初中生特点的劳动教育与美育融合的校本课程体系。针对劳动教育与美育中存在的问题，多方面、多渠道开展活动，从课程到实践，产生思维碰撞，取长补短，共同成长。现初步开发出"生活与美食""生活与艺术""生活与研学"系列课程。每个系列课程下再进行细分。

值得一提的是，课程体系的制定要先经过调查了解、实际操作，再结合教育教学规律，制订课程目标、重点难点、课程计划、实施步骤等内容。

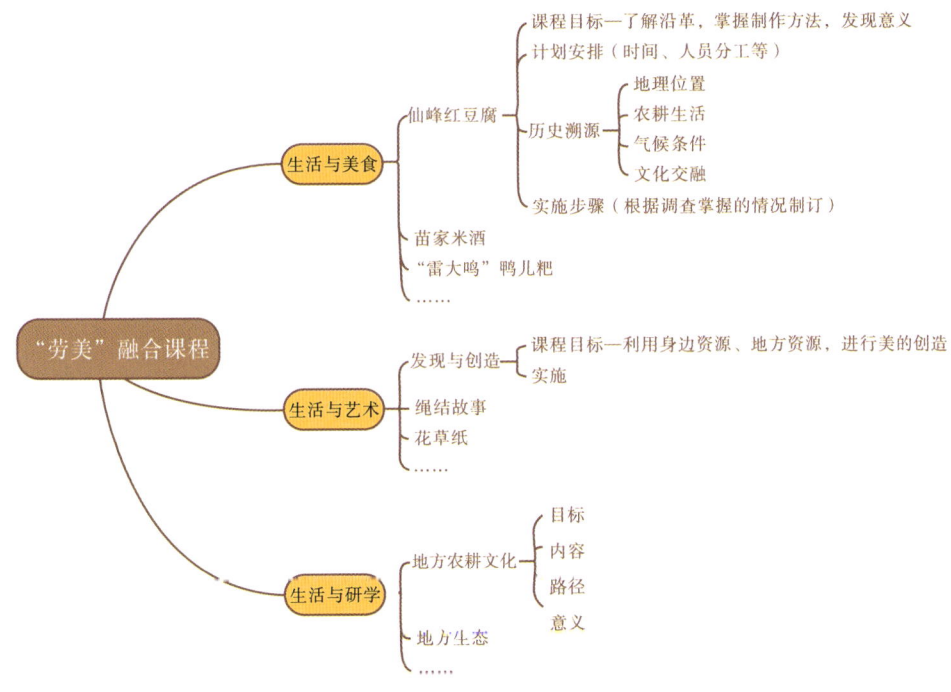

图 1 香山中学"劳美"融合课程架构

学校地理组开发的"生活与美食"社团活动课程,以"中场思维"撬动研究改革,"向前走一步,向后想一步",让社团活动不只是制作食品,还让它变得更有趣味和意义。这个社团主要以研究和制作地方名小吃为主,在决定制作某种美食时,先调查了解这种食品的制作流程,这就需要拜访当地师傅,记录其制作材料、手法、工艺、要点等关键要素,在调查过程中,了解其形成的历史文化内涵。

如制作仙峰红豆腐时,先要带领部分学生进行实地调查了解,然后联系兴文的气候、历史文化等,对红豆腐为什么能成为本地流行的小吃进行了分析:一是兴文地广人稀,生活在山区的人们随时采购食品的可行性不大;二是在劳动强度比较大的农耕之余,制作一种可随时食用的小吃,也是对生活的改善;三是兴文的地理和气候环境适合豆类生长;四是兴文的温度、湿度利于红豆腐的制作;五是历史上"湖广入川"让文化交融,红豆腐的制作可能是其产物。这些都是"向前走一步",摆脱了"为了吃而吃"的形式社团的做法。

制作过程中,从购买材料时的计划、采购实施、记账,到实践操作中的配料、火候掌控、技术把握、食品美观度等,都需要学生精心细致地完成。虽然过程中有老师的指导,但往往这个过程也是教学相长的过程,老师往往也只是在理论上把握,因此还需要实践检验。像红豆腐的霉丝要长多长、要放多久、温度多少适宜,都要慢慢在尝试中摸索。

在制作成功后,还要"向后想一步",即让学生总结在整个过程中的得失,无论是成品看着有无食欲、人际交往、计划可行度、是否浪费、怎样做得更好、有无更优计划,还是给自己的启发,都需要引导学生细细体味。劳动教育与美育融合的过程,也是把生活与教学打通的过程,做好了这些,最后才开发成课程。

(3)研究如何尽可能发掘和利用贴近初中生生活的各类资源,从身边的活动和素材中挖掘出丰富美育的教学内容。

"百草结"社团是学校劳美融合改革的典范。在调查中发现,有85%左右的学生认为自己艺术素养处在一般、低或非常低的水平,但他们在欣赏或制作一件劳技作品时,从作品的实用性、美观性、新颖性方面考虑的比重非常大,也就是说,他们的审美水平满足不了自身的审美需求。于是,学校美术老师开设了"百草结"社团,初衷便是让学生利用身边资源、地方资源,进行美的创造,营造更美的生活氛围。

自2018年开始,学校便购置开展特色美育的必要设备设施,购置教学资源,在手工坊社团内初步尝试。学校为工作坊提供空间,提供经济和智力支持。自2018年秋期起,成立"百草结"手工坊,分阶段开展了花草纸、蓝染、绳编、草编等社团活动,布置了工作室及展厅,开发了《发现与创造》等特色读本。拜访非遗传承人,向他们学习竹编、草编等工艺,提高老师的手工水平。同时邀请省教科院艺教所所长、省美术教研员冯恩旭老师来校指导工作坊建设,邀请市教科所徐卫等专家指导研究工作。同时,社团老师还合理分工,建立不同层次的团队,如农活、草编、蓝染等社团,让学生自主管理,多方位合作,相互竞赛,得到创新锻炼。

图2　香山中学学生作品:麻绳爱上瓶

（4）研究如何在劳动教育与美育融合中培养学生对创造美的兴趣，从而提高审美能力、表现能力和创造能力，提升艺术情怀和核心素养。提供平台，展示成果。给学生建立展示、交流、智慧交锋、思想碰撞的平台，给有进步的学生以肯定，激励他们参与到发现美、创造美、提升美的过程中来。

4. 实践验证，循环提升

对于形成的教学方法、教研策略、"劳美"相融路径，要放到教育实践中进行验证，查找、发现存在的问题，修正提升，然后进入再次分析、实施、验证的循环过程。积累资源，聚流成河。收集整理学生的各项作品，把有价值的保留下来，形成资源库，供更多的人借鉴学习。

无论是学会学习、健康生活，还是责任担当、实践创新的核心素养，都需要学生有劳动意识以及问题解决、技术应用等能力。既然"研究学生发展核心素养是落实立德树人根本任务的一项重要举措，也是适应世界教育改革发展趋势、提升我国教育国际竞争力的迫切需要"，那么"劳美"融合的研究就也应是一个循环推进、不断落实的过程。

四、改革成效

学校的"劳美"融合改革现已取得下列成效：

（1）深化了对劳动教育和美育的认识，丰富了实践经验和结论，提升了学生的核心素养，验证了"劳美"融合在初中阶段的适应性和发展性，丰富了其内涵。

（2）"劳美"融合实践促进了学校高品质发展，提高了竞争力。

（3）激发了学生对劳动和创造的兴趣，培养了学生发现美、感受美的情趣，发展了学生的想象力、表现力和创造力。

（4）提出了符合初中生发展的"劳美"融合教学实践框架，找到了"劳美"融合促进学生发展的有效方法，开发了特色读本。

（5）转变了教师的教学理念和教学方式，丰富了融合课程。开设工作坊等社团，引导学生积极参与，让学生在劳动教育中提升美育素养。

（6）初步构建了劳动教育与美育融合的资源库。

反思提升

在"劳美"融合实践中，学校发现学生对文化的理解认同超出了预期。如学生心理韧性、抗挫力等的提升,都在意料之外。因此,学校认为只要做好初中劳动教育和美育融合的实践探索,就会对"五育"并举的推进、对学生身心健康有很大价值和意义。但由于目前还没有可借鉴的关于"劳美"融合的改革经验,所以只有通过不断尝试寻找正确路径。未来还有很多问题值得思考。

(1) 基于高品质学校建设的"劳美"融合实践还可进行哪些方面的改革?

(2) "劳美"融合实践如何进一步推动"五育"并举,对学生全面发展方面有着怎样的样本性意义?

(3) 如何破解评价难题?一是部分家长和班主任认为劳美融合实践会占用学生时间,不利于分数提高;二是社会评价的指标更多地偏向于升学人数、升学档次,而极少关注学生的艺术素养、劳动素养;三是政府和主管部门的工作考查无法在劳动教育和美育方面量化;四是劳动教育和美育的实践,会让学校投入增大而成效却不明显,远远没有抓分数直接、简单。

(4) 学生在劳动技能等方面应有更高认识。①学会生活中需要的劳动技能;②培养利用身边资源创造美的技能;③培养以劳益美和"劳美"可融的意识,激发学生热爱生活、享受生活的意愿。

(5) 需要让学生习得有益于终身发展的劳动技能和审美素养。①学生获得动手制作各种生活用品、艺术品的技能,将自己对生活的思考融入自己的作品中,提升自己的生活品位;②提升对劳动价值的认识,养成热爱劳动的习惯;③培养学生正确的审美观念、健康的审美趣味和稳固的审美情操,激发其丰富多彩的审美创造力;④帮助学生树立良好品德,增强智力发展,强健体魄,涵育健康心理,实现德智体美劳全面发展,促进学生健康成长。

(6) 需要进一步提升教师的专业素养和教学水平。①让教师找到适合自己进行"劳美"融合实践的发展方向;②培养一批能不断创新教学模式、有能力的名师;③在劳动和艺术工作坊建设方面积累更多经验。

(7) 需要促进学校特色文化的建设和更新迭代。①发现和探索本地区具有特色的劳动和美育资源;②通过课内外活动的整合,打造更具特色的校园文化。

(供稿:宜宾市兴文县香山民族初级中学校,陈铸、胡忠、王义金)

专家点评

"五育并举，立德树人"是我国教育事业发展的新要求和长期任务，对学校是挑战也是发展的新机遇，学校对此是否有清醒的认识和主动适应的能力至关重要。

宜宾市兴文县香山民族初级中学校以"五育"融合的理念和思维方式，超前的务实行动，在学校劳动课程和艺术社团课程中探索"劳美"融合的课程视界更新、目标设置、内容调整、实施变革和评价创新，体现出高度的专业敏感和独特的专业眼光。

在"生活与美食"这一学校特色综合实践劳动课中，赋以乡土情怀熏陶、鉴赏美、创造美的德育和美育价值，以审美提升了劳动教育精神高度，超越了传统的劳动技术教育目标；在"百草结"社团等艺术课程中增加农活体验等劳动元素，以劳动提升了审美教育的内容深度，这些都是在"美劳"融合顶层设计下的务实探索。

当前，学校如何在"五育齐备、各育优化、五育融合"不同水平的"五育"并举中满足时代发展的新要求，落实教育公共服务的责任，既取决于校长对学校价值领导力的高下，也取决于校长发展教师、领导与管理课程和指导教学能力的强弱。这种精神特质和能力素养正是校长走向教育家之路的基础功力，也是高品质学校建设的前提。

——周小山

第二篇

德育实践篇

高品质学校建设下的成华实小"知心德育"实践之路

问题聚焦

目前，很多学校德育缺乏针对性和实效性，未能充分遵循儿童身心发展规律，未能唤醒和培育学生道德成长的内生性动能，学生道德成长动能与活力不足、质量与效能不高，学生道德成长问题已成为当下学校教育的热点和难点。

成果简介

一、改革背景

学校德育是落实立德树人根本任务，实现"五育"并举的重要保障，是学校、教师、学生发展的现实需要。当下，很多学校的德育未能充分唤醒和培育学生道德成长的内生性发展动能。实践证明，只有建构起德育与心育融通的现代德育模式，在德育中激发学生的生机与活力，才能有效促进学生全面发展与健康成长。

成都市成华实验小学（以下简称成华实小）以"知心育人 幸福成长"为办学理念，以积极心理学为指导，积极构建由"知心德育""知心课程""知心课堂""知心教师""阳光少年"等组成的"知心教育"。其中，"知心德育"是"知心教育"的重要组成部分，通过建立"知心德育"目标体系和评价路径，总结"知心德育"队伍培养策略，优化"知心德育"实施路径，提高学校德育的针对性与实效性，提升学校德育质量与效能，优质高效地培养学生道德素养。

2019年，成华实小以"高品质学校建设下的知心德育建构与实践研究"为主课题，成功申报四川省教育科研重大课题"高品质学校建设的探索与实践"子课题，用课题研究的方式推进"知心德育"构建。

二、改革主张

1. 有效把握"知心德育"的基本特征

"知心德育"有五大特征：

（1）价值引领性。培养具有中国心的儿童，全面弘扬中华优秀传统文化。

（2）儿童主体性。从儿童实际出发，以儿童发展为本，让儿童回归为道德成长的主体，改变被动受教育的状况。

（3）发展适切性。通过多种途径，基于一定的情境创造，走入儿童心里，认识儿童、激发儿童、发展儿童，使学校德育顺应儿童成长的天性和需求。

（4）实践体验性。促进学生道德认知与道德实践的有机统一，通过道德成长主题与探究活动，让学生经历道德成长的问题发现与提出、分析与解决的过程，在道德成长体验中发展道德素养。

（5）环境滋养性。促进学生道德成长与自然环境、人际环境和心理环境的有机统一，培育滋养学生道德成长优美的自然生态环境、和谐的人际关系环境和优质的心理环境，实现生命道德素养与生命成长环境交融共生。

2. 认真践行"知心德育"的基本主张

"知心德育"的基本主张包括五个方面：

（1）充分了解、理解和包容儿童，是走进、开启、培育儿童心灵的教育前提。

（2）适应、引导、提升儿童道德成长的需求，是学生道德成长的原动力。

（3）优质的心理环境、丰盈的情感素养、良好的心理素质，是实现道德成长的内生性力量。

（4）良好的师生情感关系建设，是实现道德素养成长的社会性动力。

（5）基于真实情境、问题导向的道德实践体验，是发展道德素养的重要途径。

3. 坚持落实"知心德育"的实践原则

"知心德育"的实践原则有：

（1）优势发展原则。遵循学生道德成长的特点需求和规律，注重在学生学习、生活的过程中，发现、开发、激发和发展学生的成长优势与亮点，释放道德成长的优势与潜能。

（2）活动体验原则。注重开展体验性的德育融合实践活动，引导学生在活动中体验，在体验中感悟，在感悟中内化，在内化中形成健康的、稳定的道德品质，规范和优化道德行为。

（3）环境熏染原则。培育开放、包容、激扬、优质的校园育人环境、家校共育环境和校内外融通环境，让学生处于知识滋养、智力启迪、情感滋润、审美熏染的全时空生长环境中，赢得道德生命的完整成长。

（4）知行合一原则。注重知识与生活实践的联系，注重架设知识与生活实践沟通的桥梁，注重运用所学知识解决生活实践的问题，注重在生活实践中发展知识和能力。

（5）身心和谐原则。促进学生身心素质的整体发展与共生共长，促进学生在强身健体中开发心理潜能、发展心理素质，促进心理健康教育与阳光体育运动的融合开发，促进学生在健康愉悦的全时空学习生活中发展身心素质。

三、改革路径

1. 构建"知心德育"目标体系

成华实小从德育的实际出发，遵循学生年龄特点，坚持学生全面发展、个性和谐发展、主动发展的思想，坚持优势发展、活动体验、环境感染、知行合一、身心和谐发展的原则，突出学生积极心理品质的培育，构建了由德育总目标和具体目标组成的"知心德育"目标体系。其中，学校根据学生的年龄特点，从政治素质、道德品质、规则意识、心理素质、行为习惯五个维度，分别确定了低年级、中年级、高年级"知心德育"具体目标，低年级"知心德育"目标如表1所示（中、高年级略）。

表1 成华实小"知心德育"目标（低年级）

项 目	内 容
政治素质	1. 初步认识国旗、国徽 2. 会唱国歌，升国旗会行礼 3. 爱家乡，知道自己的家乡在哪里 4. 喜欢自己的学校，熟悉校园环境 5. 知道社会主义核心价值观
道德品质	1. 听别人讲话能专注地看着对方 2. 能有序整理书本文具 3. 能和同学分享自己的东西 4. 与同学交流能用上"您好""请""谢谢"等礼貌用语
规则意识	1. 初步了解《小学生守则》《小学生日常行为规范》，主动遵守校规 2. 初步了解班规，主动遵守班规 3. 在家长的带领下遵守校外的社会规则、法律法规

续表

项　目		内　容
心理素质		1. 对自己不了解的事物感兴趣，有好奇心 2. 不说谎话，说话做事诚实 3. 能感受到别人对自己的爱，也能表达自己对家人的爱
行为习惯	学习习惯	1. 爱惜书本，不在书本上乱涂乱画 2. 上学前准备好要用的东西 3. 做好课前准备 4. 上课坐姿端正，眼睛望着老师 5. 按时认真完成作业，能及时改正写错的作业
	劳动习惯	1. 会擦黑板 2. 会清扫教室、家里的地面，会拖地 3. 能整理好自己的书桌
	卫生习惯	1. 饭前便后要洗手 2. 每天穿上干净的衣服 3. 会剪指甲
	礼仪习惯	1. 碰到老师、客人主动问好 2. 放学时，主动和老师、同学说再见

2. 优化"知心德育"的育人路径

（1）优化"知心德育"的课程育人路径。成华实小以"知心育人·幸福成长"为理念，以"做阳光少年·享成长快乐"为培养目标，根据学校课程规划，开发了由知心型德育学科课程、知心型德育活动课程、知心型德育空间课程组成的"知心型德育课程体系"。其中，知心型德育学科课程包括"道德与法治"课程、知心型德育校本课程、学科渗透、学科拓展四个方面；知心型德育活动课程细分为由心育十二节、心育操、知心团辅、个辅等构成的知心特色活动课程，由校园心理剧、心理微电影、心理博客、咨询网站等构成的知心拓展活动课程，由知心家长课堂、知心家庭评比等构成的家校共育活动课程；知心型德育空间课程包括由知心小屋、心理港湾等共享性场地和班级心情晴雨表、涂鸦墙等个性化场地组成的知心场地和由校园标识语、校园标准色、校园标志物等构成的知心标识两部分内容。

（2）优化"知心德育"的文化育人路径。①将社会主义核心价值观、中华优秀传统文化、学校知心文化内容融入学校课程与环境、学科课堂与学生活动之中。②培育知心校园环境。培育知心校园标识环境，确立教师的文化标识语、学生文化标识语、"爱、分享、共成长"的校训、心灵、阳光、向日葵三元素构成的学校标志等。分模块、分楼层布局心理健康教育环境文化，分别突出"我自信我快乐""我勇敢我积极"等主题。③培育知心班级文化。通过知心型班级之家建设，让每一个班级拥有内涵丰富、各具特色、充满活力的心育文化，让学生获得知心型班级文化的浸润滋养。每个班级根据学生的实际情况设置不同的心育角,包括班级心情晴雨表、"心语星愿"、涂鸦墙、知心小信箱等,用以缓解成长中的压力与困惑,满足学生个性化心理需求。

图1　成华实小"知心校园"

(3)优化"知心德育"的活动育人路径。①每天做一次心育操。学校结合艺术心理辅导,创编心育操,已经形成了九套固定心育操,并在全市推广应用。②每周一节心理班队会。每周都要以心理班队会的形式开展心理健康教育。③每月组织一次大型主题节日,融合学科特色,激发学生潜能,绽放活力,即知心十二节。④每学期排演一次心理剧和心理微电影,代表作品有《啰唆》《爱的心结》《你好,小升初》等。

图2　成华实小清音表演

（4）优化"知心德育"的实践育人路径。学校德育与综合实践活动课紧密结合，广泛开展实践性活动，强化了德育的实践性，发展了学生的社会责任感、创新精神和实践能力。具体路径有：①组织全体学生参加研学活动、职业体验活动、社会实践等综合实践活动。②结合实际让学生持续开展学校、家庭和社区劳动。③各年级根据实际情况组织各种实践活动。④每周集体朝会时间给学生实践活动提供校级展示平台，让学生通过讲解、表演等多种方式，汇报或者现场展示自己的实践活动成果。

图3　成华实小学子职业体验

（5）优化"知心德育"的管理育人路径。"知心德育"要求学校转变管理方式，全面了解学生的特点和需求，让教师、学生、家长等充分参与德育管理，全面提高管理育人的质量和效能。①要让教师、学生、家长充分参与德育管理制度和计划的制订，通过座谈、意见箱、网络反馈等多种渠道充分听取他们的意见和建议，既推进学校治理的现代化，又强化师生的主人翁意识，增强他们的认同感和主动践行"知心德育"的自觉性。②要细化学生行为规范，引导学生进行自主管理。大部分班级都能够结合本班的实际制订班规班约，以此教育学生熟知学习生活中的基本行为规范，践行每一项要求。③加强少先队组织建设和学生社团管理。完善少先队组织建设与管理，加大学生礼仪队、学生执勤队、学生心理剧社、国旗班、红领巾广播站、志愿者服务队等学生社团组织的建设力度，培养和提升学生的自主管理能力。

（6）优化"知心德育"的协同育人路径。家庭教育具有学校教育所不具备的条件、优势，学校倡议家长在学生习惯养成、性格发展、知识学习、潜力发掘等方面多沟通交流，形成教学教育合力，帮助孩子健康发展、快乐成长。建立家校共育制度。建立由家长民主选举产生的班级、年级、校级和区级四级家长委员会制度，畅通家校沟通渠道的制度，家长培训制度，入户家访制度等。开展家校共育活动。建立育心育德家庭教育辅导团，通过家长微讲坛、班级沙龙等开展线下家长座谈会，通过微博、微信、QQ、线上会议等平台开展线上学习，通过家长志愿者课程，邀请家长自愿参与学校、班级活动的策划与组织，走上讲台给学生上课。开展知心家庭评比，对关注孩子心理健康发展、整个家庭心理健康状况良好、学生发展良好的家庭给予表彰，颁发知心家庭证书。

3. 加强"知心德育"队伍培养

（1）分层培养。学校将"知心德育"队伍分为知心型德育干部、知心型班主任、知心型教师、专职育心教师四个层次进行培养。

（2）专业导向。以积极心理学为指导，通过达成共识、辨识强化优势、掌握核心技术、提升共情技能，构建"知心德育"培训课程，聚焦教师积极心理品质培养，全面提高"知心德育"教师队伍的各项能力和素质。

（3）课题引领。先后开展了"在心理健康教育中提高小学生社会化水平教育研究""小学生个性和谐发展实验研究""小学生积极心理品质培养策略研究""积极心理学视野下提升教师沟通能力的实践研究"等课题研究，使一大批教师在课题研究中快速成长。

（4）评价激励。为表彰优秀教师，鼓励其发挥模范带头作用，每年在全校范围内开展卓越型知心教师评选活动。建立知心工作室，利用学校微信公众号等媒体，定期介绍知心教师的在德育工作方面的先进事迹，不断鼓励大家共同成长和进步。

4. 拓展"知心德育"评价路径

根据"知心德育"培养目标，建立阳光少年、阳光班级、知心教师等项目的评价标准，制定了《成华实验小学"阳光班级"常规评比制度》《成华实验小学"阳光少年"评价表》等评价标准，并通过以下几种相结合的方式开展评价。

（1）集体评价和个人评价相结合。"知心德育"评价对象包括教师团队、班级等集体，也包括教师、学生等个人。既重视集体评价，充分发挥集体评价的教育性、激励性、导向性，又重视个人评价，表彰先进，树立学习的榜样。

（2）过程性评价和终结性评价相结合。比如，阳光班级的评比以每天纪律、礼仪、清洁、锻炼等一日常规评价为基础，每周评出纪律、礼仪、清洁、锻炼等星级班级，每学年再根据星级班级获得的数量等指标评出本学年校级阳光班级。

（3）定性评价和定量评价相结合。除了使用分数量化以外，学校经常利用定性的方式开展评价，以引导学生更好成长与发展。比如，大课间采用"红蓝牌"的定性评比，阳光班级采用打分的定量评比。

（4）自评和他评相结合。不管是班级还是校级的评比，都采用自评和他评相结合的方式。比如，阳光少年的评比，需要候选人在自我评价的基础上，确定符合条件后，再通过同学评价、老师评价，以及通过学校微信公众号宣传和大众投票，最终被评为阳光少年。

（5）常规评价与专项评价结合。"知心德育"评价既有阳光少年、阳光班级、知心教师等常规项目评价，还有根据工作需要开展的专项评价。

图4　成华实小灵动的阳光少年

四、改革成效

"知心德育"优化了学生的成长状态，为学生的成长营造了良好的教育环境，激发了学习主体的内生动力，学生政治素质、道德品质、规则意识、心理素质、行为习惯发展良好。其中，学生的认知、情感、人际等六个积极心理品质维度显著高于全国平均水平，学校在区级学习潜能测试中连续获得第一，未出现任何心理疾患、极端事件或校园欺凌案例。

"知心德育"的实践转变了教师的德育理念与育人方式，提高了教师的育人能力和水平。"知心德育"实践提高了学校德育质量与效能，形成了良好的"知心德育"环境和氛围，建立了知心型德育校本课程和序列化的德育活动，形成了平等对话与合作的师生关系，促进了家校共育的有效展开，推动了学校的高质量发展。近年来，学校创建成为全国心理健康特色学校、全国少儿足球特色学校、四川省阳光体育示范学校、成都市义务教育示范校、成都市优质教育集团龙头学校，先后接待了来自重庆、深圳、长沙、广州等地的干部和教师到校考察学习，中央电视台、《中国教育报》等作了报道。

反思提升

成华实小构建的"知心德育"，是根据学生道德成长的问题、特点和需求，以社会主义核心价值观引领和积极心理学为指导，促进学生思想政治、道德品质、法治意识、行为习惯、健康人格和良好心理品质等道德素养有机生长的学校德育过程与活动，它是情感德育、人格德育、智慧德育、实践德育的有机结合体。

1. "知心德育"是情感德育

心灵达到的地方往往是情感生长的地方，情感教育是打开心门、滋养心灵的一股神秘力量。因为认同、喜欢，往往受到积极的影响力；因为陌生、隔阂、冷漠、敌意、自私、功利，往往受到源自消极情感的反教育力。"知心德育"特别重视情感因素，许多措施都是为了更好地投入和发展人的情感。

2. "知心德育"是人格德育

"身教大于言教，行动大于说教"，这一名言传递的是教师人格对学生的影响。教师具备高尚的人格，不过多教育都可以让学生形成良好的道德修养。"知心德育"把人格和人性培养结合起来，着重发展同情心、爱心、平等、民主等素养。

3. "知心德育"是智慧德育

德育需要用好智慧，才能准确把握德育症结和问题根源，才能有效区分道德问题和心理问题，避免将心理问题道德化。"知心德育"倡导从尊重生命出发，准确分析问题是生源性因素还是他源性因素，创造机会和条件引导孩子进行自主构建，而不是强制打压与惩罚。

4. "知心德育"是实践德育

德育不仅需要知识传授，更需要由认知向行为转化，让孩子在经历道德实践与体验基础上产生道德认知，形成道德品格，使道德认知得以点燃和觉醒。"知心德育"特别重视学生的德育实践，创造条件让学生在实践的体验中发展道德素养。

（供稿：成都市成华实验小学，张家明、杨晓文、巫晓翠、杨溢）

专家点评

新时代学校要完成立德树人根本任务，德育是重要保障，也是建设高品质学校的基本要求。增强学校德育的针对性和实效性是多年来小学德育改革的重点。现代社会变化加速，导致社会、学校和家庭活动环境及方式发生深刻演变，社会对新一代素质提升有更高的要求，各级领导和行政部门对学校教育水平要求很高，学校和教师的自身发展，家长对子女的期待，都可能汇集成对学生的压力，形成学生沉重的思想和心理负担，进而产生各类思想品德、行为习惯、人际关系和心理健康方面的问题。解决这些问题需要增强德育工作的科学性，需要掌握小学生身心特征，在德育工作中遵循和应用心理学规律。成都市成华实验小学抓住关键核心问题，以积极心理学理论和方法为指导，构建和实施"知心德育"，体现了他们锐意改革的决心和能力。

他们立足于儿童主体，提出"知心德育"的五大特征，践行充分理解儿童、激发儿童道德需求、创设新的优质环境、构建良好师生情感关系和基于真实情境的道德实践体验等五项基本主张。他们坚持优势发展、活动体验、环境感染、知行合一和身心和谐五项原则，构建了分层级的"知心德育"的目标体系，遵循优先课程、文化活动、实践和管理协同育人的具体路径，同时重视教师培养和德育评价改革，比较有效地解决了小学生的各种心理和行为问题，尤其是取得了各项相关心理学测验指标均高于常模的明显成效，难能可贵。在实践基础上，他们进一步概括出"知心德育"是情感、人格和智慧融于一体的实践德育的观点，显现出较高的研究素养。

为完善"知心德育"体系，需进一步明确心与德的关系，丰富和明确其操作流程、要领策略及影响因素，使其制度化并具有延续性和可复制性。

——李小融

新时代小学德育协同育人的策略与路径

问题聚焦

"育人为本，德育为先。"高品质学校建设旨在培养新时代好少年。德育活动如何开展？如何提高德育的时效性和针对性？全面落实"以人为本"的理念，通过六年的学习，让红色文化、传统文化等入脑入心？"协同育人"是高品质学校德育的核心助力。

成果简介

一、改革背景

发展中国特色的优质教育，全面落实立德树人是新时代的根本任务。在新的历史条件下，应该如何对学生进行思想道德教育，成了全社会共同关注的热点问题，更是高品质学校建设努力探讨的问题。

巴中，拥有川陕苏区将帅碑林、王坪烈士陵园、川陕革命根据地博物馆、"赤化全川"巨幅红军石刻标语、巴山游击队总部旧址等红色教育资源，更有"全国优秀共产党员"周永开、"独臂老师"杜秀兰、"永远的巴山红叶"王瑛等雷锋式人物。在这片红色的土地上，他们精神的"巴河"奔腾在血脉中，信仰的"巴山"扎根在骨子里。

然而，当前的信息网络、多元文化使得学生的成长环境愈发复杂，对学生的健康成长产生很大影响；学校教育重智轻德、重分数轻育人的现象还比较普遍，学生的道德素养有待提高。让学生养成优良的习惯，需要学校、家庭、社会形成育人合力，即协同育人。

二、改革主张

人才成就未来，教育成就梦想。德育是学校教育的灵魂，德育活动要全面落实"以人为本"的理念。高品质学校育人活动应以学生为主体，以发展人为目的，以发展人为过程，促进学生全面发展。

1. *德育建设——师德先行*

教书先教人，育人先育己。高品质学校德育建设，把每位教师融入德育活动中，学校采取多种措施充分调动德育管理干部、班主任、少先队辅导员、学科教师参与德育工作的积极性。在活动中，让每位教师充分表达观点、分享体验。通过亲历活动，教师充分认识到自身修养和言行对于学生塑造健康心灵、确立人生价值所产生的重要影响，自觉学习师德规范，自觉践行教师职责，与此同时，对问题的思考有了更深刻的体验和感悟，也极大地激发了教师专业发展的内生动力，使学校教师人人都成为德育工作者。

2. *德育活动——因地制宜*

习近平总书记强调："教育要培根铸魂，启智润心。"高品质学校德育活动应把国家要求与实际相结合，聚集德育资源，建立德育课程，寻找德育的方法与路径。在巴中这片红色土地上，学校以"智勇坚定、排难创新、团结奋斗、不胜不休"的红军精神与"爱憎分明、立场坚定、言行一致、公而忘私"的雷锋精神为突破口，开发"红色文化"的育人功能，以新时代雷锋精神为引领，深入开展"学雷锋"系列主题实践活动，促进师生弘扬民族精，神树立远大的理想。

3. *德育力量——多方联动*

家庭、学校和社会以不同的空间和时间形式占据了学生的整个生活。家庭德育、社会德育和学校德育无论哪一个方面出现空白，都将使孩子的各种教育无法有机地衔接起来，造成孩子在一定的空间和时间内放任自流，也为一些不健康的东西趁机渗入提供机会。在实际教育工作中，常常看到一些学生在学校受到的思想教育会在家庭和社会中丢失得一干二净的现象。如何让学生的成长不留空白，不留空当？如何让学生思想不造成极大的混乱？学生品德养成问题，需要学校、家庭、社会通力合作，形成有效的协同育人机制。

4. *德育过程——润物无声*

顾明远先生讲："教师工作在细微处，学生成长在活动中。"高品质学校德育，不应是"布道"般的口若悬河、训导式的正襟危坐,而应通过学生喜闻乐见、生动活泼、丰富多彩的活动形式,寓目标教育于活动之中,把学生吸引到活动中来,让他们亲身参与其中,从中获得真切的体验,受到思想上的启迪和陶冶,达到潜移默化之功效,做到"随风潜入夜,润物细无声"。

三、改革路径

近年来,巴中市巴州区第七小学校(下简称巴州七小)以新时代雷锋精神为引领,深入开展"学雷锋"系列主题实践活动。

1. 构建全纳育人体系

(1)学雷锋与党建活动相结合:信念坚定,对党忠诚——"红旗"更红。①坚定红色堡垒的组织自信。创新"两学一做""三会一课"活动形式和内容,组织党员到革命传统教育基地接受教育。②坚定红心廉洁的思想自觉。以"主题党日"活动为载体,组织党员到法纪教育基地接受廉洁教育,永葆廉洁本色。③坚定红心向党的行动自律。积极融入"党建同建,共建共享"的社区综合治理体系,提升社区治理效能,增强群众对优质教育的获得感。

图 1 巴州七小全体党员重温入党誓词

(2)学雷锋与工会活动相结合:胸怀大爱,忘我奉献——"红烛"更亮。①学校工会以雷锋精神为指引,组建教职工"学雷锋志愿服务队",经常性、常态化开展关爱留守儿童、农民工子女,以及对特殊群体学生进行心理健康疏导等活动。②"送教上门"爱暖人心。学校"学雷锋志愿服务队"定期为学校辖区内 13 位残疾儿童开展"送教上门"

服务。③"关爱留守"情暖校园。巴州七小是城乡接合部学校,留守儿童和农民工子女居多,学校长期开展"同在蓝天下,留守也幸福"关爱留守儿童"六个一"活动。④聆听心声,放飞心灵。每个月的第二周是学校的心理健康教育周。学校针对不同年龄阶段的学生,以"聆听心声,放飞心灵"为主题,有针对性地开展心理健康讲座。

图 2　巴州七小教职工学雷锋志愿服务队宣誓仪式

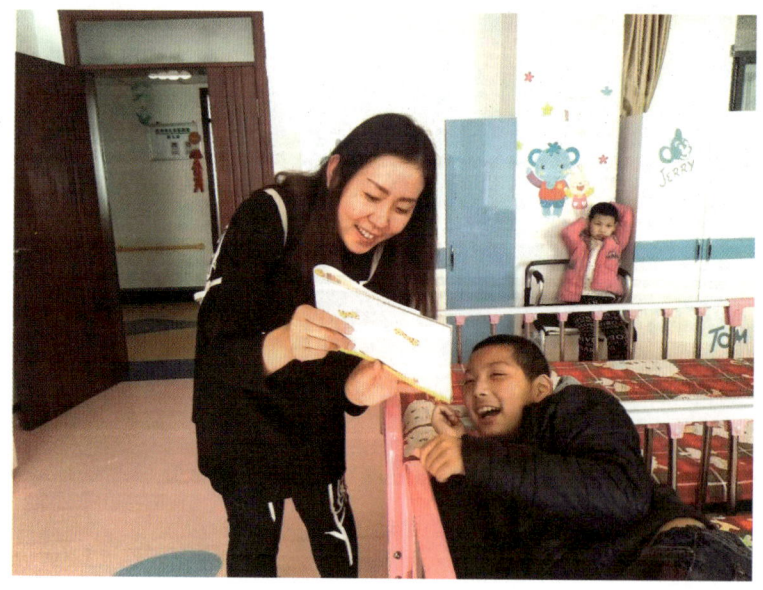

图 3　巴州七小陶然老师送教上门

图 4　巴州七小关爱留守儿童，共度浓情端午节

(3) 学雷锋与班队活动相结合：好好学习，天天向上——"红领巾"更艳。学校以丰富的少先队活动为载体，引导孩子好好学习，天天向上。①根植红军文化，传承红色基因。通过"寻红军足迹""讲红军故事""唱红军歌谣""诵红军诗文"等系列活动，教导少先队员从小热爱中国共产党、热爱祖国、热爱人民。②学雷锋见行动，擦亮生命底色。开展"四同三办二举一行动"系列活动，让孩子们从小知雷锋、敬雷锋、学雷锋、做雷锋。

图 5　巴州七小"扣好人生第一粒扣子"学雷锋实践活动

2. 注重传统文化浸润

学生家长和教师是接触学生最多的群体，他们的一言一行都影响着学生。因此，要实现家庭教育和学校教育的有效配合需要家长与教师的有机结合。

欢喜过大年。老师在寒假前会提前布置活动安排，让孩子们参与到民风民俗中去，剪窗花、贴窗帘、买年货、除夕守岁、看焰火、走亲戚、闹元宵，孩子们沉浸在新春欢乐祥和的气氛中，感受新年的快乐。

清明祭英烈。清明节是寄托哀思的节日。巴中是革命老区，红色文化氛围浓厚。每年清明来临，学校都要组织少先队员开展清明祭英烈活动，到烈士墓前寄托哀思。清明节期间，家长也会带着孩子扫墓祭祀、缅怀祖先，继承中华民族自古以来的优良传统。

图 6　巴州七小清明祭英烈活动

浓情端午节。低年级学生以"制香囊，编五丝"民俗认知活动为主，中年级开展"端午知识知多少"活动，学生通过抄写、背诵和端午有关的诗词、做手抄报来理解端午文化。高年级开展包粽子活动，在实践中体验传统文化，在活动中感受节日氛围。

和美中秋节。中秋节是团圆的节日，学校开展一系列的活动迎接中秋佳节。办一期以迎中秋为内容的黑板报，进行一次畅谈中秋习俗的主题班会，举行一次吟诵中秋诗词的朗诵比赛，开展中秋剪纸活动，整个校园充满了浓浓的节日气氛。中秋节当天晚上，在家长的陪伴下，吃月饼、赏月亮，给爸爸妈妈打电话，诉说相思之情，每一个孩子都沉浸在幸福之中。

3. 融入社会生活实践

（1）学雷锋与时代特征相结合。①认识雷锋，解读英雄。举办"学习抗疫英雄，争当新时代小雷锋"演讲比赛，把具有时代特征的"学雷锋"活动推向深入，讲述抗疫英雄故事，阐述雷锋精神的深刻内涵，从抗疫英雄平凡的事迹中挖掘出新时代的雷锋精神。一句句熟悉的雷锋名言，一个个感人的抗疫英雄事迹，都深入到少先队员们的心中，让他们深切感受到了雷锋精神的历久弥新。学生在参与活动的过程中，体会、学习、领悟人生道理，最终潜移默化地形成品德修养，从而达到教育的目的。②走近雷锋，致敬英雄。学习巴州区化成镇蟒堂坝村"全国优秀共产党员"周永开，学习巴州区梁永镇村校"独臂老师"杜秀兰，学习巴州区七小西华山村校"最美乡村教师"李光兴、李明父子等新时代活雷锋事迹，从而明白"雷锋精神"的实质和核心就是全心全意为人民服务，像雷锋一样的人就在我们身边。

（2）学雷锋与实践活动相结合。①社区联动，影响他人。学校成立了多个学雷锋志愿者小分队，在老师的带领下，开展"保护母亲河 我们在行动"活动、"社区联动 我是小雷锋"活动，清扫河道周边环境，捡拾白色垃圾；深入社区，认真打扫。每月定期开展助老爱老活动，为社区孤寡老人送温暖，帮助老人们收拾房间、洗衣服、修剪指甲，给他们讲故事、表演节目，给老人们送去最真切的关怀和温暖。②文明创建，辐射社会。创建文明城市是构建和谐社会的重要组成部分，是城市物质文明、政治文明的体现，更是市民精神文明的集中体现，是每一个市民义不容辞的义务和责任。在小学生中开展"小手牵大手，文明一起走"活动，遵守交通规则，随手捡起地上的垃圾，扶起倒地的共享单车，主动给老弱病残孕让座——践行雷锋精神从小事做起，从身边做起，带动他人，辐射社会。

图7 巴州七小"保护母亲河"社会实践活动

四、改革成效

在探索高品质育人活动中，巴州七小的"协同育人"教育正确处理协调了德育与智育、体育、美育、劳动教育之间的关系，学校育人活动特色越来越凸显。通过用心谋划，精心设计，组织开展主题明确、内容丰富、形式多样、吸引力强的高品质德育活动，以鲜明正确的价值导向引导师生，以积极向上的力量激励学生。通过活动，师生厚植雷锋基因，擦亮生命底色，让孩子们学会了善于表达、善于思考和怎样与人和谐相处。学校成为和谐且充满活力的学习型校园，促进了教师的专业成长和学生核心素养的发展，极大地提升了学校的办学品质。

反思提升

目前，学校虽然在德育活动的途径和载体上进行了大量的改革与创新，德育的时效性与针对性通过活动的实施显著提高，不少德育活动的问题在研究中得到有效解决，推进了学校品牌建设的不断提升，但是在德育活动中，仍存在知识德育、灌输德育、成人化德育等外驱型德育现象，导致德育缺乏科学性、针对性，学生仍处于被动状态。

高品质学校建设行动促成校本研修的改革，研究协同育人为高品质学校建设的实践与探索找到了另一个切入点。基于学校发展实际，充分依据学校地域特色，依据校史校风和优良传统，将德育工作融入整体办学体系中，提炼出更具地域特色的育人目标，实现主体的他育到自育的内生型德育，唤醒德育主体，实现德育创新；对学校德育目标进行更具有学校烙印的校本化建构，使立德树人根本任务得到落实，促进学生的全面发展，将是巴州七小今后着力探索的方向。

（供稿：巴中市巴州区第七小学校，唐振华、苟海艳、向文泉、熊燕）

专家点评

坚持德育为先和协同育人，培养德智体美劳全面发展的社会主义建设者和接班人是基础教育的重要使命和核心任务。该案例详细呈现了巴中市巴州区第七小学校在新时代德育协同育人方面的实践、经验和成果，具有很多的特色做法和亮点措施，为其他学校的德育建设和育人提供了有益的路径参考。在探索德育协同育人的实现路径过程中，巴州七小坚持师德先行、因地制宜、多方联动、潜移默化的价值主张，将"立德树人"放在重要位置，充分发挥了巴中当地丰富的红色文化资源优势，不断创新德育的活动及形式，将德育建设和育人有机结合，将理论探索和实践参与有机统一，做到了在继承红色基因、弘扬优秀传统文化中开展德育，实现了德育建设中的学校、家庭、社区等多方联动，其许多做法和经验值得被推广。尤其值得称赞的是其将德育与学校党建、工会活动、班级活动、传统节日相联系，将德育建设落实到了日常的教学活动和工作中。在未来的发展过程中，巴州七小可以进一步明确问题导向，凝练自身的特色和品牌，激发师生的内生动力，早日实现内生型德育。

——罗哲

家校共育，助力学校高品质发展

问题聚焦

长期以来，家庭教育中存在以下问题：或只重视成绩，忽视"人"的全面发展；或放任不管，任其自由发展；或管得太多，孩子无法成长；或家长工作繁忙，心有余而力不足……家长因文化背景、理念观念不同，家庭实际情况千差万别，对孩子的教育也就各不相同，在配合学校教育方面的表现也参差不齐。

成果简介

一、改革背景

教育是一个复杂的系统工程，需要统筹各种资源，协调各种力量互相配合，形成合力。在这个大教育系统中，家庭教育的地位不可忽视。一直以来，党和国家高度重视家庭教育，出台了不少政策文件，强调家庭教育在孩子成长过程中的重要性，指导、规范家庭教育的开展，提升家长育人能力，形成教育合力，营建家校共育的良好氛围。

2010年7月，中共中央在深入调研、广泛听取意见建议的基础上，经反复研究修改，发布了《国家中长期教育改革和发展规划纲要（2010—2020年）》。目前，家庭教育法的立法工作正有序推进。在指导家庭教育工作上，作出了调研、制定、颁布家庭教育法的突破性、标志性决策。这充分说明，在当今时代，家庭教育的地位与作用日益重要，必须树立大教育观念，将家庭教育与学校教育和社会教育结合起来，才能真正提高教育质量和民族素质，才能在国际竞争中处于战略主动地位。

教育部等九部委先后出台了《关于指导推进家庭教育的五年规划（2011—2015年）》《关于指导推进家庭教育的五年规划（2016—2020年）》两个五年规划。两个规划的出台，表明家庭教育工作被提升到了相当高度，家庭教育的重要性进一步得到重视，同时规划也为家庭教育的发展指明了路径。

教育部在2017年发布的《中小学德育工作指南》中指出：要建立健全家庭教育工作机制，统筹家长委员会、家长学校、家长会、家访、家长开放日、家长接待日等各种家校沟通渠道，丰富学校指导服务内容，及时了解、沟通、反馈学生思想状况和行为表现，认真听取家长对学校的意见和建议，促进家长了解学校办学理念、教育教学改进措施，帮助家长提高家教水平。

乐山市外国语小学（以下简称乐山外小）建校伊始就高度重视家庭教育，不断完善家校联系机制，丰富指导服务内容，提升家长育人素养；同时，充分发掘家长资源，研发家校共育课程，使学校教育得以延伸，实现家庭教育和学校教育优势互补，协调一致，助力学生全面发展，推动学校高品质发展。

二、改革主张

家校共育即家庭与学校对孩子的协调教育。众所周知，在小学生的教育过程中，家庭教育与学校教育均以其独特的优势发挥着重要作用，家长和教师是教育孩子的同盟军。然而家校共育在国内目前尚处在起步阶段，为此，乐山外小大力开展"家校共育"，积极研究、探索实施家校共育的理论及实践操作模式，促进师生关系和亲子关系的和谐，从而构建和谐学校、和谐家庭。

经过多年研究探索，学校提出了家校共育"四三"模式，即："三彼此"基础，"三层次"参与，"三共同"核心，"三引领"目标。

1. "三彼此"基础

是促使家校合作共育顺利健康开展的基础。

（1）家校共育需要彼此之间达成广泛共识。

（2）家校共育需要彼此之间建立信任关系。

（3）家校共育需要彼此之间明确各自责任。

2. "三层次"参与

按家长参与的层次将学校开展家校共育的形式概括为三类。

（1）低层次学习者，如参加家长会、开放日等。

（2）中层次自发者，如家长进课堂等。

（3）高层次决策者，如参加三级家委会等。

3. "三共同"核心

家校的关系——"伙伴式共同成长"的合作关系；家校关系的核心——双方共同分担、共同成长、共同收获。

4. "三引领"目标

提高教师、家长的教育素质和能力，促进学生全面发展，提高学生综合素质是最终目标。

（1）引领"五育三力"的教师。"五育"指的是坚持德、智、体、美、劳"五育"由并举走向融合，全面发展素质教育。"三力"指的是沟通力、凝聚力、影响力三种能力。

（2）引领"五会三美"的家长。"五会"指的是引导家长会陪伴、会合作、会阅读、会锻炼、会激励。"三美"指的是家长不断提高自身素质，重视以身作则和言传身教，以达到心灵美、语言美、行为美。

（3）引领"五优三强"的学生。"五优"指的是学生"品行优善、学业优良、身心优美、情趣优雅、劳动优秀"。"三强"指的是学生"学习能力强、生活素养强、社会意识强"。

综上所述，对于家校共育，学校认为应该牢牢把握以下两点内涵本质：第一，家校共育是一种双向活动，是家庭教育与学校教育的相互配合，家庭和学校互为主体。第二，家校共育活动围绕的中心是学生，促进学生的全面发展是家校共育活动的最终目的。

三、改革路径

1. 完善家校共育的制度建设，家委会搭建沟通桥梁

家校共育是一项长期艰巨的过程，必须建立有力的制度保障其有效运行。乐山外小制定了"学校、家庭合作教育"系列制度，包括《家校合作制度》《家庭教育学校指导制度》《社会实践教育制度》《家长委员会工作职责》，成立"班级—年级—校级"三级家长委员会。为更好吸收家长对学校、班级工作的意见、建议，学校采用"自荐＋推荐"的方式产生三级家长委员会。为规范家长委员会的工作，学校拟定了《家长委员会工作职责》，搭建起家校之间和谐交流的桥梁。

家长委员会成员因天然的身份优势，能方便、快捷接收到家长最真实的想法和诉求，因此，学校采取"定期＋不定期"的形式召开家委会会议，广泛听取家长对于学校工作的意见、建议，并根据实际情况调整学校工作或做好解答。

学校还不定期邀请家长代表走进学校，全面了解学校教育教学、食品安全等工作，就大家关心的问题答疑解惑；同时，通过他们做好本班其他家长的解答工作，赢得家长的理解、支持。在开放办学、坦诚交流中，家长委员会充分发挥了学校工作的参谋、助手作用。

2. 多渠道搭建交流平台，夯实家校共育的基础

家庭与学校能携手共育，前提是家长与老师、家庭与学校形成对孩子教育的文化一致认同、现状认知一致清晰、即将采取的教育措施一致认可。要达到这些"一致"，需要学校与家长以学生为中心相互靠近，相互理解，互相协助。理想状态中，家庭与学校应该成为同盟军，家长与教师应该成为战友、同事，因为，学校教育、家庭教育的目标是一致的，即都是着眼于学生的发展。然而，现实中因为社会环境的影响，家长个体认知的不同，学生个体特质的差异，造成家校教育常常脱节，甚至背道而驰，于是出现"5+2=0"（5指5天的学校教育，2指2天的家庭教育）的现象。究其原因，是学校与家庭没有建立起相互信任、共同理解、互相支撑的交流平台。

乐山外小从建校初便着眼于多渠道搭建家校共育平台，实现常态化的交流，家长和教师成为教育互助伙伴，形成家校共育的最大共识，真正做到因材施教。

（1）"线上交流＋线下面谈"，让家校沟通随时发生。充分利用现代通信手段，开展线上交流。学校每个班级建有微信群、QQ群等，用于家长与老师共同分享先进的教育教学理念，展示学生在校在家生活学习情况，探讨这些生活场景的教育初衷。

（2）每周一次线下面谈。充分利用周五放学、周日返校时间，正副班主任、生活教师走进班级，接待家长。大家围绕学生一周在校、在家的学习生活情况进行坦诚交流、讨论，因人而异落实教育方法。

（3）坚持传统交流方式——家访。每学年一次上门家访，是乐山外小建校以来的传统。每到暑期，各班科任教师和生活教师在班主任带领下，走街串巷，进入每个学生家庭进行面对面交流。老师们全面介绍学生一学期中的情况，详细了解学生家庭情况、在家表现等；在此基础上有针对性地指导学生合理规划假期生活。一年一度的家访，不仅密切了家校联系，还增进了家校之间的联系与师生之间的感情，赢得了家长高度认可。

图 1　乐山市外国语小学一年一度的暑期家访

一周一谈，一学年一次家访，家长与教师对学生就问题相互督促，就进步共同鼓励，目的均指向学生个性化成长。家长尝试着和教师携手共进，见证了学生的阶段成长，家长才愿意进一步靠近老师，"家校共育"才有深度合作的可能。

3. 专业培训，提升家长育人素养

（1）班级召开主题家长会。当前教育最大的问题是学校教育与家庭教育职责不分明。学校教育承担了太多家庭教育的职责，如安全监护、习惯规范、是非明辨、社会适应能力等，分散了学校研究教育教学策略、提升教育教学质量的精力；家庭教育则过多地把精力花在学习辅导、作业批改、培训提升等事务上，忽视了学生的习惯养成和品格教育。家庭教育和学校教育的错位，带来的是家校互相埋怨、教育苦不堪言、效果事倍功半。班级家长会是解决家校教育职责不明的最佳途径。学校每学期举行一次家长会，每次家长会讲求"一会一得"。

会议特点有三：①主题突出。结合学校文化、年级教育目标、班级学生阶段成长普遍态势确定会议主题。例如，一年级新生家长会主题为"家长如何引导孩子处理好分离焦虑"；五六年级学生身体、心理迈入青春期，渴望自主、渴望被尊重，召开主题为"如何助力孩子青春飞扬"的家长会。②讲究实效。家长于百忙中参加会议，如果没有收获、没有具体的教育孩子的措施习得，就会有怨言，就不会与学校携手。基于这种朴素认识，学校家长会的目的就是让家长更优秀，让孩子成为最好的自己，所以每学期的家长会入座率都可以达到 98% 左右。③形象生动。用情境再现、案例分享、现象剖析等方式呈现学生教育中的棘手问题，家长们会感同身受：是的，我家孩子就是这样！有了问题，才有需求，家长们开会时也才会格外认真。采取丰富的形式引领家长解决问题，是家长们最喜欢的环节，这个环节方式多样：专题心理辅导，邀请专业家长做讲座，学生现身说法，现场家长辩论……

图2　乐山市外国语小学每学期一次的班级家长会

每期一次家长会引领家长协调家庭成员的教育观，教给家长有效陪伴的方式，引导家长在家庭中正确培养孩子的专注力……通过家长会清晰地告知家长：学校将培养怎样的孩子，学校做了什么，学生应该呈现怎样的变化，家长们需要如何做。得到清晰明确的任务分配，知晓了具体的操作方法，多数家长在家校共育中会扮演积极的角色。

（2）精心筹划家长开放日。家长开放日是传扬学校教育文化的盛会，是家长全面理解学校育人目标的契机，是家校共育理论落地实践的方式。学校每期举行一次家长开放日活动，邀请全体家长走进学校，了解学校教育教学成果。每次一个主题，从学科教学到班（队）会展示，从各种学科文化节到亲子运动会等，涵盖了学校方方面面的工作。全员参与，一个不落。在家长开放日活动中，学校要求家长和学生同学同做，家长体会学生，实践家校共育理念，教师相机指导。家长、教师、学生以活动为纽带，彼此更理解、更接纳，家校共育的实践更具针对性。创新的家校联系方式，畅通的家校沟通渠道，构筑了家校共育的最大同心圆。

4. 构建家校共育系列课程

《教育部关于加强家庭教育工作的指导意见》指出，为深入贯彻习近平总书记关于家庭教育系列讲话的精神，积极发挥家庭教育在少年儿童成长过程中的重要作用，学校要切实加强对家庭教育工作的指导,丰富指导内容,帮助家长树立正确先进的教育观念,为少年儿童的健康成长营造良好的环境,推动形成政府主导、部门协作、家长参与、学校组织、社会支持的家庭教育新格局。

乐山外小从2015年开办"家长学校"以来,为推动其可持续发展,对"家长学校"课程的构建进行了深入探究,研发出了独具乐山外小特色、能满足小学不同学段家长需求的多元而丰富的"家庭教育"系列课程。课程由两位参加了北京大学新世纪教育集团家庭教育培训结业的专业教师主讲,她们直面家庭教育中的难点热点问题,根据不同的年段精选课程指导家长,例如,低段侧重于幼小衔接、如何培养孩子良好的习惯、家校如何携手共助孩子成长等内容的指导,中段侧重孩子专注力的培养、有效沟通、如何正确爱孩子等内容的指导,高段侧重培养孩子责任感与抗挫能力、青春期父母角色的转变等内容的指导。

"家长学校"从建立对学校文化认同开始,到专题引领,再到理论支撑,向家长传递科学的家庭教育方法,为家庭教育中存在的困难、疑惑支招,不断提升家长的育人素养。每次家长们带着期待而来,带着收获而归。五年来,学校开办的"家长学校"日趋成熟,受训家长在万人次以上,并已借助乐山市妇联的支持实现了线上线下同步授课,乐山外小的"家长学校"已成为学校家庭教育的品牌。

图3　乐山市外国语小学每月一次的"家长学校"课堂

5. 开发家校共育多方资源

家校共育的优势,就是能够实现家庭、学校、社区资源的共享互补,把有关各方资源进行整合,为学生成长提供更加宽广的空间与可能。家长资源、社区资源有多元性、广泛性、可选择性的特点,为家校共育提供了宝贵的助力。学校充分发掘家长资源、社区资源,形成了学校、家庭、社会三位一体的共育网络,使学校教育得以延伸,满足学生多元学习需求,为学生的卓越发展奠定坚实基础。

(1) 发挥家长专业优势,形成特色共育活动。

家长们职业不同、专业不同。这些不同,为学校课程的开发、活动的开展提供了更多选择。学校根据学生需求、教育需要,适时邀请家长走进学校、走进课堂,用他们专业的知识对学生进行专业引领。安全法治教育、心理健康教育、网络安全教育等别开生面、生动有趣的教育,如同在孩子们眼前打开了一个个欣赏精彩世界的窗口,开阔了学生的眼界。例如,每逢暑期,防溺水教育必不可少。学校根据教育需要、学生现实需求,在放假前邀请家长中的专业游泳教练走进学校开展防溺水的专题教育。从溺水的危害到急救知识学习,从地点选择到准备活动,再到如何救助溺水者,课程非常专业,实用性强。家长认真准备,精心制作课件,设计教学活动,学生在仔细聆听、参与体验中提高了自救自护能力,懂得了珍爱生命的道理。

图 4 乐山市外国语小学家长进校园开展"防溺水"专题讲座

家长走进课堂以教育需要、学生需求为导向,以拓宽学生眼界为价值追求,构建特色鲜明的共育课程。缤纷的课程,为孩子们展现了立体生动的大千世界,让他们呼吸到书本之外的新鲜空气,触摸到校园以外的人类活动画卷,既满足了教育需要、学生现实需求,又丰富了共育课程,激发了学生学习兴趣,拓宽了学生的眼界。

同时,家长们围绕学校确定的主题,精选教学内容,准备教学课件,设计有趣的教学活动,家长们体会到了当一名教师的不易,增强了他们对教师工作的理解和对学校工作的支持。

(2) 充分利用家长资源，多渠道开展社会实践。

陶行知指出，"社会即学校，教学做合一"。社会实践活动是一种特殊的教育活动，在学生的成长过程中起着不可忽视的教育作用，但由于受到安全、疫情、地域条件等因素的影响，学校开展社会实践活动常常受到一定的限制。而丰富的家长资源像座宝藏，为学生走出校门开展社会实践活动提供了更多的渠道，学生在广泛接触自然、走进社会过程中，增长知识，拓宽视野，提升能力。

学校的社会实践活动大多围绕主题活动展开。如在节庆日，利用家长资源开展丰富多彩的社会实践活动。端午佳节，家长们带领学生动手包粽子，其乐融融中不仅共享亲情，更提高了学生的动手能力；五一劳动节，开展家庭劳动实践活动，孩子与家长一起进行别有趣味的劳动，农事体验、种植饲养、家庭大扫除、家庭厨艺秀、社区服务等，孩子们在参与体验中不仅增进了亲子关系，还明白了各种节庆的不同风俗，体会到了劳动的快乐。

学科小世界，天地大课堂。学校充分利用家长丰富的资源，让学生走出校园，走进社区，走进大自然，多渠道开展社会实践，不断打破学科教育边界，实现课程融合，助力"五育"并举落地落实。

(3) 大力发掘社区资源，打造共育基地。

社区中不同单位、不同机构的硬件设施设备以及专业人士也可以成为重要的教育资源。学校积极统筹协调各类社会资源单位，加强社会教育资源开发，与乐山部分高校、政法系统、相关社区建立了长期的联系，开辟了相应的法制教育基地、素质教育基地，开展了丰富多彩、文明健康的教育活动。学校带领学生走进成都理工大学工程技术学院参观中国核聚变博物馆，让学生从小树立热爱科学的意识；带领学生走进乐山师范学院图书馆，开阔了学生的眼界；社区医院为学生定期进行口腔检查，为学生的健康护航；社区派出所协助学校开展校园护卫工作，确保孩子上下学安全。与社区的合作，为学生走出校门开展社会实践活动提供了更多的渠道，拓宽了学校教育的时空边界，营造了有利于学生健康成长的社会环境。

图 5　乐山市外国语小学学生参观成都理工大学工程技术学院核聚变博物馆

四、改革成效

乐山外小从建校起一直致力于家校和谐共育的建设。建校 17 年来，建立了完善的家校共育制度，搭建了多形式、多层面的家校沟通渠道与平台，形成了独具特色的家校共育课程，构建了学校、家庭、社会三位一体的共育机制，家长的育人观念得到了转变，形成了正确的教育观和人才观，使学生家庭亲子关系更加和谐，家校联系更加密切，学校、家庭、社会职责分明、充分合作，更好落实了立德树人的根本任务，全面深化了素质教育，促进了学生健康成长和全面发展，使学校实现了高品质发展。

反思提升

一路走来，学校在家校共育中取得了不少成绩，但也遇到了一些问题，值得我们反思：有部分家长育人观念陈旧，且根深蒂固，奉行分数至上观念，忽视孩子的全面成长。个别家长因自身文化背景的原因，无法给予孩子科学的教育。离异家庭越来越多，父母之间互相推脱对孩子的教育责任。很多年轻家长因工作忙碌，孩子只能委托长辈照顾，隔代教育孩子存在很多问题。部分教师缺乏沟通技巧，造成沟通不够愉快、顺畅。

针对以上问题，学校将继续加强宣传，通过家长课堂向家长传递科学的育人方法，引领家长转变观念；充分利用现代信息技术，持续完善家校沟通渠道，做到"沟通随时可以发生"；还要加强培训，促进教师观念的转变，提升与家长沟通的能力。

家长是学校教育的参与者，是学校教育的伙伴。苏联著名教育家、教育理论家苏霍姆林斯基曾说："最完备的社会教育是'学校—家庭'教育。"乐山市外国语小学将继续强化家校共育工作，凝聚最大共识，构建家校共育最大同心圆，形成家校共育最大合力，促进学生健康发展，助力学校高品质发展。

（供稿：乐山市外国语小学，张立、雷丽、张勤丽）

▶ 专家点评

家校共育是新时代学校教育发展改革的一个重要潮流，也是高品质学校建设急需关注的重要方面。有效实施家校共育需要在理论和实践层面探讨一系列基本问题。乐山外国语小学从面临的现实问题出发，准确理解把握国家一系列相关的方针政策，在改造传统家校联系机制的基础上，不断完善和丰富家庭教育服务指导内容，提升家校双方育人素养，充分发掘家校资源，研发家校共育课程，从而实现了家庭和学校教育优势互补和协调一致，助力学生全面发展，取得显著成效。乐山外国语小学提出了家校共育打好"三彼此"基础，做好"三层次"参与，构建"三共同"核心和实现"三引领"目标的"四三"家校共育模式，使传统的家校合作转变成了比较科学且具有明确的指导思想与操作过程的现代实践范式，这使他们家校共育的实践具有较高的水准。此外，他们在制度建设、交流平台的构筑、常态交流方式的规范、家长和教师的专业培训、开发和实施家校共育系列课程及开发利用家校共育多方资源等方面也有不少具体举措。由于思路明确、措施落实，该校形成了有效的"三位一体"共育机制，取得了促进整体办学水平提升的成效。

需进一步明确学校、家庭和社会三个影响学生发展主要因素之间的动态关系，尤其要强调学校教育的主导，注意发挥三个方面相互代偿的积极作用，主动补位，杜绝相互推诿和"都管都不管"现象的发生。

——李小融

第三篇

课程建设篇

高品质幼儿园幼儿交往体验课程构建的思与行

问题聚焦

《幼儿园教育指导纲要（试行）》指出："教育活动的组织与实施过程是教师创造性地开展工作的过程。教师要根据本《纲要》，从本地、本园的条件出发，结合本班幼儿的实际情况，制订切实可行的工作计划并灵活地执行。"因此，幼儿园不仅是课程的实施者，同时也是课程的开发者，幼儿园的课程体现了幼儿园的育人理念、培养目标。在追求高品质发展学前教育的当下，课程建设成为幼儿园发展的核心问题，是幼儿园高品质发展的必然要求。

成果简介

一、改革背景

2001年9月，教育部印发《幼儿园教育指导纲要（试行）》（以下简称《纲要》），其中第二部分教育内容与要求中关于社会领域的指导要点指出："幼儿与成人、同伴之间的共同生活、交往、探索、游戏等，是其社会学习的重要途径。应为幼儿提供人际间相互交往和共同活动的机会和条件，并加以指导。"2012年10月15日，教育部印发的《3-6岁幼儿学习和发展指南》（以下简称《指南》）明确指出："人际交往和社会适应是幼儿社会学习的主要内容，也是其社会性发展的基本途径。幼儿在与成人和同伴交往的过程中，不仅学习如何与人友好相处，也在学习如何看待自己、对待他人，不断发展适应社会生活的能力。"这些文件都要求培养幼儿在与同伴、成人的相处和交往活动中共同建构知识、认识世界，并逐步形成健康的个性和健全的人格。幼儿交往能力的发展，不仅对幼儿个性、社会性的发展具有重要意义，而且对幼儿认知能力的培养也有重要的促进作用。以上文件均提出了要重视幼儿交往能力发展的要求，因此幼儿交往体验课程是幼儿园课程实施的重要内容。

我园 2014—2019 年省级课题"家园协作促进幼儿交往能力发展的研究"成果基础上进行深入研究。之前的课题研究取得了一定的成果，但是仍然存在一定的问题，例如：课程框架结构不清晰，需要进一步优化与创新；课程内容还不够全面，活动形式需要进一步丰富；课程资源有待进一步挖掘；课程评价不够科学、严谨，需要进一步修改完善和深入研究；等等。

二、改革主张

1. 幼儿交往体验课程的实施需创设真实的交往情境

幼儿园和家庭协作精心打造情境化游戏的环境，为幼儿更好地适应社会生活提供有利的学习环境，将生活的真实情境与想象的模拟情境结合起来，让幼儿在情境中开展生动有趣的游戏活动，在游戏活动中模仿成人社会，了解与自己密切相关的社会机构和人们的活动。

我们将促进幼儿交往能力发展环境的情境分成两大块来创设，如下图所示。

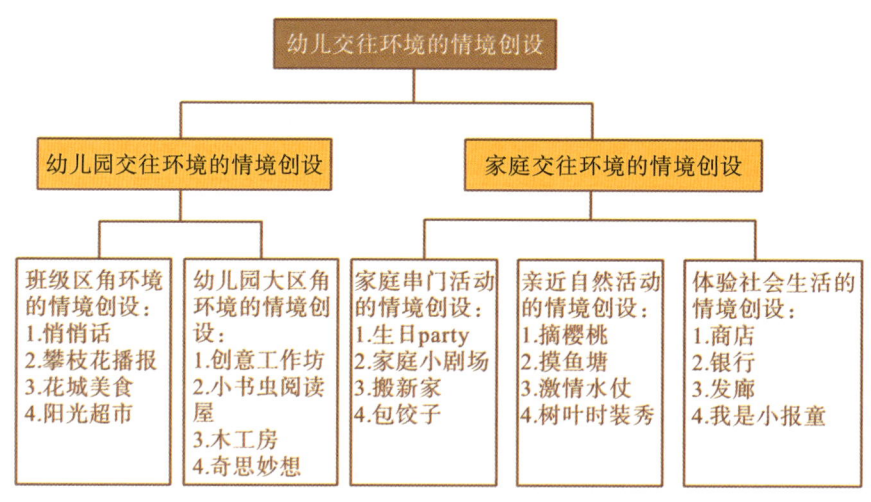

图 1　攀枝花市实验幼儿园幼儿交往环境情境创设

2. 幼儿交往体验课程的实施需以游戏的形式开展

（1）幼儿园交往环境的游戏化情境创设。①幼儿园班级区角环境的情境创设。各班结合本班幼儿实际情况，围绕攀枝花市市情创设了一系列既具有攀枝花地域特色又富有儿童情趣的班级区角活动环境,有攀枝花 Fashion Shopping 大世界、花城建造、阳光超市、动物宝贝、宝贝之家、花城之声、花城印象、攀枝花播报等区角,为各年龄段的幼儿提供了游戏交往情境,鼓励幼儿自主交往、自主选择、自主结伴,在游戏的情境中互相交流、分享、学习,达到发展幼儿交往能力的目的。②幼儿园大区角环境的情境创设。以骨干教师牵头成立各种工作室,创设了幼儿园大区角游戏环境,有木工房、乐买乐购、创意工作坊、南水北调、小书虫阅读屋、奇思妙想等,这些大区角涉及的社会生活范围更广,可以满足孩子们不同的需要,适合各个年龄段和不同兴趣爱好的孩子们的活动要求,孩子们可以自由选择活动区,在愉快的情境中培养兴趣,促进交往能力发展。

(2)家庭交往环境的游戏化情境创设。幼儿在生活中的交往范围比较小,一般就是幼儿园、家这两个场所,他们所接触的主要是家人,独生子女就更缺少伙伴。社区家庭小组定期组织活动,主要包括家庭串门活动、走出户外亲近自然活动和体验社会生活环境活动。这些活动本来是孩子小家庭生活中的环境,小家庭汇集成了大家庭,这里有更多的同伴,有哥哥姐姐,也有弟弟妹妹和很多爸爸妈妈,在这样的大家庭情境中,孩子们的交往圈扩大了,接触到更多的人和事,体验到更多的快乐,同时交往能力也得到更好的发展。

3. 幼儿交往体验课程要借助家庭、幼儿园、社区、网络等多种实施途径

(1)跨班互动情境创设。现在的家庭大多数是独生子女家庭,不少孩子具有任性、不合群等特点,同时我国大多数幼儿园以年龄为依据的编班形式让幼儿交往的伙伴和活动的空间受到较大的限制。我们尝试从情境教育的理论中找寻到更有利于家园合作的跨班情境新途径,为幼儿创造更多的交往机会,让不同班级、不同年级、不同家庭与社区的幼儿在一起感受交往带来的快乐。

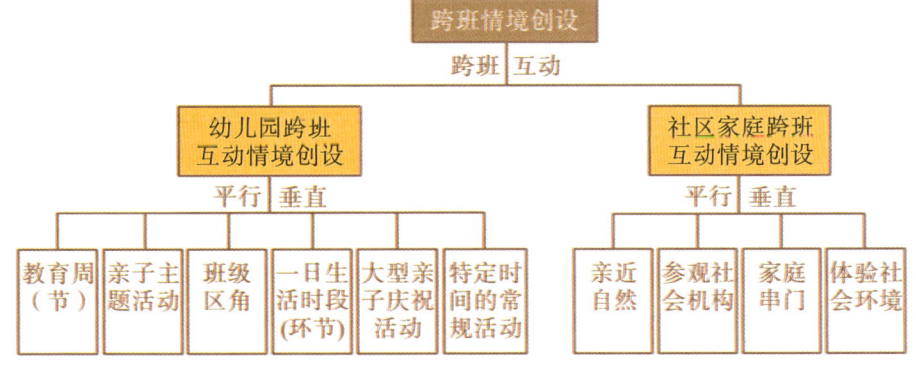

图 2　攀枝花市实验幼儿园跨班互动情境创设

（2）家园协作的活动。教育是一个有机的整体，它需要幼儿园、家庭一致的配合。幼儿的交往不仅发生在幼儿园，更发生在家庭。在幼儿园的指导下，让活动走出幼儿园，让家庭参与进来，为幼儿创设的自然情境更丰富，活动更多样。家庭与幼儿园有效合作、配合，使家庭教育与幼儿园教育相互衔接，双向互动，这样的情境才是幼儿最熟悉和感到亲切的，也是最容易让幼儿接受并愿意参与的。

（3）线上、线下相融合的实施途径。新冠肺炎疫情为课程实施带来了一定的阻碍，但同时也为园所打开了新思路，引发了深入思考，幼儿园要紧跟时代发展的潮流，不断创新课程实施新途径，要充分利用互联网、人工智能等高科技技术，将信息化融入幼儿园教育教学活动。因此，园所创设了线上、线下相融合的活动模式，利用直播、抖音小视频等途径，创设网络交往情境，让活动从线下到线上，让活动更丰富、形式更多样，同时也更加有效率。

三、改革路径

1. 完善高品质幼儿园幼儿交往体验课程目标

我们统整交往教学情境、游戏情境、生活情境、社区情境，力图把每个活动的创设方法、注意事项及每个年龄段幼儿在各种具体活动中所获得的有益经验都进行了构建，但是在实践中发现这样并不利于教师和家长们创造性地组织各种活动。经过反复思考和研究，构建促进幼儿交往能力发展的课程目标体系、内容体系以及体验课程方面。在课题研究目标的引领下，我们将课程总目标确定为：

（1）为幼儿创设各种适宜的人际交往情境，创造交往机会，在交往的过程中，让幼儿学习如何与人友好相处，学习如何看待自己、对待他人，继而发展人际交往能力。

（2）在幼儿园、家庭、社区中构建和谐家园关系，让儿童在交往情境中体会交往的乐趣，学习交往的基本规则和技能，呈现自尊、自信、自主的表现，从而逐步培养幼儿健康的个性和健全的人格，促进幼儿社会性的发展。

2. 构建高品质幼儿园幼儿交往体验课程的内容体系

（1）以周围世界为源泉，构建促进幼儿交往能力发展的课程新内容。我们对课程体系重新梳理发现了一些问题：课程内容体系划分不够统一，概念不够清楚，内容有重叠、交叉，不能很好地彰显幼儿园"玩美"课程改革的先进理念和幼儿园整体改革发展新思路，同时还存在不利于实际操作等问题。例如，幼儿所关心的事物是变化和流动的，它的内容也在以惊人的速度重新组合，因此幼儿园的各种教育需要融入幼儿一日生活的各个环节中，每个活动相互交融、延伸，没有严格的界限。在游戏情境的游戏活动中，主要依据传统游戏的分类形式创设五大游戏情境，分别是结构游戏、体育游戏、音乐与表演游戏、角色游戏、智力游戏。这些游戏的组织方式偏传统，多是由老师组织的集体游戏形式，内容较单一，缺乏融合性，组织形式上割裂了一日生活中蕴藏的各种契机，也没能很好体现幼儿的主动性、自主性。

针对这些问题，为了凸显家园协作，我们根据幼儿生活学习环境的范围，优化了原有的内容体系，将课程内容体系重新划分。在情境教育理论的视角下，构建了促进幼儿交往能力发展的课程内容体系，开发了促进幼儿交往发展的幼儿园体验课程和家庭体验课程两大园本课程。其中，幼儿园体验课程包括学习体验课程、游戏体验课程和生活体验课程，家庭亲子体验课程包括家庭体验课程、自然体验课程和社会体验课程。

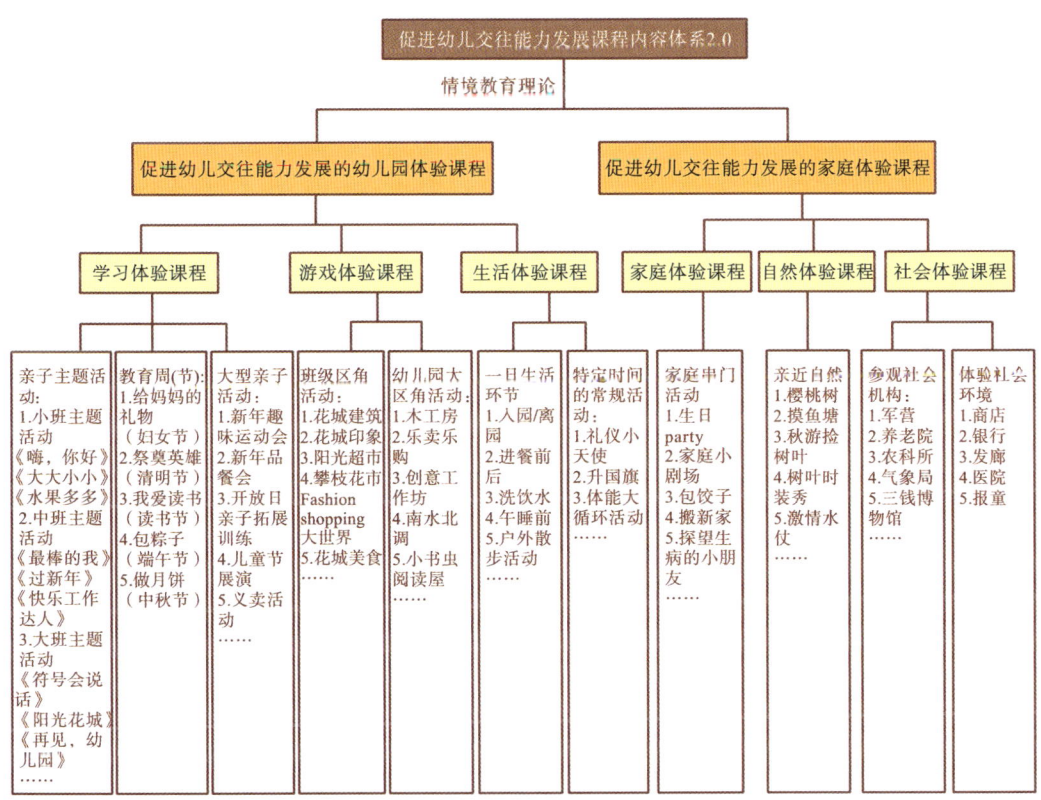

图 3　攀枝花市实验幼儿园促进幼儿交往能力发展课程内容体系 2.0

（2）线上线下相融合，构建幼儿交往体验课程内容体系 3.0。2019 年，我园立项的省级课题"家园协作促进幼儿交往能力发展的研究"结题，课题组在总结中发现了课程体系划分不清晰的问题；2020 年 1 月，突如其来的新冠肺炎疫情打破了原本的幼儿园课程实施计划，幼儿园延缓开学，聚集性的家庭小组活动受疫情的影响无法顺利开展。这一系列问题引发了课题组的深入思考。特殊时期课题组通过微信公众号向家长和幼儿推送亲子系列课程，探索线上线下相融合的幼儿交往体验课程新内容，同时根据幼儿园、家庭的不同活动内容，重新将课程内容划分为幼儿园体验课程、家园协作体验课程、家庭体验课程。

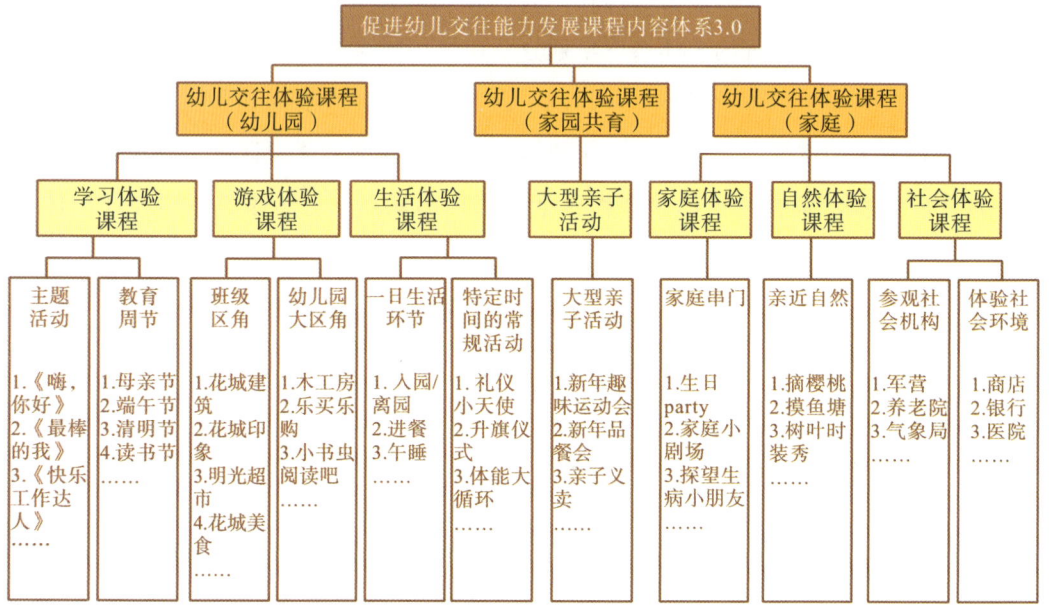

图 4　攀枝花市实验幼儿园促进幼儿交往能力发展课程内容体系 3.0

3. 探索高品质幼儿园幼儿交往体验课程实施新策略

（1）以幼儿园为主阵地，开发幼儿园幼儿交往体验课程，在幼儿园主题学习活动、游戏活动、一日生活活动的各种情境中全方位渗入交往课程。

我们将课程划分为学习体验课程、游戏体验课程、生活体验课程。学习体验课程包括主题学习活动和教育周/节活动，主题学习课程是五大领域的整合课程，教育周/节包含中秋节、国庆节、端午节等中国传统节日，以及爱牙日、世界地球日、世界粮食日等特殊节日的内容。游戏活动包含班级区角活动、幼儿园大区角活动。一日生活活动包含入园/离园、进餐、午睡等一日生活活动以及特定时间的常规活动，例如升旗仪式、礼仪小天使、体能循环活动等，将社交礼仪的常识教育融入一日生活。

在主题教育中实施幼儿交往体验课程。①整合教材，将交往课程融入五大领域的主题教育。交往的学习是幼儿园社会领域学习的主要内容，社会领域是一个综合的学习领域，而基于3—6岁幼儿学习与发展的需要，健康、语言、社会、科学、艺术五大领域之间是相互交融的。因此，整合五大领域的学习内容开展主题教学活动是幼儿园教育教学活动的主要方式，我们主要以南京师范大学出版社出版的《幼儿园活动整合课程》、少年儿童出版社出版的《多元整合幼儿园活动课程》、四川教育科学研究院编写的《幼儿园整合式课程》等图书作为参考，吸收这几种图书的精华，结合幼儿园的实际，开发了幼儿园的园本教材《玩美学习课程》和《玩美生活·安全·节日课程》。幼儿园在各年龄班开展了题材丰富、内容多样的亲子主题活动，如"嗨，你好""汽车叭叭叭""最棒的我"等，开展了一系列的公开课、同课异构活动。通过观摩优秀的教学活动，教师们不断反思、学习优秀的经验，在教育活动中不断创新与提升。在这样的实践基础上，我们结合季节时令、社会生活大背景、幼儿园五大领域的内容确定主题，探索以情境教育模式、家园协作的方式开展主题学习体验课程，促进幼儿交往能力发展的新方法。②扩大视野，开展以传统节日、特殊节日为主题的教育周、节活动。在千百年的历史发展及传承中，我们的节日风俗蕴含着传统文化，传递着教育理念，挖掘古今中外节日文化中蕴藏的教育价值具有重要意义。在传统的节日创设情境，让幼儿秉承传统文化的血脉，在节日活动中体验更多元的文化氛围，感受传统，学会表达，给他们提供更多主动交往的机会。课题组在各种节日庆祝活动中，以家园协作、亲子同乐的方式，请家长们支持并参与活动。按照家庭—幼儿园—家庭、幼儿园—家庭—幼儿园的模式组织开展节日活动，由家庭发起丰富幼儿前期经验，到幼儿园参加集体亲子活动，再将活动继续拓展延伸到家庭，开发更多的互动活动，或是由教师在幼儿园提出倡议让幼儿带着问题和任务回到家庭和父母一起完成，再回到幼儿园参与下一步活动。在这样的活动中，家长以不同的方式不同程度地积极参与到活动中来，幼儿也会受到影响，无论是在家或是在幼儿园都是主动积极的，对自己所在的家庭、幼儿园乃至社区、家乡和祖国产生归属感，每一个节日所蕴含的宝贵教育价值得到充分发挥，让幼儿对生活仪式感、传统的文化有了非常直接的体验。

探索不同形式及特色、不同主题内容的区角游戏活动，开发促进幼儿交往能力发展的游戏体验课程。游戏是幼儿的天性，是幼儿园的基本活动，是促进幼儿学习和发展的重要途径，也是幼儿获得交往经验和交往机会的重要途径。因此，为幼儿营造适合游戏的环境，提供充分的游戏时间，让幼儿时时都能在游戏中生活、在生活中游戏，在游戏中模仿、体验，进而在与同伴、老师和家长的交往中学会交往。①创设班级区角环境开展游戏活动。创设各具特色的班级活动区。幼儿园立足于攀枝花的实际，对孩子们进行爱家乡的教育，将攀枝花特色作为一道亮丽的风景线运用到创设班级区角活动环境中。如通过攀枝花 Fashion Shopping 大世界、花城建造、阳光超市、动物宝贝、宝贝之家、花城之声、花城印象、攀枝花播报等区角，为幼儿提供游戏环境，创设交往情境，在游戏的情境中鼓励幼儿自主交往、自主选择、自主结伴，在游戏的情境中互相交流、分享、学习，达到发展幼儿交往能力的目的。②创设幼儿园大区角环境开展游戏活动。幼儿园充分利用幼儿园现有空间，将办公楼三楼、食堂二楼以及周边围墙打造成幼儿公共活动区，幼儿园以骨干教师牵头成立各种工作室，创设了幼儿园大区角环境，有木工房、乐买乐购、创意工作坊、南水北调、小书虫阅读屋、奇思妙想等，这些大区角适合各个年龄段和不同兴趣爱好的孩子，孩子们可以自由选择活动区，在愉快氛围中培养兴趣，促进了幼儿交往能力的发展。

将教育融入生活，开发促进幼儿交往能力发展的生活体验课程。我们将生活情境创设案例归纳整理形成了生活体验课程，将由教师在班级组织的常规活动划为一日生活环节，将由幼儿园组织的在特定时间开展的全园性的常规活动划为特定时间的常规活动，如入园、离园环节，小班创设问候情境，提醒幼儿和教师、小伙伴打招呼、问好，学会说"你好""早上好"等礼貌用语，回应他人的问候；教幼儿用点点头、击击手掌或者拥抱的方式表示问候和爱意。在餐点、饮水、如厕、盥洗、午睡等生活环节中创设与同伴自由交谈的情境，让幼儿学习交往的技巧，并请家长在家里也配合教师在生活中运用。户外自由活动和生日会提供自由、自主的交往空间，创设与同伴分享玩具的情境，使幼儿学习在活动中分工合作。大班在晨间活动和离园活动中开展自由交谈活动，给幼儿充足的时间与他人交流、分享；组织谈话活动，与大家分享"我今天高兴的事"。中大班以值日生站门口迎接的形式，主动与来园或离园的小朋友和家长打招呼。幼儿园开展"礼仪小天使"活动，每天由中大班选出两个"礼仪小天使"站在幼儿园大门口，主动与来园、离园的所有人问好、告别。礼仪小天使活动由中大班幼儿轮流每天担任，升旗仪式每周一开展，由中大班幼儿轮流做国旗下的讲话表演，安全演练活动在每周五上午开展。

（2）亲子同乐，组织大型亲子体验活动，打造家园协作平台，重构家园协作交往体验课程，构建和谐家园关系。

大型亲子活动，是幼儿园的一大特色，是由幼儿园确定主题、统一策划、指挥、组织的形式多样的群体性庆祝活动，通常在新年到来的元旦、六一儿童节、家长开放日等时段以家园协作的形式开展。全体老师发挥自己的主动性、创造性，或以全园为单位，或以年级、班级为单位，以亲子同乐的方式，让幼儿和家长积极参与，体会其乐趣，萌发集体荣誉感。

每年3月至6月，幼儿园都要举办主题读书节活动，在幼儿园和家庭为幼儿提供丰富的图书，创造良好的阅读环境和条件。家庭、幼儿园共同协作，每天、每月固定时间，教师、家长与幼儿一起阅读、讲故事、表演、交流阅读感受，培养阅读的好习惯。幼儿园还开展了故事大王比赛及诵诗歌、念童谣、儿童剧表演活动，举行读书节家长交流会，评选"书香家庭""书香宝宝"。

（3）以家庭为同盟，开发促进幼儿交往能力发展的家庭体验课程，在家庭、自然、社会的大情境中深入推进交往学习。

幼儿园将家庭按社区分为小组，一个小组由5~7人组成，给幼儿创建一个适合他们交往的同伴圈，定期组织活动，主要包括家庭串门活动、走出户外亲近自然活动和体验社会生活环境活动。每一个小组推选出一位小组长，每次家庭小组活动都由组长先制订活动方案，交给教师阅看并提出建议和要求，在活动中要求每位家长都认真观察，填写《交往活动观察记录》，组长填写《小组活动观察记录》，同时拍摄记录活动实况便于教师观察收集资料。活动结束后，教师针对家长提出的问题进行答疑解惑，共同商量解决的办法，根据大家的反馈意见安排接下来的活动。这样的活动深受家长和孩子们的喜爱，也让教师们在活动中得到更多的启迪。2017年后，幼儿园将几年来各班家园合作组织的活动进行了分类整理，形成了促进幼儿交往能力发展的家庭体验课程，分别是亲子体验课程、自然体验课程、社会体验课程。

家庭体验课程之家庭串门活动。串门不是一个新鲜的词，攀枝花市实验幼儿园的串门活动却是别出心裁，这不是邻里之间随意地走走门户、拉拉家常，它是由社区小组和教师精心策划组织，为幼儿们在幼儿园之外创设的一个适合他们交往的同伴圈。这让幼儿在家庭也能与同伴一起玩耍游戏，并从中感受快乐，学会交往，提高其交往能力。每一次串门都有明确的主题、目标和流程，倾注了教师、家长对孩子们深深的爱和教育的智慧，在每一次的串门活动中幼儿们都有不同的交往体验，都有收获和成长。

家庭体验课程之自然体验活动。幼儿对大自然有天然的喜爱，绚丽多姿的大自然是幼儿学习和成长取之不尽的宝藏。但是幼儿园因为幼儿年龄小，不适宜经常组织全班幼儿都外出参加的活动，而家庭小组具备幼儿人数少、家长陪同的条件，大大增强了外出活动的安全保障，使得常态化、定期开展走进大自然亲近大自然的活动成为可能。在野外大自然真切、美好的情境之中，幼儿和家长都带着愉悦、轻快的情绪，激发出美好的情感，唤起幼儿对周围世界、对家乡、对身边的人们的善意和爱，和大人、小伙伴愉快交流，增强了交往能力。

家庭体验课程之社会体验活动。情境教育主张为幼儿构建一个优化的成长空间，利用环境，挖掘家长教育资源，从幼儿园到家庭，再从家庭到社会各个场所、机构，组合成一个和谐多维的整体，在这个渗透着丰富教育元素的社会情境之中促进幼儿交往的发展，最终让幼儿更好地融入社会适应社会。社会的体验活动非常适合以家庭小组的形式来开展。

（4）创设跨班情境，探索高品质幼儿园幼儿交往体验课程实施新途径。

创设幼儿园跨班互动的情境。同年龄段平行班幼儿身心发展特点差异较小，他们在知识水平、兴趣等方面有更多的共性，特别适合跨班参与难易程度接近、活动内容有关联的班级区角活动。教师应注重创设不同的活动情境，打破班级的界限，引导幼儿自主选择班级和区角活动，为幼儿提供自由交往和游戏的机会。

创设社区家庭跨班互动的情境。社区家庭小组开展的活动可以是多个家庭之间创设的交往情境，也可以是家园与社区之间创设的交往情境，有同班幼儿，有同年龄段不同班幼儿，还有不同龄不同班幼儿，让混龄幼儿在一起参与活动。每个幼儿不仅和别的幼儿交往，还和别的小朋友的爸爸妈妈、社会生活中各行各业的人们有了接触，甚至可以挑战与陌生人交往，幼儿有了更广阔、多层次、多角度的交往范围，极大地增强了幼儿的交流能力，家长参与其中能及时发现孩子在交往时的问题并给予针对性的指导。

（5）抓住疫情教育契机，开拓线上线下相融合的家园协作新途径。2020年春季学期受到新冠肺炎疫情的影响，幼儿园延缓开学，课程的实施遇到了困难，课题组召开疫情期间课题实施专题会议，讨论课程实施新途径。在中小学"云课堂"教育的启发下，幼儿园通过微信公众号、QQ群、微信群，向家长和幼儿推送微课，通过亲子阅读、故事分享、亲子手工、亲子运动打卡等线上活动，增进亲子情感，同时在班级微信群家庭相互分享育儿经验，让幼儿分享疫情期间身边有意义的事。

4. 完善高品质幼儿园幼儿交往体验课程评价体系

课程评价是检测课程实施有效性的重要保障，我们重新梳理课程评价体系，组建由园长、教研室主任、保教主任、教师、家长多方参与的课程评价小组，采用多样化的方式开展课程评价；制定幼儿同伴交往、成人交往评价指标，以及同伴交往、成人交往情况统计表，通过量化的方式，有效了解幼儿交往情况，针对个体及整体判断活动的有效性，对活动做出调整，同时也对幼儿的消极交往行为给予适当的干预和指导。

四、改革成效

课程的构建促进了幼儿交往能力的发展，幼儿交往的积极表现呈明显增长的趋势，中性表现和消极表现都呈现递减的趋势。

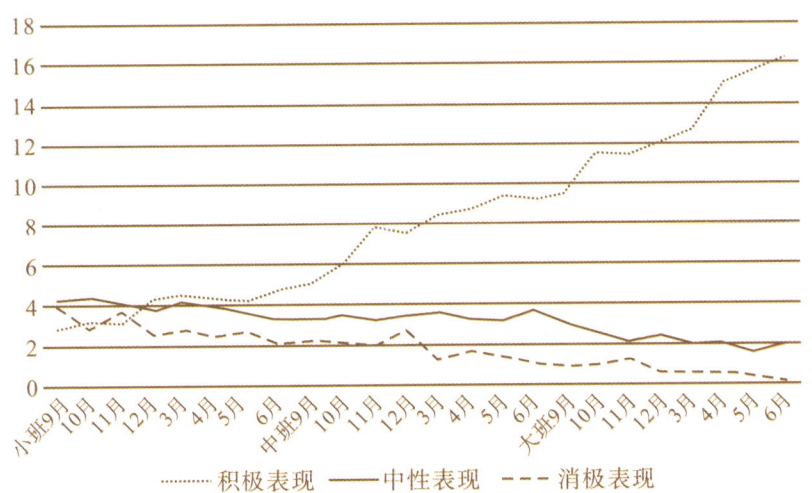

图 5　攀枝花市实验幼儿园幼儿同伴交往情况个案趋势图

从幼儿整体交往情况来看，小班幼儿交往积极行为正增长占 84.07%，中班正增长占 91.25%，大班正增长占 94.63%，数据说明幼儿交往积极行为呈现逐渐增长的趋势。

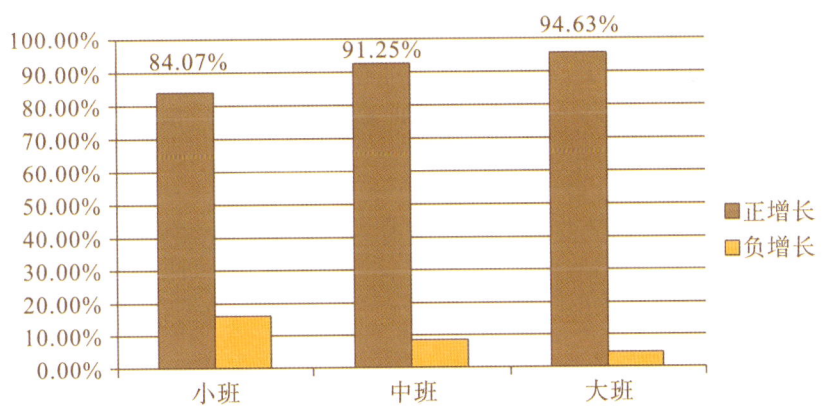

图 6　攀枝花市实验幼儿园幼儿交往积极行为柱状图

促进幼儿交往能力发展的体验课程受到师幼和家长好评，教师和家长对课程整体满意度评价中，71.21%非常满意，28.25%满意，0.54%认为一般，由此可见教师与家长对课程满意程度较高，课程实施有效性显著。

课程目标与丰富内涵有效推动了幼儿园的高品质发展，在幼儿交往发展的课程框架下，教师的课程整合意识不断增强，进一步推进了课程建设。组织幼儿参加各级艺术比赛，展示个人才艺，让美的花朵在幼儿心中绽放。课程广泛的可使用价值和推广价值为全园、全市直至为全省和全国幼儿园提供了借鉴性的经验，在 2018 年度四川省教育科研（川西南）片区成果推广暨学术研讨会上作为 2018 年度普教优秀教学成果进行展示推广。

反思提升

（1）课程是幼儿园让幼儿获得有益经验的一切活动。幼儿园课程是以幼儿的生活、游戏、学习为基础的，幼儿园的课程应追随幼儿的兴趣和要求，体现预设与生成相结合的思路。实践中我们感到，构建的促进幼儿交往能力发展的课程内容体系合理性还有待于进一步检测，幼儿园体验课程和家庭体验课程内容还有待于进一步充实，课程相关的配套过程性评价、考核标准还有待于进一步完善。

（2）环境是幼儿园课程的根基。环境状态影响着幼儿的学习状态，情境教育视角下幼儿园和家庭交往环境情境化创设的有效性还有待于进一步实践和改进。

（3）观察是了解幼儿的起点。在促进幼儿交往能力发展课程建设中，教师是否能真正读懂幼儿，促进幼儿交往能力发展的学习、生活、游戏活动是否基于幼儿、源于幼儿，是否能不断激发幼儿、成就幼儿，这些都值得我们进一步的深入研究。

以上问题思考，将成为我们不断研究和实践的方向。"路漫漫其修远兮"，相信在不断总结经验的基础上，幼儿园能追随幼儿的脚步，让以幼儿为主体的世界变得与幼儿成长对接，实现"我们的朋友圈越来越大"的梦想！

（供稿：攀枝花市实验幼儿园，刁玲、郗美）

专家点评

课程建设既然是幼儿园发展的核心问题，幼儿园的高品质也就必然表现在课程建设上。如何开发出能促进幼儿发展的科学课程，首先看该课程的理念、思想是否符合《纲要》《指南》精神，这是判断课程建设质量的第一要义。攀枝花市实验幼儿园开发构建的高品质幼儿园幼儿交往体验课程，是在紧扣《纲要》《指南》精神的前提下通过实验研究构建的，具有较好的理论意义和实践意义。其幼儿园幼儿交往体验课程的构建在课程目标上非常明晰准确；课程内容方面体现出完整性，结构合理；课程的实施过程全面扎实，从家园两个层面开展实施，并注意创设课程开展的情境性、互动性、融合性、体验性，保证了实施结果的全面性、有效性；构建了完善的课程评价体系，实现了自评和他评等多元化的评价方式。整体课程的构建基本体现出了逻辑框架和理论性，体现出学校对高品质的追求。但是课程构建的高品质最终要落到幼儿的发展上，幼儿交往体验课程实施的全面性、有效性体现在对促进幼儿的发展上，该课程的实施用数据来说话，对幼儿交往能力的提升进行了实证研究，得到了可靠的数据，对幼儿交往能力的有效提升表现显著，在研究方法上具有有效性、科学性。其不足之处是在问题提出的部分应该更聚焦本园在高品质幼儿园建设过程中表现在课程建设上的核心问题是什么，一个好的实践探究必须要界定好核心概念是什么。

——熊志刚

幼儿园"生命·生活·生态"课程的创变

问题聚焦

建设高品质幼儿园是全体幼教工作者的不懈追求,在"高品质学校"理念的带动之下,我们以课程作为撬动高品质幼儿园的杠杆,通过追溯名园的发展轨迹,探寻中外历史名园的根基、印记、信念、精神等共同特征,结合本园课程演变历程,探索构建出"生命·生活·生态"课程的理论框架及实践路径,以回应对高品质幼儿园课程的探索与期待。

成果简介

一、改革背景

1. 幼儿园培养目标的核心需求

"走向高品质"是幼儿园改革发展的时代担当。课程作为高品质幼儿园建设的核心,需使教育目标与教育对象的特质相适应,从而凸显幼儿园教育基于幼儿、源于幼儿、激发幼儿、成就幼儿的本质。幼儿园课程目标就是让幼儿自然绽放生命,享受生活,获得全面可持续的生态发展,"生命·生活·生态"的课程变革,可以实现教育功效最大化、最优化。

2. 园本课程深度发展的改革需求

基于本园课程发展历史、条件、现状,我园重点开展了"生命·生活·生态"的课程创新与变革,通过大课程—微课程—课程系统再构的实践研究,不断探索高品质幼儿园课程建设路径,以深化凝练能够支撑幼儿园高品质发展课程的新思路、新思想、新理念,谱写幼儿园课程改革精彩篇章。

3. 子课题研究单位的使命需求

作为"高品质学校建设的探索与实践"子课题研究单位,我园有责任深入开展高品质幼儿园建设的实践,探索高品质幼儿园课程改革的实践范式,构建高品质幼儿园建设的理论框架,优化高品质幼儿园建设的实施路径,提炼高品质幼儿园教育改革典型经验。

二、改革主张

1. 在名园发展历程中提炼高品质办园的共同特征

中外名园发展是学前教育发展的历史缩影,有着代代相传的幼教文脉及生生不息的慈幼精神,是学前教育发展的宝贵资源和财富。回望百年历史长河,追寻名园发展样态,我们园学前教育"薪火相传"的实践智慧中抽丝剥茧,从办学理念、园本课程、教师队伍、教育科研、园所环境、家园合作、幼儿本位七个方面探寻出学前教育发展中的名园共同特征和发展主张:立足本土实践,坚持守正出新,确立办学理念;源于儿童生活,基于文化线索,构建园本课程;追随教育信仰,践行工匠精神,建设教师团队;突显问题导向,保持求真务实,推进教育科研;回归自然本真,还原事物本质,打造园所环境;整合家长资源,联动校园社区,实现资源共享;坚守儿童本位,追溯教育本源,尊重儿童需要。

2. 在课程发展轨迹中深化高品质课程的内涵价值

多年的教育寻找、沉淀、积累及课题的研究推动,我园聚焦课程元素,形成"生命·生活·生态"课程,即以人为核心,以生命成长为目标,以生活教育为载体,以生态支持为保障,凸显生命性、生活化、生态化的课程,也就是高品质的课程。

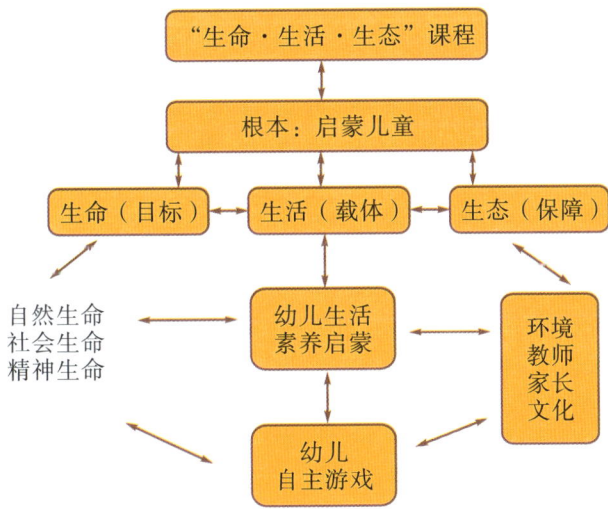

图 1 乐山市实验幼儿园"生命·生活·生态"课程体系

高品质幼儿园课程力量的引擎是儿童的自然生长之力，这是每个生命天生就有的。生则长，长则用力。基于此，本园提出"尊重生命、热爱生活、涵养生态"的教育主张。教育在充分尊重生命的基础上，帮助寻找最适合生长的方向，促其独立自主生长，幼儿园是儿童生命生长的场所，教师抓住孩子们自主生长的动力，去点燃、去唤醒这份力量，使孩子们有主动探索的精神，去发现问题、解决问题，这也正是教育的初衷。在"生命·生活·生态"教育中，教师与幼儿进行深度对话，引发幼儿思考、分辨、表达、讨论、交流、体验、感悟，提升他们对自己、生活的价值认知，进而"尊重生命、热爱生活，感受并丰富生活的意义"。

一个好的教育生态应该是以生命为纽带，联结幼儿、教师、家长的"共同成长"。当幼儿园管理结构和教师及家长发生对接的时候，能激发出教师的教育创新力，挖掘家长的教育资源，形成一个多元的教育生态；当幼儿园管理结构和"生命·生活·生态"课程相遇的时候，能产生出支持幼儿个性化成长的生态系统；当教师与家长和"生命·生活·生态"课程发生关联的时候，能在幼儿园里产生支持幼儿主动学习的多元化生态系统。

三、改革路径

1. "大课程"——"幼儿生活素养启蒙"的实践

（1）厘清并拓展幼儿生活素养的内涵外延。生活素养具有三层重要的含义：一是生活素养的内涵要兼顾个体发展与社会发展的双重取向；二是生活素养启蒙应在幼儿当下生活中展开，积极引导幼儿把握自己的未来生活；三是生活素养是知识、技能、态度、价值观和情绪的集合体。幼儿生活素养启蒙分为日常生存素养、社会生活素养、生活应急素养和未来发展素养四个维度共十八项指标。

幼儿生活素养启蒙要采用幼儿能够理解的方式方法，让幼儿经历与现实将来相关的生活理念和场景，促使幼儿了解基本的生活知识、掌握基本的生活技能，印刻生活价值观念（如生活担当，健康生活，品味生活，利他行为等），激发幼儿"诗意般居住在大地上"的生活意识和生气勃勃的生活精神，从而获得与生活素养相关的感悟、印象，具备情感、行为上的趋向。

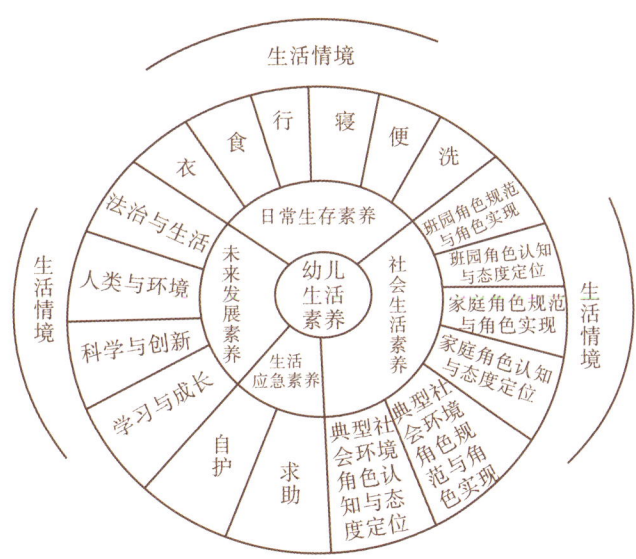

图 2　乐山市实验幼儿园幼儿生活素养内涵外延指标

概言之，幼儿生活素养启蒙就是通过预设与自然生存的体验活动与环境，让幼儿习得日常生存素养，感知社会生活素养，丰富生活应急素养，储备未来发展素养。幼儿生活素养启蒙的教育主张为"立足当下生活，把握未来生活"。

（2）构建"四维三层"课程目标。明确幼儿生活素养启蒙课程不同层次的目标内容，构成完整的课程目标体系。形成小班、中班、大班三个学段幼儿生活素养启蒙的"四维三层"目标体系，细化生活素养启蒙的幼儿发展层级目标，即生活知识素养、生活行动素养、生活倾向素养三个层级目标。

生活知识层级的素养是指生活知识与内容，即幼儿对自身与周围环境相互关系及行为准则的初步认识，指导幼儿应该怎么做。生活行动层级的素养是指生活技能、行为能力与习惯，即幼儿在促进自身健康发展与环境的适应过程中获取的方法与形成的能力，是幼儿实际能够做什么的能力。生活倾向层级的素养是指生活理念、态度、精神面貌及价值观，即幼儿对生活及周围环境变化的积极的反应倾向，对生活基本的正向态度和价值追求以及进行生活活动时所体现的良好的学习品质，是幼儿对生活方向与追求的体验感悟。

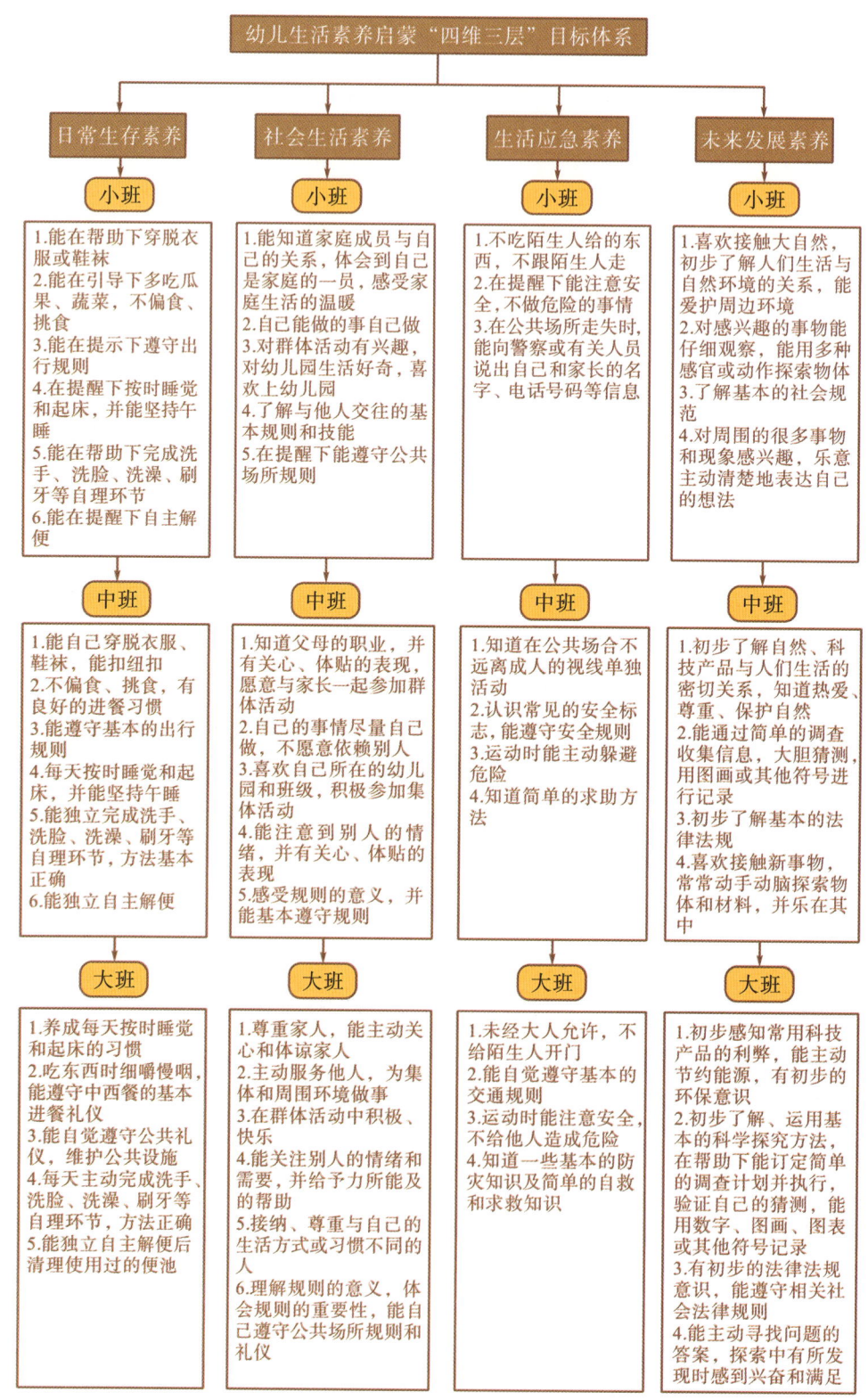

图3 乐山市实验幼儿园幼儿生活素养启蒙"四维三层"目标体系

（3）形成丰富的课程内容体系。以活动为抓手，通过基本活动和辅助活动两条主线多轨式选择形成幼儿生活素养课程内容体系。具体内容可见下图。

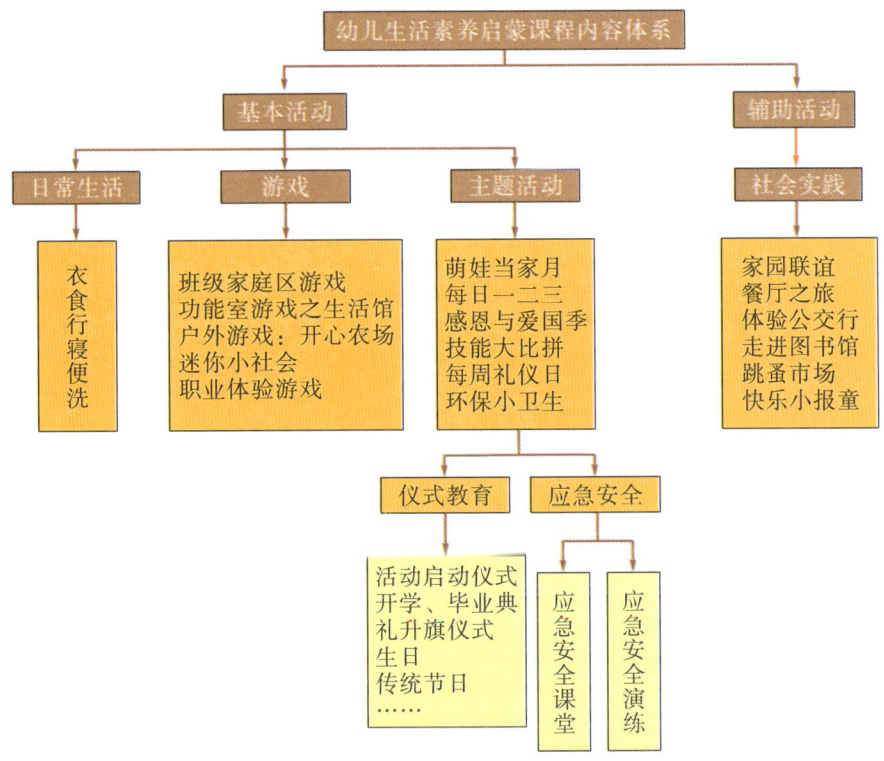

图 4　乐山市实验幼儿园幼儿生活素养启蒙课程内容体系

（4）提炼科学的实施策略体系。①环境生活化策略：创设童真生活区，提升自我服务的能力。童真生活区具备以下三个特征：品位、实用、开放。设计童言小标识，帮助幼儿树立良好的规则意识。遵守规则与自我约束是幼儿社会性发展的重要要求，具有儿童意识的标识能为幼儿提供一种行为的暗示和引导，帮助幼儿在规则中享受自由、在自由中遵守规则。打造童趣小社区，帮助幼儿体验感悟生活的意义。幼儿的学习是直观的、感性的，为幼儿创设演绎生活和还原生活的场景，能突出幼儿作为学习主体的好奇心、主动性和对环境的操作、探索、控制力等，促进幼儿生活素养的养成。②生活自主化策略：入园自理。自我服务是发展独立自主精神必备的能力，只有照顾好自己方能照顾好他人及环境。递进式的自我服务内容不仅可以让幼儿的自理能力越来越强，还使幼儿增强做事的条理性和计划性。餐点自助。教师更好地给予信任，给予选择，突出幼儿自主的主体地位，促进幼儿树立利他行为的生活理念，提升自理能力。盥洗自理。学会盥洗自理是幼儿基本的生活技能，也是幼儿自我服务的表现之一。重视盥洗环节的学习价值，将生活中的小常识、小方法、好习惯等融入盥洗，可以帮助幼儿了解生活、认识生活，促进幼儿更加关注生活中的点点滴滴，养成良好的生活卫生习惯。午睡自理。在午睡环节，幼儿应学习穿脱鞋袜、衣帽，学会叠衣服、整理床铺，做到独立睡觉，不影响他人。

家园协同性策略：开设家庭学院，重塑家长生活素养教育观念；拓宽家园联系渠道，保持幼儿生活素养教育的一致性与连贯性；开发微信公众平台，使幼儿生活素养的启蒙与支持具有针对性。

（5）构建"三性多元"的评价体系。在幼儿发展评价中，教师在课程实施中依据幼儿生活素养的指向与层级目标，采用等级评价、表格辨析、照片故事、视频微格、作品取样、亲子合记等方式对幼儿开展过程性评价，客观了解每个幼儿的发展和教育教学情况。见表1。

表1　乐山市实验幼儿园幼儿发展评价表（节选）

评价领域	评价内容	评价方法
日常生存素养	幼儿生活中独立自理的心理倾向与行动，包括：自我管理能力、独立思考能力、独立选择能力、独立操作能力、解决问题能力	等级评价 表格辨析 照片故事 视频微格 作品取样 亲子合记 ……
社会生活素养	幼儿是否明了个体与社会生活中的角色认知和态度定位，努力做到角色规范和角色实现。包括：（1）愉悦积极——积极主动、满足需要、快乐分享、挫折承受、心理调节；（2）自主自信——规则下自由、行为上自主、心理上自信；（3）服务合作——服务他人能力、介入群体能力、交往表达能力、组织计划能力、协商合作能力、冲突解决能力；（4）规则自律——理解规则的能力、遵守规则的能力、提出规则的能力、规则评价的能力	
生活应急素养	幼儿是否掌握关于安全与卫生相关的知识和技能。包括：学会自我保护，具备求救、互救基本的方法与适应能力	
未来发展素养	幼儿在人类与环境、科学与创新、法治与生活、学习与成长中，是否接纳绿色生活、启蒙科学精神、印刻法律意识、浸润学习理论	

对教师发展的评价包括：教师是否了解幼儿生活素养如何发展；教师是否明确幼儿活动所需的知识、技能和学习态度；教师是否能确定幼儿及所在群体的各种需要和学习风格；教师是否了解哪些幼儿需要额外帮助，及如何提供支持；教师是否能客观评估幼儿的发展，认识到满足幼儿发展需要的重要性。见表2。

表2 乐山市实验幼儿园教师发展评价表（节选）

环境创设能力	设计	真实性、丰富性、选择性、支持性
	创设	生活化、品位性、变化性
观察记录能力	观察态度	尊重、欣赏、理解、耐心
	观察方法	适宜性、合理性、科学性
引导支持能力	直接引导	目标潜行、言传身教、活动生成
	隐形支持	行为暗示、介入时机、交流方式
评价分析能力	分析力	善于发现问题，能解读行为背后的原因
	研究性	汇总分析资料，了解个体与整体发展，进行行为调整
家园共育能力	理念	对家长的引领性，能达成共识
	行动	目标一致、要求一致、行动一致、合作共进

2."微课程"——"幼儿自主游戏微课程"的研究

（1）六大"实践路径"。①主题多元：贴近生活，内涵丰富。源起于对幼儿兴趣的发现和经验，贴近幼儿生活的广泛主题，包括生活类、自然类、社会类、节庆类等主题。②价值优质：为未知而学，为未来而教，针对幼儿有意义的有价值的学习。关注微课程主题的产生、内容、探究、成果，更关注主题与生活的关系；关注微课程带来的多方发展是否"利人利己利它"、是否"正向螺旋上升"。③过程记录：关注幼儿的主动探究、多元表征，追随幼儿兴趣需求过程，把幼儿的学习成果作为微课程生成的依据。④内容生长：幼儿学习具有连续性、延伸性，是"生长"的微课程，需不断增长幼儿经验，扩展幼儿的视野。⑤成效发展：尊重多样、欣赏差异，促进个性发展，实现共同成长，幼儿、教师、家长互利共赢。⑥资源统整：基于主题的教育资源统整，包括生活、游戏、环境（人、材料、空间）、信息技术等。

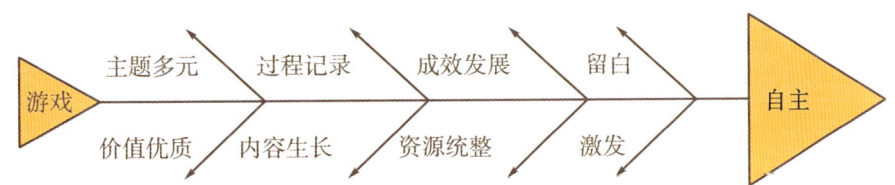

图5 乐山市实验幼儿园自主游戏微课程的实践路径

（2）构建关键："留白"和"激发"。所谓"留白"就是教师不能指导太多，不能用自己的知识经验对孩子进行单向指导。所谓"激发"，即要想办法激发孩子的潜能，将幼儿的学习、思维发展和他们的生活、游戏深度关联。好像水晶球，可选择一两个美丽的面共同展示，而更多美丽的面则要激发孩子去发现。

(3)"转变"与"三对关系"。处理好三对关系：自由与自律、生成与预设以及儿童本位与社会本位三对关系。教育最终是要培养自发学习、主动学习、创造型学习的儿童本身，因此"儿童不仅是教育的工具，更是教育的目标"，而自主游戏微课程是提升幼儿生活素养，培养创造型人才的理想载体。师幼共同选择与生活有关且涉及多元领域的主题，比如种植、养殖、环保、发明等，幼儿在统整的状态下进行探究，最终理解和解决与主题相关的问题，既获得了解决方案，又获得了探究问题的能力，学习精神充分展现，教师、幼儿、家长素养获得共同提升。见表3。

表3 乐山市实验幼儿园践行课程理念对比表

课程对比 内容对比	践行前的课程	自主游戏微课程
课程源起	教师预设为主	幼儿自主发生（发现幼儿学习兴趣与需求，动态调整）
主体互动	师幼互动	幼幼互动、与环境材料互动
幼儿学习	集体或个体单一，浅层学习，经验有提升	小组合作学习、深度学习，关注核心经验的提升
学习评价	评价笼统空洞	表现性评价，具体、客观、多元
幼儿作品	作品完成、装饰性	课程生成的基础
发展目标	幼儿"全面""基本"发展	幼儿"优质""个性"地发展，着眼未来，培养幼儿核心素养
课程资源	运用较单一，资源之间联系融合不够	环境、材料、儿童经验、儿童生活丰富多元，相互融合，灵动运用

3. 再构课程——"启蒙儿童，成就儿童"的高品质课程建设

(1)追真溯源：探究儿童主动学习的路径，构建高品质课程。①课程发展目标——以孩子为中心，通过课程、机制、体制、资源、路径、方式向外拓展，探寻构建适合我园实际、幼儿乐学而教师少教的课程，促进幼儿健康发展。②儿童发展目标——培养自由、自主、自信、自律的儿童。③教师发展目标——建设一支专业、专注、共生、持续的高素质师资队伍。④家长发展目标——形成主动、合作、觉知、尽善的优秀家长团队。

(2)生活启蒙：营造儿童在生活中学习、生态中发展的氛围。幼儿园的生活蕴藏了无限的教育契机，在深入观察和实施《3-6岁幼儿学习与发展指南》的过程中，不断探究幼儿生活素养启蒙的途径与方法，创设有序自主的一日常规，开展丰富有益的社会性活动，构建保障发展的"三亲"生态教育环境，把生活还给儿童，让儿童成为

独立的自己。

（3）游戏引领：追寻儿童有意图的游戏，成就儿童的生命自由。通过"计划—工作—回顾"游戏三部曲来开展游戏，充分尊重幼儿，促进幼儿主动学习。计划阶段是指在区域游戏开始前，幼儿表达自己意图的时间，教师尝试了解帮助幼儿拓展计划，为幼儿更加积极的自我认知和更强的自控意识发展奠定基础。在工作阶段，幼儿可以自由使用任何区域的任何材料，实施其计划。回顾阶段表明游戏流程已结束，孩子们与他人谈论对个人有意义的经验，回忆并反思行为与体验，将计划、行动、结果相互连接，锻炼幼儿形成大脑图像并将其呈现的能力。

四、改革成效

我园在实践研究中取得了重要的认识成果，形成了课程集、案例集、活动集等。核心成果在《学前教育》《教育科学论坛》等刊物发表，出版了学术专著《让儿童的学习看得见》。园长和多名教师在"2018亚洲幼教年会暨亚洲幼教展览会""川渝对话·学前教育交流合作推进会议暨四川省共同体园长培训会""2020全国新时代高品质学校建设学术研讨会"等主题会议上做专题讲座或发言。教师在全国及省市各类专项评比中获奖478人次，接待省市幼儿园园长、骨干教师学习交流2360人次，充分彰显了成果的影响力。幼儿生活素养和生命成长获得明显优质发展，达成了"相信孩子们的力量"和"让每一个生命自由成长"的良好愿景。

1. 加深"高品质"的烙印

基于高品质学校建设、高品质幼儿园发展等理念，在现有实践成果基础上不断探索可普及、可灵活创新的课程资源和内容，整理出更为系统、更具可操作性的实施方案，例如，高品质的课程如何以良好的人际关系为基石，开启幼儿美好的一天；高品质的课程如何更加基于儿童实际参与的经验，与儿童发展相适应；高品质的课程如何更加实现教育综合性、多元化和个性化融合；高品质的课程如何在幼儿自我选择和教师引导间求取平衡，且两种取向都很重要的情况下如何具体实施；高品质的课程如何实现稳定性、规律性、灵活性、变化性的统一等。

2. 优化完善课程评估体系

从自然客观且持续做记录、参照相对科学完善的评估体系、评估动态多元开放等方面进一步优化评估方法，既为教师们的日常工作提供指引，也为因材施教提供可能，助推儿童向更好的发展方向迈进。

3. 夯实研究的学术根基

加大文献研究，对"生命·生活·生态"课程的源起、研究历程、成果参考等进行充分说明，对生命教育、生活教育、生态教育等概念进行更为精准的界定，使整个研究学术基础更扎实。

（供稿：乐山市实验幼儿园，涂蓉、赵咏梅、蔡敏艳、廖媛）

▶ 专家点评

乐山市实验幼儿园开展的高品质幼儿园课程改革实践探索对于园本课程建设发展富有现实意义。其构建的"生命·生活·生态"课程在课程目标、课程内容、课程结构、课程实施和课程评价上均表现出正确的课程观，完全贯彻了《幼儿园教育指导纲要（试行）》《3-6 岁幼儿学习与发展指南》所传递的教育价值和儿童发展的基本精神，表现出正确的儿童发展观。

首先表现在课程目标具有全面性、启蒙性上。"四维三层"的课程目标构成完整的课程目标体系。小班、中班、大班三个学段幼儿生活素养启蒙的"四维三层"目标体系在目标内容上具有明确的幼儿生活素养启蒙性质，表现出对幼儿身心发展的客观规律和学习特点的充分尊重，突出学前期的儿童发展的人生启蒙取向。

其次表现在课程内容的生活性、活动性上。以幼儿的生活为载体，预设体现自然生存要求的体验活动与环境，让幼儿习得日常生存素养、感知社会生活素养、丰富生活应急素养、储备未来发展素养。课程的教育主张为立足当下生活、把握未来生活。充分尊重幼儿的学习方式，让幼儿的兴趣成为课程内容确定的重要依据。这样的课程内容设计对幼儿的发展是有效的，是尊重幼儿、关心幼儿发展的科学态度。

再次表现在课程的实施突出自主性、探究性、经验性上。该课程在实施的过程中，注意培养幼儿的自主性，促进幼儿主动学习品质的形成，尊重幼儿作为学习主体的好奇心、主动性，解放幼儿的天性。孩子的经验和对知识的理解就是在这种自主性、探究性中得以完成建构的。

最后，该课程在评价的研究上虽然提出了多元评估体系的构建，但是并没有呈现出科学的、结构健全的评价标准设计和评价工具设计，这是该研究后续应该深入研究和完善的地方。

总体来说，该幼儿园对"生命·生活·生态"课程的构建，对"生命·生活·生态"课程的理论框架及实践路径的探索，在建设高品质幼儿园课程的探索路上迈出了极富现实意义的步伐。

——熊志刚

以生命科学课程构建促进幼儿园高品质发展

问题聚焦

以生命科学课程建设为基,打破幼儿园生命课程过于理性、窄化的问题,通过课程理念、目标、实施、评价方面的系统构建,推动生命对话,实践科学教育与生命教育共融,培养能感怀生命,有探究能力、创新意识的儿童,推动幼儿园高品质发展。

成果简介

一、改革背景

1. 生命成长,高品质幼儿园课程建设的时代呼应

《国务院关于当前学前教育发展的若干意见》《3-6岁儿童学习与发展指南》以及新版《幼儿园工作规程》的出台,强调新时代高品质幼儿园的建设应当更加注重发展幼儿面向未来的能力。"立德树人"作为教育的根本任务,应落脚于幼儿的生命成长。

一所高品质幼儿园应该深挖幼儿生命发展的需求。成都市新都区机关幼儿园面对幼儿生命的成长需求,制订因地制宜的解决方案,去实践它,并把它变成一个教育主张,做到从群体的需求到个性化需求,并最终回到教育如何面对人的发展上。

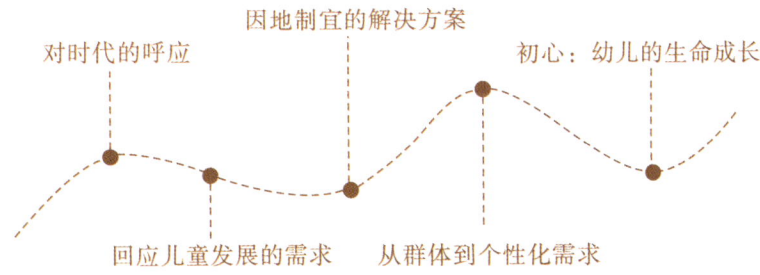

图 1　幼儿教育呼应时代教育的路径

2. 回归生命，10 年高品质园本课程的探索之路

第一阶段：课程回归生活。2010 年以来，我园致力于教育改革，逐渐纠正和杜绝了教育脱离幼儿生活、兴趣的问题，形成了以幼儿兴趣为出发点，结合幼儿的生活，注重幼儿探究能力，幼儿园、社区、家庭三位一体的幼儿园科技制作课程。

第二阶段：教师"活"起来。2014 年以来，通过课题研究，发挥教师课程实践主体的作用，让教师"活"起来，使教师能够在课程实施中看见儿童、读懂儿童、支持儿童。

第三阶段：课程回归自然、生命。2016 年开启了我园对"生命"课程的深耕，从关注"生命、探究、种养活动、人与环境"转变到关注"每一个生命的发展"。

二、改革主张

我园基于"保护童心，支持探究，创造可能"的办园理念，为更好地实现孩子生命过程积极向上的发展，为幼儿提供多种生命体验活动，让幼儿在生命问题的探究中获得兴趣、习惯、情感、方法和能力，丰盈、充实幼儿的生命，促进幼儿的全面发展。

1. 实践"有温度的生命探究"，追求幼儿生命成长

当今社会已进入生命的时代，生命科学在时代呼吁下进一步彰显其重要地位。传统的幼儿园生命科学教育更多是站在学科教学的角度，让幼儿理解和掌握生命科学学科知识和相关能力，对儿童的生命情感、探究兴趣和探究能力关注不足。我园在生命科学课程实践当中，力图为幼儿提供真实的生命情境体验，激发幼儿对周围事物、现象的兴趣和主动探究的欲望，形成关爱生命、尊重自然的态度，促进幼儿生命的健康成长和全面发展。在这个过程中，教师以生命为教育原点，向内审视生命的本质，注重生命的价值，向外构建教育的场域，实践有温度的科学教育，对生命科学的理解从科技理性主宰、只见生命知识而不见生命温度，到充分发挥生命潜能，张扬生命个性，

引导幼儿在有温度的生命探究中不断走向幸福和完整。

2. 落实"多元整合的课程观",回应教师发展诉求

《3-6岁儿童学习与发展指南》强调"关注幼儿身心全面和谐发展。要注重学习与发展各领域之间的相互渗透和整合,从不同角度促进幼儿全面协调发展,而不是要片面追求某一方面或几方面的发展"。生命科学课程的构建以课程整合的形式展开,在领域、资源、活动形式、场所上增强相互联系,形成教育合力,有利于教师整合课程观的落地。另外,课程既有从顶层设计的完善的整体框架和内容体系,又有基于儿童童心和探究行为的师幼共构活动,使全园教师都能深层次参与到课程的建设当中,从而促进教师专业素养的提升。

三、改革路径

1. 定方略:立足园所文化,创生生命科学园本课程

课程建设的实践探索之路正是我园对高品质办园的不懈追求之路。从2010年开始,秉承"保护童心,支持探究,创造可能"的办园理念,我园从研究生活化的科学教育开始,开展了一系列的课题研究,助推幼儿园课程发展。

早期的生命科学启蒙教育对人一生的观念、思想、方法、能力等具有重大影响。这个时期的幼儿具有特殊的学习和发展敏感性,对周围的一切具有浓厚的兴趣,敢于幻想,敢于探索,体现出既幼稚又宝贵大胆的特点,基于此,在遵循幼儿成长特点和幼儿园发展实际的前提下,我园形成了生命科学课程理念——"源万物生生,探变化无穷"。该理念体现了遵循儿童思维特点及科学探究规律,鼓励幼儿通过亲手劳作、对生命日复一日的观察和照料去感知、操作,从而获得生命与科学的直接经验,形成对生命的正确认知和情感体验。

2. 明目标:层层递进,系统建设课程目标体系

(1)明确课程总目标。首先,我园从理论与实践两个维度,统一教师对课程总目标的认识。其次,遵循《幼儿园教育指导纲要(试行)》,在研讨互动中逐步修正完善生命科学课程总目标。最后,通过解读幼儿发展的关键经验和年龄特点,分析园内幼儿的发展现状、家庭情况,了解幼儿发展的优势和不足,关注幼儿学习与发展的整体性,尊重幼儿发展的个体差异,研制出我园生命科学课程总体目标和阶段目标。

课程总目标:成就充满生长力、富有探索精神的孩子。

课程阶段目标见表1。

表1 成都市新都区机关幼儿园各年龄段发展目标（节选）

年龄段	态度情感	认知	方法与过程
小班	喜爱大自然，对生命现象充满好奇，引导幼儿喜爱动物、植物及周围环境，并能在成人的引导下表现出关心、爱护生命的情感	能够自我服务，初步尝试简单的种养殖活动，能够初步观察到周围常见的个别自然物的特征，获取粗浅的生命科学经验	喜欢观察自然界常见的植物、动物，能够观察并感知周围事物的特征，尝试对其进行分类、对应、排序等，发现其差异能用简单的语言表达自己的认知

（2）合理化主题目标。随着教育对象的不断变化，我园不断思考主题实施目标的适切性，努力完善主题目标。我园主要通过教研组集体备课、案例研讨等方式来修改完善各年龄段不同主题的教学目标。见表2。

表2 成都市新都区机关幼儿园小班生命科学探究能力目标的调整对比表

研讨前	为何调整	研讨后调整
小班"收麦子"活动探究能力目标设定	小班更多的是随机性探究，适合动手操作和直接感知，而且只能并列描述，不能比较，更不能进行测量。因此该活动的目标设定明显超出年龄特点，需关注动作产生的结果，而不是猜想。小班幼儿不适合从提出问题到解决问题的过程	小班"收麦子"活动探究能力目标
能够尝试多种不同的非标准工具完成小麦测量。过程中能使用多次猜想、再验证的方法		观察麦子成熟后的外表特征。借助工具动手收割小麦，体验并尝试不同的收割方法

（3）层次化活动目标。每一个教学活动的有效性在一定程度上取决于活动目标的确立是否适宜，因此我园十分注重活动目标的研究，引导教师认真分析教材内容，根据幼儿的年龄特点和水平制定适宜的活动目标。

3. 优内容：聚焦幼儿发展需求，动态构建课程内容框架

高品质幼儿园的建设也要依托于系统完善的课程内容体系。基于幼儿的兴趣和需要，我园不断衍生符合幼儿发展规律和需求的课程内容，构建系统的园本课程内容体系，让幼儿在有温度的生命科学课程浸润中，不断汲取成长所需的养分。我园将幼儿生命科学课程的内容从对象维度划分为"植物秘境""动物乐园""人类成长""微观世界"四大课程类型，并与年级维度（小班、中班、大班）纵横交织地构建起"4×3"幼儿生命科学课程内容体系。

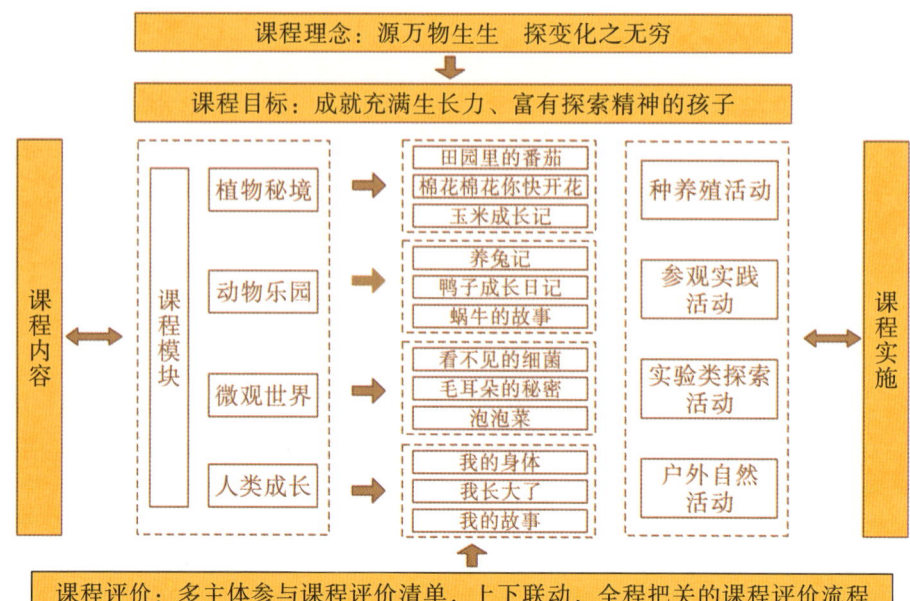

图 2　成都市新都区机关幼儿园生命科学课程的框架设计

课程模块一："植物秘境"课程，分析幼儿的年龄特点，选取适合小、中、大班探究的番茄、棉花、甘蔗、玉米等作物作为生命科学探究对象，了解植物的分类、各部位的功能与作用以及植物的生命周期等知识。

课程模块二："动物乐园"课程，选取适合小、中、大班探究的兔子、蜗牛、蝌蚪等动物作为生命科学探究对象，具体内容包含有生命和无生命的对比、动物的种类、动物的需要、动物的生长等。

课程模块三："微观世界"课程，围绕核心经验——"地球上多种多样的微生物与我们的生活密切相关"，设置看不见的细菌、泡泡菜等主题内容，引导幼儿观察发现生活中的细菌霉变等现象，探究细菌生存的条件，了解细菌与我们生活的关系等。

课程模块四："人类成长"课程，包含了"我的身体""我长大了""我的故事"等多方面的主题活动，引导幼儿探索与身体有关的结构（如骨骼、肌肉等）与功能（如动作、感觉、呼吸等），了解有关生命的诞生、成长的变化、生病的表现等具体内容。

在确定各年级组主题活动基础上，根据相关内容进行幼儿园生命科学课程主题网络的构建。每个课程模块创生出三大主题，每个次主题下进一步细分了主题的说明、环境创设、活动、家园共育工作等板块。具体内容如表 3 所示。

表 3 成都市新都区机关幼儿园植物秘境课程（节选）

课程名称	年龄段	主题说明	环境创设	主题活动	家园共育
田园里的番茄	小班	春播时节到了，根据幼儿的种植兴趣和季节时令性及作物的生长周期等，在老师的帮助下梳理出适合在春天种植的蔬果作物，在适宜的作物中，幼儿开始投票选择自己想种植的蔬果，按照票数的高低，最终选出五种蔬果进行种植	关于番茄种植、照顾、收获过程主题墙面的梳理、呈现	●快乐种番茄 ●苗苗的第一朵小花 ●扎架趣事 ●果实宝宝大变身 ●番茄写生——我观察到的番茄 ●番茄分分类 ●番茄上的洞洞	利用周末时间和爸爸妈妈一起完成种植调查，帮助幼儿积累关于番茄的种植经验和照顾要点

在幼儿园生命科学课程网络体系下，我园基于儿童的兴趣和经验，以契合儿童的学习方式，设计出符合儿童年龄特点，凸显游戏性、探究性和生活化的教学活动方案。如表 4 所示。

表 4 成都市新都区机关幼儿园 2018 学年第一学期生命科学课程计划

周次	时间	小班 大主题	小班 小主题	小班 活动	中班 大主题	中班 小主题	中班 活动	大班 大主题	大班 小主题	大班 活动
1	3.5—3.9	我的身体	奇妙的身体		我长大了	我的变化		我的故事	生病的我	
2	3.12—3.16		身体做游戏	春播节		能干的我	春播节		我和别人不一样	春播节
活动形式		自我服务活动 角色扮演活动 体验观察活动		节庆活动	家务活动 角色扮演活动 体验实践活动		节庆活动	劳作活动 感恩活动 自主探究活动		节庆活动
3	3.19—3.23	养兔记	初遇小兔		鸭子成长日记	初来乍到		蜗牛的故事	蜗牛初相遇	
4	3.26—3.30		小兔的喜好	亲子值日		鸭舍三迁	亲子值日		壳与螺旋线	亲子值日
5	4.2—4.5		设计兔舍			鸭鸭周边			蜗牛与田螺	
活动形式		种养殖活动 亲近自然活动 体验实践活动		亲子活动	种养殖活动 观察实践活动 实验操作活动		亲子活动	种养殖活动 参观实践活动 实验探究活动		亲子活动
备注：活动过程中，教师可以根据具体需要和幼儿兴趣，自行调整和生成活动内容										

4. 强资源：深挖统筹园内外资源，共建共享课程资源库

幼儿园通过创建生命体验课程资源库，实现全园的课程资源共享，发挥各种类型

课程资源的最大效益。生命科学课程资源库是用文本、图片、视频等多元的方式，将所有的课程资源，包括引发幼儿学习与发展的人、物、事、景等资源的价值、使用方法，以及基于这些资源开展的活动等多方面的内容，按不同主题的实施过程进行有效整合，形成的电子文本资源库。资源库主要涵盖四大主题课程内容，即"植物秘境""动物乐园""微观世界""人类成长"。以"植物秘境"课程下的大班主题活动"玉米成长记"为例，主题下的内容包含主题行动路径、主题环境设置、教育教学内容、优秀案例、文献资料、家长资源等，并附有相关内容说明。资源库的建设能让每一所幼儿园、每一位教师方便地获取生命科学课程教育资源，以选择性地运用与实施。

5. 建流程：凸显幼儿生命在场，优化具体课程实施途径

第一，课程的来源与产生：课程实施中必然会有两种典型的产生方式，即生成和预设。其中，生成性课程主要来源于幼儿的兴趣需要和教师通过观察在幼儿日常活动中发现的教育问题。而预设性课程则更多来源于已有的、比较成熟的教育内容，如教材、教案等。第二，课程的价值：教师在正式实施课程之前，应对所有的课程资源进行价值判断。包括课程是否符合幼儿年龄特点、兴趣需要，以及能否提升幼儿经验等。第三，将实施途径适配到不同年龄班，即根据大、中、小班幼儿的年龄特点和发展水平，选择适宜的实施途径。

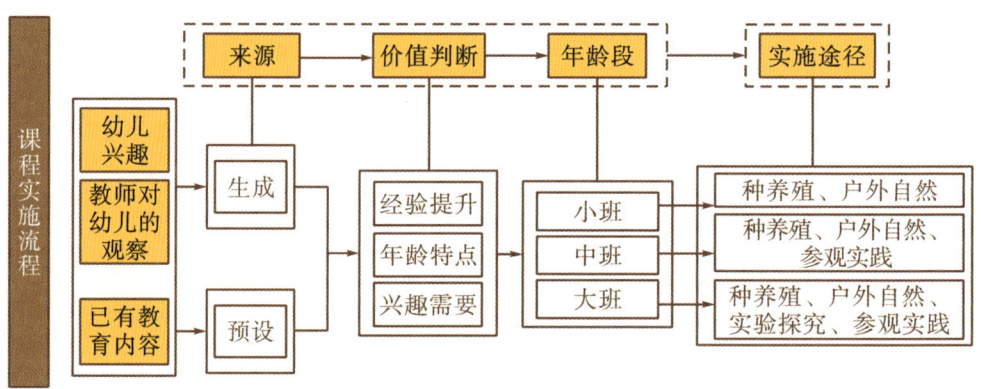

图3 成都市新都区机关幼儿园生命科学课程实施途径示意图

6. 提质量：完善课程评价流程，助推课程纵深发展

我园采用了上下联动、全程参与的评价流程。课程实施前期，为保证课程的价值取向和内容选择的适宜性，幼儿园管理人员和骨干教师组成的园级、年级教研组根据各年龄段幼儿的特点，对生命科学课程内容进行价值判断和筛选，初步审议每个年级组的生命科学课程主题，为教师的课程实施提供素材和参考。课程实施中，统一采用

观察记录、撰写学习故事和建立成长档案等方式，对幼儿的探究行为进行记录跟进、分析和解读，及时对幼儿的发展情况进行形成性评价，从而深入了解幼儿当前的发展水平。课程实施后，幼儿园开展全园的课程案例分享活动，管理人员及骨干教师将对本学期每班生命科学课程开展情况进行逐一了解，并对其课程实施效果进行全方位的评价。

对于幼儿园来说，幼儿园的管理者、教师、家长和幼儿都可以成为评价的主体。不同的主体所进行的课程评价具有不同的视角和目的。基于此，我园制定了多主体参与的课程评价清单，以期从不同的视角审视生命科学课程的构建，对生命科学课程进行质量监测，从而获得相对客观的课程评价，为不断优化课程提供参考依据。

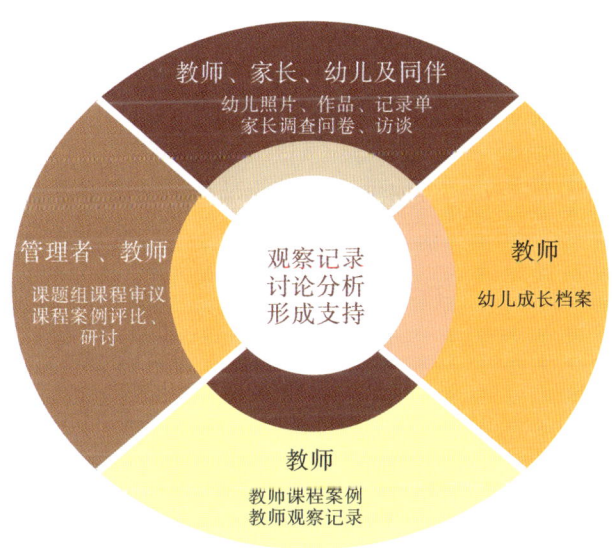

图4　成都市新都区机关幼儿园多主体课程评价清单

四、改革成效

1. 回归课程本真，滋养儿童生命成长

幼儿在生命科学主题探究当中，培养了亲近自然、热爱自然、珍爱生命的情感态度，激发了学习科学的兴趣，获得了生命概念，习得了科学探究基本的方法，萌发了幼儿的科学思维，提升了科学探究能力。

2. 把握教育契机，促进教师多重转变

教师在课程构建与实施中，认识和行为也发生了多方面的转变：从以前面对课程被动执行到主动构建，从指导幼儿探究时的急功近利到静待花开，从观察幼儿时的视而不见到独具慧眼,从对生命科学的一元认知到多维理解,从教学理念上的唯理至上到情理共融,从而促进了教师的专业成员。

3. 聚焦生命科学,实现幼儿园高品质发展

随着生命科学课程建构的日趋成熟,我园社会知名度增加,区域影响力扩大,成绩斐然。我园先后被《成都日报》、四川电视台科教频道等各级各类媒体报道共计100余次。先后接待来自理塘、蒲江等省内多所友好园所参观团20余个,观摩教师1000余人次。近年来获各级各部门奖励80余次,先后被评为"市教科研先进单位""市教师发展基地"。

反思提升

高品质幼儿园教育应基于幼儿、源于幼儿、激发幼儿、成就幼儿,因此,幼儿园生命科学课程应该是幼儿生命与其他生命对话的过程,是多方参与、科学动态构建与管理的过程,是教与不教共生、预设与生成共融的过程。在这种视角下,在构建生命科学课程中仍存在一些问题,有待今后逐步完善和提升。

1. 增强创生课程的内动力

生命科学课程构建应该是生命与生命对话的过程,是教师与幼儿共生、预设与生成共融的过程。教师创生课程的自觉性、主动性是推动课程高位发展的核心动力。但是,在课程实践中,仍存在教师主动性不足的问题。如何催生教师课程实践的自觉性,通过增强教师创生生命科学课程的内动力,以促进教师自我价值的不断实现和发展,还需进一步思考与探索。

2. 提升实施与深入推进课程的针对性

目前,课程实施在微观层面上有较强的操作性,也进行了多种课程形式的探索,但如何突破泛化的支持策略,形成适应不同情况、不同年龄段的策略体系,无疑是一个巨大的挑战。

3. 提高捕捉有价值课程契机的敏锐性

如何在幼儿繁杂的一日生活中敏锐捕捉教育契机,创生有价值的生命科学班本课程,这需要教师的教育智慧。但是,对于幼儿兴趣、经验的价值判断,教师之间存在水平、认知差异,不同的教师对于孩子行为的解读也存在差异,因此,对于转瞬即逝的行为变化,教师不一定能把握开展课程实践的契机。下一步还需从课程领导力出发,

将园本课程体系建设上移,让课程开发与运用下移,积极推进园本研修模式的创新研究,努力提高课程的科学性和实效性,让有价值的课程在师幼互动中悄然生发。

(供稿:成都市新都区机关幼儿园,杨雪、邓富玉、熊仕蓉、崔奂)

▶ 专家点评

成都市新都区机关幼儿园"以生命科学课程构建促进幼儿园高品质发展"的研究成果体现出研究的历史性、价值性、过程性和有效性。一个幼儿园的课程发展需要建立在其发展的历史上,才能彰显出课程的生命力。该园构建的生命科学课程是建立在本园十多年的对幼儿生命成长需求的探索,基于"保护童心,支持探究,创造可能"的办园理念基础上的,体现了更好地实现对孩子的生命过程积极向上的教育价值的追求。构建的课程在课程观表现上,课程目标更多是对儿童的生命情感、探究兴趣和探究能力的关注。课程内容的构建上着力优化内容模块,多元整合,聚焦幼儿发展需求,动态构建课程内容框架。同时,基于儿童的兴趣和经验,以契合儿童的学习方式,设计出符合儿童年龄特点,凸显游戏性、探究性和生活化的教学活动设计,让课程内容体现出有温度的特点,彰显生命课程的独特特点和课程的适宜性。在课程的实施上,该园在实践中充分贯彻了"实现孩子的生命过程积极向上"的教育价值追求,为幼儿提供真实的生命情境体验,激发了幼儿对周围事物、现象的兴趣和主动探究的欲望,形成关爱生命、尊重自然的态度,有效促进了幼儿生命的健康成长和全面发展。该研究总体框架结构合理,过程严谨,课程评价体系亦较完善,注重了过程性评价。

该研究关于生命科学课程的理论基础和理论依据尚显不足,整个研究的理论依据不清楚,需要在后续研究中补充完善。

——熊志刚

面向学生未来发展的"小学生·大课程"

问题聚焦

随着学生发展核心素养的提出,课程改革进入新阶段,应回到课程的价值原点冷静思考,面向学生的未来发展对本校课程进行系统化建设分析与解构,以期找到未来学校课程建设的生发点与关键点。

成果简介

一、改革背景

国家长久以来对课程建设与课程改革的高度重视铺就课程系统规划和不断完善的宏观基底。为学生终身幸福与发展奠定基础,培养全面发展的人,学校课程是实现这一目标的重要载体。人的个性化发展与综合素养提升是未来社会对人才的基本要求。[①]时代跨越式颠覆式发展催生教育生态的与时俱进,面向未来的课程重构是学校保持长久生命力的中观基调。特别是在新冠肺炎疫情突发的背景之下,社会的整体教育生态急剧改变,包括从空间调整到学校边界打破,从社会多领域合作在线教育到教师身份及个性化指导方式的巨变。

学校教育的高品质发展需要基于本土经验的整体变革,在抓住契机、躬身改革的同时,需回到价值原点,进行反思再出发。成都市实验小学(以下简称成都实小)建校百年,其质朴的办学理想、遵循教育规律的教学变革与厚重的课程文化是学生未来发展的基石。围绕"为了每一个儿童的全面发展",不断更新理念、研究兴教、开拓创

[①] 郑建海. 指向"未来教育"的课程与教学变革[J]. 人民教育,2019(13—14):110-112.

新,回顾进行高品质学校建设过程中的本校课程探索,面临即将到来的"十四五"发展新阶段,学校课程需要从课程理论的系统性角度进行研究论证,从学生学习与成长的角度再出发,"引领学生认识自己,为未来生活做好准备"。

二、改革主张

1. 建设面向学生未来发展的"小学生·大课程"

"小学生·大课程"立足于学生的现实成长需求,立德树人、珍惜生命价值与包容多元文化,面向社会与个人的未来需求,发展学生核心素养。

(1)课程理念:尊重儿童成长规律,遵循儿童天性发展,满足儿童个性需求。

延续与传承,改变与创新,突破已有的课改思路,适度而为,遵循儿童发展规律,着力学生健康成长,大胆设计与变革课程,给儿童自由土壤,让儿童像土地上的树木一样自然生长,使儿童自主发展。"为了孩子"是课程改革的中心与原点。

(2)课程释义:"大"课程,寓意宽泛、开放、多元、个性、可选择。

(3)课程目标:为成长奠基,为未来准备;养堂堂君子,育积极公民。

养堂堂君子之目标:"守正"——做人之根基,"尚勤"——做事之态度,"崇礼"——交往之核心,"求活"——发展之形态。以大的视野,厚的基础,高的平台,广的知识,泛的能力,让学生不被束缚,大胆作为,创新实践,适应未来。

(4)课程实施:可为不可为。不唯技术至上,探索技术与教育教学的深度融合,为每一个童年提供更多的可能。不随波逐流,立足现实深度研发,找准学校课程改革的生长点与发展点。不全面开花,尊重年龄特点、年级间差距,分层分年段推出"小学生·大课程"。

2. 坚定"小学生·大课程"的育人价值

本成果以动态研究的方式探索未来学校的课程架构与具体构成及实施方略,从一所基层学校行动研究入手,用方法论的理性思考提炼出多主体"课程共构"的操作模式、策略以及对应的课程研发范例,对于小学阶段学校自主课程研发具有较强的实践指导和示范意义。在课程研发实践过程中以百年历史积淀的课程育人理念,逐渐形成本校的课程自主研发生态,将课程内容与面向未来的学生需求相匹配,从学术高度归纳课程共构类型,以课程改进和促进师生发展为目的建设课程评价系统。重课程质量,较准三级课程平衡线,从高品质学校建设的互动、共享、开放理念中生发教育者的"课程共构"意识,进而实现"小学生·大课程"建设的育人价值。

三、改革路径

1. 创立"三角锥体"课程研发模型

成都实小基于学生未来发展的需要边研究、边实践、边反思。以锥形结构模型进行课程研发，实践中遵循立足实际、尊重文化的课程研发原则；不急功近利、不随波逐流、不全面开花，学校课程模型、课程体系实现基础框架搭建。"小学生·大课程"关注孩子一生的品格与品行，实现陪伴成长。链接"18亩+"课程资源，以系列课程设计进行学段衔接，学校各主体参与课程共构过程，学生在共构过程中主动参与、成为主角。

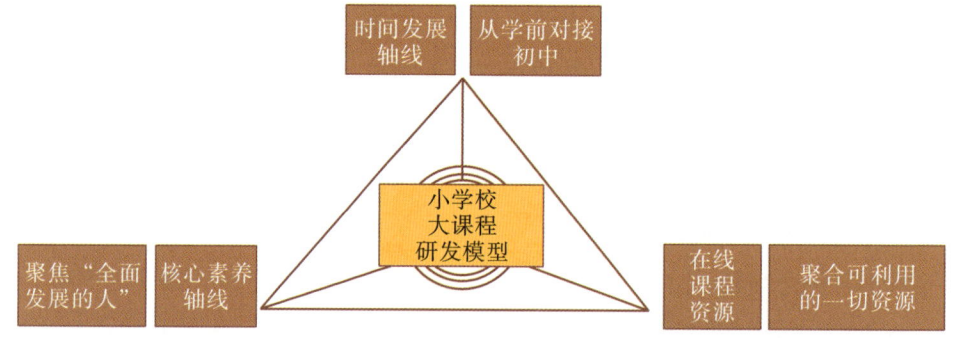

图1 成都市实验小学"小学生·大课程"三角锥体研发模型

2. 课程主体与群系的树状生长

图2 成都市实验小学"小学生·大课程"课程结构树

以时间为中轴线，"小学生·大课程"呈现树状生长的态势，设置从根基—主干—

枝叶的群系生态方式，构建六大课程模块，即公民素养模块、知识能力模块、科技创新模块、运动技能模块、国际理解模块、项目研究模块。课程主体的稳定性，课程形态的生长性，课程内容的可变性，让这棵课程树呈现出生命活力与创造力。

3. 以年段特点进行课程开发与实施

顺应儿童在不同阶段身心发展、认知能力的不同需求，"小学生·大课程"课程研发以儿童阶段性发展目标为前提，创设了"根基大课程""前置课程""始业课程""学段课程""小初衔接课程"阶梯形课程结构。每一个阶段有不同课程目标定位，其中"根基大课程"关注孩子一生品格与品行，形成公民意识；"前置课程"关注幼小衔接与新生入学前身心调试；"始业课程"关注新生入学后适应性与习惯养成教育；"学段课程"关注学生为适应未来社会的核心素养养成与奠基；"小初衔接课程"关注学生即将进入下一个学段的热身准备。

4. 以"重构"为策略打开校园，让学习连接社会与世界

学校作为教育机构是有边界的，但于学生而言，他们的学习应该拆掉更多的壁垒走向综合和体验。打破学校围墙，创造一种无边界的学习环境，让学习无时无刻、无处不在发生。学校呈现出一种积极主动的姿态，一种开放包容的态度，多方合作，整合资源，学习从单一的环境走向多元的社会，吸纳更多有志于为学生学习提供学习支持的合作单位。学校与其他教育机构合作，与社会力量合作，与社区资源合作，有效挖掘各种资源中的教育因素，弥补学校自身的短板与缺失，让一个有血有肉、有声有色的世界从书本走向学生。

5. 以项目为自主研发课程的重心，整体设计学习框架

在项目式学习中，教师开阔视野，整体设计学习序列框架，拉长学生学习周期，从一课时到一周、一月、一学期……学习从点状目标走向阶段目标，在更长的时间轨迹上去考量学生学习目标的达成。基于现实问题的项目式学习更有利于帮助学习者获得批判性思考、创造力、沟通和协作能力等"21世纪技能"，也有助于帮助学习者保持对学习活动的持续热情和动力。

6. 以问卷调查了解师生家长个体需求，调整课程结构

课程优化与发展基于定期对家长、学生以及教师的问卷调查的数据收集与分析，学校以线上调研的方式，针对不同课程类别、不同参与群体展开课程效果评定调查，生成课程评价数据。同时，也为各种课程类别搭建多种平台，以学促教、以展代评、以问激研，以学生获得发展的效果为主要切入点优化课程结构。

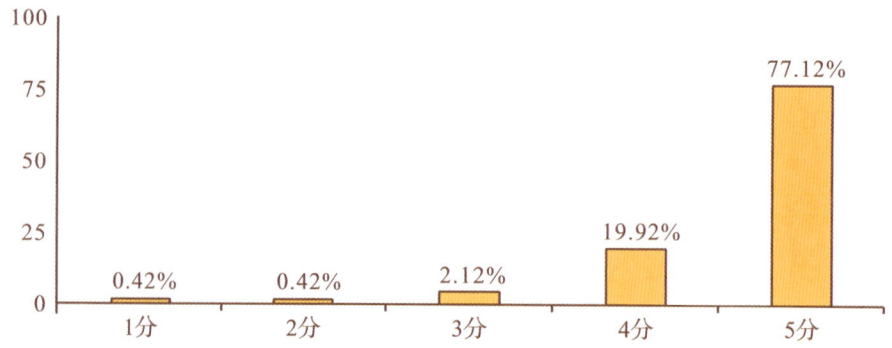

图 3　成都市实验小学童年课程调查问卷题目之"请你为一周的童年课程打分（1—5分）"

四、改革成效

1. "小学生·大课程"研发的多元主体效能式组合

学校课程是育人目标下的总体计划与实施。同时，课程应是学生的经历与获得的经验，学校课程内化成为"学生的课程"。学校教育的各参与主体提供自身所拥有的课程资源，以实现教育效能最大化的有机组合。

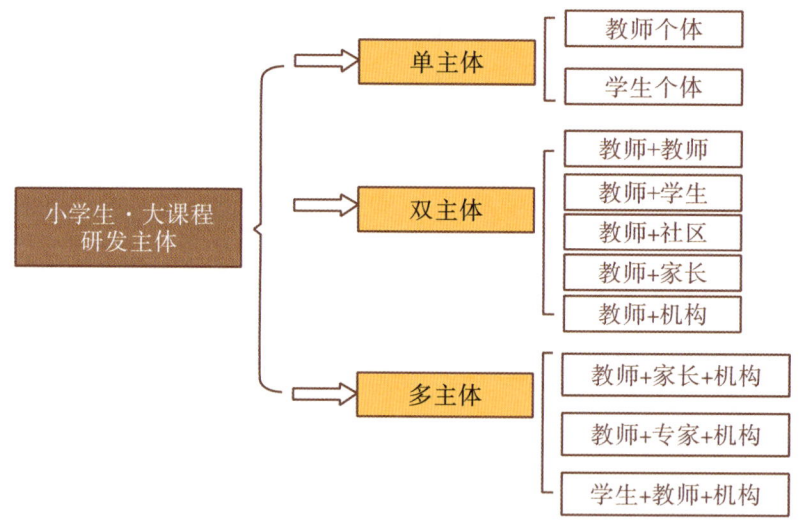

图 4　成都市实验幼儿园"小学生·大课程"的研发主体分类

课题组将课程研发主体的合作方式进行了归纳与分类，不同主体进行多点融合共创，挖掘与组织课程资源，设计课程目标与课程内容，落实课程实施过程，并协同反思改进。

2. "横跨＋纵深"的年级课程研发形态

年级课程是成都实小课程研发的常态形式，由此形成了各种形式的课程研发模式和课程实施方式，有打破常规行政班级的走班制，也有完全以学习兴趣为中心开展的全校选课制。但对于公立学校的日常管理及运行来说，既要保证常态教学的稳步进行，又要顾及学科教学的质量和效率，因而大规模打破现有的班级建制，实行一套全新的课程体系并不具有可行性。

在课程研发的过程中，如何一方面做到学校课程的多样性，加速实现学习方式的变革，另一方面鼓励和带动更多教师参与到课程研发过程呢？经过三年的未来学校课程研发实践，发现以年级为单位进行课程研发与实施，是目前人员参与面广、灵活度较高的路径，是值得推广应用的校本课程研发方式。

（1）年级课程释义：课程内容的组织采用主题式或课题式，以一个年级为单位，按照拟定的实施计划，在一个特定的周期内实现学生学习经验构建的校本课程研发模式。

（2）年级课程类型：前置课程、始业课程、微周综合课程、童年课程、哈佛国际理解课程。

（3）年级课程研发主体：课程实施年级所有学科教师。

（4）年级课程实施原则：学科内拓展＋学科间联合；全人、全景、多元实施。

（5）年级课程的实施周期：一周或一个学期。

"一个新型的社会所需要的教育是对话型的教育，是创造性思维的教育，是不拘泥于狭义专业的跨领域的知性教育，是培养选择与组织信息能力的教育，是科技文化教育，是多元化文化理解教育，是重视自然生态平衡的教育，是促进终身学习主体形成的教育。"[①] 年级课程的定位即是"研发出学校真正可以常态化实施的校本课程，变革学习"，它采用综合性学习的方式，创设生活化、社会化的学习背景，模糊学科边界，整个年级的教师形成课程研究共同体，而不再是"单打独斗"的某学科教师。

3."自发＋自主"的班本课程研发形态

班本课程的研发是一种教育价值的选择，也是一个赋能教师的过程。每个班级都是独一无二的空间，班级中的每一个学生都有个性化的成长需求。伴随着"18亩＋"未来学校的建设，教师课程意识的苏醒，学校里不少教师开始借助班本课程开发来满足本班学生的个性化成长需求。就课程改革的发展趋势而言，班本课程的研发意味着课程变革的过程是一个全员参与的过程。它在学校课程改革的过程中，开辟了一条自上而下和自下而上相结合的课程研发路径，学校在给予教师足够的自由和支持时，也

---

① 佐藤学. 教育方法学 [M]. 于莉莉, 译. 北京：教育科学出版社. 2016：3.

让教师感受到了这份自由背后的责任。

班本课程是以班级为课程实施的载体，基于班级群体的独特性，适应班级学生群体发展曲线，整合了班级资源，以满足班级学生发展需要为依据的量身化订制课程。

班本课程开发呈现的基本特点：独特性——每一个班级都与众不同，需求也各不相同。自主性——班本课程是由教师和学生在互动中自主开发设计的课程样态。选择性——班本课程实施很大程度上取决于教师的课程开发能力，学校由课程中心牵头有研发能力和主动性的老师，通过观察、整合、设计和规划，在班级空间里进行"学科＋班级学习"结合的班本课程研发。发展性——班本课程在"教师和学生"及"学生和学生"在互动性活动中共同建立，随情境变化而改变。

4. 本研究取得的效益

（1）教师课程研发能力提升、成果显著。课程研发成为一剂发酵剂在教师群体中生效，并荡起活跃的涟漪。教师团队自发组成"创社团"，共同研发"小岛学校的自然课程"。语文群文阅读课程研发团队探索各种群文阅读的课堂实施方法，丰富课堂内容、拓展教材外延；数学教师团队致力于国家课程校本化实施研究，以"玩中学"为路径，梳理了"活动数学、阅读数学、技术数学、行走数学"等多个主题研究单元；美术教师开发出文创课程，带领学生形成文创作品系列，并将作品的微店收益用于支持公益事业……"小学生·大课程"聚合团队力量重塑教师角色，在一系列课程研发过程中，家长、社会优质教育机构以及不可忽视的学生的力量与学校、教师并肩，形成未来学校课程开发和学校建设的合力。成都实小部分教师还实现身份转变，成为结对薄弱学校培训教师的导师，实现自身角色的重塑。

（2）实现学习方式融合创新。课程的重构和课堂的变革必然带来学生学习方式的变化。以解决问题为核心、以合作探索为路径、以个性化成长为目标，学生的学习与自然为伴、与兴趣为伴。学生的学习不再局限于书本或抽象的知识；中高学段信息技术的教学中引入CDIO①工程项目再建方式，开发专题项目，如手机录编简易教程及Scratch模块教学、学校体育APP素质监测应用系统、电子相册及期刊制作等，让学生在课堂上能接触最先进的信息技术，触摸最前沿的科技成果；3D技术引入数学课堂，让数学学习真正实现科技与数学实践的融合。无边界、常态跨界课堂探索，选修课、泛课程建设让学生视野开阔、手脑并用。

---

① CDIO代表构思（Conceive）、设计（Design）、实现（Implement）和运作（Operate），是由美国麻省理工大学第四所高校创立的工程教育模式。

（3）学生角色翻转凸显个性。在成百上千的学生当中，每一个学生都是独特的个体。他们头脑灵活，擅于创新，心灵手巧，喜欢创造。"个创课程"学生社团，如科创工作室、Scratch 工作室、服饰设计工作室、雅园节气社、密社团等，通过学校网站、微信公众号和 QQ 群等媒介刊登工作室和社团活动信息，在全校学生中招募志同道合的同学一起开展研究和实践。学生在科技发明、编程设计、服装制作、社团活动方面有非常独特的创新理念和创造能力，屡屡斩获各大比赛奖项。学生在教师培训必修课中担任学生讲师，向教师们分享生活、展示自己的小发明和创意设计，从 3D 打印技术到 VR 技术再到无人机技术；节气社和密社团的学生跨年级组织社团活动超千余人次。反转的角色尝试让学生获得成长的自信和肯定，促进教师观念的转变，引导教育者真正走进学生的生活世界。

（4）创思、创新、创意成为校园风向。"大众创业，万众创新"——各种创业园区、创客空间、创新孵化园在大家身边如雨后春笋般涌现。我校也为学生们梦想的种子提供沃土，为创想提供做大、做强的机会和平台。在高品质学校建设背景下，学生得以真正成为发展和成长的主人，探索全新的实践体验活动样态。

（5）学校课程建设本土经验实现全面辐射影响。"面向未来、对标国际、适度超前"。"小学生·大课程"坚持以学生为中心，课堂教学以提高学习效率为目标，加强数字化学习环境的建设和信息技术应用，促进信息技术与教育教学深度融合，推进学校管理方式和教学方式变革，培养学生适应未来发展需求的综合素养和创新能力，全面落实"为了孩子"这一核心追求。成都实小在高品质学校建设 3 年间有 4 位教师主动完成研究生学历进修，4 位教师获得市区特级教师称号，3 位教师获得省市区级专家称号。60 多位教师长期坚持做课题研究，发表文章 40 余篇，出版学术专著 3 本。这 3 年，有近 30 次全国学术会议邀请学校代表发言。教师们开发了泛在课程、微周课程、二十四节气课程、童年课程、传统节日课程、密课程等多门校本课程，惠及全校近 2000 名学生。学校成为"中国好老师公益行动计划"四川牵头学校、未来学校创新联盟校、全国新样态学校联盟校、成都市心理特色示范校、家长示范学校。学校教师的自主发展吸引了许许多多的外校教师前来学习、参观和跟岗。学校成为中央教科院、西华师大、成都大学等高校和科研机构的长期实习基地、成都市的教师发展基地。成都市青少年宫、金堂县、汉源县、甘肃玉门油田小学、云南芒市民族小学、贵州遵义市、成都天府新区华阳实验小学、崇州市第二实验小学、西昌市、九寨沟县等许多地区和学校前来与实验小学签订教师长期合作培养协议，希望与成都实小的教师一起成长。

反思提升

在 3 年的高品质学校建设经验的基础上,未来的"小学生·大课程"需要基于课程研发的前沿理论研究与实践探索推动本校课程序列化发展;依据学生核心素养的培养及时调整课程设计与实施,并深度思考课程本身的知识价值和文化价值;掌握好"教育人文性"与"大数据客观性、科学性"之间的平衡点,持续进行课程结构的优化和课程资源的开放建构;关注受教育者的主观意识、个人综合素养和能力发展,关注人的精神世界。

教师是学校课程变革的主体,甚至是改革是否成功的决定性因素,教师自身的专业素养和课程观如何适应高品质学校建设的步伐,也是要进一步思考的问题。任何变革都会对教师已有的教学习惯产生冲击,目前能够主动循着未来课程要素改变自身的教师并不占多数,因此,在未来的学校整体建设中,需要采取若干有效的外部激励措施,推动教师在教育理念、内容、形式、资源、方法等方面发生质的改变与发展,以充分发挥教师群体在学校课程改革中的主体性作用。

(供稿:成都市实验小学,李蓓、王威威、张红梅、黎明)

专家点评

"教育要面向现代化,面向世界,面向未来"是邓小平运用马克思主义教育原理分析国内外教育发展形势,做出的符合教育基本规律的科学概括,时至今日,随着 5G 时代的到来、人工智能的普及,未来社会会从信息时代进入另一个时代,教育也要更加面向世界、面向未来。成都市实验小学提出"面向学生未来发展的'小学生·大课程'"的理念,立足学生发展实际、社会未来需求,构建了包括课程理念、课程释义、课程目标和课程实施的一整套课程体系,从年级层面、班级层面,充分调动教师、学生、家长、社区和机构的积极性,确立了多主体双层面的课程研发路径,培养有思考力、有创造力的社会主义建设者和接班人。成果的突出特征是基于"小"与"大"的哲理逻辑建构系统的课程体系。

——纪大海

基于高品质学校建设的尚美课程体系

问题聚焦

党的十八大以来,四川省教育科学研究院围绕"为学校教育质量提升服务"的宗旨,指导学校开展高品质学校建设研究,倡导根据学校理念体系整合课程体系,促使学校发现课程融通性、科学性、人文性、审美性尚显不足,需进一步重组完善、创新优化,使学校尚美课程体系更适合师生成长发展的需求。

成果简介

一、改革背景

1. 加强美育是基础教育的重要内容

近二十年来,国家和教育部推出一系列全面加强和改进学校美育工作的举措。2001年,人民教育出版社在语文课本中增加美学内容,美育进入课堂;2015年,国务院办公厅下发《关于全面加强和改进学校美育工作的意见》,全国各地学校美育改革逐步取得突破性进展。

2. 学校课程是美育落地的实施抓手

四川省开展对高品质学校建设的研究与实践,致力于帮助每所学校扎根本土,办人民满意的教育。成都市成华小学校(下简称成华小学)响应改革号召,依照目标导向、问题导向、结果导向,深化改革,在尚美课程构建实践中深刻认识到:美育的实施要依托课程落地,不仅要增量更要提质,既要培养人的审美情趣,也要培养人的创造能力,使富有个性的尚美教育活动上升为尚美实践创新。

3. 文化自信是学校课程的目标方向

值得强调的是，如蔡元培所提倡的，美育的旨归是要培育符合时代精神的价值观。学校要聚焦文化自信培育目标，将中华优秀传统文化和社会主义核心价值观深入贯彻到尚美课程体系构建中，更注重对人的审美能动性培养，使师生拥有发现美的眼睛，从自然环境和人文环境中生发对美的感悟，在培养师生审美能力和创造能力的基础上，塑造完善的人格，厚植人文情怀、家国情怀。

二、改革主张

1. 明确主张

"基于高品质学校建设的尚美课程优化"提倡"三个走向"主张，即"从艺术之美走向生命之美；从单科视野走向系统构建；从教师主导走向学生本位"。

（1）从艺术之美走向生命之美。尚美是学校课程优化的鲜明主张。学校美育不能仅仅停留在艺术层面，不能只是唱歌、跳舞、画画等艺术教育，应该涉及教育教学所有活动以及学生成长的全域，所以，学校将艺术之美引向生命之美，以期实现"展开生命的蓬勃就是美"的夙愿。

（2）从单科视野走向系统构建。把"立德树人""以美立人"作为尚美课程优化的核心，构建起目标系统、课程系统、评价系统三大系统，关注学科教学文化，更关注全学科互相渗透、相互融合、整合推进，追求学生高阶思维发展，实现学生健康成长、尚美成长。

（3）从教师主导走向学生本位。坚持儿童视野，以生为本，把梦想引动、学科联动、任务驱动、结伴互动、成就撼动作为抓手，践行学本课堂、深度学习、项目式推进，教师重在方向引领、方法引导，促进学生"五育"优化、全面发展、个性成长。

2. 特征与价值

《南京共识》强调高品质学校倡导"高品位、高质量"的办学路径，要做好顶层设计，要抓住理念更新、课程重构、育人方式变革的主线，在探索中改革前进。成华小学的"基于高品质学校建设的尚美课程体系优化"有典型特征和鲜明价值。

第一是以习近平新时代中国特色社会主义思想统领学校改革发展，坚守"以美育人"，强调办学顶层设计落地生根，助学校逐步走向高品位、高质量。学校落实国家教育方针，突出文化浸润，将"美浸生活·美润人生"的办学理念融入队伍发展目标、学生培育目标、课程建设目标、校园文化营造、品牌形象塑造等方面，具有传承和弘扬中华美育精神的价值。

第二是加强尚美课程体系的顶层设计，促教学逐步走向崇尚美的教育。在开齐开足国家及地方课程的基本原则下，学校一方面坚持以《关于全面加强和改进新时代学校美育工作的意见》为导向，另一方面传承、应用学校六轮美育课题成果经验，以"培育做真善美的探索者、实践者、传播者"为课程目标，构建了尚美课程体系，明确了新时代学校尚美课程为什么做、做什么、怎么做，具有回应了教育根本任务的价值。

第三是尊重学生本位，强化课程的整合、重构、优化，应用多种较为成熟的课程模式开展实施，实现师生全面而有个性的发展。优化后的学校课程体系，一方面适应新时代要求，进一步提出"根植华夏·拥抱世界"的宗旨，贯彻落实立德树人"五育"融合；另一方面适应本校师生成长，满足个体需要，具备以美育人、以美化人、以美培元的价值。

三、改革路径

《2010—2020年国家中长期人才发展纲要》指出，要创新人才培养模式，建立学校教育和实践锻炼相结合、国内培养和国际交流合作相衔接的开放式培养体系，探索并推行创新型教育方式方法，突出培养学生的科学精神、创造性思维和创新能力。学校尚美课程构建遵循"六化原则"，即多元化、本土化、生活化、生本化、多样化、过程化，积极探索开发出具有本土特色的尚美课程体系。它包括两大类课程，一类是尚美学科课程群，另一类是尚美活动课程群。

尚美学科课程群涉及语言与文学美、数学与创造美、体育与健康美、艺术与生活美、品德与社会美。内容见表1。

表1 成华小学尚美学科课程群

尚美学科课程群	具体构成	设置方式	备注
语言与文学美	语文	必修学科	1. 各个"学科+"是基于必修学科的整合课程（如"语文+"是指在语文学科基础之上生成的和语文学科直接相关，但在课程形式和实施上比较灵活的整合课程）。 2. 课程群以群落化的方式实施。 3. 可以根据课程群落进行课程内部的整合和课程间的整合
	语文+	必修整合课程	
	外语	必修学科	
	外语+	必修整合课程	
数学与创造美	数学	必修学科	
	数学+	必修整合课程	
	科学	必修学科	
	科学+	必修整合课程	
	信息技术	必修学科	
体育与健康美	体育	必修学科	
	心理团辅	必修整合课程	
艺术与生活美	音乐	必修学科	
	美术	必修学科	
	形体	必修整合课程	
品德与社会美	品德	必修学科	
	社会与人生	必修整合课程	

尚美活动课程群包括人文美、科学美、健康美、生活美、艺术美、品德美系列。内容见表2。

表2 成华小学尚美活动课程群

尚美活动课程群	具体构成	设置方式	备注
人文美系列	绘本阅读	低年级选修	1. 将原来零散的社团活动进行系列化设计并使之课程化。 2. 小课程的实施打破班级授课的形式，以选修走班的方式开展。 3. 同一系列的小课程在实施中不断整合优化
人文美系列	经典阅读	中高年级选修	
人文美系列	双E中外人文交流课程	全年级选修	
人文美系列	……	全年级选修	
科学美系列	创意科学课程	全年级选修	
科学美系列	汽车课程	中高年级选修	
科学美系列	儿童编程课程	中高年级选修	
科学美系列	研学课程	全年级选修	
科学美系列	……	全年级选修	
健康美系列	武术	全年级选修	
健康美系列	球类	全年级选修	
健康美系列	棋类	全年级选修	
健康美系列	……	全年级选修	
生活美系列	食育课程	全年级选修	
生活美系列	……	中高年级选修	
艺术美系列	馆校课程	全年级选修	
艺术美系列	岩彩画课程	全年级选修	
艺术美系列	……	中高年级选修	
品德美系列	尚美娃娃成长课程	全年级选修	

在实践中，学校总结出了尚美课程构建和实施四路径。

1. 引进与借鉴——经典式STEAM案例的引进与实施

成都是一座历史名城，有深厚的文化底蕴，截至2018年，机动车拥有量居全国第二。生活在这样一个现代化城市里，师生日常生活与汽车密不可分，学校引进了STEAM经典项目案例"汽车"，通过详细分析、积累经验，指导学生确立核心概念、提出问题、设计主要的实践活动、明确学习成果及展示方式、落实反思与评价等，经历完整的STEAM教育过程。

学校组建了汽车课程实验组，遵循小学生认知规律，与科学课、艺术课、语文课、数学课、综合实践等多学科课程有机结合，展开跨学科整合的汽车课程探索，指导学生在学习基础知识、参加基础训练、掌握基本操作的同时培养跨界融合的意识和能力。整个汽车课程不再是单纯的知识传授，而是学生作为主体全程参与。目前，学校汽车课程板块有六大单元：汽车文化，车体设计，车漆喷绘，环境保护，汽车制造，自动控制，共17个课时，覆盖不同学科，在每个年级分别开展。内容见表3。

表3 成华小学各年级汽车课程内容

年级	课程内容	课时	涉及学科
一年级	汽车文化单元	2课时	4个学科（语文，音乐，美术，科学）
二年级	含一年级内容，增加车体设计单元	3课时	5个学科（+数学）
三年级	含一、二年级内容，增加车漆喷绘单元	2课时	5个学科
四年级	含一至三年级内容，增加环境保护单元	2课时	6个学科（+生命生态安全）
五年级	含一至四年级内容，增加汽车制造单元	3课时	7个学科（+信息技术）
六年级	含一至五年级内容，增加自动控制单元	4课时	7个学科

有关汽车课程的同一个单元，在不同年级都可以开展，但教学设定是不同的。以"汽车喷绘"单元为例，三年级学生只是简单按照自己的设计图案，用课堂上学到的点喷技巧来体验喷漆，感受油漆对汽车模型的保护与美观效果，然后根据自己的喜好，随意设计图案，并用颜料画的方法来装饰小车模型。而六年级开展喷绘单元目标设定难度明显加大，因为学生在数学课已经掌握了图形的面积计算方法，并学习了估算不规则图形的表面积，因而学生在学习汽车喷绘时，不能只是完成简单的喷漆，还需要遵循交通法规"机动车喷涂、粘贴标识或者车身广告，不得超过车身表面积的30%"的要求，计算出不规则的汽车模型表面积30%的大小，在能使用贴纸的范围内设计出装饰图案。

2. 拓展与应用——学科主题课程与综合创作

学校以学科渗透为基础，开发基于任务驱动式、问题引领式、项目板块式的主题课程，实现主题式课程活动与综合创作，着力营造受教育者主动参与的开放性课程环境，以课程组合的多样性来适应学生个性化发展的多元性。

（1）英语：PBL理念下主题式活动是提升小学生英语素养的有效方式，主题式单元教学是解决这一问题的优化路径。英语教学中开展的多学科融合主题式活动，让学生在学习建构和创作过程中将英语和美术、音乐、信息技术等学科融合，发现问题、分析问题、解决问题，提升综合素养。如六年级一个学生团队选择的主题是 My

Memory of Primary School（对小学生活的回忆），学生集思广益，充分利用在信息技术课堂学习的拍摄微视频技术，选择音乐课学习的一首歌曲进行配乐，进行了团队创作和成果发布。

（2）音乐：以优秀文化传承为教育导向，借助川剧社团进行品格教育，采用综合创作式、参与式、开放式、自主式的课程形式。川剧社团对学生的品格教育不能局限于社团学生的个人成长。如何让更多学生产生共鸣、得到启发？教师们观察学生行为常规，从学生身边小事入手创作了川剧校园剧《我们在一起》，剧本雏形围绕校园欺凌主题进行编写，用川剧形式表现了一位调皮捣蛋的班级"小霸王"，在教师、同学、社会人士的感召下慢慢产生变化，最终明白如何与爱相伴、与美相随的故事。故事体现了包容、友善、理解的中华民族传统美德，帮助学生树立了正确的价值观。

（3）科学与信息技术：学生借助信息化教学线上线下结合方式，在创意科学课程单元中利用生活中随手可得的吸管、注射器、泡沫板等材料和课堂上学到的知识，按照工程设计思维，发挥想象力，与项目组成员分工合作，设计制作了形态各异的小火箭。课堂上，孩子们一改过去"老师讲、学生听"的传统样态，人人参与、表达，通过讨论交流、设计制作，像工程师一样多次测试优化，成功经受了将火箭发射到月球的挑战。在小学生科学创新实践主题活动——纸桥设计与制作比赛中，师生用纸造桥，还原生活中的钢筋水泥桥、石桥、铁桥等模型。历时月余的纸桥制作和承重实验活动从学习规则开始，科学组老师精研、讲解规则，分析材料特性、设计制作技巧，学生组队利用课余时间研讨方案。比赛过程中，各组分工明确，操作有序，团结协作制作了造型各异的纸桥，创新精神和实践能力获得提升。

3. 融合与实践——"五育"融合与时事体验

（1）构建成华小学校尚美娃娃成长课程体系。①细化课程目标。以劳动课程为例，目标不仅只是通过劳动课程让学生建立正确的劳动观，掌握劳动技能，承担相应的社会劳动责任，关爱和尊重劳动者，同时也把学会珍惜自己和他人的劳动成果都纳入了劳动课程目标。②充实课程内容。通过拓展课程涉猎的宽度，使之更加丰富和有趣。以行走课程为例，学校在以往传统的春秋游社会实践的基础上，依托国家相关政策，依据校情和学情，设计国内外研学、游学课程，力求学生在行走课程中不仅弘扬中华优秀传统文化，还能加深对世界多元文化的了解。配合课程内容，研学游学手册也逐步完善，在手册中体现对自然的认知、小组合作以及环境保护意识等要求。③创新课程形式，寻求传统形式的突破口，使课程的呈现方式更加新颖，取得更好的效果。以衔接课程中的入学课程为例，设计初衷是为消除小一新生和家长对学校的陌生感。教师们研究并设计了校园体验"开心找找看"活动，帮助新生和家长感受、接纳、亲近校园，在寻找地标的过程中实现了以景育美。④完善评价机制，比如，结合好习惯课程的评价体系，除颁发"好习惯小精灵徽章"之外，还包括很多精神上的奖励内容。

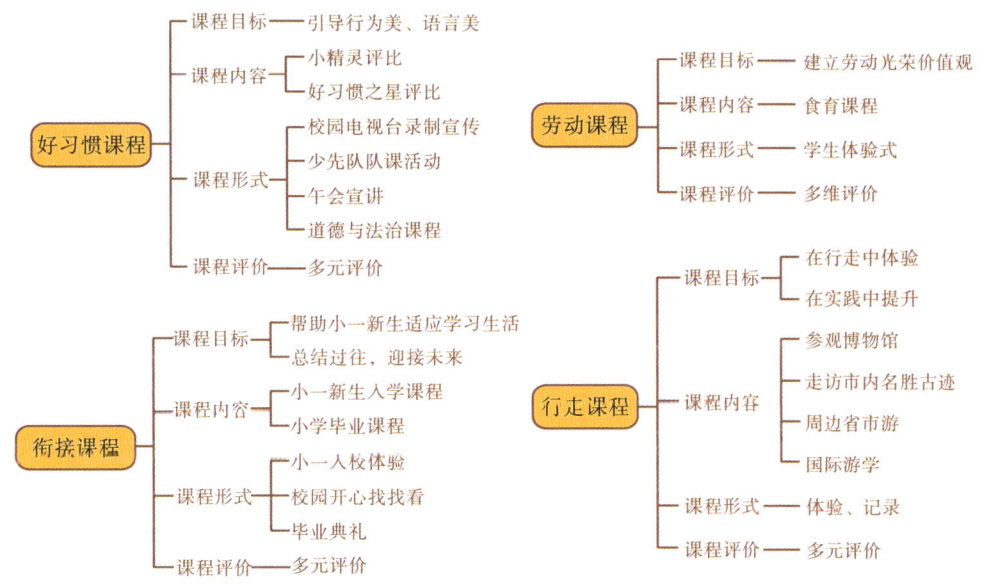

图1　成华小学"尚美娃娃成长课程"体系

（2）时事体验。新冠肺炎疫情期间，学校组织开展了各项综合实践体验。如在科学教育中，教师通过云教研、云备课，给孩子们带来了特别的科学公开课，并根据不同主题内容和各年级孩子的学习特点，准备了不同的有趣的课程，如"我是防疫小博士""我是抗疫小博士""枪响之后没有赢家""当病毒遇上科学"。孩子们在特别的科学公开课学习中，以力所能及的方式参与共同防疫，培养科学方法，形成科学素养。在美术和语文学科中，教师们指导学生开展抗疫主题绘画、海报、《防疫小手册》等绘本创作活动。孩子们通过折、剪、贴、画等实践活动，培养了动手能力、美术表现能力，在观察发现有趣的综合材料过程中，学会举一反三，丰富并创造新的作品。

4. 传承与交流——以我为主，兼收并蓄的人文交流

在"美浸生活、美润人生"的办学理念下，成华小学的中外人文交流课程倡导学生具备传承华夏文明、内外兼容的统一之美，用开放、包容的心态看待世界，明确以"根植华夏·拥抱世界"（Embedding in Chinese，Embracing the World）为宗旨，践行"五I"理念（International 即国际视野，Information 即资源整合，Interaction 即人文交流，Interesting 即趣味多元，Intelligent 即高阶思维）。

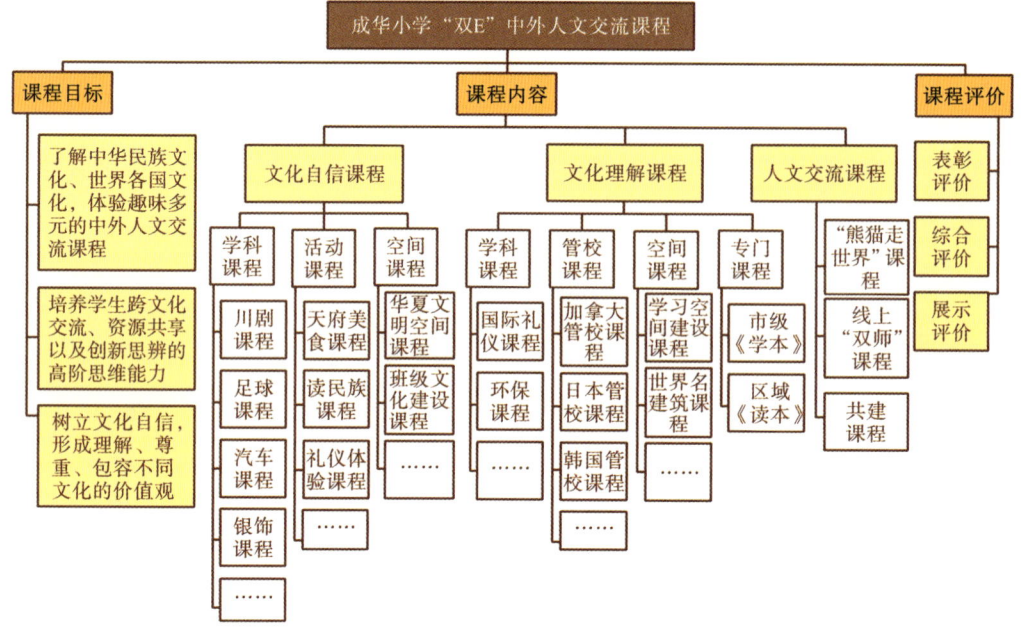

图 2　成化小学"双 E"中外人文交流课程

实施目标：学校紧扣办学理念和中外人文交流宗旨，确定了课程总目标，梳理了分段目标。

实施对象：学校 1~6 年级学生；国外友好学校师生。

实施渠道：学科渗透、实践体验、环境育人、互联网。现已逐步从单一学科走向全学科覆盖，从课堂学习走向项目式学习，从线下交流走向线上交流。

实施安排：根据课程类型分类实施，其中文化自信课程、文化理解课程间周一节（每节 40 分钟）；人文交流课程根据具体情况，利用学校课堂时间或课后时间实施。

具体做法：

(1) 设置三维总目标。目标包含知识、能力、价值观。中外友好学校教师团队撰写了中外人文交流课程概述，课程设计凸显系统化、民族化、全球化特点，课程实践追求校本化、体验化、多元化、创新化。

(2) 确定三类内容。文化自信课程依托学科课程、活动课程、空间课程具体实施。通过学科渗透和国际理解相关知识学习拓宽学生的国际视野。文化理解课程包含专门课程、馆校课程、空间课程，结合《成都市中小学国际理解教育学本》《成华区国际理解教育小初高系列区域读本》等开设专门课程。友好学校人文交流课程包含"熊猫走世界"课程、线上"双师"课程、中外友好学校共建课程等，利用互联网开展线上线下人文交流。

（3）施行"三度评价"。学校对积极参与课程的师生施行表彰评价、综合评价、展示评价"三度评价"。表彰评价：颁发"国际交流·文化小使者""国际理解课程之星""国际理解课程传播小使者"等荣誉证书或专属徽章。综合评价：学校数次组织开展"综合闯关评价"，如2019年，以"一带一路从成都出发，美食闯天下"为主题，涉及语文、数学、英语、美术、信息技术、思想品德、音乐、科学、国际理解……学生参与面广，家长认可度高，社会评价好。展示评价：学校组织开展出访和接待来访活动时，优秀师生享有优先参与权；可在学校自媒体平台（广播站、校园电视台）分享个人成长收获。

反思提升

1. 困惑

基于高品质学校建设的尚美课程体系优化已经历了一系列有效实践，但在建构高质高效的尚美课程评价体系和评价策略路径方面，还需要进一步深入探索。

2. 展望

中共中央、国务院已提出"打造高品质学校"的国家主张。作为"四川省首批美育实践基地"，成都市成华小学校必然要将走向高品质作为时代赋予学校的新目标，同时作为"十四五"教育改革发展的理念愿景、目标方向、路径模式，关注一校多校区新模式可能带来的新困难，推动校区之间均衡发展、持续发展，带动家长、社区、社会教育生态融合，为建设"成渝双城经济圈教育现代化示范区"贡献成华教育力量，努力创建成为全省首批高品质示范学校。

（供稿：成都市成华小学校，宿强、廖佳秋、罗锦霞、张怡）

▶ 专家点评

中共中央、国务院印发的《中国教育现代化2035》提出，要"更加注重学生全面发展，大力发展素质教育，促进德育、智育、体育、美育和劳动教育的有机融合"，成都市成华小学构建出了基于高品质学校建设的尚美课程体系，提倡"三个走向"主张，即"从艺术之美走向生命之美，从单科视野走向系统构建，从教师主导走向学生本位"，其"尚美课程体系"包括"尚美学科课程群"和"尚美活动课程群"两大类，尚美学科课程群涉及语言与文学美、数学与创造美、体育与健康美、艺术与生活美、品德与社会美，尚美活动课程群涉及人文美、科学美、健康美、生活美、艺术美、品德美，将美育充分融入德育、智育、体育和劳动教育之中，充分彰显了"五育"融合思想，在理论与实践的双向互动中作出"五育"融合的创造性转化，发出了学校独特的教育主张和表达。成果的实践性和融合性突出，并具有一定的创新性。

——纪大海

高品质学校的课程体系构建与改革之指向核心素养的美术学科课程校本化实践

问题聚焦

课程是立校之本,高品质学校建设的核心要素之一就是课程。学校如何在核心素养的导向下构建具有本校特色的课程体系,提升学校的办学品质,尤为关键。其中,学科课程校本化实施,是核心素养落地和学校课程改革的重要措施。

成果简介

一、改革背景

随着信息时代的到来,智能工厂、智能生产、智能物流等构建出了新的社会生态,新时代对人才的培养提出了更高的要求。《中国学生发展核心素养》提炼出六大核心素养,总结出学生符合终身发展和社会发展需要的必备品格和关键能力,为"立德树人"的总目标明确了具体要求。同时,2017年公布的《普通高中美术课程标准》提出了美术学科的五大核心素养,包括图像识读、美术表现、审美判断、创意实践和文化理解。核心素养的提出,顺应了时代的发展,也顺应了国际教育发展的潮流。

我国小学美术课程及教学变革总体上与我国基础教育改革的发展历程相契合,与历次课程及教学改革的理念合拍,课程体系及教学方式方法越来越科学,逐步从早期的以知识学习为中心走向以培养学生学科核心素养为中心。然而,长期以来,美术科目在学校中的重要地位未得到足够重视,"五育"并举中美育的作用也未得到有效发挥,因此,成都高新区中和小学(下文简称中和小学)为落实核心素养的育人目标,提升教学质量，实现学校的高品质发展，在"高品质"核心理念的引领下，结合学校实际情况，通过构建以培养核心素养为目标的校本化课程体系，确立了一条学校转型发展的变革之路。

二、改革主张

1. 确立和美办学理念

和美教育，是中和小学基于学校本位的素质教育个性化实践模式，提出的体现"和美育人，促进师生主动愉悦多元发展"目标的核心理念。学校根据国家方针政策要求、学校发展建设追求以及学生发展成长需求，从全局、全员、全程的角度，优化整合教育教学资源，以先进的办学理念及和谐的校园文化建设，引领、激励师生自主发展，丰富学生的人生阅历和成长体验，逐步积淀和滋养个人的必备品格和关键能力。

基于和美理念，中和小学将课程的育人目标从偏重德育的"谦、信、善"，逐步调整为"韧性、德行、灵性"，在陪伴中引领并关注学生的学习成长体验，让课程的育人功能从外力教化逐步走向内化自生。

学校基于办学理念和育人目标，调整课程结构，整体设计课程体系，通过拓展、整合、融合和应用等途径探索学科课程的校本化实施方案，对学科课程内容进行学科内或跨学科整合与落实，并将综合化的课程要素转化为学生的学习经验，以发展学生对世界的整体性认知。

2. 构建美术学科课程体系

《义务教育美术课程标准（2011年版）》指出，美术课程总目标按照"知识与技能""过程与方法""情感、态度和价值观"三个维度设定。2015年，《教育部关于全面深化课程改革落实立德树人根本任务的意见》明确提出了各学段学生的核心素养体系，明确了学生应具备的必备品格和关键能力。2016年，《中国学生发展核心素养》明确提出，以培养"全面发展的人"为核心，构建六大核心素养（人文底蕴、科学精神、学会学习、健康生活、责任担当、实践创新），以培养学生的综合能力。《美术课程标准》也明确指出，需要构建美术与其他学科综合解决问题的思维体系。

因此，结合学校的课程建设特点，中和小学提出"IERR"课程研究路径，成功立项"基于'IERR'路径的小学美术课程校本化实践研究"课题，利用"IERR"路径建设、优化美术课程体系研究，形成区域辐射影响，构建学校特色的美术学科课程体系。

三、改革路径

课程改革的主要目标和重要内容是有效指导学生学会掌握应对未来社会的关键能力。中和小学通过"IERR"实施路径对美术学科课程体系进行校本化改革,优化教学内容和课时,改革课堂实施方式,真正落实学生学习的主体地位,以更加丰富完整、更具特色的课程体系帮助学生在学习和探索活动中得到核心素养的训练和提升。在"IERR"路径下开发的美术特色课程"锥刻纸版画",形成了多个研究成果。"融合国家课程让学校特色刻线纸版画促进全体学生美术核心素养的提升"课题被评为区级优秀课题成果;"小学美术课程校本化实施的'IREE'路径研究"课题在研中。这些科研项目成为学校进一步优化美术学科课程校本化体系的理论支撑和实践依据。

"IERR"课程改革实施具体路径如下:

(1)整合。"I"即 Integrate(整合),是把国家美术课程内容、目标的类别进行重组,并按其特点列表划分,使重新编排的教材、规划、评价指标的整体脉络更清晰。这不仅有利于学生学习的连续性、发展性,而且有利于学生认知水平的提高和动手能力的增强,使学习的效果能得到深化和优化。更着重培养学生的跨学科思维和实践运用能力,将美术学科与其他学科的教学统整融合,构建学生的知识框架,开拓学生的视野,培养学生深度学习和解决复杂问题的能力。

(2)拓展。"E"即 Expand(拓展),是指以拓宽课程的范围为目的而进行的课程开发活动,从核心素养的方面拓展课程内容、课程实施的空间和平台,以及素养评价的深度和广度。

(3)替换。"R"即 Replace(替换),在本课题中实施的替换功能,主要是指在教材原有的三维目标上,把作品的表现形式替换成学校的特色刻线纸版画,技能目标则变成刻线纸版画技能的掌握。将国家课程标准部分内容替换为"和美评价标准",凸显和美育人的理念。

(4)改编。第二个"R"即 Reorganize(改编),是指教师对已有课程的目标和内容、标准及评价方式加以修改,以促进学校特色刻纸版画课程的实施。

在学校办学理念指导下,在美术课程标准的基础上,以国家课程为基础,利用"IERR"实施路径,对课程内容和课时进行调整,设置为三层级课程体系,面向全体学生分层分类开展教学。三层级课程体系分别为基础性课程、拓展性课程和跨学科综合课程。基础性课程是课程实施的重心;拓展性课程以全科阅读实践、基于国家课程的学科特色专题课程（锥刻纸版画）和学科实践探究活动为主线；跨学科综合课程立足于国家课程，集主题性课程、"美术＋"课程和项目式学习为一体。三者共同构建多元立体的美术学科课程，课程体系设置如表1所示。

表1 成都高新区中和小学美术学科课程体系设置

	美术基础性课程			美术拓展性课程			跨学科综合课程		
	美术课程标准校本化解读	基于教材的大单元设计	问题导向的课堂深度学习	全科阅读实践	基于国家课程		基于国家课程		
					学科特色专题课程（锥刻纸版画）	学科实践探究活动	主题性课程	"美术＋"课程	项目式学习
面对群体	全体学生			全体学生（分层分类）			全体学生（分层分类）		社团
课程特点	注重学科的核心知识与思维方法			以丰富的学习方式扩大知识面，扩充学科领域的深度和广度			多学科融合，强化实践、探究、创新		
课程宗旨	获得"双基"，增长能力，培养科学态度			增强学生的创新能力以及对美术学习的持久兴趣，体会美术的应用价值			引导学生学习学科知识的迁移与融合，培养多个角度思考问题、探索问题、研究问题、解决问题的能力		
课程内容	按照国家课程标准，根据主题、艺术语言进行调整设计			《走进艺术》、LOOK系列丛书……	我们身边的故事、吃在四川、刻在砖上的故事……	迷你街市、小扇子、面具艺术……	我和昆虫、好玩的民间玩具	"美术＋"自我探索、"美术＋"自然、"美术＋"社会	小龙队、连箫、文创产品开发
教师行为	按照课程纲要，调整课程			开展美术阅读活动（书籍、公众号），基于教材开展锥刻纸版画特色课程教学和美术学科素养活动			基于教材提炼出主题课程和"美术＋"课程		
教学形式	常态课			周末阅读时间	常态课	美术学科素养活动	寒暑假研学	常态课	社团
评价形式	根据课堂作业及参与过程进行评价			课堂作业、展演、参与过程			展演、成果展示、产品开发与展示交流		

1. 美术基础课程

基础性课程是课程实施的重心，在对美术课程标准校本化解读的基础上，利用"IERR"路径中Reorganize（改编）和Integrate（整合）的方式对国家课程按照主题内容、艺术语言分别进行调整，设计美术大单元课程，建立以问题为导向的课堂深度学习，实现教学模式、学习方式的创新与转变。以人民美术出版社版五年级教材为例，将"肖像艺术"和"画人像"两个主题有关联的课程做大单元整合，以提出大概念问题"艺家如何用艺术语言进行外貌描写",实现问题导向下的深度学习。内容见表2。

表2　成都高新区中和小学美术学科基础课程之大单元主题课程设置

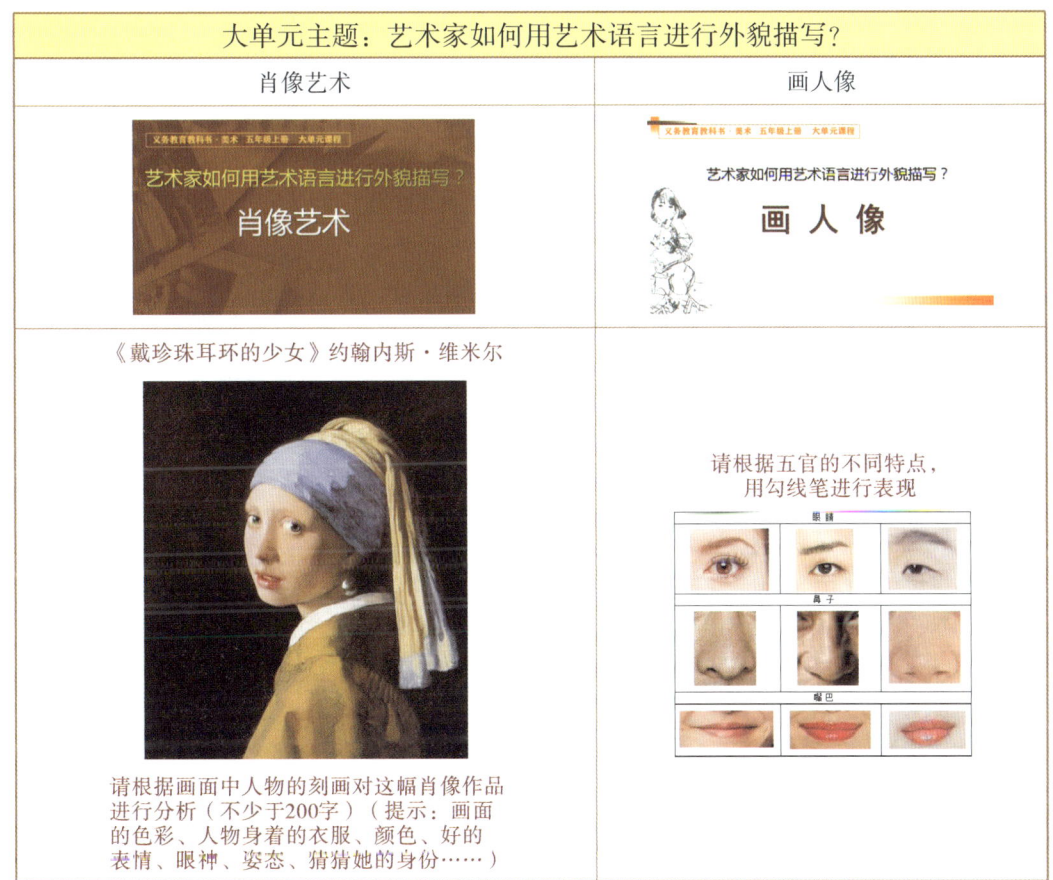

为进一步提升学生的美术核心素养,在基础课程之上利用Integrate(整合)、Reorganize(改编)、Expand(拓展)、Replace(替换)的方式,结合学校美术特色课程"锥刻纸版画"和校园文化特色,设置了拓展性课程及跨学科综合性课程。下面以人美版五年级美术上册为例,如表3所示。

表3　成都高新区中和小学美术学科基础课程(五年级上)

调整前			调整后				
序号	课题	课时	序号/大概念/主题	课题	课时	调整后课程类型	调整路径
1	开学第一课	1	1	开学第一课 帕特农神庙	1		
2	帕特农神庙	1					

续表

调整前			调整后				
3	肖像艺术	2	2. 艺术家如何用艺术语言进行外貌描写	肖像艺术画人像	3	大单元设计	Integrate（整合）
4	画人像	2					
5	认识抽象画	2	3. 绘画形象一定是具象的吗	认识抽象画学画抽象画	3	大单元设计	Integrate（整合）
6	学画抽象画	2					
7	绘画中的透视现象	2	4	绘画中的透视现象	2		
8	美术中的比例	1	5	美术中的比例	1		
9	偶戏	2	6. 民间美术的魅力	偶戏 提线纸偶（四川皮影）	4	拓展性课程（锥刻纸版画特色课程）	Integrate（整合）Reorganize（改编）、Expand（拓展）、Replace（替换）
10	提线纸偶	2					
11	创造绿色的生活	2	7	创造绿色的生活	2		
12	色彩的色相	2	8. 色彩变化的秘密	色彩的色相 色彩的明度	2	大单元设计	Integrate（整合）
13	色彩的明度	2					
14	唱起来跳起来	2	9	唱起来跳起来	2		
15	拼帖添画	2	10	拼帖添画	2		
16	中国龙	2	11	中国龙	4	跨学科综合课程（主题性课程、PBL项目式学习）	Reorganize（改编）、Expand（拓展）
17	造型别致的椅子	2	12	造型别致的椅子	2		
18	立体贺卡	2	13	立体贺卡	2		
19	校园合影	2	14	校园合影	1		
20	防灾减灾	2	15	防灾减灾	1		
21	期末检测	2	16	期末检测	2		
			寒假融通课程主题	给科学插上艺术的翅膀	1	跨学科综合课程主题性课程	Reorganize（改编）、Expand（拓展）

2. 美术拓展性课程

美术拓展性课程面向全体学生（分层分类）进行教学，分为两大类课程。

一是全科阅读实践（全体学生）。向学生家长推荐适合各学段学生的书籍。要求学生每学期至少观看一次经典影视或纪录片并能从中受到启发。每学期期末设置合理的假期考察活动。

二是基于国家课程的基础上开展学科特色专题课程"锥刻纸版画"（分层分类）及学科实践探究活动（全体学生）。

在贯彻落实美术新课程标准的基础上，根据美术课标的要求和儿童的生理心理特点，以及学校的实际情况，遵循教学循序渐进、由深入浅的原则，按照学生年龄段，将小学二至六年级分为低（二年级）、中（三、四年级）、高（五、六年级）三个层级。把美术教材中的部分"造型表现"课与学校已有的美术特色课"锥刻纸版画"结合起来进行教学，引导学生循序渐进地学习锥刻纸版画的基本知识和工具材料的使用方法，学会用锥刻纸版画的方法表现事物。引导学生在美术特色课程的实践、思考、探索、交流等活动中，拓宽学生的美术视野，提高学生的审美能力，增强学生的美术技能，促使学生更主动、富有个性地学习。

美术拓展性课程之锥刻纸版画特色课程设置如表 4 所示。

表 4　成都高新区中和小学拓展性特色课程（锥刻纸版画）设置情况

年级/学期	课程	基础性课程	拓展性特色课程（锥刻纸版画）	核心素养达成目标
二年级	上学期	会变的线条	有故事的花纹	掌握简单的刻线刷色方法并能进行简单主题创作，在愉快的创作过程中感受到喜悦和成就
	下学期	童年	我们身边的故事	
三年级	上学期	连环画	演故事	在刻线和点再加撕贴的基础上，能表现出线条的粗细、疏密、穿插等，能在刻线中运用各种线条组织的方法，表现出画面的点线关系，单色刷色后，画面能呈现出独特的稚拙感
	下学期	大嘴怪	神奇的动物	
四年级	上学期	小扇子	摇动的诗意——刻创团扇	
	下学期	放学了	刻在砖上的故事	
五年级	上学期	提线纸偶	成都皮影	学生在此阶段学会怎样精刻细锥，学会表现画面的黑白灰，色彩统一中有变化，使画面富有艺术性
	下学期	有特点的人脸	用脸说话的我	
六年级	上学期	家乡的小吃	吃在四川	
	下学期	我的成长记录	丰富的校园生活	

拓展性特色课程（锥刻纸版画）实施情况如下图所示。

图 1　成都高新区中和小学拓展性特色课程（锥刻纸版画）实施情况

3. 跨学科综合课程

跨学科综合课程学习是以学科功能为基础，融合其他艺术形式的"大美术"学习。在国家课程的基础上面向全体学生（分层分类）设置了两门课程，即主题性课程及"美术＋"课程；面向社团学生设置了项目式学习。以主题性课程为例，其设置目的在于进一步提升学生的核心素养，从美术学科的基础课程着手找到适切的主题，融合多学科知识，打破学科间的壁垒，让学生在学习探索过程中从不同学科角度对该主题形成全局性的深入理解，使学生在主题性问题的探究活动中全面提升核心素养。

主题性课程设置如表 5 所示。

表 5　成都高新区中和小学跨学科综合课程之主题性课程设置

年级/学期	课程	主题	整合学科
一年级	上学期	各种各样的形状	美术、数学、科学、语文、综合实践
	下学期	我和昆虫	美术、数学、科学、语文、综合实践
二年级	上学期	民间玩具	美术、数学、科学、语文、音乐、综合实践
	下学期	怪兽	美术、科学、语文、综合实践

续表

年级/学期	课程	主题	整合学科
三年级	上学期	有趣的生肖	美术、数学、科学、语文、综合实践
	下学期	刻印的乐趣	美术、数学、科学、语文、综合实践
四年级	上学期	飞天	美术、数学、科学、语文、综合实践
	下学期	设计生活标志	美术、数学、科学、语文、综合实践
五年级	上学期	中国龙	美术、数学、科学、语文、综合实践
	下学期	皮影	美术、数学、科学、语文、综合实践
六年级	上学期	城市雕塑	美术、数学、科学、语文、综合实践
	下学期	刻在砖上的故事	美术、数学、科学、语文、综合实践

主题性课程实施情况如下图所示。

图 2　成都高新区中和小学跨学科综合课程之主题性课程实施情况

四、改革成效

1. 形成体系并完善学校课程结构

学校通过"IERR"策略优化美术学科课程，构建了美术学科三层九级课程体系，形成了学校高品质发展目标下学科课程校本化的实施路径。

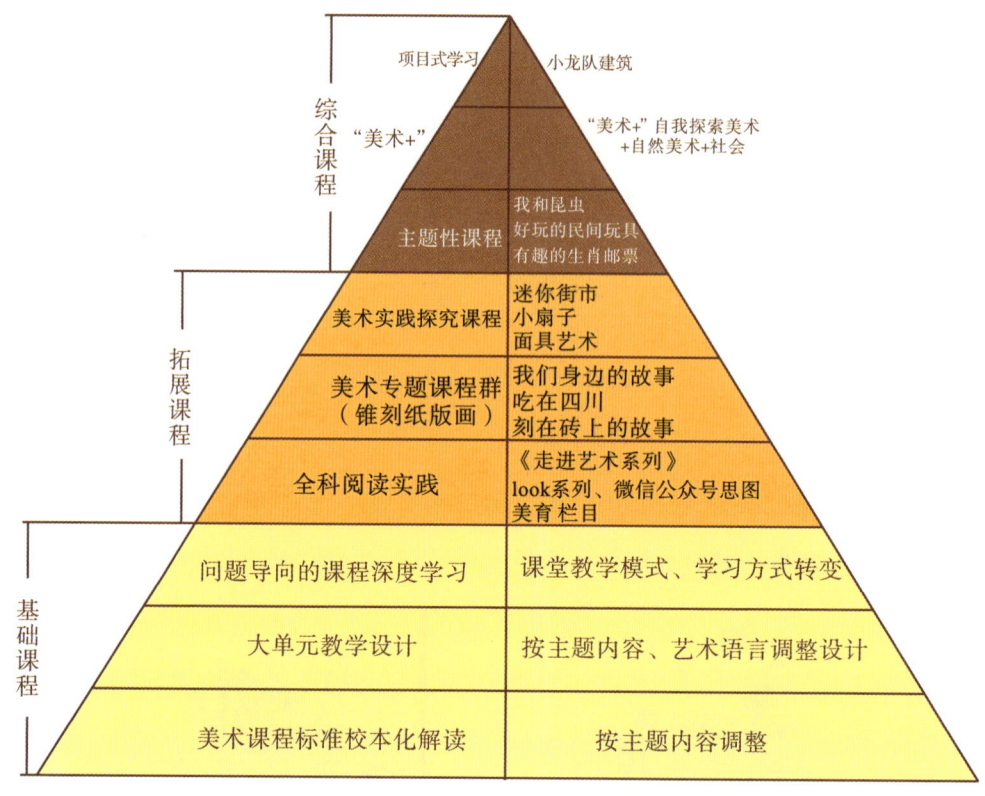

图 3　成都高新区中和小学美术学科三层九级课程构建图

2. 形成课程品牌并产生辐射影响

学校以拓展课程中的"锥刻纸版画"为特色课程，打造艺术工作坊，开展丰富的艺术特色课程活动，对区域学校进行辐射影响，形成高质量的美术特色品牌课程成果，推动了学校高品质课程建设。

3. 促进师资队伍素养提升

根据美术课程校本化需求，美术教师人人参与课题研究，开展了区、市、省级多个课题研究，培养了教师的课程研究开发能力、课程实施能力及课程评价能力，实现了教师从教学观到课程观的转变，极大提升了教师的专业素养。

反思提升

高品质学校的建设是一个系统工程，包括课程建设、课程评价、课堂改革、学校管理、队伍建设等诸多方面，需要整体谋划、重点突破、以点带面、统筹推进，而课程评价是学校课程建设与实施中最难解的要素之一，成都高新区中和小学在打造高品质课程建设过程中，建立核心素养导向下的课程体系，注重"五育"融合，但课程评价体系的构建及评价功能还不够系统化、智能化，还需更进一步优化与完善。

随着人工智能时代的来临，学校课程建设与改革既要立足特色与创新，也应顺应未来发展趋势，积极推进人工智能与教育深度融合，统筹建立智能与可视一体化的全景式智能教育教学数据体系。以人工智能推动教师专业发展，全面提升教师信息素养；以智能化、个性化、多样化的教学模式，进一步促进学生综合素养的提升；以智能技术创新教育评价体系，实现资源配置的最优化、教育教学决策的科学化和教育管理的精细化。学校课程改革的下一步应遵循科学性、逻辑性、实践性及多元化原则，以互联网技术助力教育发展，深入"人工智能＋教育"的研究，实现更加多元、更加精准的智能导学与过程性评价，助力培养适应未来社会发展的人才，最终形成"教、学、评"一致的美术课程体系，提升办学层次，推动学校高品质发展。

参考文献

[1] 刘云丽. 普通高中美术课程标准 [M]. 人民教育出版社，2017：4—7.

[2] 赵宏强. 中小学管理创新案例研究报告 [J]. 中小学校长，2019（12）：3—10.

[3] 李政涛. "高品质学校建设"——基础教育改革的四川经验 [J]. 教育科学论坛，2019（10）：3—10.

[4] 何伦忠. 着眼高品质学校建设的课堂变革实践 [J]. 教育科学论坛，2019（10）：14—20.

[5] 杨明全. 课程综合化实施的理论旨趣与实践路径 [J]. 教育学报，2018，14（06）：57—64.

[6] 许昌良. "新质量"时代学校转型发展的领导变革 [J]. 江苏教育，2017（34）：10—11.

（供稿：成都高新区中和小学，邹泽君、洪梦露、彭应美、李然）

> **专家点评**

　　学校最重要的校本课程就是国家课程校本化之后的课程，学生的关键能力、核心素养正是由此逐渐培养和发展起来的。学校在国家课程校本化的过程中，必须始终将学生的发展放在课程开发和建设的核心位置。成都高新区中和小学以"和美教育"理念为载体，以学生发展为根本，以课程建设为突破口，提出"和美育人，促进师生主动愉悦多元发展"的价值观，并基于办学理念和育人目标，通过拓展、整合、融合和应用等途径探索学科课程的校本化实施，并提出"IERR"（整合、拓展、替换、改编）课程研究路径，利用"IERR"路径建设、优化美术课程体系，构建了适合学生和学校特色发展的美术学科课程体系。成果特色在于采用较为标准的顶层设计方式构建课程。

——纪大海

融合创新理念下的高品质
"龙行凤仪"课程的实施与构建

问题聚焦

成都市龙泉驿区实验小学校(下简称龙泉实验小学)从2012年开始,积极开展学校课程建设,提出"多元育人和谐发展"办学理念,形成了多彩德育和多元课堂课程体系。但学校的课程体系存在碎片化、分散化、无序化、割裂化、评价弱、教师实践力差的问题。鉴于此,学校围绕学生核心素养的培育,以基础性、拓展性、选择性、综合性课程为"四维",以仪行之善、仪行之雅、仪行之创、仪行之健、仪行之美、仪行之探为"六域",从五个方面构建"龙行凤仪"课程体系。

成果简介

一、改革背景

龙泉实验小学是一所有着两百多年办学历史的老校,起源于公元1797年创立的凤仪书院,1903年改制更名为龙泉驿公立高等小学堂,传承至今,培育了数以万计的各行各业优秀人才,素有"百年书院,巴蜀名校"的美誉。

长期以来,龙泉实验小学秉承"龙行未来,凤仪人生"的办学理念,以"建成现代化、高质量、具有实验性和示范性的中华特色学校"为办学目标,努力培养能够"适应未来,创造未来"的"龙凤少年"。

两百多年的文化传承是一笔宝贵的财富,学校深挖底蕴,聚焦"为谁培养人、培养什么人、怎样培养人"的时代呼唤，积极探索构建"龙行凤仪"课程体系，全面落实"五育"并举，促进学生德智体美劳全面发展，引领学校的高品质发展。

"龙行"指学生以龙为模，奋发有为，开拓创新，奋力争先，在体验式学习中浸润核心价值观和健康奋发的生活观，发展适应未来、创造未来的能力。具体为善行、雅行、创行、美行、健行、探行六种品质培养。

"凤仪"指学生以凤为范，从仪表、礼仪、典范等方面传承"习礼尚美"的优秀品质，修德养心，实现文化自信。

"龙行未来，凤仪人生"，着力培养学生龙的"智能、进取、独立"精神和凤的"仁爱、合作、和谐"品质，由此培养学生核心素养，实现"五育"并举。

二、改革主张

龙泉实验小学着力构建"1344"高品质龙行凤仪课程育人模式。

1. 一个载体

融合创新理念下的高品质"龙行凤仪"课程是培养学生核心素养、实施"五育"的有效载体。

核心素养是学生应具备的、能够实现终身发展和适应社会发展需要的必备品格和关键能力。学校"龙行凤仪"课程体系通过系统性和实践过程来培养学生的核心素养，为学生未来的发展奠定基础。在以核心素养为导向的学校教育中，学校积极建设基于核心素养的课程，发挥课程在培养学生核心素养中的桥梁和纽带作用，为学生核心素养的培养提供切实的载体支撑。

图1　龙泉实验小学高品质"龙行凤仪"课程体系示意图

2. 三个结合

多元性与创新性结合、基础性与综合性结合、时代性与前瞻性相结合是培养学生核心素养、实现"五育"并举的有效原则。

多元性与创新性结合："龙行凤仪"课程作为学校学生核心素养培养的载体，应改变单一课程主导模式，以核心素养培养为导向，多元化和创造性地构建学校课程形式，尊重每一位学生的个性思维和创造力，让学生素养得到真正的提升。

基础性与综合性结合：作为校本课程的"龙行凤仪"课程，必须全面落实国家课程、地方课程的理念，匹配"以学科知识为主"的任务设置标准。同时，基于学生综合能力和综合素质的培养，必须拓展课程内容和形式，建立学生学习内容与生活的联系，拓展学习内涵，变革学习方式，让学生在综合性课程体验中提升素养。

时代性与前瞻性相结合：核心素养是一种赋予时代意义的素养，它的产生和发展与时代的变化密切相关，是一种动态性的素养。随着时代的不同，其框架结构也随之发生变化。因此，学校的"龙行凤仪"课程也必须彰显时代特征，培养学生适应时代变化的素养。同时，"龙行凤仪"课程应该具有前瞻性，要预见未来社会的发展，构建推动学生未来发展的课程内容，为学生适应未来社会的变化奠定基础，为学生未来的新型核心素养框架构建作准备。

3. 四个注意

注意统筹、注意整合、注意提质、注意适应是培养学生核心素养、实现"五育"并举的关键要素。

注意统筹：一个学校的课程建设，是多股力量思想融合的结晶，需要校长、教师、家长、学生等主体共同参与、齐心协力。因此，基于学生核心素养的"龙行凤仪"课程，必须统筹课程建设的各个主体，充分发挥其积极作用。同时，聚焦学生核心素养培养，必须注意学生关键能力和必备品格的培养，在课程目标上、目标内容上都要注意统筹，突破"一把抓"的瓶颈。

注意整合："龙行凤仪"课程要全面培养学生的核心素养，必须打破单一学科的局限，消除各学科孤立状态，让课程融合与渗透，构建课程之间的内在价值联系，由此整体构建基础性、选择性、拓展性和综合性四维度课程。

注意提质：课程是否能促进学生素养的培养，关键在于学生对课程的参与度。因此，要致力于让学生深度参与课程学习，深度构建知识体系，使知识由碎片化走向结构化，由单一结构走向多元化，消除"短平快"错误做法。

注意适应:"龙行凤仪"课程要培养适应未来和创造未来的人,关注学生后续学习和终身发展。因此,应抛弃在课程实施中"顾眼前"情结,充分设置关注学生未来发展的课程内容,为学生未来的新型核心素养框架构建作准备,关注学生对未来社会的适应能力。

4. 四种融合模式

学科"五育"融合、项目式"五育"融合、一育融合、深度融合是融合创新理念下"龙行凤仪"课程的四种育人模式。

《基础教育课程改革纲要》指出:"改变课程结构过于强调学科本位、科目过多和缺乏整合的现状,整体设置……体现课程结构的均衡性、综合性和选择性。"因而,要站在整体育人的高度,系统设计学校课程文化,进行课程整合的实验研究。"六域四维"课程体系不是简单相加,而是从课程领域角度、课程功能角度分类的界定。"六域"课程并列并举;"四维"课程以国家基础性课程为核心,校本拓展性课程、社团选择性课程、主题综合性课程为辅助。"六域四维"课程充分发挥各自功能,相辅相成,从而形成特色课程体系,实践以下四种新模式。

学科"五育"融合模式:利用融合理念,学科教学继续拓展"五育"并举的实施路径,致力学科内、学科间、跨学科融合,提升课程整体性。

项目式"五育"融合模式:形成主题项目式五育模式,全面培养适应未来和创造未来的人才。

一育融合模式:利用传统节日开展"龙行凤仪"融合课程实践,构建"一育融合式"德智体美劳育人课程体系。

深度融合模式:构建"龙行凤仪"融合课程体系,从文化培育、学科渗透、课程整合、德育活动、选择拓展等层面开展深度融合,积极探索"五育"并举的育人新模式。

三、改革路径

运用"融合+创新"理念开展"龙行凤仪"课程实践研究,实现"学用结合—整体建构—深度学习—融合创生"。

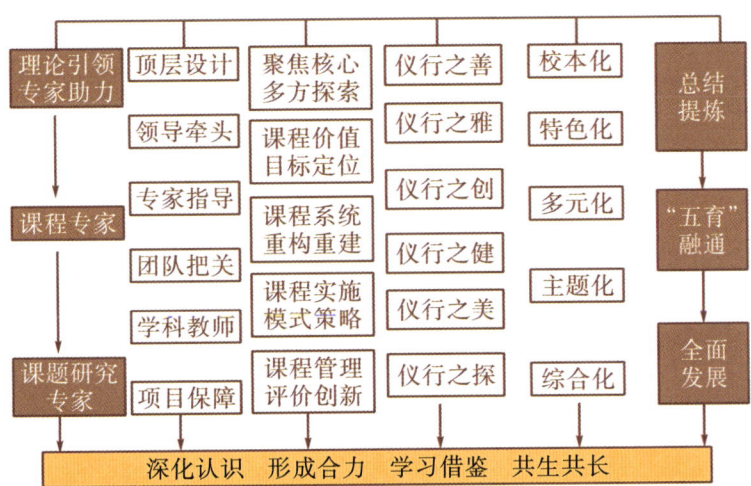

图 2　龙泉实验小学"龙行凤仪"课程构建研究推进思路示意图

1. 在实际落实层面，聚焦核心素养培养，开展多元实践

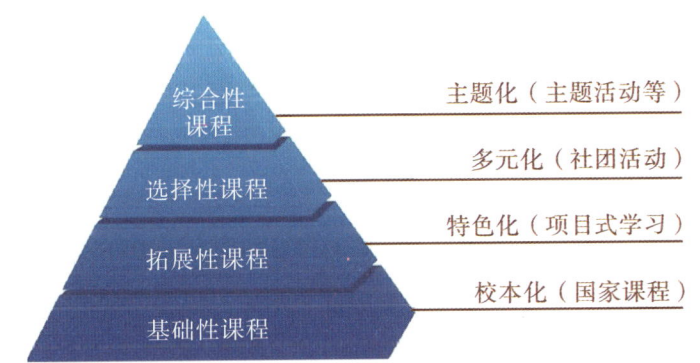

图 3　龙泉实验小学"六域四维"课程整合化：学科内整合+跨学科整合

（1）聚焦学科核心素养特色学科课程建设，深度开展多元智慧课堂改革实践。

一方面，在"1234"行动框架指导下实施课程建设，即1个目标体系，2种班级形式（固定和选班），3种课堂形态（基础素养课、综合发展课、素养提升课），4种能力培养（学习内生力、自主学习力、资源整合力、学习表达思考力）。

另一方面，开展"融合+创新"理念下的学科课程群建设。利用融合理念，拓展"五育"并举实施路径，开展学科内、学科间、跨学科的融合，提升课程内生力。例如，二年级开展语文、数学、美术、劳动、科学、音乐融合课程"中国美食"（2020年6月），打通学科壁垒，让学生多角度认识美食、感受美食，家长评价"这样的课程，孩子们收获满满"。再如，学校利用传统节日五一劳动节开展的融合课程"劳动最光荣"，构建德智体美劳育人课程体系，全面培养适应未来和创造未来的人才。

（2）聚焦发展学生核心素养跨学科的特色综合课程建设。学校基于学生的价值体认、责任担当、问题解决、创意物化的培养目标，着力打造项目式跨学科的特色综合实践课程建设。学校结合地域文化、地理位置，构建"探古驿·品新驿"综合实践课程体系。课程体系分为六大部分："驿享生态"从自然生态的角度，以植被调查、水质检测等实践内容，研究龙泉驿区的地理状况；"驿拓交通"以道路为核心，调查比较龙泉驿区交通道路的历史变迁；"驿龙经济"从社会经济的角度，以龙泉驿区著名的果林经济为核心，探索以现代科技手段开拓水果销售市场；"驿探民俗"以客家文化为核心，实践感受龙泉驿区的民风民俗与非遗技艺；"驿展未来"带领学生面向未来，了解龙泉驿区未来的规划设计与建设重点；"驿创制造"以龙泉驿区支柱的汽车产业为核心，通过实地走访与调查，了解现代汽车的制造工艺与未来汽车的发展方向。

学校构建的"创·世界"劳动教育课程，在关注实际劳动体验的同时，结合现代科技与生态理念，让学生感受现代科技与劳动密不可分的联系，理解劳动创造生活之美和科技引领社会进步。课程所关注的"创"分为两方面，一是创造，二是创新。创造与创新的有机结合，逐步培养学生的科学逻辑思维与动手实践能力，为学生成为具有高度社会责任感与科学创新精神的新时代少年打下坚实的基础。

（3）聚焦立德树人的主题德育活动课程建设。丰厚学生课外知识和技能，使学生在安全自护、生活生命、传统文化、自然科学、运动等方面得到和谐、全面、可持续的发展，为学生未来发展奠定更全面的基础。"家校行课程"包括安全自护、生活生命、传统文化、自然科学、父母成长、运动竞技，基于学生行为规范教育，正确引导学生道德行为，培养学生道德情操，提高学生道德意识，促其养成良好的行为习惯和品格。"仪度课程"围绕行为习惯养成、品格教育开展系列教育活动，基于对学生的礼仪教育，引导学生知礼、守礼、行礼。"慧心雅性"礼仪课程紧紧围绕"形象礼仪、交往礼仪、校园礼仪、仪式礼仪"，培养礼仪意识、礼仪技能、礼仪品质，长期教育实践，将礼仪内化为学生自身需要，并在生活中予以自然表现。

（4）聚焦适性发展的选择性课程建设。学校99个社团开展选择性课程，落实五育培养。作为体育、美育课程的主要部分，选择性课程辐射全校学生，通过年级社团、校级社团实施，成为落实学生体育、艺术"2+1"项目的有效途径。目前，学校开设的文化、艺体、科技、实践四大类社团，国学诵读、国际数棋、川剧、合唱、扎染、航模制作、3D打印、围棋、播音主持等社团倍受学生喜爱，促使学生将兴趣发展成为爱好。

2. 开展融合创新理念下的高品质"龙行凤仪"课程的评价探索

课程评价具有导向、质量监控和激励等重要作用，是学校课程开发成败的关键环节。龙泉实验小学开设"龙行凤仪"课程以来，遵循多元化、过程性、针对性、一致性的评价原则，采用开放式的评价方法，对不同维度的课程进行分类评价，探索建立真正适合小学生身心发展的评价方式。

（1）绿色评价，突出课程增值性评价。拓展性课程的评价以参与次数、参与形式、成果体验、收获展示等多种形式为主；选择性课程的评价以学生自评、学生互评、教师评、家长评为主；综合性课程的评价关注学生成果展现，将成绩优秀者记入学生成长报告册及其他相关档案内。

（2）发展评价，突出课程效能性评价。①根据课程目标，关注学生文化基础和自主发展能力的培养。基础性课程以过关评价和学习习惯、学习能力、学习效果和素养提升等为主，关注过程性评价，同时结合期末监测对学生进行优秀、良好、合格、待合格评价。②着力落实学生"十力"核心素养的提升，引导学生会阅读、会学习、会创新。每个课程内容都设置相应的评价标准，便于更精准地促进学生素养的提升。③注重对学生特色课程的评价，"凤仪"课程增加礼仪、仪式、仪度、仪悦评价，"龙行"课程增加家校、研学、"三球"课程评价。

（3）个性评价，突出课程适宜性评价。学校构建尊重儿童生命的仪式课程内容，为每个学生提供成长的平台，满足学生成长的个性化需求。学校把原有的传统德育活动、仪式活动进行整合提炼，分年段设计具有连续性的系列成长课程，形成从一年级到六年级的仪式课程体系。同时，学校以"争星换卡夺章"的评价方式设置特色奖章，开展对照式同伴互评、童趣化过程评价和期末五星评比活动，让每名学生在适宜的课程中得到成长。

四、改革成效

"一言一行皆教育，一举一动皆课程。"龙泉实验小学全面构建的"龙行凤仪"课程体系，把课程包含在时时处处，让教学落到方方面面，师生面貌产生喜人变化。

在龙泉驿区 2019—2020 学年与 2020—2021 学年期末检测中，学校学生学业水平位列全区公立学校第一名，特优学生占全区同类学生的 30%。学生学会责任担当，勇敢面对疫情，用诗歌赞美抗疫英雄。学生学会尚美艺趣，川剧素养提升，会唱《小放牛》《人间好》《桂英打雁》等川剧名段。在区诗歌创作比赛、征文大赛及"写经典、诵经典、讲经典、演经典"活动中取得优异成绩：获区特等奖 8 个，一等奖 13 个，二等奖 8 个，三等奖2个；市一等奖1个，三等奖1个；学校获区优秀组织奖。学生学会强健自律，2019—2020年度体音美、科创等60多个社团在各级各类比赛中均取得优异成绩，学生获奖3000余人次，学校获团体或单项8个国家级奖、36个省级奖、96个市级奖；2020年度，学生获奖2800余人次，学校获团体或单项6个国家级奖、30个省级奖、80个市级奖。学生学会亲力亲为，参与家务劳动、基地实践、社会体验等劳动活动20000余人次。学生科技创新能力得到提升，每年获科技小发明、小论文、科幻画等奖励300余人次。

教师素养变化明显。课程建设前，教师对课程建设了解不够深入，很多教师对如何运用融合创新理念开展课程建设感到迷茫。现在教师们在课程开发中能够针对学生实际需要和自身专长提出建设性意见。70%的教师能开展班本课程实践，98%的教师能对校本课程提出建议，每个年级、每个学科开设的课程都颇具特色。

如今的龙泉实验小学校，文化深厚，环境典雅，教风严谨，学风端正，教师温文儒雅，学生彬彬有礼，活动蓬勃发展，教育蒸蒸日上，家长信任，社会称赞。在今后的工作中，学校将继续完善"龙行凤仪"课程建设，以课程创新破发展之难，让课程文化散发出更强大的生命力！

反思提升

高品质学校是营造适合师生教育情境、实现学生全面而有个性发展的学校。龙泉实验小学的高品质"龙行凤仪"课程建设，正是学校全面开展"五育"并举、促进学生全面个性发展的有效载体。回顾课程的具体实施与构建，有以下几个方面应完善和改进。

（1）科学有效地处理好国家课程和校本课程之间的关系，在不增加学生负担的基础上，走出一条国家课程校本化的高品质学校课程特色之路。

（2）全面落实"五育"并举，充分运用融合创新理念，完善课程内容设置，整合学校的课程内容，有效实现学科内、学科间、跨学科课程融合，实现课程育人。

（3）进一步优化学生的课程体验方式，把深度式项目学习融入学生的课程体验中。

（4）特色彰显还不够，已有基础的国际理解教育课程还需优化和加大推广力度，让其成为学校的特色课程之一。

（5）科学的课程评价是学校高品质课程的重要标准之一，龙泉实验小学将站在整体育人的高度，制定科学的课程评价标准，与学校的育人目标、办学理念融合一体，进一步完善高品质"龙行凤仪"课程评价标准。

参考文献

[1] 赵婳娜,赵婷玉.《中国学生发展核心素养》发布[N].人民日报,2016—09—14.

[2] 吕达.深化课程改革的理论基础[N].中国教育报,2001—10—20.

[3] 辛涛,姜宇,王烨辉.基于学生核心素养的课程体系建构[J]北京师范大学学报：社会科学版,2014(1)：5—11.

[4] 彭正梅,郑太年,邓志伟.培养具有全球竞争力的中国人：基础教育人才培养模式的国际比较[J].全球教育展望,2016(8)：67—79.

（供稿：成都市龙泉驿区实验小学校,孙超、魏蓉开、邓清华）

专家点评

课程是落实立德树人的根本载体，也是学校发展的核心生命力。如何在国家课程发展的趋势下，紧随立德树人的核心目标指向，立足社会主义核心价值观，积极创建整体化课程体系，解决核心素养在学校课程和学科教学中的落地问题，是基础教育学校的时代使命。成都市龙泉驿区实验小学校秉承"龙行未来，凤仪人生"的办学理念，聚焦学校课程碎片化、分散化、无序化、割裂化、评价弱、教师实践力差等问题，构建了"龙行凤仪"课程体系。通过有组织、有步骤、专业地推进课程建设，学校师生与家长真切地感受到以下变化：一是学校课程规划更趋于科学合理，比较好地解决了课程碎片化、大杂烩问题；二是学校课程资源更好地得到利用，课程变革的深度明显加强；三是课程更切合学生的学习需求，课程的适应性明显提升；四是体现了学校的特色，彰显了学校课程的自主性和教师的创造性。实践证明，零敲碎打的改革不能从根本上解决所有问题，学校课程变革需要"自上而下"的整体规划，也需要"自下而上"的实践创新。系统性和整合性是该成果的突出特色。

——纪大海

基于 STEAM 理念的学校品质课程的建设与实践研究
——以基于世界文化遗产都江堰水利工程的 STEAM 课程为例

问题聚焦

课程作为高品质学校建设的六大核心要素之一，是整体推进高品质学校结构性变革的关键。都江堰市灌州小学校（以下简称灌州小学）结合自身位于世界文化遗产——都江堰水利工程之畔的地域特色，确定了基于 STEAM 理念的学校品质课程的建设与实践策略。

成果简介

一、改革背景

1. 教育信息化的内在要求

2016 年，教育部发布的《教育信息化"十三五"规划》明确提出，要"积极探索信息技术在'众创空间'、跨学科学习（STEAM 教育）、创客教育等新的教育模式中的应用，着力提升学生的信息素养、创新意识和创新能力，促进学生的全面发展"，之后提出的"五育"并举是对坚持落实立德树人根本任务的具体化、细化，有利于进一步引领课程、教材、教学发展，构建中国特色教育强国的育人体系，不难看出 STEAM 教育将对今后传统的学科教育产生深远的影响。

2. 传承都江堰文化的历史使命

公元前 256 年，秦蜀郡守李冰主持修建了都江堰，使成都平原"水旱从人，不知饥馑，时无荒年，天下谓之'天府'也"。都江堰水利工程为世界文化遗产，是世界自然、世界水利工程史上的丰碑，作为都江堰本土的学校，有责任着力将孩子们培养成都江堰文化的推广者、践行者、传承者和创新者。

3. 学校高品质发展的现实需要

作为一所高品质民办学校，学校应明确学生不是管理对象，而是服务对象，这种服务要"以学生为本"。为确保学校办学品质全面提升，学校在课程体系建设中融入STEAM教育理念，用STEAM理念助力学校的课程体系建设，依托本校STEAM教师团队，开发基于都江堰水利工程的STEAM课程，积极融合各学科知识，以解决真实情境中的问题。

灌州小学参与高品质学校建设的实践探索，至今已有两年时间。在此过程中，灌州小学与"高品质学校建设的探索与实践"课题组一起成长，整体教育教学水平得到了较大提升，其中一些好的经验和做法，或许对高品质民办学校建设具有借鉴意义。

图1　灌州小学学生艺术类原创歌舞"我的家乡都江堰"

二、改革主张

首先，高品质民办学校是能够坚持党的教育方针，贯彻落实国家、省、市教育文件精神的学校，于我校而言，就是要不断助力都江堰国际生态文化旅游名城建设，在疫情防控常态化背景下，在四川教育强省和构筑"鼎兴之路"的战略部署下，不断提升学校品质。

其次，高品质民办学校不仅需要尊重教育教学规律，基于STEAM课程引导学生主动思考，自主发现问题，能动地解决问题，促进学生综合实践能力的提升，还必须尊重人的成长规律，按照学段构建基于STEAM理念的学校品质课程体系，提升学生的学习能力，激发其探究动力，在实践中挑战难题，让学生们掌握查找资料的方法，学会将书籍中的知识转化为实践能力，使学生们终身受益。

最后，高品质民办学校应努力营造出最适合师生发展的教育情境，培养学生的科学思维，把握科学规律，创造性地战胜困难。STEAM学科知识兼具专业性和跨学科性，其教育知识结构的双重特征，要求培养兼具精深学科专业知识和广域跨学科知识的新型教师，以此保证完整学科知识结构的建立和系统探究思维方法的养成。满足师生发展需要，以"真实情境中的问题"为导向和以"项目式"为主开展的学习方式，强调教师要更加关注学生对真实情境中的问题的发现与解决，使课堂从知识学习走向知识创新，培养创新意识和创新能力，使学生全面而有个性地发展。

三、改革路径

1. 深入分析文献和实地勘察，找准课程资源

经历2200多年的历史变迁，都江堰水利系统仍然发挥着神奇的作用，是世界上迄今为止最完美、最科学、最先进且独一无二的无坝引水式引水枢纽，其中包含的工程、建筑、物理、数学等学科知识，完全符合STEAM课程的理念。

都江堰水利工程给人们的启示主要有五个方面：第一，科学严谨、巧夺天工的勘测设计；第二，无坝引水、费省效优的生态工程模式；第三，价廉饶给、就地取用的建筑材料和简便易行的工程技术；第四，天道酬勤、因地制宜的岁修制度；第五，道法自然、天人合一的水利理念。

2. 结合学生特点和课程特征，形成基于STEAM理念的学校品质课程体系

课程从都江堰的山、水、人、城、堰出发，在STEAM理念的引领下，划分为三个学段，每个学段的上下期都有一个基于STEAM理念的"我爱都江堰"的主题课程，见表1。

表1 灌州小学各学段"我爱都江堰"STEAM主题课程

学段	建设维度	主题
小学低段	初步感知	我爱都江堰：山之形、水之色、人之美、城之美
小学中段	实践体验	我爱都江堰：堰之名、堰之谜、堰之美、堰之妙
小学高段	思辨领悟	我爱都江堰：堰之利、堰之魂、未来的都江堰、我与李冰精神

（1）低段：初步感知——我爱都江堰·水之色。见表2。

表2　灌州小学"我爱都江堰"STEAM主题课程教学流程（低段）

驱动问题	教学目标	教学流程
都江堰市的周围有什么江或河？这些江河的颜色和形状是什么样子的？	探索城市附近和穿过城市的江河，对都江堰的水建立初步的感性认识	一、计划阶段 1. 明确目标 2. 教师分组布置任务 （1）任务1：准备自己要带的野外考察用具（策略支架：提前准备，清单的用法） （2）任务2：准备问题：关于我们要考察的岷江和内河 二、实施阶段 任务1：观察岷江或内河的形状和颜色，把它画下来 任务2：解决问题 任务3：记录新问题
		三、总结汇报 1. 整理改进自己的作品 2. 在班级内展示画作

低段学生通过学习，团队合作分工讨论，实地观察山和水的形状和颜色，提出与所观察的山与水有关的问题，制作一个沙盘模型，用画一画的方式聚焦问题的提出与解决。通过STEAM课程的学习，让低段学生能对都江堰周围的山、水、城建立初步的感性认识，直观感受山、水、人、城与都江堰水利工程的联系。

图2　灌州小学学生制作的都江堰水利工程模型

（2）中段：实践体验——我爱都江堰·堰之谜。见表3。

表3 灌州小学"我爱都江堰"STEAM主题课程教学流程（中段）

驱动问题	教学目标	教学流程
都江堰人治理江水用什么工具呢？这些工具又有什么巧妙之处？	学习实验设计的基本原则，通过实验设计理解并表达出江水的性质和治水的工具	一、计划阶段 分组任务：观察其工作原理，写出制作模型使用的材料（策略支架：用处、性质与结构）
		二、实施阶段 1. 考察杩槎和竹笼 2. 画出图纸 3. 制作、改进、优化模型 4. 在班级内展示
		三、评选与总结 1. 评选及授奖 2. 说说自己的心得体会，讨论巧妙之处在哪里

中段学生通过项目制学习的方式，团队合作分工讨论，了解和收集都江堰的杩槎和竹笼等，拍摄和考察都江堰的水系，从工程技术的角度学习都江堰水利工程。学习内容包括江水的基本性质、治水的基本原则、治水的基本工具。这个活动以实验设计为主，对都江堰水利工程的工作过程进行充分和深入的模拟实验，通过实验亲身体验理解都江堰水利工程的组成和每部分的功能、工作原理，感受科学的严谨精神、设计思维和创造力。

图3 灌州小学学生学习制作杩槎

通过STEAM课程的学习，学生一是总结前面所学的知识，二是发现自身的魅力，三是提升自我觉察能力，四是学会表达和提炼，五是学会现代技术工具，能够发现、认识都江堰市的美丽，体验这些美丽背后的人所具有的智慧，增强自信与社会责任感。

（3）高段：思辨领悟——我爱都江堰·未来的都江堰。见表4。

表4　灌州小学"我爱都江堰"STEAM主题课程教学流程（高段）

驱动问题	教学目标	教学过程
随着5G技术的普及，现在有一种VR技术，如何让它服务和支持都江堰市的旅游业发展？	一、了解VR技术 二、了解旅游业对都江堰市的贡献，以及旅游业的盈利模式 三、了解旅游者的想法和心态	一、计划阶段 1. 教师布置任务，学生分组讨论 针对这个问题，你有什么想法？把它们都写出来。要解决（回答）这个问题，你需要知道什么信息？你想怎样（行动）去搜集和得到这些信息？ 2. 以组为单位制订计划（论文写作的方法，详见附件）
		二、实施阶段 1. 以组为单位搜集与调研信息 2. 整理与分析信息

对于高段的学生，我校的STEAM课程从都江堰的水利灌溉角度和旅游业对都江堰市的贡献出发，引发学生对真实问题的思考，通过团队合作，任务分工，采用VR虚拟技术及数学建模等方式，让学生了解都江堰水利工程所带来的灌溉效益以及对旅游业带来的商业效益，最后让高段学生将自己参与的STEAM活动写成小论文进行交流和讨论，要求提炼出都江堰工程精妙的设计思想和方法，并尝试用这样的思想和方法解决现实中的问题。学生从实践中获得相应的思维方式和方法，之后再举一反三迁移到生活和学习中，这样才能充分培养和提升各种能力。

图4　灌州小学学生对杩槎进行再创作

学生通过基于都江堰水利工程的 STEAM 课程的系列化学习，在培养 STEAM 理念及 STEAM 素养以外，还培养了"道生万物"的整体环境观，即理解了在都江堰建设初期，建造者就考虑了整个系统内外江和上下游人类需求的平衡，也考虑了整个成都灌区人类与自然需求的平衡。"天府之国"的人与自然持久的和谐关系，主要归因于"李冰建立的整体性原则，指引了都江堰水利系统从规划、设计，到系统建设、运行、维护和管理这一系列的实践过程"。此外，还培养了学生"道法自然"的生态实践观，即明白了采用"鱼嘴式"和"堤堰式"的引水技术，完全不依赖外力作用，自动实现引水调节功能，这些生态意义上的无坝水利工程，更像自然设施而非人工设施。这种朴素的生态实践法则，甚至解决了现代水利工程中泥沙淤积的巨大难题。

通过对都江堰山、水、人、城、堰的系统认知，学习并再现李冰的治水经验，总结李冰在都江堰遇到的问题，激发学生的创新思维，培养学生在实践中不断发现问题、解决问题的能力，有利于学生形成实践创新素养。

3. 经过反复实验和打磨，形成品质课程的评价方案

评价的关键点有四个：

注重过程方法评价并兼顾科学知识。一个合理科学的评价体系应注重过程中的评价，过程评价的重点在于评价学生解决问题和创造新产品的能力。除了过程评价，方法的评价也是极具意义的。在评价的过程中，基础性的组成部分也是不能忽略的。

注重对设计的多次优化。如果要对学生的分析、比较、创新等能力进行综合评价，那么对实验一次次优化的过程是不可错过的评价点。

注重科学素养的提升。除了对单个学生的技能、知识、分析与解决问题的能力等进行评价，科学评价体系应包含团队精神在内的团体科学素养的评价，以实现技术设计类课程承担的培养高素质、创新型复合人才的任务。

在技术支持下具有可优化性和发展性。技术带来的不应该只是便利，更应该带来一种理念的更迭。在评价体系设计时，应让体系更具有开放性，评价的项目和规则是动态的，学生也可以参与评价体系的优化，打破以往评价标准一成不变的状态，让评价与时局俱进地指引学生一路前行。

评价维度有以下六个：

探索学习能力。探索学习能力主要包含以下几个方面：第一，通过教师提供的学习资源进行学习，并掌握制作所需要的相关原理、熟悉制作材料和工具。第二，能简单设计探究实验，对比材料性能。探索学习能力的评价方法主要有以下两点：第一，

利用 IRS 实时反馈系统进行选择练习，了解得失分情况，当堂进行反馈和答疑。第二，利用学习平台，呈现学生探究实验的设计方案与对比照片，学生相互点评完善实验，交流共享实验结果。

创意革新能力。该项能力是决定设计作品是否成功的核心能力，最集中体现在学生的设计上，它要求学生敢于打破传统，将天马行空的想象化为脚踏实地的设计图，一次次修改完善设计。在这一阶段中，创意革新能力的评价参考标准主要有：第一，设计是否具有可操作性。第二，设计是否存在安全、环保隐患。第三，设计是否经过多次完善和修改。第四，设计是否体现学生的创新思维、是否有独到的见解。这些过程性评价需要学生做好电子版的"作品成长记录袋"，其中应包括：头脑风暴思维导图、设计流程图和多次修改的设计草图、作品模型和成品照片等。

科技实践能力。作为一种与制作相关的关键技能，不能只把其狭义定义成实际动手操作的技能，而是应该在掌握足够科学知识的前提下正确使用工具进行制作，能够正确表达设计意图，制作出和设计图相符的作品。学生的科技实践能力应从三个方面进行综合判定：第一，能否按设计方案制作成品。第二，能否安全、规范地使用实践工具。第三，能否及时修正处理作品的不足，进一步优化作品。

思考与解决问题的能力。在实际制作中，由于制作把控的原因，学生常出现实际结果与设计图存在明显差异的情况。通过生活经验和已掌握的相关知识，学生能否对原方案进行合理调整，或设计出新的方案是一种综合能力的体现。在实际评价过程中，可以从三个方面进行评价：第一，能否优化设计图达到预期效果。第二，能否改进材料达到预期效果。第三，能否通过制作技艺的改进达到预期效果。

沟通合作能力。沟通合作能力可能是较抽象的一个评价方向。教学价值重建应该顺应现代学习者社会性发展的需要，当今社会对团队合作精神、沟通合作能力的培养相当重视。在技术设计课中采用分组形式，但每个学生要独立完成自己负责的部分，并独立写出自己的制作心得，这样不但可以发挥团队的协作精神，还有利于加强个人科学能力的提升。

积极人格与价值观。这个评价标准在以往的评价中常常被视为可有可无，似乎评价与不评价都差不多。但随着云技术的发展，客观评价情感态度价值观变得可能。在该项评价中，自评和同学评价结合，由云端单独形成智能反馈报告给学生。评价结果不是最终目的，这项评价完善了整个评价体系，并起到了引领的作用，让学生在课程中，一设计一进步，一作品一成长。

四、改革成效

1. 发展了学生的创新思维，培养"五育"并举的少年

通过此研究课程培养了学生的 STEAM 理念，形成了 STEAM 素养，激发了学生的创新思维，提高了学生在实践中不断发现问题、解决问题的能力。同时也使学生初步感知了"道生万物"的整体环境观和"道法自然"的生态实践观。

2. 提升了教师的专业能力，培育"五育三课"的教师

学校通过课程开发，调动了教师主动转型发展的积极性。全校 110 名各科专职教师中，有 60 位教师自主参与到 STEAM 教师的培育中，一部分教师更是承担了学校课程实际教学。教师通过"立体式"校本培养策略，不断深化和扩大学习范围，思维方式和教学理念的转变效度高，激发了工作热情，提高了专业自觉，持续向上发展。

3. 发掘了学校的教育资源，打造"五建三好"的品牌

我校十分注重教育的纵横联系，促进教育资源融通，形成最优最大的教育合力。确保幼小联通、中小联通、小小联通，做到教育的无缝衔接。学校与都江堰市徐渡小学、都江堰市石羊小学、甘孜州雅拉乡三道桥小学结成教育联盟，确保视野联通。以上海青浦区教师进修学院、上海市复旦小学等 19 所学校为依托，吸取上海教育前沿信息，建立学校师资上海实训基地校；以全国真语文实验学校联盟、全国小学教学联盟等学术联盟为平台，拓展视野，追赶先进。此次课题研究提高了学校管理水平，提升了学校形象，彰显了学校办学特色，助推了学校高品质发展。

反思提升

学校在探索基于都江堰水利工程的 STEAM 课程中也存在着一些问题，这些问题也是在未来研究过程中需要进一步深化探索的内容。

第一，课程融合。STEAM 强调课程融合，数学是基础，工程是过程，科学和技术是结果，小学阶段全是分科教学，在教学和学习周期中，如何更好地跨越知识界限，以获得学习的核心，依然存在巨大的改进空间。

第二，课程驱动问题。在今后的 STEAM 课程开发中，我校的课程将更加注重 STEAM 问题的聚焦和引出，重视学生对于真实问题的思考和解决路径并更加突出对于生活中类似问题的解决方法的迁移，让学生能够运用 STEAM 理念解决生活中的更

多问题。

第三，课程评价问题。对于 STEAM 课程实施中的评价，STEAM 课程的评价标准应该更有针对性，让评价更加多元化。我校将更加重视在解决实际问题中 STEAM 理念的融入及运用，突出学生在课程学习中 STEAM 理念及素养的形成，淡化课程中对作品或者成果的好坏评判。

（供稿：都江堰市灌州小学校，马长俊、吴鸿雁、向荣丽、任红）

▶ 专家点评

一所学校所处的区域位置，在一定程度上就决定了这所学校所拥有课程资源的多少，开发和利用地域课程资源已经成为学校课程改革的重要举措。都江堰市灌州小学校以 STEAM 教育理念为指导，从地域文化和学生生活中挖掘课程资源，以科学的研究方法和项目式学习为手段，充分调动学生的学习热情，让学生在"做中学"、在"行中学"，初步感知"道生万物"的整体环境观和"道法自然"的生态实践观，对都江堰的山、水、人、城、堰有了系统认知，培养了学生在实践中不断发现问题、解决问题的能力，激发了学生的创新思维，对于学生的综合素质发展具有重要意义。灌州小学利用都江堰水利工程这一地域课程资源，基于 STEAM 理念设计出了适合各年龄阶段学生的体系化课程，是具有鲜明特色的品质课程建设与实践。成果对课程建设对接地域文化作了十分有益的探索。

——纪大海

高品质学校"五育"课程建设案例之舞动生命的韵律美

问题聚焦

课程是实现教育目的的重要载体，是人才培养的蓝图。学校课程建设是学校高品质发展的必然要求。我国课程改革实行的是国家、地方与校本课程改革的三级管理机制，如何做到国家课程校本化、地方课程规范化、校本课程特色化，并能根据校情统整三级课程，架构学校课程体系，建设学校高品质课程，是高品质学校建设必须解决好的主要问题。峨眉山市第一小学校（以下简称峨眉一小）以"舞动生命的韵律美"为主题，建构"五育"并举的课程体系，推动了学校的高品质建设。

成果简介

一、改革背景

峨眉一小创办于明朝正德己卯年（公元1519年），前身为峨山书院，是古嘉州仅有的13所书院之一。学校先后历经4次搬迁，现坐落在风景秀丽的峨眉山下峨眉河畔，占地面积约千万平方米，学生3700余人，教师180人。学校先后荣获"全国德育实验学校""全国中小学图书馆先进集体""四川省校风示范学校""四川省艺术教育特色学校""四川省新成长型学校""四川省校园文化建设特色学校""四川省文明校园""四川省政府首届教学成果一等奖"等多项荣誉称号和奖励。

图 1　峨眉一小爱国教育系列德育活动课程

2015 年，联合国教科文组织发布的《仁川宣言》提出以"全纳、公平、有质量的教育"作为教育的未来发展目标。2018 年 9 月 10 日，习近平总书记在全国教育大会上指出："要努力构建德智体美劳全面培养的教育体系，形成更高水平的人才培养体系。"峨眉一小在立德树人根本任务的指引下，落实"五育"并举，加快推进教育现代化，办人民满意的教育，于 2019 年 9 月向高品质学校建设总课题组申报了子课题"高品质学校建设中立足'五育'并举的课程建设研究"，加快了学校高品质建设的步伐。

二、改革主张

1. 贯彻教育方针，顶层定位高品质教育

基于对党的教育方针的贯彻，在高品质学校总课题组的指引下，峨眉一小认为，对于一个学校来说，高品质教育应具备以下特征：

（1）要坚持社会主义办学方向，解决好"培养什么人、怎样培养人、为谁培养人"这一根本问题。

（2）**要以立德树人为根本任务，要在**帮助学生坚定理想信念、厚植爱国主义情怀、加强品德修养、增长知识见识、培养奋斗精神、增强综合素质上下功夫。

（3）要以"让每一个学生全面而有个性地发展"为最高追求，践行"全人、全纳、共生、共赢"的基本主张。

2. 根植校本土壤，准确定位办学目标

峨眉一小有五百多年的历史底蕴，在不断发展中形成了学校的正德文化。学校紧

扣"正德"挖掘文化之根，以"修身乐园，智慧空间"为办学目标，努力建设一个环境优美、乐教善学、阳光灵动、和谐向上并具有浓厚的书香艺术氛围的学校。以"崇德、尚学、笃行"为校风，"身正尚德，智高崇书"为教风，"文雅做人，快乐读书"为学风，以"我优秀，因为我有好习惯"为校训，追求培养"有家国情怀、健全人格、强健体魄、鲜活个性"的少年的育人目标。

3. 着力课程建设，形成高品质课程体系

课程是教育教学活动的基本依据，是实现学校教育目标的基本保证，也是实现教育目的、培养全面发展的人才的保证。随着世界教育的不断发展，"课程"一词不断被注入新的理解。峨眉一小吸纳了高品质学校建设总课题组"课程即机会"的思想，这里的"机会"是有目的、有步骤、有载体、有评价、可实现的。高品质学校建设应尽可能地为学生提供成长机会，为教师提供专业发展机会，同时也为学校提供变革发展的机会。

1912年2月，蔡元培先生发表了著名的教育论文《对于新教育之意见》，提出"军国民教育、实利主义教育、公民道德教育、世界观教育、美感教育皆近日之教育所不可偏废"的教育思想。随着社会的发展，教育观念的发展，到了当代，指德育、智育、体育、美育和劳动实践教育的"五育"思想逐渐成形。"五育"并举于我校课程建设，是指德智体美劳全面发展的教育体系。

三、改革路径

1. 构建与完善"五育"并举的课程体系

（1）课程建设主题：舞动生命的韵律美。"五育"课程主题诠释基于"全人、全纳、共生、共赢"的基本主张，让每一个生命"优雅地、律动地、蓬勃地生长"，学校将"舞动生命的韵律美"作为课程建设主题，整合国家、地方和校本三级课程，整合"五育"，实现"以文化人、以美育人"的价值追求。

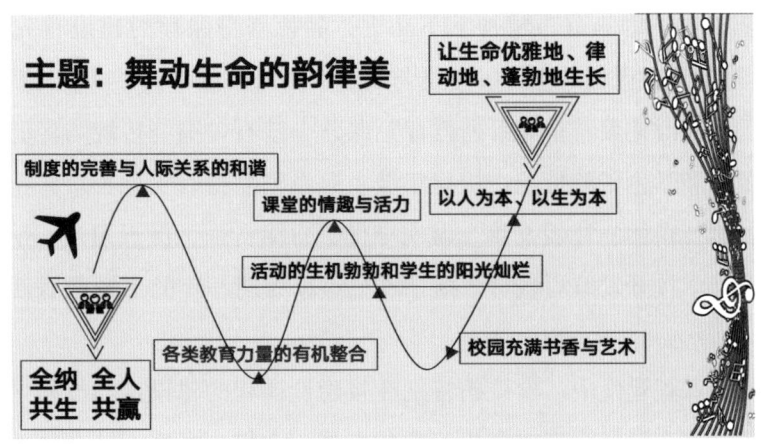

图 2　峨眉一小"五育"课程主题诠释

（2）课程建设的三级目标：国家目标、办学目标、育人目标。

国家目标：培养德智体美劳全面发展的社会主义建设者和接班人。

办学目标：让学校成为"修身乐园，智慧空间"。

育人目标：让学生成为"有家国情怀、健全人格、强健体魄、鲜活个性"的少年。

（3）课程建设的三种类型：修身课程、学科课程、拓展课程。

修身课程，更多地偏重"立德"。修身就是修德、修心。修德即学生应具有良好的人生观、价值观、道德观。修心即心态要健康、平和、从容。修身课程强调学生热爱民族、热爱国家、孝亲敬长、互助合作、社交礼仪、生活起居、善友乐群、待人接物等方面的教育。

学科课程，更多地偏重"树人"。学科课程是国家教育意志的具体体现，是落实国家课程、地方课程的主要形式。学科课程也涵盖有补充意义的校本课程。学科课程是实现"五育"的主要途径。

拓展课程，是修身课程和学科课程的必要补充。拓展课程以培育学生的主体意识、完善学生的认知结构、提高学生自我规划和自主选择能力为宗旨，着眼于培养、激发和发展学生的兴趣爱好，开发学生的潜能，促进学生个性的发展和学校办学特色的形成，是一种体现不同基础要求、具有一定开放性的课程。

（4）课程实施的四个路径：课堂、学校、家庭、社会。

（5）课程体系的五个领域：品德修身、文化学科、艺术体育、国学书香、劳动实践。

品德修身课程：指向人格美，奠品性人格之基。

立德为先，这是教育的根本。品德修身课程要在坚定理想信念、厚植爱国主义情怀、加强品德修养、培养奋斗精神上下功夫。品德修身课程的建设首先将国家课程"道德与法治"与地方课程"生命·生态与安全"纳入必修课程，以学校获四川省教学成果一等奖的"新时期艰苦奋斗系列教育"课题为基石，围绕传统与经验，根据《小学生行为规范》和学生年龄特点，构建年级主题系列品德修身课程，一至六年级课程主题分别为：言行得体、礼貌友善、诚实守信、自律自强、勇于担当、学会感恩。围绕这六个主题，学校开发编写教材，指导每个年级为期一年的主题教育活动，提高德育实效。

在品德修身课程建设中，学校还特别注重隐性课程的建设：如校园书香艺术环境对学生的熏陶，德育常规管理对学生习惯的养成，学校、家庭、社会各类丰富实践活动中的隐性德育资源开发，等等。德育由显性走向隐性，是理论走向实践、认知走向行为的内化过程。

文化学科课程：指向情智美，强长远发展之力。

文化学科课程主要是指国家课程文化学科的校本化实施。峨眉一小围绕"情智课堂"建设，根据各学科的具体特点，进行实践策略探索、课堂模式构建、学科教学变革。对于学科教学的认识在于固化课程，实施核心素养的培养，避免空洞灌输，努力引导学生在教育情境中自我构建。情——专注、快乐、惊喜、好奇、兴奋、陶醉；智——需求、兴趣、秩序、方法、收获、创意。

就学习方式而言，情智课堂更强调学生通过质疑发现问题，然后在小组内通过自主、合作、探究的方式获得深刻的学习体验。情智课堂的动态三环节是：预学、共学、延学。预学——让学生自主构建知识和发现问题，带着准备和疑问走进课堂，使教师的教学更有针对性。共学——以问题串的形式呈现学习内容，以小组合作为主要学习方式，师生、生生合作解决问题，学生在质疑、释疑的循环中获得持续提高。延学——学生带着更深层次的问题在课后继续思考，鼓励学生应用知识解决实际问题。这个过程实际上是鼓励学生改变传统的认知方式，实现核心素养的自我构建的过程。

在情智课堂上，让学生站在课堂的中央，体会语文的美好、数学的精妙、英语的独特、科学的创新、艺术的韵味、体育的热情。

艺术体育课程：指向艺术美，促生活品位之本。

艺术体育课程建设，采用课程融入，层级实施的方式，使国家课程校本化，校本课程特色化。

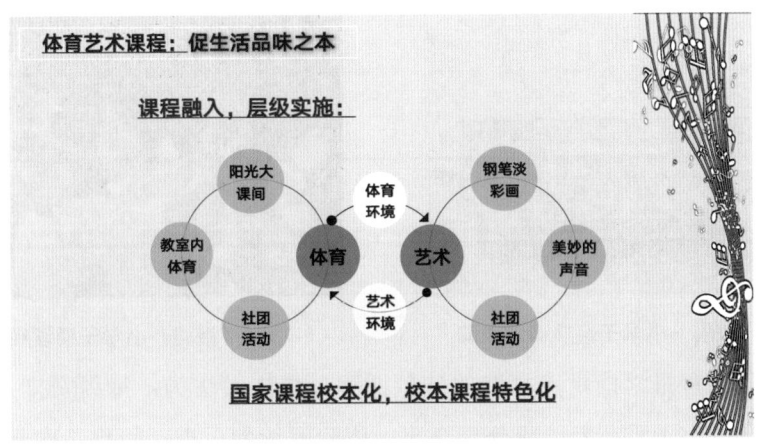

图 3　峨眉一小体育艺术课程

体育艺术课程融入：常规课堂中融入必修校本课程。具体为：音乐课融入童声合唱训练课程，美术课融入钢笔淡彩画课程，体育课融入峨眉武术课程与跳绳课程、足球课程作为必修课程。由于峨眉地区阴雨天气较多，学校还开发了室内体育课程。同时在阳光体育活动中融入民族舞、健美操等元素，进一步提升以美育人的实效。

层级实施：构建"普及课程—兴趣课程—竞赛课程"三级课程，普及课程进入学校课程表，要求全体同学上足、上好音乐、美术、体育课，同时根据学校及师资的实际情况，开辟丰富的兴趣选修课程供学生选择，并在此基础上发现并培养有特长的学生，组建各类艺术体育团队，进行更为专业的训练培养。

国学书香课程：指向传统美，扎民族文化之根。

峨眉一小根据办学历史与传统，一直着力于打造书香校园，坚信学生养成阅读的品质会成为其终身受益的财富。

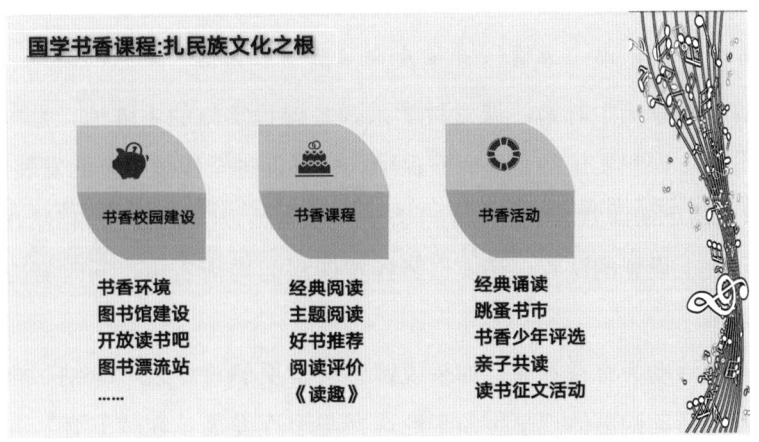

图 4　峨眉一小国学书香课程

图 5　峨眉一小学子经典诵读表演　　　　图 6　峨眉一小学子诵读经典

国学书香课程是学校重点打造的特色课程。具体做法为：每周安排一节阅读课，学生间周一次到书香雅苑静读或分享交流，体验阅读的乐趣；间周一次开展阅读指导活动，由学校书香课程编写组编写涵盖经典阅读、主题阅读、好书荐读、阅读评价四大板块的《读趣》教材，供阅读指导课使用。同时学校、家庭、社会协同开展多元的读书活动，推进书香课程的有效实施。

劳动实践课程：指向创造美，营知行共润之场。

峨眉一小前身为峨山书院，在明清时就有"耕读一体"的劳动教育传统。劳动实践课程旨在让学生学会劳动，学会生存，学会生活，让学生在劳动中实践，在实践中创造，达成知行合一。学校正在进行"小书虫当家"劳动实践课程的开发，根据学生年龄特点，分层递进，螺旋上升，涉及三个板块：自理自立劳动实践课程、服务奉献劳动实践课程、实践探索劳动教育课程。

在劳动实践课程建设中，学校积极挖掘家庭、社会中的劳动教育资源。家庭是开展自理自立课程的最佳场所，学校和社会是服务奉献课程的最佳场所。我校五年级学生和峨眉山市园林局合作，开展"守护母亲河"劳动实践，分班承包学校外的河岸绿化带，定期参与卫生打扫、杂草清除、绿植养护等劳动实践。

2. 多路径实施，由"五育"并举走向"五育"融合

（1）以课堂教学为主阵地。课堂教学永远是课程实施的主阵地，是国家课程、地方课程和部分校本课程实施的主要时空保障，也是促进全体学生全面发展的主要手段。"五育"并举课程下的课堂教学首先是开齐、开足各类教学课程，严格禁止教师私自占用、挪用课程表上设置的课程，切实保障各类课程的均衡实施，同时努力追求高品质的课堂教学。

（2）以社团活动为有益补充。如果说课堂教学更侧重体现"全纳、全人"的价值追求，那么社团活动则更体现学生的个性选择与个性发展。在"五育"并举课程的实施中，丰富的社团活动成为课堂教学的有益和必要补充。学校开设有武术、篮球、田

径、管乐、合唱、舞蹈、科技、钢笔淡彩、禅绕画、书法、阅读等 20 多项课程，每个学生可以根据自己的兴趣爱好进行选择。每个社团有自己的教学计划、教学目的、教学内容与教学过程设计，同时学校每学期对每个社团有不同形式的测评。

社团活动不仅为学生的个性发展提供了充足的机会，健全了"五育"并举课程，同时还发现和培养了一部分天赋良好、意志顽强、成绩优异的同学组成学校代表队进行更加专业的培养，为这部分学生由个性成长到专业成长打下了基础。

（3）以整合融入为主要方式。对于教育，峨眉一小有以下认识：任何一种教育对学生的影响都不是单一和孤立的。任何一门课程，其教育指向一定不是单一的，而是多元化的。这种多元化，必然会使不同的教育内容产生交集，课程实施中，可以将这些互有交集的不同教育内容加以整合，使"五育"并举走向"五育"融合。

课程实施中的"1＋X"。

教育内容的"1＋X"：以一门课程为"1"，整合与融入相关的课程。这些课程可以是不同学科的课程，也可以是同一学科不同教材的课程。如美术课程设计"未来世界"的科幻画创作，用文字描述自己所画的世界，融入了科技创新课程和语言表达运用课程。再如体育课程中可以融入健康知识、国防知识，也可以在体育课中融入校本课程的教学。

教学目标的"1＋X"：要清晰定位每一门课程的目标，或以课程标准的三维目标来定位，或以核心素养的四维目标来定位，并在课程实施中关注目标的达成。既要关注显性的目标：学生知识的掌握、技能的获得、方法的运用等；还要关注隐性的目标：学生在学习过程中敢于创新、不怕失败、合作交流、独立思考、谦让礼貌等品质的养成。

课程实施中的"X＋1"。

教书育人，德育为先。不管开发与实施多少种课程，每一种课程都必须重视以该课程为媒介的品德教育。要把品德教育渗透到学校每一门课程的实施之中，挖掘课程中的德育要素。要捕捉课程实施中的德育机会，从课程内容、学习过程、评价检测中找到培养学生品行的德育资源。

四、改革成效

（1）学校效益：清晰定位了学校在高品质发展过程中的基本理念、文化主题、发展方向。进一步完善了学校的原有课程，形成了"五育"并举的课程体系，促进了学校高品质发展，提升了学校的社会满意度。

（2）教师效益：在"五育"课程建设的过程中，全体教师更新了课程观，提升了研究能力和课程开发与实施的专业能力。

（3）学生效益：给学生提供了丰富的发展机会，让每一个学生能全面而有个性地发展。

反思提升

行走在高品质学校建设的路上，峨眉一小以"'五育'课程建设研究"为抓手，始终坚持社会主义办学方向，努力解决好"培养什么人、怎样培养人、为谁培养人"这一根本问题。以立德树人为根本任务，以"让每一个学生全面而有个性地发展"为最高追求。努力实现高品质学校"全纳、全人、共生、共赢"的基本主张，带动学校高品级、高质量、高层次地发展。回顾课程建设过程，主要做到了以下几个方面：

（1）准确定位目标，让课程建设根植于社会发展需求、学生发展需求、学校发展需求和教师发展需求。

（2）完善框架体系，让课程建设为学生德智体美劳全面发展提供丰富的机会。

（3）挖掘校本资源，编写校本课程，对国家课程、地方课程进行有效补充，形成教育特色。

（4）课程融入，层级实施，整合三级课程，让国家课程校本化，校本课程特色化。

在课程建设的过程中，峨眉一小清楚地认识到还需要在三级课程的创造性实施、精细化实施上不断努力，还需要在校本课程编写与实施上加大力度，还需要在课程实施的有效评价与不断完善上下真功夫，让学校的"五育"课程更有力地促进学校高品质发展。

（供稿：峨眉山市第一小学校，曹永超、何玉树、张丽平、申丽芳）

对学校课程体系进行顶层设计是指对国家课程、地方课程和校本课程进行科学的、

整体的规划与统筹，使三者在学校教育的体系中形成一个有序而高效的结构，是营造学校协调一致育人环境的必然趋势。峨眉山市第一小学校基于"全人、全纳、共生、共赢"的基本主张，以"舞动生命的韵律美"为主题，构建"五育"并举的课程体系，推动学校的高品质建设。学校在课程体系化开发与实践中，通过对三级课程的优化设计，以课程的减负增效为出发点，国家课程校本化为途径，学科优化统整为方法，着重于整体性构建学校课程，形成了既体现国家意志，又尽可能满足学生个性发展的差异性，同时兼顾了地方和学校差异性的课程体系，综合处理了学科与素养、综合与构建、教学方法和学习方式、生态空间重构等的要素关系，减少了重复的课程内容，拓宽了课程空间，突破了学科壁垒，优化了课程资源，使"五育"并举走向"五育"融合。成果较为成功地凸显了课程的整体性和重构性。

——纪大海

建设手工艺品质课程　为听障学生赋能
——听障学生手工艺品质课程的开发与实践

问题聚焦

由泸州市特殊教育学校（以下简称泸州特校）承担的四川省普教科研资助金项目2018年度重大课题"高品质学校建设的探索与实践"子课题"听障学生手工艺品质课程的开发与实践"研究，旨在优化听障学生手工艺课程，为听障学生赋能，引领他们的心智和精神成长。

本研究针对听障学生手工艺课程目标定位存在偏差、价值判断存在局限、复制作品的教学方式占主流、手工艺教学评价明显缺位等问题，致力于建设以听障学生"特殊需要"为核心，以高品位高质量为特质，有着独特的课程理念、目标、内容实施与评价方式的手工艺品质课程。

一、改革背景

泸州市特殊教育学校的"听障学生手工艺品质课程的开发与实践"课题的前期探索开始于2004年9月，学校于2008年9月完成校本教材《聋校手工（1—12册）》的编写并开始试用检验。2013年后陆续新建5所特色工艺作坊，探索"双师"合作教学模式。2017年以高品质学校品质课程建设为契机，着手推进手工艺课程品质优化升级。2019年8月立项四川省普教科研资助金项目2018年度重大课题"高品质学校建设的探索与实践"子课题，在总课题组的引领与指导下，2020年12月完成子课题研究任务并顺利结题，获得四川省教育科学研究院"高品质学校建设的探索与实践"子课题研究成果一等奖。

二、改革主张

1."育人＋赋能"引领听障学生的精神与生命成长

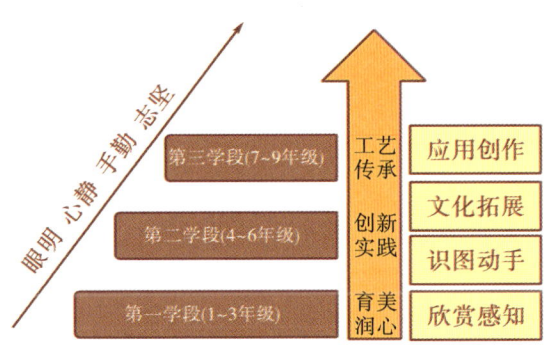

图1　泸州特校听障学生手工艺品质课程目标体系

检视开设听障学生手工艺课程的初心，依照学校的教育哲学，听障学生手工艺课程的内在追求指向育人，而非单纯习技。以就业为导向，更以听障学生的发展为本，即绝非狭隘地将听障学生培养成手工艺从业者或"非遗传承人"，而是以手工艺课程为载体，通过手工艺学习使学生欣赏美、感受美、创造美，引导听障学生获得创造力和精神的成长，培养他们眼明、心静、手勤、志坚的品质，帮助他们跨越听力语言障碍，提升生命质量。

2."适性＋扬长"点燃听障学生自信心，唤醒内驱力

学校立足实际，以工具论、赋权增能理论为依据，以全人教育观、优势发展观为指引，将手工艺课程的精神内核阐释为适性与扬长。手工艺是以手工劳动进行制作，具有独特艺术风格的工艺美术，是以视觉形象表达与创生艺术主张的实践活动。听障学生听觉有障碍，信息接收面较窄，影响了他们发现问题的能力、运用有关知识和方法分析解决问题能力的发展。但是他们观察力较强，视觉记忆好，形象思维发达，非常适合手工艺学习。手工艺品质课程着眼于听障学生的优势能力来设计和实施，强调正向支持和引导发展。手工艺学习与实践能有效助力听障学生重建自我认同感、成功感和获得感，点亮自信与智慧。

3."创意＋融合"推动跨学科跨领域的探索与实践

手工艺课程的增值路径是创意与融合。手工艺课程以匠心独运的创造精神为价值

判断，以精益求精的工作精神为价值表征，以尽善尽美的理想境界为价值追求，着力激发听障学生的创新意识。手工艺课程引领听障学生走到广阔的社会生活中，促进学生的社会参与、聋健融合和个性化发展。手工艺课程致力于为听障学生创设自由表达和表现的空间，支持他们尝试运用各种工具、材料造型表现，应用手工艺的知识与技能进行创意物化，开展手工艺的综合探索实践，多角度激活创意，表达情感与思想，改善环境与生活，在综合探索活动中，尝试设计制作、考察探究、职业体验、社会服务，获得丰富的学习体验。

三、改革路径

1. 课程开发：回归听障学生发展原点，发掘课程育人价值

（1）"方案＋实践"建立品质标准。教育部 2016 年颁布的《聋校义务教育课程标准（2016 年版）》中，设置了美术课程，但未将手工艺课程单列。在落实国家课程标准时，学校强调校本化和生本化，以提高课程对于听障学生的适切性。按照课程的规定要素，学校结合听障学生优势能力和特殊需要，着手开发听障学生手工艺品质课程。学校从研制《听障学生手工艺课程实施方案》入手，明确课程的性质和地位、开发原则、设计思路、目标框架、课程内容以及实施建议。

手工艺课程属于学校优势课程，超越技能课或劳动课，是一门综合性的课程，是学科核心课程、常态活动课程有益的补充。课程遵循"以人为本、挖潜促优、循序渐进、系统规范、传承与创新相结合"的五大原则，从"工艺传承""创新实践""育美润心"三个维度设定了课程目标，以手工艺学习活动的方式划分学习领域，根据听障学生身心发展水平，分学段设计课程内容和学习活动，让听障学生在手工艺学习活动中用眼、用手、用心、用脑、用情。具体做法是：首先，在课程总目标之下，遵循不同年龄段学生学习手工艺的规律和特点，按照一至三年级、四至六年级、七至九年级这三个学段分别提出阶段目标，体现手工艺课程的整体性与阶段性；其次，依据教学目标安排教学内容，如一至三年级以撕纸、折纸、剪纸、泥工、贴画、简单纸编、段段绣和环保小制作为主，四至六年级以沙画、结艺、三针绣、串珠、拼布、烙画、空心针、卵石画、丝袜花及其他工艺创作为主，七至九年级以分水油纸伞、长江石彩绘、布偶、蝴蝶画工艺学习和创作实践为主；最后，结合以上内容，提出课程实施建议，对教材编写、课程资源的开发与利用、教学、评价等，明确实施的原则、方法和策略，也为具体实施留有创造的空间。

（2）"资源＋需求"催生多元合力。常言道：各美其美，美美与共。手工艺课是各个特殊教育学校普遍开设的课程，亟待资源共享。为此，本着提供蓝本、撬动灵感的原则，学校构建了系列手工艺教学资源库。

图 2　泸州特校听障学生手工艺综合实践活动课程成果集

学校结合听障学生学习手工艺的特点，根据学生接受能力和手工艺的难易程度，设计各年级手工艺学本。学本由简到繁，图文并茂，操作性强，还配有传统手工艺作品的欣赏。为了给教师组织开展手工艺综合实践活动提供创意、引导方法、规范程序和链接资源，学校以"碟艺上的生肖""筝奇斗艳""废报纸时装秀""石头溢出的温度"为主题，结合蝴蝶画工艺、风筝、旧物利用、石头画等手工艺项目，从"情境、协同、支架、任务、展示、反思"六个要素编制了教学设计案例，整合手工艺项目的综合实践活动资源，结集成册并实现共享。同时大力推广作坊学习、探究学习、体验学习等多种手工艺学习方式，为教师提供示范和参考。通过各种形式实现手工艺课程资源的在线推送，调动家长参与和指导学生在家庭环境中的手工艺学习活动，一系列在学生、教师、家庭需求基础上整合起来的资源，焕发出多元合力。

（3）"本土＋特色"激活文化传承。手工艺课程开发重视融入当地传统工艺，如分水油纸伞、蜀绣和空心针、三针绣等。为了把这些宝贝学到手、学回家，学校利用寒暑假指派教师拜当地艺人为师，跟师学艺。2003 年宾莎老师到合江向 70 岁空心针老艺人王泽明学习空心针绣法和空心针制作方法，2010 年朱维老师到锦官绣庄向苏老师学习蜀绣，2013 年魏玉梅老师到分水油纸伞跟随杨玉泉厂长学习油纸伞制作工艺，

2014年暑假朱维、王川老师到李涛烙铁画工作室跟泸州烙铁画大师李涛学习烙铁画技艺，2017年郭冬梅老师向泸州碟艺画大师王世宏学习蝴蝶画工艺……这个过程中，老手艺人们是第一次教学校老师，教得十分认真。杨玉泉在接收徒弟时高兴地说："没想到这辈子还会收一个大学生徒弟。"教师们是带着任务去学习的，学得也十分刻苦。跟师学艺这一举措，为泸州本土手工艺带来了生机，让不起眼的本土手工艺文化得以传承，更让听障学生手工艺课程的开发有了生命力，从此生生不息。

2. 课程实践：基于听障学生特殊需求，提供适性教育支持

（1）"作坊式＋环创"建设课程文化阵地。在听障学生手工艺品质课程教学实践中，学校基于真实学习情境的理念建设校园内的手工艺工坊，近乎按照原版工艺作坊进行复制，并结合学校教学需求予以优化，引导学生与环境互动来获得对自然与社会的亲身体验与感受。

图3　泸州特校听障学生学习油纸伞工艺

以油纸伞工坊为例，在环境创设方面，工坊精心营造审美趣味高的学习环境。工坊外廊道顶面用小号油纸装饰行走引导线，与廊道墙面两组油纸伞文化墙呼应，室内安装了整个墙面的大型油纸伞灯箱图，其余墙面布置四组以听障学生油纸伞学习实景为内容的挂画，上空错落悬挂两组不同型号的油纸伞。在功能分区方面，设置操作区、展示区、售卖区、收纳区，配备相应的设施，互不干扰，兼求实用与美观。

（2）"分段组织＋长短课时"，增加课程实施弹性。根据听障学生年龄特点，学校采取不同的课堂组织形式。第一学段采取班级授课制，对听障学生进行较为系统、规范的手工课程教学。第二学段在班级授课制的基础上补充周末兴趣小组活动，对手工艺课程进行有效延伸。第三学段打破班级授课制，按照手工艺项目进行分组教学，便

于听障学生专注、持续、深度地学习某项传统手工艺。

根据不同学段听障学生的手工艺学习特点与规律,学校在课程设置上也充分体现了差异性原则。第一学段的听障学生的接受能力、组织材料能力及课堂自律能力有限,因此实行短课时,每周一节40分钟的手工艺课程。第二学段实行长课时制,每周一节80分钟的手工艺课程。第三学段教学内容相对较复杂,对工艺要求更高,因此实行超长课时制,每周一节120分钟的手工艺课。创作耗时更长的大型手工艺品,有的需长达两三个月,则充分运用周末时间。

(3)"四课型＋双导师"创建手工艺活力课堂。按照听障学生手工艺课程的学习方式,手工艺课分为欣赏感知课、技能学习课、应用创作课、综合实践课四种课型,设置"赏—学—创—评"四个教学模块。四种课型不是截然分开的,而是交叉融合,有机结合。不同类型的手工艺课在教学目标上各有侧重,教学手段和策略也有所不同。课程实施过程中,教师不断探索四种课型的教学范式和具体实践中的变式课堂,努力构建开放而有活力的手工艺课堂。

为了让听障学生尽可能多地接触各种原汁原味的高水平的艺术手法以及技巧,解放每个学生内心的创造潜能,学校外聘工艺美术大师或非遗传承人到校指导。为解决语言沟通问题,又配备一名有着美术专业背景或相应专长、手语娴熟的特校教师,实施双导师合作教学。两名教师在评估听障学生学习起点、知识讲解、工艺示范、分组指导等方面精诚合作,实现无障碍沟通。

(4)"主题订单＋创意设计"激发学生创造力。学校依据手工艺项目,基于听障学生实际,链接真实情境,形成挑战性学习任务激发听障学生的创意实践。以布偶工艺课为例,结合"国际聋人节",教师设计了"手语元素与布偶工艺"探究性学习课程,

图4　泸州特校听障学生学习布偶工艺

共12课时,分设计手语元素符号、手语事物形象设计、手语布偶制作、手语布偶故事会四个单元。其中,在手语元素符号设计单元,设置遴选手语代表、绘出本组手语代表的基本手形、绘制手语代表手形的三个变体、阐释手语代表的(形象)寓意四项学

习任务。当学生在"选""绘""变"的关键环节遇到困难时,教师会介入示范指导,在学生"释"的环节,教师会提供语言转换的支持。对学生的主动学习、互助学习、创新创意,教师会予以具体充分的正向评价。通过学习活动设计与"教—学—评"实施相一致的行为,最大程度达成学习目标、成长目标。

此外,如残疾人艺术节、"社会主义核心价值观""我的中国梦"等主题工艺项目及爱德基金会蛋壳贴画订单、总工会蝴蝶画订单等,均大大激发了听障学生的积极性与创作潜能,学生设计制作的一系列的精美作品获得了高度赞扬。

(5)"综合实践+聋健融合"发掘课程育人功能。设计系列综合实践活动,让学生根据主题,综合运用其他学科知识,进行纸工、布艺、编结、雕刻、小饰品、旧物改造、道具、室内装饰等方面手工艺课实践活动,充分展示听障学生的灵心巧手,增强听障学生的愉悦感和审美能力。让听障学生有更多机会走出校门,走进真实的社会生活,到手工艺原材料采集地、工艺作坊、生产企业、工艺品市场、活态馆等地开展调查研究、角色体验,提高他们的社会适应能力和交往能力。提供校园展示、社区展览、义卖活动、省市残疾人艺术节展评等手工艺成果展示平台,激发学生参与积极性与自信心。

图 5　泸州特校听障学生手工艺研学活动

基于打破隔离、平等参与的需求,学校设计开展了与四川泸州江阳职高、梓橦路小学、泸州天立国际学校等学校结对的手工艺融合社团、手工艺融合课堂等聋健交流机制,促进聋健正向融合。也让听障学生与健听伙伴一起做手工、一起交流、一起活动,让健听学生学习感受残疾学生自强不息的精神,让听障学生增强对聋人文化的认同感和自信心。

(6)"多元评价+正向激励"促进师生多维发展。设计并启用手工艺课程课堂教学检核表，对教师课堂教学情况进行量化评分。在教师教学行为方面，设置教学准备、教学实施、差异支持、教学评价等教学评价点，以自评和他评相结合的方式进行量化打分，并将评分结果纳入教学评价。与作品展示、公开课、教学反思、教学成绩、教学常规检查和学生民意测验等相结合展开教师评价。为学生学习行为评价设置了参与、合作、创新、操作、沟通等评价维度。对学生坚持激励导向，把课堂评价与阶段评价相结合，学习过程评价与表现性评价相结合，手工艺学习与班级、学校积分制、勤工助学基金相结合，多样化地对学生进行激励。

四、改革成效

一门好的课程的滋养是丰富而持久的。在课程改革实施后，听障学生喜欢手工艺课，热爱手工艺术，手工艺素养明显提高。学生手工技能精熟度得到提高，掌握了泥工、剪纸、烙画、十字绣、串珠等十多项手工技能，优秀手工作品大量增加。在江阳区手工艺作品竞拍活动中，我校听障学生创作的人型作品

图 6　泸州特校听障学生手工艺品义卖活动

《红梅报春图》被五位热心市民竞价，拍出了单幅 5500 元的高价。听障学生的手工艺作品创意更加多彩，在废报纸时装秀、瓶子画展示会、油纸伞伞面创意展中，学生的创意赢得许多赞赏。手工艺促进听障学生综合能力的提升，灵心创美增加了听障学生的生活情味，自立自强培养了听障学生的劳动精神，多元表达提高了听障学生的沟通能力，精益求精增强了听障学生就业适应性。在手工艺课程中，听障学生们蓬勃、鲜活地成长，同时，手工艺课程为特校教师增色，也为学校品质发展助力。

反思提升

1.「精致＋迭代」持续追求手工艺课程品质提升

听障学生手工艺品质课程的开发与实践是一个持续的、流动的过程，需要不断探

索、实践、反馈、优化，永无止境。泸州特校致力于凸显听障学生手工艺品质课程所包含的质量和文化的双重意蕴，把握未来课程发展基于信息化、基于学生的学、基于资源的优化重组这三个走向，探求课程品质内生的发展路径。

学校加大手工艺课程资源建设力度，从基于现场的手工艺教学，向信息环境下手工艺学习活动支持性学习资源的开发转向，通过多种渠道推广应用，让更多听障学生受益。

2. "应用＋拓展"复制成功经验扩大辐射的范围

一方面，拓展手工艺课程的应用范围。利用现有的课程资源，结合视力、智力、自闭症、脑瘫等各种残障学生的学习特点进行调整试用，使课程成果造福更多类型和数量的残障儿童。依托"励志广场"项目，以"手工艺活态工作坊"等方式，让手工艺课程从校园走向社区，为社会大众服务。另一方面，迁移课程裂变经验，撬动学校整体课程的优化统整，创新课程资源、创新教学方式、创新评价机制，以高品质的学校课程支撑高品质学校建设。

（供稿：泸州市特殊教育学校，胡启军、肖敏、袁玉梅、宾莎）

▶ **专家点评**

该案例聚焦听障学生这一特殊群体，从问题聚焦、成果简介、反思提升三个方面完整展示了听障学生手工艺品质课程建设和实践的过程以及取得的成果，为高品质学校建设提供了一个生动鲜活、具有借鉴价值的案例。听障学生是社会的弱势群体和教育特殊关照对象，帮助其实现自强自立和自我成长是教育的重要使命。听障学生手工艺品质课程建设充分考虑到了听障学生的身体和心理特征，以满足学生的特殊需要为课程建设核心，以为学生提供适宜有特色的高品质课程为目标，体现出浓厚的教育人文关怀色彩。该案例充分展现了泸州市特殊教育学校在听障学生手工艺品质课程建设过程中将理论和实践有机结合，遵循听障学生发展规律和身心特点，充分融入了当地特色手工艺元素创新课程的内容和形式，打造适合听障学生学习和成长的平台，为听障学生的发展进行了有效赋能的努力。总而言之，该案例具有极强的代表性和典型性，为高品质学校建设和课程发展提供了一个有益样本和模板。未来学校可以考虑进一步从目标、理念、路径、特色等方面凝练出自身课程建设的模式，形成独特的手工艺品质课程建设体系。

——罗哲

普通高中全面实施选课走班的改革试点

问题聚焦

课程是学生发展的土壤，课程改革是育人方式变革的核心内容，是高品质学校建设的必由之路。近五年，四川省双流棠湖中学（以下简称棠湖中学）克服了各种挑战，率全省之先实现了"三全"式选课走班。学校面临两大难题，一是课程编排难，二是教师评价难。教师面临两个不适应，一是学生管理不适应，二是学生关注不适应。学生面临两点困惑，一是生生交往的困惑，二是努力方向的困惑。

成果简介

一、改革背景

国务院办公厅颁布的《关于新时代推进普通高中育人方式改革的指导意见》（以下简称《意见》）中明确提出改革目标：到 2022 年，德智体美劳全面培养体系进一步完善，立德树人落实机制进一步健全。普通高中新课程新教材全面实施，适应学生全面而有个性发展的教育教学改革深入推进，选课走班教学管理机制基本完善，科学的教育评价和考试招生制度基本建立，师资和办学条件得到有效保障，普通高中多样化有特色发展的格局基本形成。《意见》中明确指出从有序推进选课走班、深化课堂教学改革和优化教学管理三个方面创新教学组织管理。由此可见，随着新一轮课程改革的全面铺开，选课走班的全面推进，高中教育教学管理机制将会发生巨大的转变，直接影响课堂教学改革的推进。

基于个性化、多元化的需求，现阶段教育更需回归因材施教，尊重学生的天性和个性，坚持立足学生的实际情况、个体差异，因人而异、有的放矢地进行差异化教学，注重引导学生理性选择，才能有效帮助每一位学生扬长避短，获得最佳的成长与发展。自 2010 年秋季进入新课程改革以来，棠湖中学一直坚持课改的理念不动摇，跳出应试教育的藩篱，把开齐、开足国家课程，为学生的未来奠基、为学生的终身发展服务作为自己的教育哲学，不懈追求。几年来，学校全面实施素质教育，取得了令人钦佩的教育教学成绩，但是棠中人觉得这些还不够，于是新课程体系下全面走班的新型教学组织模式应运而生。棠湖中学采用的是全面彻底的新型走班模式，创新思维，在全面走班模式上建立新的管理制度，在全面开放的走班背景下寻求新的突破和发展。

二、改革主张

为破解走班难题，学校提出以下改革主张：

1. 要完备课程体系，丰富学生课程选择

结合学校条件及学生发展需要，系统设计系列课程，为学生提供更多的选择。课程丰富了，学生才有选择，真正实现选课走班的意义和价值。

2. 要建立并实施"师生双选"制度

在选择中，学生增进自我反思，深化自我认识；激发学习动力，提升责任担当；强化学习能力，促进自主发展。在选择中，教师进一步端正了教育教学态度，改变了教育教学行为，积极追求专业成长。在选择中，学校形成了民主和谐的育人氛围，教师对学生严厉而不失温情，学生对教师信赖却不依赖。

3. 要实行全员导师制

在学生自由流动的环境中，为了关注每一位学生的健康成长，全体教师都要参与到学生的培育过程中去。

4. 要构建适合选课走班的管理体系

学校的宏观管理非常有必要，实践证明，在走班背景下，管理下沉到年级更为有效。另外，走班管理必须借助信息技术，学校和公司协同，形成有效的信息管理系统。

5. 要构建新的评价体系

在选课走班背景下，对教师的评价更加复杂，完善评价体系既能促进教师专业发展，也能带动学生进步，评价指标中绝不能仅仅关注学生的学业成绩，而要全方位考察教师在日常工作中的方方面面。

三、改革路径

1. 构建 4.0T 课程体系，突出培养学生的自主发展力、人文底蕴和科学精神

丰富的课程是学校个性化教育的基础。棠湖中学紧扣"六会一长"的育人目标，整合国家课程、地方课程与校本课程，形成了特定课程、特惠课程、特长课程、特创课程四大类课程体系（简称 4.0T 课程体系）。特定课程旨在让学生掌握必备的基础知识和基本技能；特惠课程顺应学生的天性，培养学生的必备品格和关键能力；特长课程基于学生天赋，张扬学生个性特长；特创课程则培养学生的创新精神和创新能力。

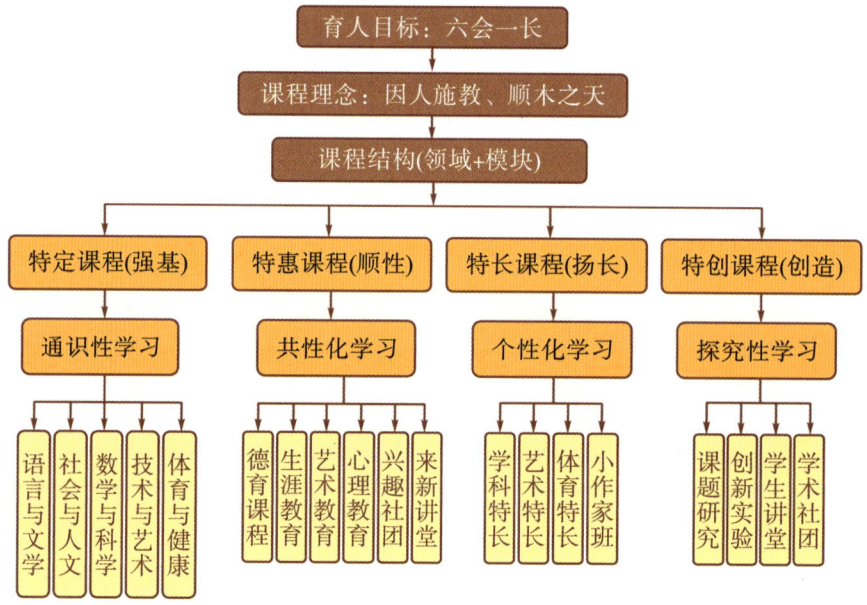

图 1　棠湖中学 4.0T 课程体系

（1）特定课程奠定人文底蕴。特定课程是指遵照国家课程设置方案开设的课程，目的是让学生掌握必备的基本知识和基本技能，为学生的终身发展打下坚实基础。

国家课程校本化是教育提质增效的重要举措，它是在参照国家所提出的课程原则性要求的基础上，根据教师所面临的实际教学情境，特别是学生学习的特点及学习需求、教师的业务能力和学校自身传统及当前校园文化等所做出的创新性实践，是丰富学校课程体系建设，推进课堂教学改革，提升教育教学质量的主要载体。为了使国家课程更好地得到落实，学校组织教师开发了相应的校本课程。"学与导"是学校为国家课程校本化而开发的教学工具，它集教师的教案、学生的学案和作业于一体，"宜学宜导，亦生亦

师"，有效地促进了教师了解学情、学生预习、生生互动。除此之外，学校还开发了语言与文学、数学与科学、社会与人文几大类选修课程，增强必修课程的教学效果。

(2) 特长课程、特惠课程提升自主发展能力。特长课程、特惠课程是对国家课程的有力补充，也是对国家课程校本化、个性化的整合与开发，旨在发展学生个性特长，为学生提供多样的、可供选择的课程，使学生在掌握国家课程规定的基础知识、基本技能的同时，引导学生在众多的课程中发展个性，使其学会学习，积极挖掘自身潜力，提高综合素质和能力。

特长课程的设置充分尊重学生天赋，为学生个性化发展提供多样化选择，激发学生潜能，提高其艺术鉴赏、健身、实验操作、写作、管理等能力。学校先后开设了"简易机器人制作""中国象棋""趣味电子小制作""实用化学制作"等校本课程，让每一个学生都得到了不同程度的发展。

特惠课程采取选择性学习的方式进行，实施差异化教育，培养学生适应未来社会的必备品格和素养，提高学生的综合素质。学校先后开设了"礼仪课""成长共同体建设""人生职业规划课"等校本课程。

(3) 特创课程培育科学精神。教育是科技发展的基础，要想增强国家的科技实力和综合国力，就必须重视学生的科技教育，重视学生创新精神和创新能力的培养。学校应该引导学生参与探索科学的过程，通过学习强化创新精神和创新能力的培养。学校开展科技教育的主要目的在于培养学生的科技意识、科技技能和创造能力，使其在科技教育活动过程中形成一种习惯，强化一种意识，培养一种精神。

棠湖中学开设的特创课程以综合实践为载体，目的是培养学生的观察能力、社会责任意识和实践创新能力。学校要求学生积极参与研究性学习、社会实践和社区服务三大类课程，鼓励学生采用探究学习的方式亲近自然，保护环境，追寻人文，追踪社会发展。

2. "三全"式选课走班，助力师生共同发展

2016年2月开始，棠湖中学为了使4.0T课程体系落到实处，改变了传统的行政班级授课形式，实施"三全"（全员、全科、全程）式的选课走班教学。"全员"是指每一位学生、每一位教师均有相互选择的机会和权利，"全科"是指学校开设的所有学科（高考科目、非高考科目）均列入选择范畴，"全程"是指学生从高一到高三都可以根据自身发展情况做出选择调整。

为了能够激发师生教学的内动力，棠湖中学创新使用师生双选机制。首先依据学生成绩和综合表现将学生各科分别分为A、B两个层次，学生根据自己的层次和学校提供的老

师,综合自己的喜好选择自己喜欢的老师作为自己该科的科任老师,再从自己的六科老师中选择一位老师做自己的导师。同样,导师与科任老师也拥有选择自己教授学生的权利。

3. "一四三"全员导师制,编制生命成长摇篮

面对教师"责任的流失"和"个体关注的缺失"以及学生"从被动变成主动后奋斗目标的茫然"的问题,棠湖中学实行了"全员导师制"。在全面实施选课走班教学的背景下,行政班的消失和班主任的淡出,给学校的教育教学及管理工作带来了巨大挑战。在学生自由流动的环境中,为了关注每一位学生的健康成长,我校构建了"一四三"全员导师工作机制(即"一纲四目三途径")。

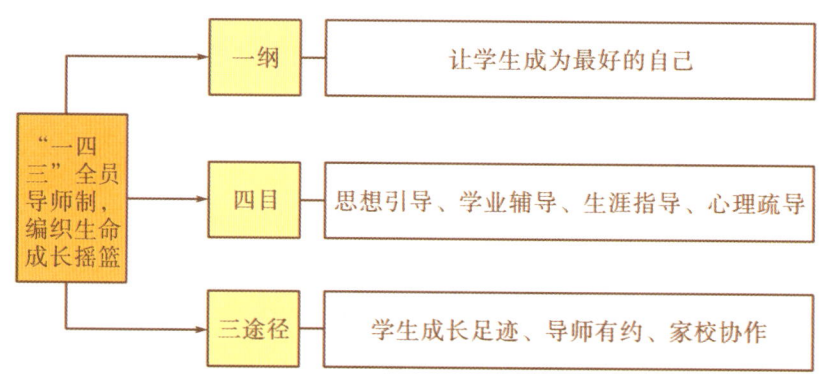

图2 棠湖中学"一四三"全员导师制

将"让学生成为最好的自己"作为导师工作的总纲,把思想引导、学业辅导、生涯指导、心理疏导作为导师工作的四条目;通过学生记录成长档案、导师定期约谈和家校协作三途径,全方位关注学生生命成长。

4. 构建"二三四"级部管理机制,切实提高了管理效益

在走班背景下,每一个教学班的学生都来自不同的班级,学科教师的班级管理失去了原有固定班主任的强力支持。此时,每位学科教师都需要独立带领有50多位学生的一个班级体完成各自的教学工作。并不是每位教师都有这样的经验和能力,面对这样一个班级,学科教师要建立起管理机构,形成自己的一个班委干部班子,完成每一节课的人数清点、每天的作业收发、每日的清洁打扫、每周的座位流动、每月的考试评价等工作,这对每一位老师的管理能力提出了新的要求。

自习课的管理难度增大。学生的自习课有晚自习和白天的自习课上。晚自习有老师监管,纪律能得到保障。但在白天的自习课上,每一个自习教室都是来自不同层次班级的学生,甚至是分别来自文理科的同学,没有老师监管,学生自我管理能力参差

不齐，个别学生在自习课上没有专注学习，导致管理难度大。

为解决选课走班过程中出现的问题，学校将管理下沉，建立了扁平化的管理机制和网络状的管理组织，初步形成了以责任团队全权负责某方面工作为载体的"二三四"级部管理机制，包括两会（学生自主管理委员会、家校协作协会），三中心（学生发展中心、生涯教育指导中心、学困生扶助中心）和四部（课堂教学巡查部、课程规划与实施研究部、导师全员教育部、级部协作统筹部）等管理组织。每个组织都是赋予责权的独立运作的管理机构，每个人都可能是某一部门的负责人，也可能是其他部门的组织成员，从而形成了扁平化、网状式的新型管理机制，切实提高了管理效率。

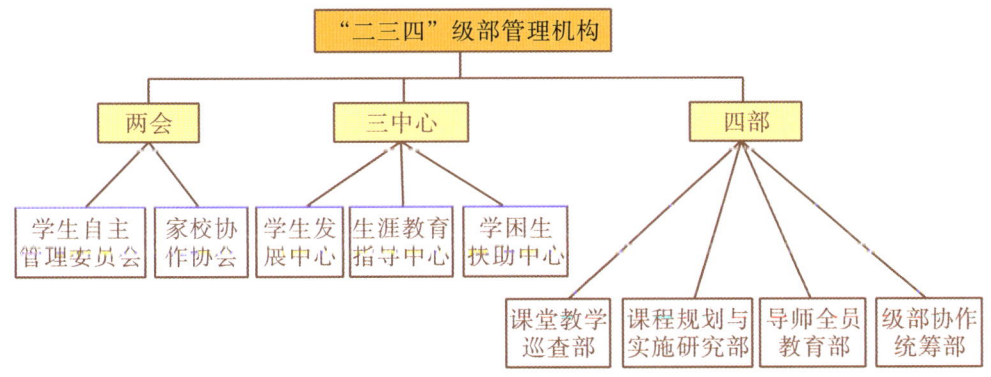

图 3　棠湖中学"二三四"级部管理机制

（1）学生自主管理委员会。①在年级内建立学校自主管理委员会。学校自主管理委员会下设学习部、纪检部、组织部、宿管部、生活部等部门，每个部门具有不同的职能，从学校层面进行统一、规范的管理。成员从每个导师班选拔，自管会每天会对各个导师班和教学班的常规管理项目和活动比如纪律、卫生、文化建设、集会、两操、文艺十分钟等进行督促和检查。学生自主管理委员会成立的目的在于培养素质全面且有创新精神的人才，培育学生自我管理、自我成长、互相砥砺的精神，更好地服务学生的健康成长。②在班级内设立班级学生自主管理委员会。班级自主管理委员会首先加强班级文化建设，以民主协商的方式设立班名、班级口号、班歌和班旗等，组织全班开展班级文化讨论，明确共同需求，进而形成班级共同愿景，确立班级特色文化；以导师班名义开展各种活动，如组织召开主题班会，参加团队活动、课间操活动、春游、运动会等，协助导师组建稳定的、有归属感的集体。其次，管理导师班日常的卫生、纪律、着装、校牌佩戴等，由资料委员填写每个学生操行量化表，每周星期天公布操行分数并且由自管会值周成员做总结，完成每周评价的各项指标。③在小组内建立微型自主管理委员会。微型自主管理委员会的每一名小组成员既是管理者又是被管理者，这有利于每个成员表现自己的特长、感受不同的思维方式和解决问题的策略。组内要进行合理分工，每组应设立委员会组长、各科学科长、发言人、书记员等，建立小组合作规则，确立小组合作公约，使小组合作有序进行，提高学生的参与度与合作成效。小组自管会的设立，不仅能达到学生协管的目的，还有利于培养学生的责任意识及班级荣誉感，也可以一定程度上弥补课后教学班任课教师辅导不到位的缺陷。

（2）家校协作协会。家校协作协会由全年级教师组成。协会负责建立家校交流平台（导师班家长 QQ 群、微信群，年级家长 QQ 群、微信群等），加强家长、年级与学校之间的沟通交流。具体工作如下：①每月设立一次家长开放日，开放日进行家长集中培训与交流。②每学期举行两次户外拓展活动。③组织家长参与年级的学生活动、学校自习管理及月考监考等。④每学期举办一次家长励志讲座。

（3）学生发展中心。学生发展中心由年级组长和副组长负责。其主要工作如下：①特优生的培养。②定期开展学生座谈会，收集学生在校期间的学习生活情况。③与对应的导师和科任教师交流个别学生的学习情况。④考核辅导教师业绩（跟踪记录辅导学生的成绩变化）。

（4）生涯教育指导中心。生涯教育指导中心由学导处和学生处负责。其主要工作如下：①教师生涯规划教育的培训指导。②职场成功人士的讲座。③个别学生的生涯规划指导。④学生生涯规划与选课指导。⑤生涯规划方向与高考专业研究。

（5）学困生扶助中心。学困生扶助中心由年级多位教师负责。其主要工作如下：①对学习困难学生的辅导。②行为习惯问题学生的教育引导与矫正。③体训生和艺术生的管理与课业辅导。

（6）课堂教学巡查部。课堂教学巡查部由年级多位教师负责。其主要工作如下：①教学日常秩序的管理。②学生自习的编排与管理。③管理制度的研究与制定。④学生违纪的处理与通报。⑤课堂问题的调研与解决办法。

（7）课程规划与实施研究部。课程规划与实施研究部由学导处和年级组长负责。其主要工作如下：①课程的开发与实施。②课程教学的研究与管理。③教学质量的监测与分析。

（8）导师全员教育部。导师全员教育部由德育和班级管理经验丰富的导师组成，主要负责德育和学业导师的培训、管理和考核工作，不断提升选课走班中教师育人的能力。

（9）级部协作统筹部。级部协作统筹部由学导处、学生处和年级组负责。其主要工作如下：①各部工作的协调与合作。②各部工作的检查与评估。③级部整体工作的规划与实施安排。④级部发展目标的制定与分解。⑤考试规划与编排、质量分析。

5. 初步建立走班教学评价体系，助推教师专业发展

在选课走班背景下，学校完善了教师评价系统，对教师育人全过程不同阶段进行评价考核。我校对教师专业发展的评价包括四个主要方向：课堂教学研究、教学课题研究、试题命制研究、校本教材开发。并在四个主要方向下面建立子方向：课堂教学研究主要关注教师的示范课，教学课题研究主要关注教师的课题及论文，试题命制研究主要关注教师各级各类命题比赛和日常命题工作，校本教材开发主要关注教师在本校内承担的教书辅导书《学与导》编写及选修课教材编写之作。见表1。

表1 棠湖中学教师的评价体系

	一级指标	二级指标	三级指标
教师评价	教师专业发展	课堂教学研究	组内示范课
			全校示范课
			相应级别的赛课
		教学课题研究	主研课题（含小课题）
			论文发表或获奖
		试题命制研究	命制优质的试题（含双向细目表）
			参加各级试题命制比赛
		校本教材教辅开发	《学与导》的编写
			选修教材的编写
	学生学业成长	学业成绩变化	增值性评价
			团队协作评价
			学生特长培养
		综合素质评价	督促社会实践
			引导生涯发展
			指导研究性学习
			指导社团活动
	教学过程评价	教学常规评价	师德师风考核
			上课会议出勤
			备课数量质量
			学生作业批发
			辅导考试整理
	学生评价	学生评价教师	对学生的个别指导等

6. 建设完成走班教学管理平台，优化学校管理体系

随着选课走班教学的推进，一些原来没有预料到的问题随之而来，首先遇到的一个难题是为一千多名学生排课的问题。此次学校委托两家软件公司用近半个月时间反复研究，最终排出了一千多张个性化的课表，但是在随后的年级推行选课走班时，还

是免不了会遭遇同样的困境。不仅如此，走班制下学生的流动性很大，在收发作业、通知事务等常规管理上遇到的困难也几乎很难有好的解决方案。

经过思考，棠湖中学决定借助互联网进行教育教学管理，在多方努力下建成了双流县棠湖中学走班教学管理平台。该平台是一个集教育教学管理、在线课堂教育教学督导评价、信息收集、信息分析、教育资源推广、教育资源共享等于一体的信息化网络平台。主要开发有教育教学管理、课程教与学、大数据资源库、教育辅助等相关的功能模块，用户使用统一账号登录各模块，但管理员可设置账号的相关权限。比如，在教育教学管理模块的用户类别有学生用户、教师用户、家长用户及管理员。学生用户不但可以轻松登录查询课表，还能查询必修课程、选修课程代码，以及考勤记录、作业发布及完成情况、阶段成绩和终结性成绩（周考、月考、期中、期末成绩）等。对于课程评价，学生可以在移动终端上填写学分认定申请表中的自我评价部分。

网络平台的介入有效解决了导师对学生的监管薄弱和家校沟通不畅问题，导师和科任老师可以通过平台轻松了解学生学习、生活情况，及时与学生沟通，解决问题。家长也可通过网络平台了解学生在校情况，并通过平台与各科教师取得联系，及时沟通学生的在校表现。

四、改革成效

（1）提高了学生的沟通能力。选课走班制度打破了常规的行政班管理制度，使学生能够接触到更多的同辈以及导师，潜移默化地促使学生自我表达能力、沟通能力得到提高。

（2）改变了教师的教育观念。选课走班制度开阔了教师的视野，激活了教育思维，促进了教育教学观念的转变，让教师体验到育人策略的多样性、教育方式的多元化。选课走班推动教师重新反思以往的教育经验，形成新的教育思考和教育行为。

（3）提升了学校品质和影响力。2016年10月、11月，市教育局、省教育厅分别在棠湖中学召开选课走班现场会。2018年，棠湖中学实行选课走班制的第一届高中学生完成了高考，有2人被北京大学录取，一本上线人数超2017年100余人，实现了高考成绩的巨大飞跃。2019年，棠湖中学实行选课走班制的第二届高中生完成了高考，有2人被北京大学录取。选课走班的成功，为迎接即将到来的新高考改革探索出了一条有效的途径，更为学生的个性化成长开辟了一条新的道路。

反思提升

在推进选课走班的过程中，棠湖中学学生和教师切实感受到新模式、新思维带来的革命性变化。改革的阻力不断减小，由以往的重重反对转变为理解、尊重、共进。从棠湖中学的经验中可以看出，选课走班制度对高中学生提出了更高的发展要求，对教师的专业化水平也形成了更大的挑战，也为学校的发展创造了更多的机遇。

为进一步提升选课走班的效益，我校将继续在深化课堂教学改革、助推教师专业化发展方面狠下功夫。重构教学内容，落实"大单元"教学，切实提高教学效率。强化学法指导，提升预习效果，助推学生自主学习能力增强。个体学习加集体教研，引导教师修炼内功，提升自身专业能力。

坚持深化教育改革创新，促进学生全面而有个性的发展，不断适应新时代党和国家教育事业发展新要求，是教育工作者应有的担当。个性化教育的每一步探索都是艰难而可贵的，选课走班改革承载着我校对个性化教育的理解与追求。尽管在很多地方还不尽如人意，但我们仍欣喜地看到，一种面向个体生命的教育生态正在逐渐形成。

（供稿：四川省双流棠湖中学，刘凯、廖勤生、朱元根、先有利）

专家点评

把学校视为一个富有生命力的有机体，则校长、干部、教师、学生、家长、课程、教学组织方式、学生管理方式、教育教学资源以及教育评价理念等都是这个有机体内彼此紧密联系、相互影响、相互作用的关系性存在，共同成为一个复杂系统。后现代哲学的整体效能论强调，在复杂系统功能发挥时，人们需在重视各要素优化的基础上，强调各要素之间的合作，以实现系统整体效能最大化，获得单要素优化没有而只有整体优化才可能具有的"整体涌现性"。

选课走班制度初看时仿佛仅仅是单纯的课程实施组织方式的变革，实则引起了学校课程体系、运行机制、管理制度、资源配置、评价方式等方方面面的联动，是"牵一发而动全身"的整体变革。

四川省双流棠湖中学本是四川省一所知名度颇高的高品质学校，其经验是"以生为本，以师为根，系统思考，整体设计，实践反思，持续改进"。课程体系的系统重构，导师制的全面建设，管理制度的动态创新等都体现出学校"整体谋划，务实创新，既聚焦关键要素优化，又重视要素群的整体优化"的思维方式，颇具高品质学校内涵发展的借鉴、启发意义。

——周小山

第四篇

课堂变革篇

高品质幼儿园游戏育人策略的特质与实施

问题聚焦

走向"高品质"是幼儿园改革发展的时代担当，成都市第十六幼儿园认为高品质的幼儿园需要高品质的游戏来成就。那么高品质幼儿园的游戏应是什么样的？具有哪些特质？应该怎样实施？在高品质幼儿园游戏中的儿童、教师、家长又会行走出怎样的成长风景呢？

成果简介

一、改革背景

1. 高品质幼儿园游戏是学前教育改革发展的时代要求

《中共中央国务院关于学前教育深化改革规范发展的若干意见》指出：学前教育是终身学习的开端，是国民教育体系的重要组成部分，是重要的社会公益事业。《3-6岁儿童学习与发展指南》颁布后，幼教界对游戏的研究掀起热潮。"管住嘴，放开手！"还儿童自主游戏的权利，改变儿童被动学习的现状，让儿童在高品质幼儿园游戏中主动构建经验成为一线实践追求的教育样态。

2. "高品质"是新时代幼儿园游戏价值的高定位

游戏是幼儿园的基本活动，幼儿园游戏的质量决定着幼儿园教育的质量。所以幼儿园游戏就不能是简单的玩玩而已，而是要承载儿童的学习与发展目标。游戏要走向高水平有质量，需要幼儿园不断更新对游戏的认识，从关注游戏的内容与形式到关注游戏的教育与成长功能，用课程思想审视游戏，放大游戏的学习功能，强调持续而深入地开发游戏的价值，在师幼互动中追求幼儿园游戏的高品质发展，培育儿童核心素养，帮助儿童积蓄面向未来的力量。

3. 高品质幼儿园游戏是"着眼儿童"的追求路径

现代学前教育以尊重儿童、珍视童年为信条，但真正地理解儿童、陪伴儿童、支持儿童并不容易，幼儿园的改革发展要着眼儿童，这是学前人永恒的追求。学前人时常讲：游戏是儿童的生命，儿童是天生的游戏玩家，儿童对游戏的向往与生俱来。而高品质幼儿园游戏正是要满足儿童的期待与需要，让儿童以儿童的方式生活。

二、改革主张

"游戏是幼儿园的基本活动"，这是学前教育改革30年来国家层面对幼儿园从未改变的要求。要建设高品质幼儿园，就必须明确高品质幼儿园的游戏具有怎样的特质，我园认为高品质幼儿园必须具有下三大特质，这也是我园改革的基本主张。

1. 基于儿童立场的活动铺展是高品质幼儿园游戏的本位特质

儿童的世界是充满诗意与幻想的，在他们的世界里，一切皆可以有生命，因此，高品质的游戏一定是基于儿童对世界认知和期待产生的。例如：孩子们对怪兽感兴趣，教师便在游戏中制作了各种小怪兽及庞大的统治怪兽王国的国王和王后，儿童的美好愿望是为它们举办婚礼。教师将游戏背景细化，让儿童制作请柬、红包、喜糖，布置婚庆现场，充满热情地为国王和王后举办了结婚盛典。该游戏充满了浪漫与温暖，达成的是儿童心灵和精神的成长。他们在游戏中充分展现自己的力量，感受成长的快乐和生命的意义，充满热情地去成为最好的自己，实现幼儿园教育基于儿童、源于儿童、激发儿童、成就儿童的目的。这就是高品质游戏，它始终站在儿童的立场看待教育，将儿童生命成长中表现出的天马行空、奇思妙想珍视为儿童对世界的探究与好奇，将幼儿园这个以儿童为主体的世界最大程度还原到与儿童心律成长相符，与儿童生活形态对接。

2. 基于儿童特点的课程样态是高品质幼儿园游戏的核心特质

高品质幼儿园的课程是能够将玩与学、生活和学习、共性与个性、预设与生成有机融合起来，是生命与生命对话的过程，是幼儿园的人文文化、环境文化和制度文化共融的过程。

高品质游戏一定伴随问题的探究和解决，一个重要特征就是游戏过程能引发儿童深度学习。例如，儿童发现自制的泡菜一点也不好吃后，开始探索让泡菜变好吃的办法，泡菜变好吃后又生花了，儿童又开始分析泡菜生花的原因，探究消除泡菜花的办法。一个学期下来，儿童围绕泡泡菜这个主题进行了学习，查阅资料、向长辈请教、自主记录、实验、反思，每一个参与其中的儿童都体验到持续解决问题的乐趣，实现了自我成长。该游戏在突出"生本位""趣本位""学习品质首位"的课程目标的同时，也隐含着教师引导儿童，推进儿童发展的期待与守护儿童自主探索、挑战自我的教育追求。这就是高品质幼儿园课程最好的样态。

图1　成都市第十六幼儿园课堂：闻一闻泡菜的味道

3. 基于儿童发展的力量支持是高品质幼儿园游戏的关键特质

高品质的游戏史强调游戏中的学习因素以及学习的有效性，这就需要教师深入游戏现场，认真分析儿童在游戏中的想法与观点，通过支持儿童去尝试或提出更有深度的问题让儿童去探究，将儿童游戏引向更高水平，从而使儿童获得更有意义的学习。例如，教师发现班级儿童喜欢钻到桌子底下玩，经过反复研究发现儿童是渴望与好朋友在半隐蔽的空间游戏，教师便为儿童提供了帐篷，并将这件事作为儿童经历问题、面对挑战、建立规则、共同合作、总结经验的学习过程。

游戏就这样越玩越大，越玩越有水平，不仅实现了儿童的学习与发展，也让教师发现儿童、解读儿童、支持儿童的专业水平得以提升，在游戏信念、游戏知识与技能、游戏精神的积淀中形成幼儿教师独有的游戏素养，形成了高品质幼儿园发展的不竭动力。

图 2　成都市第十六幼儿园课堂：孩子爬到桌子底下玩

同时，高品质的游戏让家园协同共生，让幼儿园教育资源覆盖面由园内延伸到园外。高品质游戏中，儿童的学习是看得见的，儿童的成长是令人惊喜的。儿童游戏中的变化，就像一个放大镜，不仅能让家长清晰看见幼儿教育的独特性，与幼儿园保有"儿童是自信而有能力的学习者""游戏是孩子最好的学习方式"的一致信念，也能促进家长积极投入，为将游戏推向更高的水平而积极参与贡献自己的力量。

三、改革路径

高品质游戏的特质决定了高品质游戏的实施路径需要坚定儿童立场，兼顾幼儿园游戏的自然性与教育性，通过课程思维把游戏玩大，支持儿童在游戏中成为更好的自己，同时也连接家庭，激发教师和家长共同提升。

1. 回归儿童：坚守高品质游戏的原点

儿童是幼儿教育的中心，高品质游戏必须回归儿童本身，尊重儿童的天性，对儿童的生命样态保持欢喜和开放；回归儿童的成长状态，相信儿童的力量，将儿童视为主动的学习者和沟通者；回归儿童的兴趣和需要，把握真兴趣才有真游戏，进而走向高品质。

（1）尊重儿童的天性。幼儿教师心目中的儿童形象是什么样的？"我发现了一个和成人世界完全不同的儿童世界。在这里可以随心所欲地提出一切愿望和要求：房子的屋顶可以要求拆去，以便看飞机；眠床里可以要求生花草，飞蝴蝶，以便游玩；凳子的脚可以给穿鞋子；房间里可以筑铁路和火车站；亲兄妹可以做新郎官和新娘子；天上的月亮可以要它下来。"丰子恺先生这样来描述儿童的世界。儿童的世界不同于成人，他们的世界是充满想象与好奇的。

尊重儿童的天性意味着需要成人调整视角，用儿童的眼光来打量世界，审视周围生活，去感受儿童眼中可能的看见，理解儿童心中可能的想法。孩子们看似捣蛋的行为背后，往往隐藏着的是孩子们的游戏动机！

瓶盖雨是一个发生在中班的案例。

"砰"的一声，美工区的瓶盖被打翻，掉满了大半个教室，"肇事者"慌张地看了看老师，透过孩子慌张的眼神，教师理解孩子的不小心。她没有把孩子的这种行为理解为捣乱，也没有因为秩序被打乱而叫停游戏，而是以接纳、好奇的心态回应孩子："看起来，这样子有点好玩呢！"这一句回复激发了孩子们"肆无忌惮"地玩瓶盖的兴趣，他们有的匍匐在地，在瓶盖堆里游泳，有的躺在铺满瓶盖的地上睡觉，有的把瓶盖向上抛起，有的将筐里的瓶盖倾倒在地上，还有的将瓶盖从头上"淋"下去，倒在同伴的身上，嘴里还激动地说着"下雨啦，下雨啦！"游戏后，教师组织大家进行了讨论，发现孩子们对下"瓶盖雨"的游戏很感兴趣。于是，大家开始探索如何下一场有趣的"瓶盖雨"。

这个案例在四川省游戏案例评选中获得了一等奖。

图3　成都市第十六幼儿园课堂：游一场"瓶盖泳"

只有在促进儿童生命成长的教育立场指引下，幼儿教师才能准确地判断该做什么，该怎么做，才能将儿童生命成长中表现出的调皮捣蛋、天马行空、胡思乱想、损毁破坏珍视为儿童对世界的探究与好奇[1]。正是因为教师尊重和接纳了儿童的"捣乱",才有了如此生动的学习。

(2) 相信儿童力量。"人人都说小孩小,谁知人小心不小。你若小看小孩子,你比小孩还要小。"陶行知先生的《小孩不小歌》告诉我们,儿童是积极主动的个体,他们内在具有一种生长的力量。高品质游戏的铺展必须要把对儿童的这种认识贯穿始终。相信儿童力量不仅仅需要意识层面的认识,还需要行动上的落实。首先,教师应该为儿童提供具有适度挑战性的环境,有挑战性的环境才能产生可探究的问题。其次,给予儿童充足的游戏时间、自主选择材料、自由选择玩伴的机会也是相信儿童力量的重要体现。当然,相信儿童力量还意味着教师自身行为的改变,教师需要变灌输为引导,变包办代替为创造机会。

(3) 看见儿童的真兴趣。儿童立场是价值的载体,也是价值的本身[2]。游戏中,儿童会自然展现兴趣和需求。只有站在儿童立场,真实地去看见儿童的兴趣和需求,并且给儿童提供适宜的支持,游戏才是真正于儿童生命成长有价值的。儿童真实的兴趣是高品质游戏的起点。倾听是发现儿童兴趣的有效方式,儿童的兴趣往往就藏在语言之中,教师需要保持一颗好奇心,蹲下心来积极靠近儿童最本真的生命状态,认同儿童的认知和兴趣,而且不断放大,让儿童被理解、被认可[3]。

2. 发展儿童:把游戏玩大成就生命的绽放

好的、高质量的游戏,既要体现游戏性,又要体现发展性或教育性[4]。游戏之于幼儿是玩耍,游戏之于教师是教育,游戏之于教育是发展。幼儿园游戏要走向高品质有质量,必须不断修正过于强调游戏的娱乐性、随意性、重复性,即游戏"只是玩"的倾向,强调游戏中学习因素和学习的有效性。这就需要教师深入到游戏现场,认真分析儿童在游戏中的想法与观点,通过支持儿童去尝试或提出更有深度的问题让儿童去探究,将儿童游戏引向深入,从中获得更有意义的学习。幼儿园需要在"玩耍、学习、教育、发展"中找到平衡,在"玩—教育—发展"三位一体的模式中放射出成就人的光芒。

从关注现实性到看见可能性:支持儿童的想法。关注儿童的天性、兴趣等现实因素是高品质游戏的逻辑起点。要从关注儿童现实的生命状态出发,思考游戏对儿童发

---

[1] 余琳,涂蓉,雷恒. 高品质幼儿园建设的四把尺[J]. 教育科学论坛,2018 (10): 69-71.
[2] 成尚荣. 儿童立场[M]. 上海:华东师范大学出版社,2017:13.
[3] 刘涛,崔勇,余琳. 走向高品质学校·幼儿园卷[M]. 成都:四川教育出版社,2020:328.
[4] 刘焱. 什么样的游戏是好的或高质量的游戏[J]. 学前教育,2000 (10): 7.

展的可能性。换言之,要通过对儿童生命状态的审视,去发现进一步支持儿童的可能性。从某种程度上来讲,游戏就是帮助儿童实现想法的活动。在发现儿童的基础上思考如何引领儿童发展应该成为高品质游戏的生长路径。

从散点支持到持续对话:走向持续的学习。把游戏玩大意味着教师对儿童的支持不能只是停留在散点式的支持上。教师应该不断把握儿童学习的生长点,以儿童在活动中自发产生的感兴趣的问题为课程的起点,以儿童探究解决问题为主轴,呈现儿童在探究历程中的想法和行动,支持儿童去尝试或提出更有深度的问题去探究,从中获得由小及大、由一点到多元的收获,形成更连续、更有意义的学习。

莫伊思(Moyles)的"游戏—教学"循环理论能够很好地体现持续对话促进儿童持续学习的过程。儿童的自发游戏是活动的起点,教师通过分析游戏中的表现,了解儿童的观点及问题,通过提出更有深度的问题或支持儿童去探究促使儿童的游戏向更深入的水平迸发。教师的"及时退出"又将游戏的主导权交还给儿童,使儿童进入到第二轮的自由游戏阶段。第二轮的自由游戏提供给儿童一个在先前经验基础上探索、整理和解决问题的机会,促使他们进一步开展新的有意义的探究活动,如此循环往复。

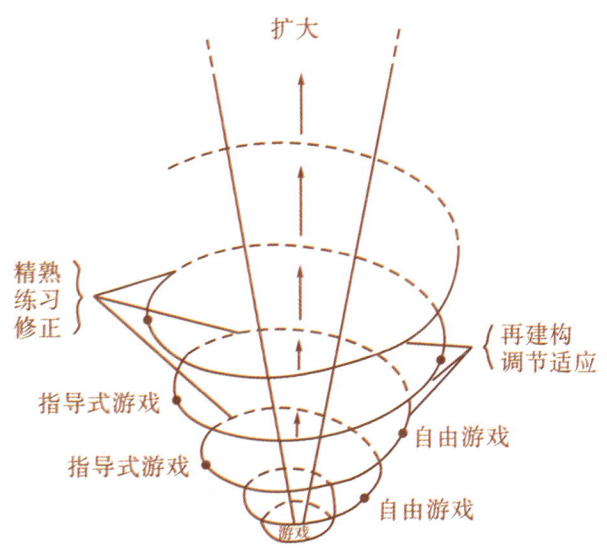

图4 莫伊思(Moyles)的"游戏—教学"循环理论图(1989年)

从活动思维到课程思维:激发成长力量。高品质游戏要以课程思维去引领儿童游戏中的发展,把游戏玩大,让儿童在持续深入的游戏中实现愿望,成为更好的自己。"注意""识别""回应"是课程建构的行动模式。"注意"即发现儿童游戏中的精彩学习瞬间。"识别"即教师对儿童游戏中的学习进行分析、评价和反思,发现儿童的兴趣指向,分析儿童持续深入学习的发展线索。"回应"即教师为支持儿童的进一步深入学习制订的计划。课程思维下的游戏发展可分为课程源起、课程发展和课程总结三个阶段。

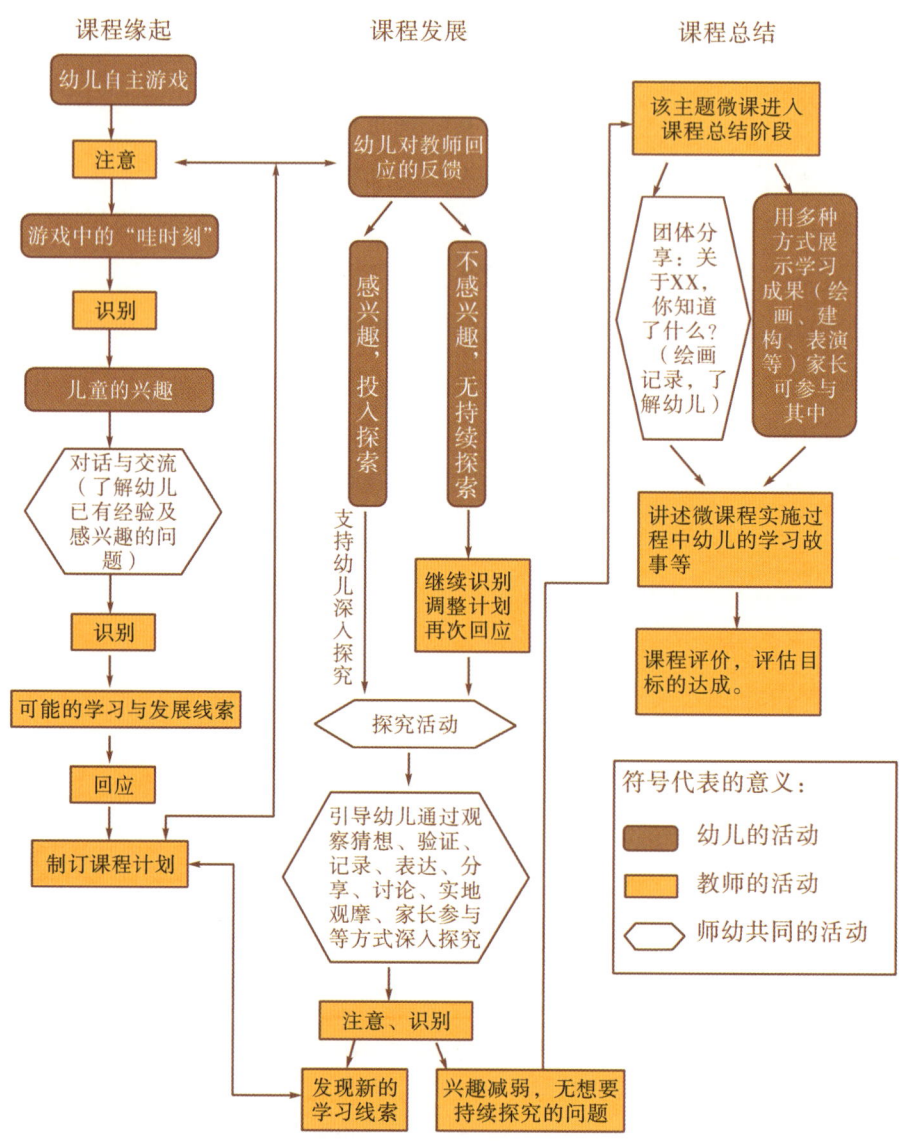

图5 成都市第十六幼儿园高品质游戏课程模式图

（1）课程源起。课程主题来源于儿童的兴趣，可以从以下两方面综合考虑：一是该兴趣是否值得深入探讨，二是幼儿园的环境、资源以及家长可能的参与方式能否支持主题的深入探究。

（2）课程发展。本阶段重点在于围绕课程主题展开深入的探索和研究。教师持续发现儿童的学习线索，引导儿童通过收集资料、猜想验证、观察记录、分享交流、总结展示等方式深入研究课程主题，形成自己的新经验。

（3）课程总结。本阶段主要目的在于梳理课程形成的新经验，整理学习成果。成果梳理的方式是多元的，教师通过儿童的反馈了解课程实施的效果，帮助教师形成课程建构的经验。

3. 成就儿童：提升游戏素养协同共生

高品质游戏的最终目的是要去成就儿童，让儿童在原有基础上成为更好的自己。教师是实现高品质游戏的核心，教师的游戏素养关乎儿童立场的落实，关于游戏与课程关系的平衡。提升教师游戏素养是实现师幼共同成长、彼此成就的重要方式。此外，家长作为重要的教育力量，高品质游戏的开展也需要带动家长认知能力的提升。

从自我摸索走向团队共研：提升教师游戏素养。教师游戏素养的提升不仅需要教师自身的实践探索，更需要搭建起研究共同体，通过教研促提升。高品质游戏构建的过程中，教师需具备解读儿童游戏现场需要的能力，形成观察解读支持儿童的行为范式，提升和拓展游戏的能力。

体验式教研是帮助教师提升解读儿童现场游戏需要能力的重要途径。在体验式教研中，教师变成儿童，玩一玩儿童的游戏，以自身的体验，映射孩子的体验，感知儿童的游戏状态，这有利于其发现儿童在游戏当中可能的需要、困难以及想要得到的帮助。

教师观察解读支持的行为范式的养成需要在实践和反思中去获得。写学习故事或者观察记录能够激励教师不断地去观察儿童的游戏，并且反思自身的支持性行为。幼儿园可以教师的学习故事或者观察记录为基础，开展案例式教研，营造研究游戏、解读游戏的浓厚氛围，逐步让观察解读支持成为教师支持游戏的行动范式。

此外，教师需要提升拓展和延伸游戏的能力。持续深入的游戏必然是"兴趣相随、困难相伴、探究相助"的过程，这也对教师游戏素养提出了挑战。幼儿园可通过问题式教研，就支持幼儿游戏进一步开展的策略等进行专题讨论，提升教师游戏素养。

从行为协同走向观念协同：提升家长游戏认知力。高品质游戏离不开家长的参与。只有以游戏活动为载体，让家长真实地看到游戏中儿童的成长，游戏对儿童的发展价值，才能实现家园从行动协同到观念协同的改变。

疫情期间，大二班开展种植活动，森森选择了种苹果。但是应该种整个苹果还是苹果种子呢？森森认为应该要种整个苹果。森森用铲子在自家花盆里种下了苹果，并且问妈妈："妈妈，苹果树什么时候长出来？"妈妈说："苹果树不会那么快就长出来的,你要慢慢地观察,耐心地陪它游戏。"在接下来的几天,淼淼给苹果唱歌、浇水,但苹果并没有发芽。淼淼把苹果挖了出来,她惊奇地发现苹果坏掉了。淼淼得出的结论是直接种整个苹果是不能长出苹果苗的,于是,她决定用苹果种子再种一次苹果。淼淼妈妈见证了整个种植过程,她理解了儿童的想法和获得经验的方式。正是在具体的事情中,在亲身的参与、见证、感悟中,家长实现了从行动协同到观念协同的转变。

游戏是童年的要事。高品质游戏不只是一个目标,而是一种态度,一个动态变化的过程。高品质是坚守儿童立场,站在儿童角度去理解儿童的存在方式、学习方式和生活方式的状态,也是教育者不断地寻找幼儿园游戏的自然性和教育性的平衡,支持儿童在玩中学习的动态过程。高品质游戏也是师幼彼此成就的最好方式,让我们保持探究,成就儿童,成就自我,绽放出生命的光彩。

四、改革成效

1. 高品质游戏激发儿童品质成长

高品质的游戏具有三大关键要素:回归童年、感知力量、面向未来。高品质游戏中教师以儿童视角贴紧儿童心灵对教育调频,以儿童的眼光打量时空、理解关系、感知事物,按照真实的儿童逻辑,反思教育目标和行动支持,在游戏中成就儿童的诗意想象、好奇好问、积极主动、执着坚持、热情会玩、探究创造,实现儿童的品质成长。

2. 高品质游戏强化教师专业自觉

教师是高品质游戏中重要且必不可少的角色。高品质的游戏促进教师深入游戏现场,认真分析儿童在游戏中的想法与观点,对自身教育行为进行自我反思和调整,提升观察、解读与支持儿童游戏的能力,在游戏信念、游戏知识与技能、游戏精神的积淀中形成幼儿教师独有的游戏素养,不断激发自身专业发展的内生动力,强化专业自觉,提升专业能力。

3. 高品质游戏助推幼儿园内生发展

游戏是幼儿园的基本活动,是落实保教发展目标的基本途径。因此,幼儿园的游戏品质决定了幼儿园的保教品质,也是幼儿园办园质量的基本检核标准。高品质的游戏凝聚幼儿园的办园思想与教育理念,彰显幼儿园独有的文化底蕴和价值追求,形成相互影响的师幼生命样态。高品质的游戏助推幼儿园不断与时俱进,随着时代的发展和认识的深化不断调整创新,让教育回归本真,形成内生发展的力量。

1. 高品质游戏质量评价体系需健全

随着学前教育的改革与发展,学前教育质量问题引起社会各界的高度关注,高品质发展已成为幼儿园发展的必然走向。然而,幼儿园游戏质量是一个复杂系统的概念,在丰富内涵的游戏观、儿童观理念下,幼儿园游戏质量评价处于一个多元化、多样化的发展趋势。那么,到底何为高品质游戏?这亟待建构一套科学、合理、可行的高品质游戏质量评价体系,为幼儿园的发展明晰定位,找准目标,引领其向"高品质"方向发展。

2. 教师游戏素养培育课程需系统化

教师游戏素养是一项综合性的专业素养,是提升幼儿园游戏质量的关键。而教师游戏素养的提升是一个系统工程,不是单一的一两次培训就能够解决的问题,需要依托系统的游戏素养培育课程。目前,教师观察、解读、支持儿童游戏等相关游戏能力的培训层出不穷,但是其培训内容零散、培训方式缺乏关联性。因此,探索出具有可操作性、系统化的幼儿教师游戏素养培育课程,是帮助更多幼儿园走向高品质的重要举措。

3. 协同共生的家园共育策略需完善

协同共生的家园共育关系是高品质幼儿园游戏发展的原动力。家园双方只有在心理、观念和行为上协同共生,才能彼此建立认同感,达成一致性,为实现共同的教育目标而努力。目前,随着生活节奏加快,很多家长工作压力持续增大,幼儿教育中"家长缺位"的现象不断增多。因此,高品质幼儿游戏的实施中,需要构建一套完善的家园共育策略,让家长看见儿童在高品质游戏中的学习与发展,了解幼儿教育的独特性,积极主动投入,为支持儿童游戏向更高水平发展贡献自己的力量,形成强大的教育合力。

(供稿:成都市第十六幼儿园,余琳、赵三苏、杨勤、陈倩)

▶ 专家点评

现在幼儿园教育的质量评价已经成为热点话题,而游戏的高质量在幼儿教育中具有举足轻重的意义。"幼儿园游戏要走向高品质有质量,必须不断修正过于强调游戏的娱乐性、随意性、重复性,即游戏'只是玩'的倾向,强调游戏中学习因素和学习的有效性。这就需要教师深入游戏现场,认真分析幼儿在游戏中的想法与观点,通过支持儿童去尝试或提出更有深度的问题让儿童去探究,将儿童游戏引向深入,从中获得更有意义的学习。"这段论述把"真游戏"与"玩"解析得很透彻。什么是高品质的游戏,高品质游戏的内涵和外延是什么,这是需要我们幼儿教育界廓清的问题。文章论述道:在丰富内涵的游戏观、儿童观理念下,幼儿园游戏质量评价处于一个多元化、多样化的发展趋势。那么,到底何为高品质游戏?这亟待建构一套科学、合理、可行的高品质游戏质量评价体系,为幼儿园的发展明晰定位,找准目标,引领其向高品质方向发展。文章通过几个方面论述了高品质游戏的改革路径和改革成效,但是缺少"临门一脚",到底什么是高品质的游戏,却没有点出来。但这已经难能可贵了,游戏质量的评价体系确实需要幼儿教育界从产学研的角度共同来开发和创建。

——熊志刚

高品质学校建设课程改革实践研究之"项目制体育课堂"建设

在建设高品质学校的过程中,成都市茶店子小学校以"项目制体育课堂"为载体,进行高品质学校的课程改革实践研究,尝试通过这样的方式,激发学生对运动的兴趣,引导学生找到擅长的体育项目,为学生养成终身锻炼的习惯奠定基础。

一、改革背景

《中共中央国务院关于深化教育教学改革全面提高义务教育质量的意见》(以下简称《意见》)明确指出,要"坚持'五育'并举,全面发展素质教育"。《意见》还特别强调,要"强化体育锻炼。坚持健康第一,实施学校体育固本行动"。成都市茶店子小学校抓住高品质学校建设这一重要契机,怀着教育工作者高度的使命感与工作热情,以"项目制体育课堂"作为促进小学生体育素养提升的突破口,努力实践高品质学校"全人、全纳、共生、共赢"的四项基本主张。

2020年10月,中共中央办公厅、国务院办公厅印发了《关于全面加强和改进新时代学校体育工作的意见》,强调"义务教育阶段体育课程帮助学生掌握1至2项运动技能,引导学生树立正确健康观"。这是国家对学校体育工作的要求,更是高品质学校建设需要解决的首要任务。

2020年9月22日,习近平总书记在北京主持召开教育文化卫生体育领域专家代表座谈会并发表重要讲话,习近平强调,体育是提高人民健康水平的重要途径,是满足人民群众对美好生活向往、促进人的全面发展的重要手段。要坚持健康第一的教育理念，加强学校体育工作，推动青少年文化学习和体育锻炼协调发展。在认真学习领会习近平总书记重要讲话精神的前提下，学校进行了以下改革：通过整合师资，实施每天一节专项体育教学；通过调查实践，特设每周一节专业体育训练；通过专项计划，定期举办每月一赛的活动。

二、改革主张

强化健康第一，实施体育固本行动，通过项目制课堂改革构建基于成都市茶店子小学校国宾校区的体育与健康校本化课程。

（1）"项目制体育课堂"建设符合国家教育方针政策，更是体育教育发展的大势所趋；是当下学校课堂建设从"上课"到"上好课"的转变的具体体现；是对现有课堂教学的一次继承和创新。学校遵循人的成长规律，在尊重学生身心发展的顺序性、阶段性、不平衡性、差异性、互补性的五大规律前提下，教师对学生的教学采取循序渐进的方式，分阶段教学，抓住关键期，长善救失，用因材施教的教育方式，在目前教育的大环境下，实现师生共同发展的实践与突破，做到"顶天立地，尊重规律"。

（2）"项目制体育课堂"是全面发展素质教育的创新实践。通过教师专业的技能指导，让学生体会到各项运动的特色与魅力，学会欣赏不同体育项目之美，让学生初步了解自己的身体构造，掌握基本的体育知识。这样的课堂既能激发学生体育审美能力又能带有针对性地锻炼学生的体质，让每个学生都能较好地掌握两项运动技能，实现"全人、共生"。

（3）"项目制体育课堂"是教师根据实际情况合理设计并有效实施体育课教学，提高教学质量的大胆尝试。一方面，学校将具有不同特长的体育教师按照学生的身心发展特点分配到不同的年段；另一方面，采取与专业体育俱乐部合作的方式，聘请经验丰富的专业体育教练或退役运动员来学校提供每周一次的专业运动指导。这样的课堂既为来自不同班级而拥有共同的体育爱好的学生提供了专业运动指导，又为学校老师实现从"备完课"到"备好课"的转变提供帮助，让教师将观摩到的专业体育教练的相关训练运用到自己的教学中，成为"五育三课"型教师。

（4）以"项目制体育课堂"建设实现"全纳、共赢"，是在一条体育协作之路上进行的实践：以学校为中心，组建家庭运动队，聘请俱乐部教练到校开展培训，学校提供场地、资金等支持，社会家庭学校三方合力，让志愿者家长、家委会一同参与到学校教育、训练和比赛中来。在四川省健美操网络比赛前，学校鼓励家长疫情期间居家与孩子组建亲子运动队，积极锻炼并参加健美操亲子组比赛。这一做法有助于最大化实现学校的社会功能，建设以学校为中心的区域学习共同体，真正贯彻高品质学校建设的共赢主张。

"项目制体育课堂"是高品质学校课程建设的有效途径与方法，它尊重学生的学习经验、身心特点、个体差异，真正让学生能实现从"要我学"向"我要学"的转变。它落实了因材施教的教学理念，充分发挥教师特长，推动师生共同进步，促进教学相长。

三、改革路径

1. "项目制体育课堂"建设

"项目制体育课堂"建设是我校的新尝试。我校在多次学习研讨各项政策文件后，最终以《意见》强调的"开展好学校特色体育项目"为理论指导，提出以"项目制体育课堂"建设为载体推动高品质学校建设的方案。

在师资队伍建设方面，我校先是通过简历初选、面试、课堂教学考核等多个环节，优先选出体育专业特长及能力突出的教师，并进一步培训，确定教师人选。继而将具有不同体育专业技能的教师汇聚起来，通过以体育项目训练为主的教学，搭建起提升学生相应的体育素养的课堂。

针对学生发展的差异性问题，我校提倡"学不躐等"的教学理念，对学生进行分层次教学，关注每一个学生的每一点变化，帮助学生更好地发现并掌握相应的特长运动，循序渐进地培养良好的锻炼习惯，提高对体育的审美情趣，达成体育三维目标，培育"五优三强"的学生。

在与家长的沟通方面，针对家长对项目制体育了解甚少的问题，开学之初，我校利用全校家长会给所有家长进行普及培训，在校老师与外校教练一起对体育项目做讲解说明。在之后的教学过程中，通过多种渠道及时将学生的学习情况分享给家长，让家长了解"项目制体育课堂"的内容，从而获得家长的理解与支持，引领"五会三美"家长，推动家庭、社区、社会的品质发展。

"项目制体育课堂"建设拟在体育课堂教学的基础上，先对体育课课堂现状、学生体质健康情况、教师专业体育技能水平等方面进行前期调查分类，再通过调整课程安排、整合现有资源等一系列操作开展研究。同时，开展阶段性测量评价，适时调整行动步骤，最终达成预期目标即实现小学生体育素养的提升。

以落实以学生为中心、培养多元兴趣、促进可持续发展为主要目标，由不同专业体育教师围绕同一个班级学生进行专业体育项目的专业教学训练，我校将这样的组织实施方式的体育课堂称为"项目制体育课堂"。

2. 双渠道多元教学模式

双渠道：本校教师、外聘教练。

多元：多元教学模式主要有以下几个方面，一是教学项目多元从而实现培养目标多元，二是教学实施多元实现体质训练多元，三是校队组建与评价方式多元。

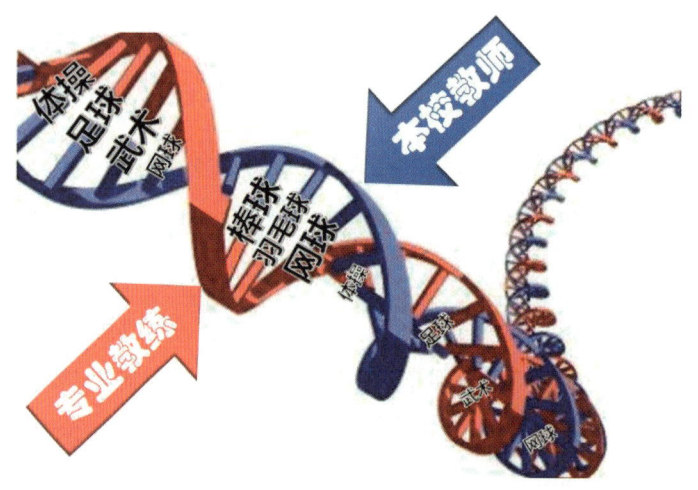

图1　成都市茶店子小学校双渠道多元教学模式

（1）教学项目多元实现培养目标多元。①教学项目多元：在学校实际办学条件下，开设了武术、快乐体操、棒球、足球、网球等项目供学生选择。快乐体操不追求竞技性，让参与体操活动的学生快乐地进行玩耍和锻炼。教学内容注重趣味性和娱乐性，教学方法体现灵活性与多样性，锻炼过程讲究游戏化和自觉性，器材设备确保安全性与多彩性，教学结果因人而异，尊重学生的个体差异性。将身体锻炼、音乐熏陶、舞蹈舞姿和灵巧协调等有机结合起来，通过多种训练方法让学生在娱乐中锻炼，在玩耍中增强体质，塑造良好的形体与培养优雅的气质。武术运动锻炼具有特殊性，锻炼项目相对单调，锻炼时间相对较长，对机体的柔韧性、力度等要求较高，因而对学生身体素质和意志力都是一种很大的考验。小学生正处于武术打基础和进步的有利时期，武术课的学习，除了能提高身体素质，也能增强对学生的思想教育，培育学生高尚的武德、优秀的作风和刚强的意志，培养学生锲而不舍的精神。足球不仅是一项全身性的体育活动，还能锻炼思维、提高反应能力。足球场上不仅仅拼体力，而且也能锻炼学生之间的配合跟协作的能力。总之，教学项目多元实现了传统竞技与国际流行项目的有机平衡，满足学生多元化的运动需求。②培养目标多元：学校体育教育直接关系着学生体质健康。体育强则中国强、国运兴则体育兴。通过学校的课内外体育教育和艺术教育活动，每个学生都能较好地掌握两项运动技能和一项艺术技能，这是基础教育阶段的体育教育要求，也是学生的培养目标。注重体育精神的渗透，学习体育健康知识的同时兼顾体育精神的传递，实现学生意志品质的提升。尤其是特殊学生，需要学校的跟踪帮助。如：对本身行为习惯还需纠正但喜欢某项体育运动的学生，学校为其制定个案并持续跟踪其发展，通过体育项目训练对其身心发展进行积极正向引导。

（2）教学实施多元实现体质训练多元。每天一节不同的体育课，教师不同，上课环境不同，教学方式不同，学习方式不同；针对性锻炼身体，激发学习兴趣。①国家课程：创新实施"普及型"课程——每天一节不同的体育课，针对性锻炼身体，激发学习兴趣，课时长40分钟。开足体育课，实施学校体育固本行动。②运动课"提高型"课程——学生重新组合，学校将具备一定学习兴趣的学生聚合在一起。针对特长训练，课时长60分钟。③运动队"特长型"课程——在学生自愿和征得家长同意的前提下，利用课余时间由学校提供场地与教练，对学生进行集训。集训促进学生专业发展，帮助教师专业发展，体现教学相长，从而整体提升学校办学水平。

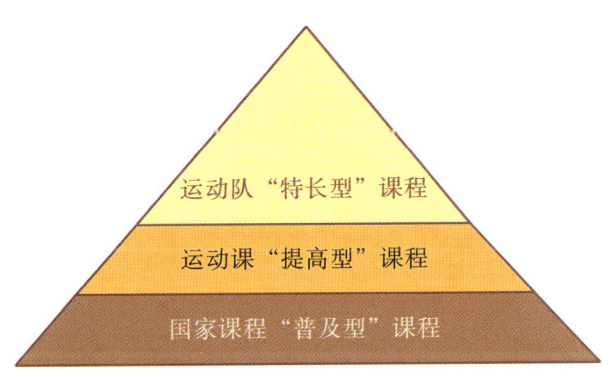

图2　成都市茶店子小学校教学实施多元示意图

（3）评价方式多元。近日，中共中央、国务院印发了《深化新时代教育评价改革总体方案》（以下简称《总体方案》）。这是指导深化新时代教育评价改革的纲领性文件。《总体方案》第四点第16条指出要"强化体育评价。建立日常参与、体质监测和专项运动技能测试相结合的考查机制"。我校认为在体育课程教学中，各种技能的测评都有其数据量化的标准，为了达到这些标准，应避免无趣的重复练习，通过各种不同的体育运动项目在课堂教学中的实施，促进学生体育素养的提升。在课堂上落实对学生体育情感与品格、运动能力与习惯、健康知识与行为的关注,从而实现学生身体素质的全面提升。为此,我校的评价结构也有所变化。不再是单一地拿着表格逼学生、举着秒表撵学生,而是结合"项目制体育课堂"设定更加合理的评价方式。因而我校采取教师测评、教练评价与生生互评结合的方式。

我校的"项目制体育课堂"开设了足球、棒球、网球、羽毛球等课程。专业教练到校进行专业指导,不仅能让学生更加直观地感受到运动的魅力,而且能让学生更加乐于参与到这些运动中来。与此同时,专业的教练也会针对学生在这项运动中的表现进行专业评价,学生之间也会根据专业教练的指导进行互评。这样就将评价从原来的只有体育老师的评价,变为了本校老师、校外教练和学生之间的多元评价。体育运动有竞技性这一显著特点,在"项目制体育课堂"上,学生自主选择自己喜爱的体育运动。学生参与教练组织的比赛,锻炼意志品质的同时,也通过比赛相互评价。这就是我校努力搭建的教师、学生、专业体育人士共同组成的多元评价结构。

图 3　成都茶店子小学校多元评价结构图

3. 五大实施策略

(1) 发展目标指引策略。高品质学校是质量、内涵、文化、特色的集合体,高品质学校的建设必须在学生培养质量和办学特色等方面具有鲜明特质。我校通过一系列的实践探索,最终实现"有质量的国家课程、有特色的校本课程"这一学校课程理念。学生的培养质量是学校品质的直接体现,将"培养德智体美劳全发展的社会主义事业建设者与接班人"作为学校培育的总目标,学校培养的高品质的学生是"五优三强"的学生,是"五育"融合的学生。

(2) 师资队伍保障策略。在学校师资队伍建设方面,我校聘用学科素养深厚、体育相关专业且本科以上学历的获得相关荣誉的毕业生,或者是专业功底扎实、拥有多年一线教学经验并有运动员等级的体育教师。学校构建教师研究团队,以严谨求实的态度对待课程改革的实施，指导帮助学校体育教师开展科学的体育课堂教学实践。学校体育教师队伍中有国家级棒球运动员、武术运动员、足球运动员、健美操运动员，也有国家级棒球裁判员、武术裁判员、足球教练员、足球裁判员、健美操指导员等。这些具有国家级体育专业职业资格的教师与体育俱乐部的优秀教练员多次展开互动研讨，只为实现高品质学校课程建设的有效落地与实践。

（3）环境设施优化策略。为保障课程的有效实施，学校配备符合各项体育运动所需要的场馆与设施。例如：运动馆配有专用体操软垫、儿童专用蹦床、起跳板、单杠、快乐体操折叠斜坡垫、快乐体操小跳箱、快乐体操平衡木、快乐体操列木等专业设备，室内体育馆含标准羽毛球场地，学校的足球场、篮球场、棒球场、舞蹈室等体育功能室达标率为百分之百。

（4）家校联动增效策略。高品质学校的建设必须重视家庭教育的作用，良好、稳定的家校关系有利于学校各项工作的开展，尤其是高品质学校的建立，更是促进学生健康成长的有力保障。一方面，学校发挥引领作用，举行讲座培训，做好家校沟通。通过线上线下等多种方式定期进行家校沟通，指导学生在家练习的方式方法，家长反映学生在家的锻炼情况，学校指导与家长反馈相结合，从而形成一条双向沟通的和谐家校之路。另一方面，对在普及型课堂学习训练中表现较为突出的学生，经教师和教练推荐，可选拔参加学校该项目集训队课外训练。学校通过邀请函、家长会等形式对各项目训练工作做详细说明，由家长和学生共同决定是否自愿参加训练，实现了家校课程双选机制，最终帮助学生找到喜欢的并适合的个体发展需要的体育项目，助力其养成终身锻炼的习惯。

（5）科研实践创新策略。高品质学校的建设，要充分发挥教育科研的作用，特别是要发挥教育科研在课程体系建设中和课堂教学改革引领中的作用。在项目制课堂建设之初，学校成立了专项科研团队，理论在实践教学中得以应用，而实践教学中总结提取的经验又能成为新的理论依据，为下一阶段的实践提供理论指导，如此反复，不断探索创新，力求突破。

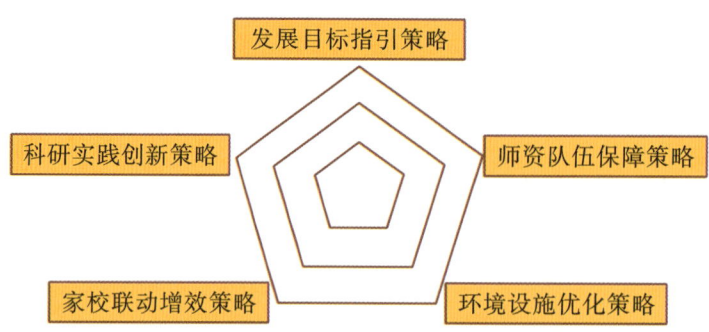

图 4　成都市茶店子小学校五大策略助力高品质学校建设示意图

四、改革成效

在高品质学校建设"项目制体育课堂"的研究与实践中,我校取得多项荣誉。以我校低段儿童体操为例:仅在高品质学校课程改革近一年半的研究实践期间,刚进校一年半的学生已在四川省、成都市、金牛区等多个级别的比赛中获得第一名、一等奖。学生爱运动、会运动,运动技能与体质均得到有效提升。取得的改革成效既是对我校学生与教师共同努力的认可,也是对我校"项目制体育课堂"的课程改革做出的肯定。

图 5　成都市茶店子小学校学生代表金牛区参加"爱成都　迎大运"成都市第十四届运动会成都市第十四届运动会青少年组体操比赛,学校获丙组自编组第一名。

反思提升

高品质学校的建设，任重而道远，要善于反思总结，脚踏实地走好每一步。

一方面，高品质学校的课程评价量标具体落实的方法值得进一步思考。我校在采用多阶段多标准多方式的动态评价体系的基础上，还将更加关注师生发展的具体教育情境，根据实际情况不断完善评价体系，做到高品质学校评价和教学的辩证统一，从而实现师生个性与共性的均衡发展，为其他学校提供可参考借鉴的评价模式。

另一方面，高品质学校要树立全面的发展观，高品质学校改革带动学校其他改革品质发展。高品质学校改革需要学校在实践探索的道路上不断总结经验、对齐目标、找准方向、提炼成果，将可推广、可复制、可深化的操作成果尝试移植到其他学科。

总之，高品质学校的建设包含高品位和高质量两个方面，"项目制体育课程"建设是我校课程改革的第一块铺路石，更是实践探索、实现高品质学校的建设的初步尝试，在未来的课程改革道路上要更善于思考、乐于实践、敢于创新、勇于突破，从而通过课程改革来真正实现建设高品质学校这一最终愿景。

（供稿：成都市茶店子小学校，李强、胡茄、黄俭、温佳瑜）

专家点评

成都市茶店子小学校根据党中央、国务院关于"提高义务教育质量"和"加强学校体育工作"的相关政策文件精神，以"项目制体育课堂"建设为抓手，系统推进高品质学校建设的实践探索。

成都市茶店子小学校"项目制体育课堂"的建设探索以国家相关政策文件精神为指导，遵循学生的身心发展规律，致力于促进学生身体素质的全面发展。"项目制体育课堂"采用多元模式实施，具体包括教学项目多元实现培养目标多元，教学方式多元实现训练效果多元，评价方式多元实现参与方式多元。在课程师资建设方面，体育教师培养和专业教练选聘双管齐下，让二者在施教中相互影响、共同提高。在社区学习共同体营造方面，通过鼓励社区和家长参与"特色体育课堂"带动社区居民和学生一起学习提升，扩大学校教育的社会影响。成都市茶店子小学校采用行动研究法，不断提炼"项目制体育课堂"的实践智慧并推广到学校其他品质项目的建设中去，全面推进高品质学校的发展。

成都市茶店子小学校根据国家的政策要求和学生的身心发展特点探索"项目制体育课堂"并在实践中带动其他领域的提升做法饱含着教育改革的实践智慧，对推进其他领域的教育改革具有重要的启示意义。文中关于"项目制体育课堂"的内容繁多，建议借鉴泰勒原理的"目标、内容、方法、评价"框架对其进行系统梳理。

——王磊

高品质学校建设背景下
创建"深度学习与高阶思维课堂"的五字策略

问题聚焦

高品质学校建设是"十四五"时期教育改革发展的必然走向,而课堂深度学习的实践研究是高品质学校建设的"关键一环"。

两年来,达州市通川区七小新锦学校按照高品质学校发展的理念与规律,以创建"深度学习与高阶思维课堂"为突破口,以"宜、疑、绎、忆、移"五字策略为行动指引,破解了课堂上问题意识弱、学以创新难、批判思维浅、高阶思维薄等深度学习明显不足的现状,走上了轻负高效的高品质发展之路。

成果简介

一、改革背景

高品质学校建设是聚焦"培养什么人、怎样培养人、为谁培养人"的根本问题,以"立德树人、'五育'融合"为目标,具有完整的框架意识和愿景导向的结构性变革。实现"全人、全纳、共生、共赢"四个价值要素的结构性改革是高品质学校建设的基本导向。其中,"全人"即追求每个生命个体的品质发展。

课堂是教育的主战场,课堂一端连接学生,一端连着民族的未来,课堂不变,教育就不变,教育不变,学生就不变,追求每个生命个体品质发展的"全人"也就无法真正实现。2017年9月,教育部部长陈宝生在《人民日报》撰写专题文章,吹响了课堂革命的号角。卓越的教育需要以高品质学校为载体,高品质学校更需要有充满生命活力的课堂来呈现，因为课堂教学对学生成长有最广泛、最深入、最持久的影响，是建设高品质学校内涵中的内涵。

为此，我校按照高品质学校发展的理念与规律，以追求每个生命个体的品质发展为第一要务，走轻负高效的办学之路，行走在以课堂深度学习为实施路径的高品质学校创建之路上。

二、改革主张

1. 确立高阶思维发展的教学目标，引导学生深度理解

本研究认为，教学应该突破三维目标分类陈述的限制，将学生高阶思维能力的发展作为教学的首要目标。三维目标中的每一类目标都有思维发展的要求，但思维的发展也有高低之分，高阶思维能力的发展程度是深度学习与浅层学习的最大区别。当前我国中小学生的学习大多数停留在记忆、理解和简单应用的层面，这个层面上的教学也只能教会学生认识世界和按图索骥地执行任务，而不会成为他们改造世界和创造性工作的助推器。

因此，本研究主张，教师应该将高阶思维的发展作为教学目标的一条暗线贯穿课堂教学的始终，无论是知识与技能方面、过程与方法方面，还是情感态度与价值观方面，都要始终将分析、评价和创造作为教学目标的重点关注对象。当然，这种关注分析、评价和创造高阶思维能力的发展一定是基于记忆、理解、应用基础上的关注，而不是建造空中楼阁。

2. 整合意义连接的学习内容，引导学生批判构建

批判构建是深度学习和浅层学习的本质区别。许多中小学的课堂教学由于知识的学习过程没有在新旧知识之间建立连接，新知识没有进入学生原有的认知结构，就会出现解决问题的效率低、效果差的现象。深度学习的内容特点是基于问题的多维知识整合，在进行教学内容分析和设计时，需要教师全面地分析教材、深入地挖掘教材、灵活地整合教材，将教材的内容打散重新组合，使内容具有弹性化和框架式特征，将孤立的知识要素连接起来，引导学生将知识以整合的、情境化的方式存储于记忆中。这样不仅有利于学生进行有意义的知识构建，还有利于知识的提取、迁移和应用。

这就要求教师不仅要深入了解学生的先前经验、理解新知识的类型，指导学生在新旧知识、概念、经验间建立联系，还要引导学生将他们的知识归纳到相关的概念系统中，并在批判反思的基础上建构属于自己的新的认知结构。

3. 创设促进深度学习的真实情境，引导学生迁移运用

从深度学习的内涵来看，它着意于迁移运用，要求学生不仅要理解学习内容，还要深入理解学习情境。只有把握了情境的关键要素，才可弄清差异，对新情境举一反三，做出准确明晰的判断，从而实现原理方法的顺利迁移运用。倘若不能将知识运用至新情境中来解决问题，仅是肤浅地理解、机械地记忆、简单地复制，那么这种学习就仍停留在浅层学习的水平上。

这就要求教师一定要根据学习内容的特点、教学目标的要求、学生思维的发展状况适时创设能够促进深度学习的课堂情境，并引导学生积极体验，最终达到将所学知识与情境建立联系并实现迁移的目的。

4. 选择持续关注的评价方式，引导学生深度反思

持续评价、及时反馈是引导学生深度反思自己的学习状况和及时调整学习策略、实现深度学习的有效途径。它不仅可以促进学生深入理解学习内容，改进学习策略，还可以帮助教师及时调整教学策略，增强课堂学习的实效性。

因此，深度学习要求教师一定要重视形成性评价在学习中的价值，关注学生的学习进展并及时给予反馈，进而引导学生根据自己的学习状况调整他们的学习策略。此外，深度学习还要求教师在评价的过程中应重点关注学生元认知能力和思维品质的发展，因为发展了的元认知能力和改善了的思维品质才会进一步激发学生深入学习、积极探究的动力，才会将学生的学习引入更高层次。

三、改革路径

如何变传统课堂为深度学习高阶思维课堂？我校在两年的课题研究进程中归纳提炼出五字策略：宜、疑、绎、忆、移。

1. 宜——目标适宜

依据课标、教参、生情来确定一节课的目标，目标要适宜，要在学生的最近发展区。目标要遵循"学科总目标—级段目标—年级目标—单元目标—课时目标"进行层层分解，构成目标链条。目标要适宜、具体、可测、分层，要体现知识方法、思维、素养多个维度。每条尽量用"行为主体＋行为条件＋行为动词＋行为结果"来书写，尤其是行为动词尽量不要用"理解、掌握"等不便于检测的模糊动词，用易量化的具体词语来转化。

站在思维素养的层面来撰写学习目标，是深度学习高阶思维课堂的第一要务，把

行动方法、学习内容、达到标准及渗透学科素养整合，从以往强调学习重难点转变为梳理出核心概念、关键能力，并制定出目标达成所需要的检测指标、路径、方法，从而形成思维素养训练目标。

2. 疑——问题设计

问题设计的层次、好坏、深浅，决定课堂品位和质量的高低。

（1）问题设计评价的四个维度。①目标维度：具有明确的目标指向，与学习目标直接相关，与先前的学习有逻辑联系。②知识维度：具有确定的内容关注点，明确设定学生认知水平，并鼓励学生在更高的认知层面上学习（处理）知识。③认知维度：能促进学生在规定认识水平上的思考，问题具有开放性、探究性，能激起所有学生的兴趣与思考，并能引导学生建立本学科与其他学科、生活知识之间的联系。④表态维度：具有语言准确性，运用的词汇精确而不含糊，适合学生年龄及学科特点。

（2）主干问题设计的四项策略。①深度分析教学重点和难点，设计出隐藏着思维陷阱或知识易混点的模糊性问题，目标直指学生思维的严密性品质训练。②深度分析教学重点和难点，设计能从一点引发不同思维结果或者不同思维方法的开放式问题，目标直指学生思维的发散性品质训练。③深度分析教学重点和难点，设计出与具有认知冲突或逻辑矛盾的不合理问题，目标直指学生思维的批判性品质训练。④深度分析教学重点和难点，设计出在逻辑线索上环环相扣、层层递进的连环式问题，目标直指学生思维的深刻性品质训练。

（3）教师设问方式的八个转变。可以从八个转变改善设问方式，把握问题设计技巧：变直问为曲问；变顺问为逆问；变散问为聚问；变端庄问为诙谐问；变封闭问为开放问；变统一问为分层问；变单一问为综合问；变学科问为跨学科整合问。

（4）问题设计的五个注意事项。①知识学习问题化，问题设计层次化。不能把习题当成问题，问题要有层级和梯度，要逐步减少浅层次、封闭、思维空间小的问题，少采用直问，多采用曲问、追问。②问题设计不能碎片化，要指向主干问题、框架问题、核心问题。若有指向高阶思维、深度学习发生的挑战性问题会更好。③问题设计不能随意化，要紧扣课标、单元目标、核心概念确立、关键能力形成来创设问题。④课堂上要减少检查知识和理解类问题及管理类问题，多增加鼓励学生去交谈和思考的问题。事实性问题少些，程序性问题、策略性问题要多些，更要关注与元认知有关问题的设计。⑤课堂上要关注学生提出的问题，要关注课标、教参要求。教师要提出或串联问题，最好能把问题按逻辑、因果关系构成问题链，形成问题系统，即从问题设计走向问题化系统设计。

3. 绎——问题解决

要引导学生选用适合自己的方法去解决问题。尽量引导学生用自主合作探究的方式，在解决问题的过程中培养学生的批判性思维、动手能力、解决问题的能力等素养。一定要让学生经历发现问题—提出问题—分析问题—解决问题的路径去解疑、释疑。要关注、研究预设问题，又不忽视、淡化生成性问题的解决。要借助追问、关联，让学生产生新问题，问题解决后要引导学生对解决问题中的思维、方法、过程进行梳理、反思，改善与提升学生的元认知技能。

（1）本阶段教师要注意以下两点：①掌握设计追问性问题的十字诀：假、例、比、替、除、可、想、组、何、类。"假"就是以"假如……"的方式追问；"例"就是让学生举新的例子；"比"就是让学生比较两个概念或问题的异同；"替"就是让孩子想一想有什么可替代的；"除"就是让学生思考"除了……还有……"；"可"就是问学生可能会怎么样；"想"就是让孩子想象各种情况；"组"是把不同元素组合在一起；"何"就是六何，为何、何人、何时、何处、何事、如何；"类"就是让孩子类推各种问题。②关注课堂提问的两个3~5秒的黄金等待期。第一个黄金等待期是提出问题后要留3~5秒等待时间，让学生深度思考，不提倡急于举手，这样会造成学生答案是浅层次的或是不全面的，更忌先叫学生后提问。第二个黄金等待期指的是点名学生回答问题后，要留3~5秒反思期，让回答问题的学生修改、补充自己的答案，让其余学生先概括前者发言要点，思考自己的答案与回答问题学生的答案有什么关联，还要思考如何有理有据地质疑补充。

（2）本阶段教师要避免出现以下问题：①发问阶段存在的问题：满堂问、低认知水平问题过多、问题不分主次、提问时机不当、提问语言不准确。②候答阶段存在的问题：候答时间过短或过长。③叫答阶段存在的问题：偏爱集体回答、叫答范围集中、以问代罚。④理答阶段存在的问题：理答时机不当、理答方式刻板单一、忽视学生情感需求。

总之，借助"绎"环节实现从单一化理解走向全局性理解，为未来而学，为"事实—概念—主题—原理—规律—理论"的理解而学，为"环境层、行动层、能力层、价值观层、角色层、愿景层"的认知逻辑升级而学，为"经验技巧、方法流程、学科原理和哲学视角"的思维模型层次升级而学。

4. 忆——课堂小结

深度学习高阶思维课堂从三个角度小结——知识、方法、元认知。

（1）课堂小结环节四级跳：①从小结主体看：分为教师小结、教师引导学生小结、学生独立小结。②从小结内容看：对知识点小结，即学到了什么，指向学习内容；对学习方法、学科思想进行小结，即用什么方法学，用什么学习策略即认识策略；对元认知策略进行反思，即思考解决问题时积累了什么经验，是如何克服困难的，即对认知计划实施监控。③从小结使用的工具看：是否使用工具；教师指定工具，如思维导图、鱼骨头图、学习导图、5R笔记法等。学生自己选择喜欢的工具。④从总结呈现方式看：想一想，说一说，写一些，即思维可视化、作品成果化。

（2）合作学习课堂小结环节可用写学习整理卡这种方式进行可视化呈现。整理卡可分三大部分：①对知识点、认知策略、学习策略，即解决的问题及解决方法进行系统梳理。②对课堂上存有待解决的问题，自己学习后又提出了什么新问题。③围绕所学内容创编一至两道有代表性的习题。这样做好处有：说出来再写出来是二次提升；创编题比做题更有价值；发现新问题比解决问题更有价值；内容、认知策略、元认知策略三维总结效能远远高于单一知识点层面的总结；用技术工具总结利于思维可视化。

5. 移——迁移应用

迁移主要分为"近迁移"和"远迁移"两种类型。

（1）在"近迁移"过程中，学生能够关注学科内部的知识迁移，重组积累的知识内容，整合已有的知识体系，解决与学科相关的实际问题。

（2）在"远迁移"过程中，学生能够运用学科内部和相关学科之间的知识内容，独立解决生活中遇到的实际问题，并懂得"何时""何事""如何""为何"运用，实现从"书本"走向"生活"，这也正是深度学习最大的实践价值。

因此务必要关注反思性学习、机械练习对迁移质量、层次的影响。减少、杜绝大量低端重复练习形成的无意识的、自动的迁移，借助深度反思性学习实现有意识的、深思熟虑的迁移。实现低端内部关联迁移到高端外部拓展迁移的能级跃迁，即"让学习者脱离新知识结构本身的限制，在复杂情境的刺激下，面对更加综合性的问题进行所有传统意义上的远迁或高级应用，以及高于知识原始形态的问题解决，通常这些问题都是真实情境或真实生活中的问题"。

与此同时，对命题的立意、情境的创设、试题的设问提出基本主张：立意的基本要求是实现三大重心转移，从关注碎片化、固定化的学科知识的习得到关注复杂、不确定性的学科问题的解决。从关注对书本知识理解、复制、反应到关注个人对知识的构建、解读、感悟。从关注学什么到关注如何学习和学会学习。

新的命题要准确把握核心素养内涵和学业质量标准，制定系统明确的评价目标，要充分认识核心素养发展的连续性，对学段、模块或主题、单元和课时评价目标进行整体规划和设计，深入理解学业质量标准与不同课程内容及不同学习阶段的学业要求之间的关系，结合具体内容和学生实际，确定具体明确的评价目标和表现预期。着力改变以学科知识点为纲、以知识点掌握水平为标准划分依据和表达方式的学业质量观，树立以核心素养为本位的学业质量观。

对情境创设的要求是：情境要实现生活问题与学科问题、原始问题与课本问题的统一。

对试题设问的基本要求：问题不仅是素养形成的载体，也是素养测评的载体。好问题的主要特征有：

（1）灵活，只靠死记硬背和一般理解是回答不了的。

（2）能够反映学科本质，涉及对学科观念、学科思想、学科思维方式以及学科精神、学科文化的领悟和理解。

（3）开放，允许并鼓励学生有个性地回答。

立意的方向性和层次性、情境的真实性和学科性、设问的思维性和开放性，是命题走向核心素养的三个基本要求。

为此，试题编制方面可根据（跨）学科素养描述的不同等级水平设计不同类型的试题：一是体现真实生活情境的创意与结构化设计，二是涵盖系列推理链和能力，三是形式多样化，体现不同能力的多种组合。

这就要求教师要学会试题设计，从作业布置走向作业设计，要对作业进行设计意图的分析，内容指向、类型陈述的说明，评价指标达成度的反馈。要减少机械性死记硬背的题目，增加开放性、探究性题目，增加动手操作、解决实际问题、跨学科整合的题目，进而实现学生从解题能力到解决真问题能力的提升。

四、改革成效

该课题研究的视点是在高品质学校建设背景下，从促进小学生深度学习的视角重新审视课堂改革，赋予它新的内涵与价值，是深化教育改革策略的一种创新。

通过几年的实践研究，教师在课堂上自觉改变自己的教学行为，以情导情，引领学生深度体验；用教材教，引领学生深度解读；以"磁"为场，引领学生深度构建；有效提问，引领学生深度探究；讲练结合，引领学生深度思考；拓宽空间，引领学生深度实践；创新评价，引领学生深度发展。促进了教师的专业发展，改善了学生的学习方式，学校的课堂正在发生巨大的变化。

反思提升

我校虽然对课题作了扎实、有效的实践研究工作，也取得了一些成绩，但是毕竟课题研究时间不长，教师们都清晰地认识到在已经做的工作中还有很多问题值得反思和总结。例如，如何有效地把这些研究成果大范围落实到课堂教学中去而不是只在小范围内采用？如何更好地实现线上线下混合模式下的深度教学？如何针对小学低、中、高段教材的不同灵活地运用这些研究成果？如何把学生能力的培养与教材的理论知识有机地结合起来，等等。这些问题还有待今后进一步研究解决。因此，我校要继续搞好"课堂深度学习"的研究，进一步探索实现学生"深度学习"的途径和方法，不断提升教育教学质量，为素质教育的发展做出应有的贡献。

（供稿：达州市通川区七小新锦学校，王仕斌、付黎明）

专家点评

达州市通川区七小新锦学校以创建"深度学习与高阶思维课堂"为突破口，探索高品质学校建设之路，新锦学校在分析"高品质学校建设任务"和"深度学习"概念的基础上提出了构建"高阶思维课堂"和实现"深度学习"的改革策略："确立高阶思维发展的教学目标，引导学生深度理解""整合意义连接的学习内容，引导学生批判建构""创设促进深度学习的真实情境，引导学生迁移运用""选择持续关注的评价方式，引导学生深度反思"，并在这些改革策略的基础上提出了"宜、疑、绎、忆、移"五字方略，对"高阶思维课堂"的构建具有重要意义。

五字方略是新锦学校为构建"高阶思维课堂"而采用的系统方法，每个方略不仅蕴含字面对应的方法意义，而且其中还蕴含教育意义丰富的实操诀窍，比如"疑"字方略下面的"教师设问方式的八个转变"，"绎"方略下面的"追问性问题的十字诀"

等。这些方略依据学生学习发生的心理过程逐步列出、顺序科学、结构合理，能有效强化学生学习的深度，提高思维课堂的"阶位"，对品质学校建设具有重要意义。五字方略的个别表述有不妥之处，比如"疑"字方略下"问题设计评价的四个维度"的逻辑标准不统一，希望借鉴形式逻辑的相关知识进一步优化完善。

——王磊

数字化学习环境下高品质学校未来课堂建设研究

问题聚焦

2019年，国务院颁布的《中国教育现代化2035》中提出了面向教育现代化的十大战略任务，明确指出：建设智能化校园，统筹建设一体化智能化教学、管理与服务平台，利用现代化技术加快推动人才培养模式改革，实现规模化教育与个性化培养的有机结合。

本研究基于如何利用教育信息化推进高品质学校未来课堂建设以及目前初中阶段学校教育教学存在的两大问题展开研究：第一，数字化学习环境建设的"低质低效"——对标高品质学校内涵中的"高质量"；第二，"高品质学校未来课堂"的建设缺少主心骨和系统性——对标高品质学校内涵中的"高品位"。

成果简介

一、改革背景

成都七中初中学校自2012年开始进行数字化学习试点以来，逐步扩大试点范围，构建起覆盖"全科课堂"的数字化学习环境。

加入四川省普教科研资助金项目2018年度重大课题"高品质学校建设的探索与实践"以来，为用好用活学校已建设的数字化学习环境，学校开始对"数字化学习环境下高品质学校未来课堂"进行研究，探索在信息技术支持下创设适宜学生发展的数字化学习环境，尝试构建以创生为特征的数字化学习环境下高品质学校未来课堂理念体系与操作体系，优化学生发展的学习空间，在学生高品位高质量的发展中落实立德树人根本任务。

二、改革主张

1. 确立高品质学校未来课堂数字化学习环境建设的价值观：建设为落实立德树人根本任务服务的数字化学习环境

教育的根本任务是立德树人。未来教育，是"立足现在、面向未来"，满足学生未来发展需求的教育。未来课堂是以"人"为核心要素的课堂，高品质学校未来课堂的数字化学习环境建设，应充分体现以"人"为核心的价值取向，实现立德树人根本任务的落实。要实现该功能与目标，需要以"学生发展"为圆心。根据人本心理学家的研究成果，学校建构的数字化学习环境将力求从两个方面促进学生发展：一是帮助学生自我实现，在学生的自我实现中提高数字化环境的育人功能与使用效益；二是创建学习意义连续体，在提升学习意义的过程中解决数字化学习环境的"低质低效"问题。

(1) 建设舒适愉悦的数字化学习环境。关注每个细节，力求让数字化学习环境更舒适愉悦。学校建设了覆盖全校的高速无线网络，通过互动教学平台，教师可以在课前完成视频、音频、照片、文稿、课件等教学资源的上传，实现提前在线备课，设置学习重点和课前检测，方便学生课前预习。在教学过程中，每个教室都配备了无线同屏设备，教师可以将课件同步到大屏幕供学生们观看，学生也可将自己的平板电脑屏幕无线同步到大屏幕和同学们交流展示。通过即时调控，能够让全班同学的平板电脑屏幕与教师的当前页面同步，便于聚焦问题研究。课堂检测能够及时得到分析结果，让教师及时掌握学生学习情况，实现个性化学习指导。课后的信息交流系统，可以实现教师和学生随时随地无障碍交流，实现一对一辅导。

(2) 建设共享共生的数字化学习环境。以"人"为价值取向的数字化学习环境，需要具有开放性的特点。拥有丰富的数据，且师生能便利地共享、交互、协作则是开放性的重要体现。目前，学校已经实现了数字校园应用环境全面覆盖，优质数字教育资源全面覆盖，信息管理服务全面覆盖。

(3) 建设促进个性发展的专属数字化学习环境。以"人"为价值取向的数字化学习环境，需要具有个性化的特点。因此，学校更加关注不同学生的不同发展需求，营造出适合不同学生的专属空间。目前，学校已建成金融实验室、多媒体创意设计中心、创意工坊、3D打印教室、机器人实验室、服装设计与制作教室等专属学习环境。学生可以根据自己的兴趣与潜能,通过自主选择,进行个性化学习,发展未来需要的学习能力。

(4) 建设精准评价与反馈的数字化学习环境。为了在自我评价中提高学生的自我发展能力,学校构建的数字化学习环境强化了精准评价和反馈的功能:一是构建自检自查系统;二是构建多元评价系统。为此,学校引入了课堂观察系统、数字化教学平台、大数据成绩分析系统、学生综合素质评价系统等数字化平台,用于即时收集并统计学生学习过程中的数据,为实现精准评价与反馈提供大数据。

2. 高品质学校未来课堂数字化学习环境建设的顶层设计与务实落地:在系统思考中精细实施

数字化学习环境是指经过数字化信息处理,具有信息显示多媒体化、信息传输网络化、信息处理智能化和教学环境虚拟化特征的学习环境。经过考察与论证,在专家的指导下,学校系统性地设计了数字化学习环境整体建设方案,经过 4 年多的建设、使用和调整,形成了适应高品质未来课堂需求的数字化校园环境。

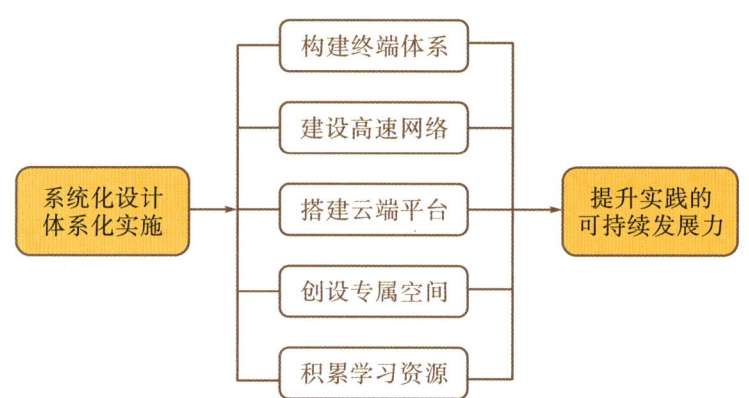

图 1　成都七中初中学校高品质学校未来课堂数字化学习环境建设的顶层设计

(1) 系统建设数字化学习终端。通过系统化的顶层设计,基于互动学习平台,无论是在学校还是在家里学习,学生利用手中的数字化学习终端,都可以实现随时随地进行在线学习交流。

(2) 分层建设数字化学习云平台。学校通过建立数字化学习云平台,实现了课堂在线学习和数据管理。通过校企合作引进驻校工程师、培养信息化骨干教师的方式建设本地数据仓库和中转站,为学生个性化学习提供了无限可能。

(3) 精心设计并积累数字化学习资源。通过定期开展信息技术能力培训、数字化赛课、研究课等活动,教师的数字化学习资源设计与制作能力不断提高。通过信息技术课程教学和对学生的培养，学生的数字化学习资源设计与制作能力也不断提高。经多年积累，学校数字化学习资源日趋丰富和完善，包括短视频、音频、学习软件、电子书等，内容涵盖了全部学科。

（4）着力建设数字化学习的高速网络。高速网络被誉为"信息时代的高速公路"，有了它才能让数字化学习终端快速连通数字化学习云平台，数字化学习资源才能在终端与"云端"之间快速传递。学校已经建成了千兆校园网络，实现了学习区域 Wi-Fi 全覆盖，5G 网络全校覆盖。

3. 确立"高品质学校未来课堂"的主心骨：以"创生"的未来素养支撑"未来课堂"

"高品质学校未来课堂"是面向未来、培育学生未来素养的高品位、高质量的课堂。从已有研究看，未来素养主要由自主学习能力、信息整合能力、探究创生能力等组成，而自主学习、信息整合等过程，都需要"创生性学习能力"做基础，都能体现"创生"的特征。因此，我校把"创生性学习能力"作为学生重要的未来素养，以"创生"为核心目标构建"未来课堂"，凸显"高品质学校未来课堂"的特征。

（1）凸显"高品质学校未来课堂"学生"创生性学习能力"发展主线。构建以"创生"为核心的"高品质学校未来课堂"，要以发展学生的"创生性学习能力"为主线。创生性学习能力，是指在学习知识与提升能力的过程中，具有不断创生课堂学习意义、提升课堂学习价值、优化课堂学习效果的主观条件和个性心理等特征。"创生性学习能力"既关注创造性的学习能力，也关注学习过程中的生成能力，其最终指向是提高学生在课堂上的创造发展能力。这是学生未来素养培养的基础，是以"创生"为核心的"高品质学校未来课堂"的重要培养目标。

（2）突出"高品质学校未来课堂"的四个关键特征。为发展"创生性学习能力"，学校确立了以"创生"为核心的"高品质学校未来课堂"4个关键特征："建立联系""创生意义""尊重差异"和"共生发展"。

三、改革路径

在进行"数字化学习环境下的高品质学校未来课堂"建设的实践探索过程中，学校构建了如下操作体系，系统构建并实施"数字化学习环境下的高品质学校未来课堂"实践策略，让变革落到实处。

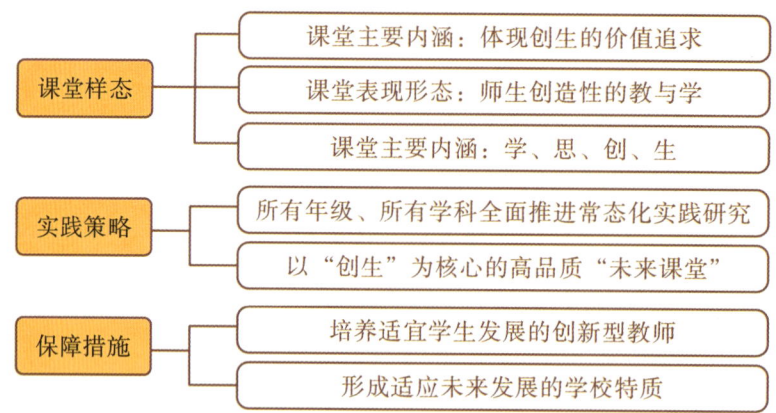

图 2　成都七中初中学校数字化学习环境下"高品质学校未来课堂"理念与操作体系

1. 所有年级所有学科全面推进常态化实践研究

（1）从点到面逐步推进数字化学习班级的常态化建设。2012 年 5 月，学校酝酿开展数字化学习试点。2017 年 9 月，学校实现全校数字化学习。2020 年 8 月，学校成为"四川云教"二期主播学校，设立了学校第一个"四川云教"直播班，成立了 1 所主播学校、32 所接收端学校结成的"四川云教"成都七中初中学校联盟，线上线下联结了 5000 余名师生。

（2）各学科齐头并进推进实践研究。自数字化学习试点建设以来，学校就尝试在所有学科中推进数字化学习环境支持下的"未来课堂"建设实践研究，涵盖全学科。每个学科都根据自己的需求进行相应的实践研究。

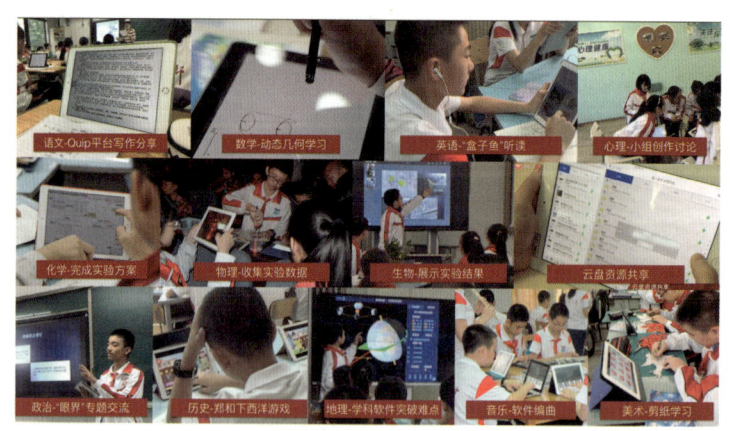

图 3　成都七中初中学校全科"未来课堂"

通过全学科、多时段、大规模的实践研究，不同学科找到了适应学科需求的学习软件、平台，为各学科构建以创生为核心的高品质"未来课堂"提供了强大的支持和丰富的选择。目前，数字化学习方式已经成为学校课堂教与学的一种常态。

2. 系统构建数字化学习环境下的以"创生"为核心的"高品质学校未来课堂"

依托数字化学习环境,以"创生"为核心的"高品质学校未来课堂"建设可以更丰富、更多元、更有效。为此,学校在三个方面加大了实践与改革力度。

(1)激活学习动力,培育学习的能动主体。知识在情境中得以构建,知识在互动中活化。在"高品质学校未来课堂"中,学生成为知识学习的主角,其内在的学习驱动力被激发出来,最终塑造出能够进行自我管理的主动学习者。依托数字化学习环境,课堂中情境的创设可以更加丰富,生生及师生之间的互动更为便利,学生的"创生"激情得到充分激发,促进学生进行积极体验与自主探究,形成了学生真实的情感体验和创生智慧。数字化学习环境与学科课堂的深度融合,课堂更能体现快乐、活力、价值三方面的要求,能更好地激发学生学习动力,促进学生主动学习。

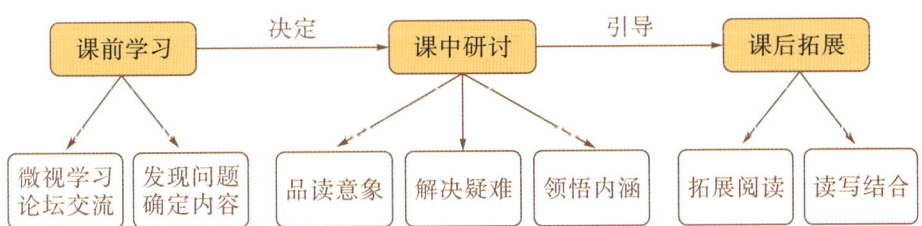

图4 成都七中初中学校语文学科数字化学习环境下的"诗歌鉴赏课型"基本教学模式图

(2)优化课堂结构,增强学习的核心能力。借助数字化学习环境,学校对"翻转课堂"等课堂教学形式进行了实践:学生课前借助微视频等学习资源自主完成基础学习,课中则重点进行解惑、讨论、拓展、提升,完成高层次的应用、分析、评价、创造。同时也形成了具有本学科特点的、针对不同课型的、可操作的课堂教学结构模式。

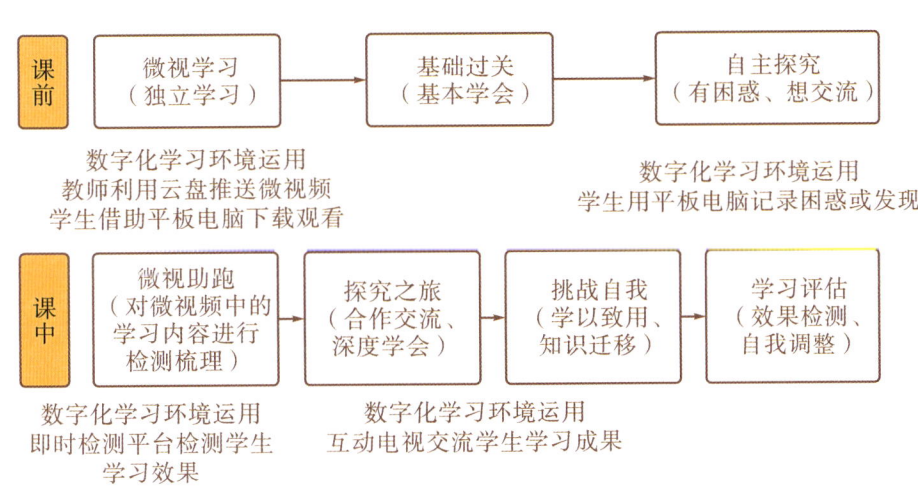

图5 成都七中初中学校数学学科数字化学习环境下的新课教学模式图

通过优化课堂结构，可以打破时空限制，提高师生互动品质，提升学生思维层次，更好地实现"学生创造性地学""教师创造性地教""师生在创造性的教与学的过程中产生新体验与新收获"的课堂目标。

（3）创新融合方式，提升学习的"创生"品质。在实践过程中，学校努力在学科课堂上给学生提供充足的机会，让学生在数字化学习环境的支持下感受体验多种学习方式，实现学习方式的多元融合，促进"学""思""创""生"，提高学习的"创生"品质。

例如，借助虚拟现实技术，学生通过学习终端开展虚拟实验，在教师指导下完成项目式的学习活动，实现高品质的学习体验。在七年级研学旅行课程"博物馆课程"中，学生自主选择研究性学习课题，登录数字化博物馆，结合实地考察，借助平板电脑完成课程学习与成果展示。在学校教育研讨会上，学生拍摄活动，采访来宾，编辑视频，在会议结束时向来宾分享，并通过学校官方微信进行展示与传播。

3. 构建"数字化学习环境下的高品质学校未来课堂"保障体系

（1）培养适宜学生发展的"创新型"教师。在实践探索中，我校总结提炼出了创新型教师的基本特征：思维敏锐，善纳新知；治学严谨，平中出新；德慧兼收，常教常新；志存高远，研中求新。教师只有及时更新观念，与时俱进，在求实中提升专业才智，在求新中提高综合素质，才能成为适应未来学校发展的教师。在教师培训中，通过将技术融入到具体学科内容教学中，促进教师在数字化学习环境下的专业成长。

"教育最困难的不是发明一种想法，而是将一种观念植入人心。"所以更新教育观念尤为重要。学校采取请进来和走出去的方式，扩大教师的视野，促进教师教育观念更新。学校请到了国内知名的专家，如华东师大、华南师大、北师大、中国教科院等的专家来校进行了翻转课堂、慕课、"一对一"数字化学习、未来学校实践等专题培训；同时，每年都派出约60%教师参加全国各地的线上线下学习交流。

学校以多种方式加强实践，以任务驱动，采取菜单式、定制式、专题培训等方式，提升教师信息化应用能力；通过各种赛课、献课、研究课、示范课等以赛代培，促进实践运用，提升教师专业素养。或独立钻研，或集体探讨，教师都热爱学习、认真践行，并勇于反思，在学习中开阔视野、增长学养、丰厚底蕴，在实践中碰撞思想、创生智慧、凝聚力量，在反思中明确方向、理清思路、寻求方法，练好引领未来的"内功"。

（2）系统配套系列硬件设施设备。数字化互动学习需要借助配套的设施设备。因此，学校非常重视硬件环境的建设。学校对已有建筑和教室按功能进行整体规划和配套建设，为每间教室配备了互动电视、路由器、电视盒子等，做到学习区域网络全覆盖。

（3）组建专业的多层级技术保障团队。在教与学的过程中，教师与学生可能会遇到种种技术问题，非常需要专业的技术保障。学校聘请了专业技术团队作为助教，建立了由学校信息技术中心教师与驻校工程师组成的技术保障团队。同时，在每个班都选拔了学生电教委员，由信息技术中心统一培训。他们也成为课堂教学的技术小帮手，协助教师解决一些常规技术问题，最终形成了由信息技术中心负责，以驻校工程师为主、学生电教委员为辅的多层级技术保障团队，有效保障了课堂中的数字化学习活动。

（4）整合积累学科与跨学科学习软件。丰富的学习软件为教与学的自主选择创造了条件。因此，整合学科和跨学科学习软件十分必要。学校倡导教师在教学的过程中发现本学科专业学习软件，鼓励学生在学习过程中发现自己所需的专属学习软件，也接受驻校工程师和其他教育同行推荐的优秀学习软件。同时，学校也注重学校校本学习软件库的建设，积累了丰富的学习软件资源。利用学校数字化学习云平台，可以为学生推送相关学习软件，学生也可以根据需求自主下载所需学习软件，实现个性化选择。

5. 引入多维度智能评价系统

在数字化学习环境下，师生在学习过程中生成了大量数据。通过对课堂数据的收集、整理、存储、分析，能有效优化教学行为。学校通过引入即时检测、学习分析、课堂观察等平台，初步搭建了多维度的智能评价系统，为师生的课堂互动"创生"提供更有力的支持。

四、改革成效

从校内来看，数字化学习环境下以创生为核心的"高品质学校未来课堂"受到学生高度认可，促进了学生良性发展、教师的持续成长和学校整体办学实力的高位发展。

从全国范围来看，该课堂样态起到了良好的引领示范效果，受到了全国教育同行的密切关注。学校发表了系列理论研究成果，承担了系列大型观摩活动，接待来自全国教育同行的考察学习；教师应邀赴全国各地进行报告、上观摩课；项目负责人被教育部续聘为国家督学。

反思提升

高品质学校教育是以学生为中心的教育，围绕《中国教育现代化2035》提出的任务要求，建设以"人"为核心的"未来课堂"也成为成都七中初中学校的办学追求。目前，数字化学习环境下的"高品质学校未来课堂"逐步成为学校主要的课堂教学样态。针对数字化学习环境建设中出现的"人""机"分离、低质低效的现象，学校各学科教师结合学科特色与学生学科素养培养的需求，总结、优化各个学科数字化学习环境下的"未来课堂"模式，形成了良好的研究创生文化。

高品质学校的终极目的是培养全面发展的人。坚持立德树人、"五育"并举，以"未来课堂"建设为核心，进一步将学校基础设施、课堂建设、课程构建、学校管理等领域构建或相互联通的智能平台，实现真正意义上的未来教育。在接下来的高品质学校建设的过程中，学校还将继续深化拓展研究，紧扣核心素养，聚焦学生学习能力发展，对"高品质学校未来课堂"的样态进行深入的实践研究。

（供稿：成都七中初中学校，李笑非、肖丽萍、郑长宏、郭建）

专家点评

无论在国外还是国内，"创造性学习力"都是近十多年来"学习力"研究的焦点，也是培养的难点。

例如，裴丽娜教授（2013）提出学生学习力的六要素模型——知识与经验、策略与反思、意志与进取、实践与活动、协作与交往、批判与创新，并对其内在的逻辑关系进行了论述，认为知识与经验、策略与反思、意志与进取是学生学习力的基本要素，实践与活动、协作与交往是学习力的达成路径，批判与创新是学生学习力高品质的表现形式。

成都七中初中学校自建校以来，始终把培养学生的"创造性学习力"作为课堂教学的最高追求，近十年来，又致力于系统构建数字化学习环境下，以创生为核心的"高品质学校未来课堂"。一方面，学校通过"跨界融合，众筹共享"，持续完善学校数字化学习环境建设；另一方面，通过"深耕课堂，聚焦创生"，不断探索"未来课堂"中学生的创生学习力关键表征和教师的课堂"可视化创生行为表现要素"，形成了独具特色的"全科课堂教学资源库"，发展了自己的核心竞争力。

——周小山

着眼于高品质学校建设的课堂变革实践研究

问题聚焦

"全人、全纳、共生、共赢"的高品质学校建设，既是对国家教育高质量发展的积极回应，也是应对数字革命时代教育挑战的主动作为。课堂是高品质学校建设的重要内容和关键环节，其根本性变革是高品质学校建设的核心突破口，是从理论和实践上对"怎样培养人"这一教育关键问题做出的有力回答。

成果简介

一、改革背景

1. 国家政策引领课堂变革

2019年6月，中共中央国务院出台的《关于深化教育教学改革全面提高义务教育质量的意见》明确指出，要通过"优化教学方式、加强教学管理"等方式"强化课堂主阵地作用，切实提高课堂教学质量"。面对国家对教育的要求，学校不仅要从思想上重视、理念上转化，还必须从行动上积极跟进，选择一条正确的行动路径，去弥补短板，消除盲点，拓宽视野和格局。着眼于高品质学校建设的课堂变革便是最生动的实践。

2. 时代发展呼唤课堂变革

教育的本质是促进人的全面发展。马克思将人的全面发展界定为"个体精神与身体、个体性和社会性都得到普遍、充分而自由的发展"。21世纪数字化时代下的颠覆性创新给全面发展及学习的定义带来了前所未有的改变。未来社会需要具备核心素养，能自我学习、融会贯通以及实践运用的创新型人才；新的时代，学习已打破了空间和时间的壁垒，呈现出"泛在"和"终身"的态势。基于此，要建设符合时代要求的高品质学校，作为学校育人主阵地的课堂，从育人理念、育人目标，到教学内容、教学模式、教学评价等方面都必须发生根本性变革。

3. 教学现状亟需课堂变革

前教育部部长陈宝生指出："课堂是教育发展的核心地带，基础教育的所有问题最终都会反映到课堂上。"反观目前的课堂教学，以教师为中心、以知识为中心的现象仍然存在，重知识、轻素养，重应试、轻发展，重技巧、轻思维的功利化问题依然突出。这些现象和问题，与时代要求、国家发展和全人培养目标的矛盾日益突出，颠覆性的课堂变革势在必行。

二、改革主张

1. 着眼于高品质学校建设的课堂变革，以"人的全面发展"为价值取向

习近平总书记在全国教育大会上强调，要培养德智体美劳全面发展的社会主义建设者和接班人。这赋予了"全面发展"新的内涵。新时代的高品质学校应追求学生的"大发展"，这种"大发展"指更为充分的全面发展、更为强健的素养发展。

2. 着眼于高品质学校建设的课堂变革，以"深度学习"为课堂实践样态

传统课堂教学中时有浅表性学习的现象出现：学生或内源性学习力激发不够，或学习内容缺少整合和深层意义，或学习方式缺少问题解决，或学习结果缺少实践创生。为解决上述问题，实现教与学关系的深度调整，找到创新型人才的培养模式，学校将深入学生心灵、深入知识内核、深入学习本质的"深度学习"作为实践路径，将课堂教学变革向纵深推进。

三、改革路径

1. 注重理论提升，转变传统教学观念

统观"为何教（学）""教（学）什么""如何教（学）"和"教（学）得如何"四个课堂教学实践的基本问题，课堂教学缺乏深度的根本原因是人们偏离了课堂教学的

四大原点，即智慧与生命、学科与教材、知识与能力、学习与发展。因此，深度学习要求课堂教学从"知识与能力"层面提升到"学科与课程"层面。即在"教什么"上更聚焦有价值的知识、方法、思维和意义，在"如何教"上更聚焦有利于学生深度参与学习的模式和方法，在"如何学"上更聚焦学生自主、合作、探究的学习方式。

学校搭建了互动式、协同式、递进式的四级教学研讨体系，以期提升教师理论水平，转变教师育人观念。一级为教务处根据教学改革重点拟定研讨主题；二级为研修室根据研讨主题整合优质理论资源；三级为教研组长通过理论学习结合学科实际情况通过学科教研组长主题教研会互动研讨，推进学科教学研究深度开展；四级为教研组长组织学科教师对主题进行深入、持续的研究和实践，形成具有学科特色的研究成果。

2. 进行深度理解，建立深度教学前提

（1）深度理解教材。深度理解教材要"深"到教材的上位概念中去（自下而上），要"深"到教材的深层意义中去（由表及里），要"深"到知识与知识的纵横联系中去（由点到面），要"深"到知识与生活的广泛联系中去（由内而外）。深度理解教材，需要从目标、内容、行为和水平四个维度，确立深度理解教材的基本框架：一是"为何理解"，即目标，学科教材理解的重要目标在于对教材内容进行"量"的压缩和"质"的精选，将最有价值的知识教给学生；二是"理解什么"，即内容，具体包括知识的类型与水平、知识的性质与价值、学科的要素与结构以及课程的理念与精神四个方面；三是"如何理解"，即行为，"双基—多维""外表—内核"和"局部—整体"是教师理解学科教材的三个基本行为路线；四是"理解得如何"，即水平，深透度、简洁度和准确度是教师理解学科教材水准的三个基本衡量标准。

深度理解教材包括两条路径，即"知识的来源与去向"和"知识的节点与网络"。"知识的来源与去向"包括知识的产生与来源、作用与价值两个方面；"知识的节点与网络"包括事物的本质与规律、知识的关系与结构两个方面。

在具体操作中，学校以"三定四备五统一"的集体备课制度为基础，建立成长共同体，开展"主题研讨"教研活动，体现资深教师的"引领"和"创新"，带头践行对"深度学习"的深入解读，通过四个维度进行教材深度理解。

（2）深度分析学情。学生学习新知识的过程，实际上是在已有知识结构的基础上，不断同化顺应，构建新知识结构的过程。因此，深度学习必须基于学生已有的知识结构，分析学生学习的触发点，以此激发学生的学习兴趣。

深度分析学情可从以下五方面着手。第一，要研究学生已有的知识储备和能够得到的先验性知识。第二，要从学生兴趣所在、情感所及、思维所向、水平所及进行挖掘，找到教学内容中的触发点。第三，要思考学生在学习中可能遇到的认知障碍，预测学生的困难处，找到学生的困惑处和冲突点，触发深层次思考。第四，在教学中，找到应重点点拨的关键点，帮助学生突破认知障碍。第五，在整个教学设计和实施过程中，要明确学生将会从哪里学、到哪里去，从学生现实水平出发，找到学生潜在水平的发展方向和最近发展区。

综合以上五个要素，再通过对学生学习深透度、知识整合度、内容掌握准确度三个维度进行检验，确定学情分析是否准确，学习效果是否达成。

3. 优化课堂实践，重构深度学习模式

（1）从学习目标设定上，落实核心素养的学科表达。在课堂教学中，学生主要通过知识的构建过程来获得学科核心素养。换句话说，学科知识学习的过程是培养学科核心素养的重要途径。然而，目前部分学科课堂，学生构建和获得的知识缺乏深度、缺乏内涵、缺乏整合、缺乏灵活，这导致学生在学科核心素养发展广度和深度上双重缺失。因此，高品质课堂教学的目标设定就是聚焦学生学科核心素养的培育。

成都七中育才学校（水井坊校区）在借鉴高中学科核心素养描述的基础上，以学科核心素养类目为纵轴，以核心素养的水平层次为横轴，梳理和提炼了初中不同学段各学科核心素养在知识结构、能力层次、思想价值上的发展目标和具体要求，形成了《学科核心素养的育才表达》，以此作为教学依据，让教与学目标更加科学清晰，行动更加理性自觉。

（2）从学习内容选择上，围绕学科核心素养进行挖掘、整合与改造。①挖掘：深度挖掘学科本质和精髓。作为学科本质和精髓的学科思想方法通常蕴含在庞杂、具体的学科知识中，具有内隐性和高度的概括性。这就需要教师站在统观全局的高度，从两个方面入手，一方面必须在对教材深度解读的基础上，对某个或某些知识点进行思维分析，挖掘隐藏在知识点背后的学科思想方法；另一方面，在对学科思想方法进行总结归纳的基础上，不断拓展自己的思维，构建学科大概念。②整合：以学科"大概念"建立知识结构体系。"大概念"不仅能促进学生对知识进行本质性理解，还能促进学生形成知识联结。因此，在优化教学内容时，可以运用"大概念"进行整合，将"大概念"作为选择教学内容的"抓手"，让学生体验知识之间的联系，使学生在学习过程中建立系统的思维模式。③改造：从"知识主线"到"问题主线"。以知识为主线的教学，较少让学生在问题解决中展开学习，学生自然难有深切的体验、深入的思考、透彻的理解和灵活的运用，因而难以对学生产生深远的影响。因此，高品质课堂的教学需要在问题解决过程中展开，将以知识为主线的教学改造为以问题为主线的学习。在实践操作中，可采用以下步骤：核心目标转化为核心知识；核心知识转化为核心内容；核心内容转化为核心问题；核心问题转化为子问题群；子问题群转化为活动序列。

（3）从学习过程设计上，探索学科核心素养的培育路径。①以"问题解决"促进学用合一，凸显深度学习的样态。学科核心素养的培育需要引导学生在问题解决中学习。设计高质量的学科问题，创设利于学生参与、体验、思考、发现的问题情境是问题解决式学习的关键前提。高质量的学科问题，具有学科的思维属性及学科知识产生的逻辑属性，指向学科的本质。如何设计出高质量的学科问题或问题情境？一是从学生的角度出发，教师需要准确把握学生实际，从新奇处、困惑处、共鸣处、挑战处、实用处等心灵触发点，设计出尽量精妙、巧妙的学科问题；二是从学科的角度出发，教师需要从整体上把握住教材的知识、能力结构和学生的思维特点，设计出具有整合性的学科核心问题；三是从生活（社会）的角度出发，教师需要密切联系实际，拉近知识与生活的距离，密切知识与生活的联系，设计出尽量鲜活、灵活的学科问题。②以"综合实践"促进融合创生，指向深度学习的目的。相对于以学科知识为线索和以知识获得为目的的累积性学习，学科核心素养的培育要以问题为线索，在问题解决过程中展开整合性学习，促进深度构建。因此，学科核心素养的培育不仅需要基于问题的教学，还需要围绕更复杂、更综合、更具挑战性的问题或任务，展开综合实践学习，促使学生调动、整合和运用已有的素养积累（知识、能力、思维、价值），更为充分地激发学习与发展的潜力，以更大限度地促进学生学科核心素养在数量、质量上的扩展和结构、质态上的改变。

（4）从学习方式设计上，探索深度学习的基本模式。深度学习，何以可能？答案就是实践参与。实践参与是实现深度学习的根本机制。在具体的课堂教学中，究竟怎样的教学模式才能使实践参与得以实现？毋庸置疑，就是问题解决模式。问题解决是学生围绕问题展开分析—构思—解决的过程。那如何在课堂中实现问题解决？需要从意识上完成两个转变：其一是从知识主线转变为问题主线；其二是将先学后用的模式转变为学用合一的模式。

在具体的课堂教学设计中如何实现问题解决式学习？答案是：课题式与项目式。两种操作方式都可以促使学生在问题解决过程中获取知识。

"课题式学习"是指借助一个具有挑战性的真实（准真实）问题，引导学生运用科学的方法展开研究和发现，最终获得理性结论的问题解决学习模式。课题式学习作为一种以理性结论为导向的问题解决式学习，包括四个核心环节：界定问题—独立尝试、协作发现—深度探究、归纳整合—升华概念、拓展应用—自我反思。

"项目式学习"是指借助一个具有挑战性的实际问题，引导学生在探究中完成一件有意义的事情并最终形成实际作品的问题解决学习模式。项目式学习作为一种以作品为导向的问题解决式学习，包括四个核心环节：明确事项—界定问题、探究问题—提出创意、论证创意—形成框架、产生作品—展现互动。

课题式学习和项目式学习更有利于深度学习真正发生。在学习方式上，课题式学习更侧重学生的探究与发现，项目式学习更侧重学生的探究与创作；在学习成果上，课题式学习更侧重结论的发现，项目式学习更侧重作品的形成，包括模型的建立、创意的设计、方案的制订和产品的研发等。在实际教学中，教师在常规课、新授课中多采用课题研究式，而单元整合后则大量尝试项目创作式。

4. 深化教学评价，提升深度学习效度

高品质课堂教学在评价设计上，应从片面走向整体、从静态走向动态、从孤立走向联系，并将评价贯穿教学全过程，包括课前、课中、课后。评价采用的方式包括诊断性评价、形成性评价、总结性评价。此外，还应关注教师对各环节的评价及评价工具的研制。只有充分理解和明确各环节的评价标准，才能实施有效的整合，进行合理的教学设计；只有利用有效的评价工具，才能科学地进行效果评价。

具体来说，深度学习的评价可以从四个方面入手：教材理解、学情分析、学习过程、学习结果。其中，学习过程评价维度主要包括问题意识培养、自主学习引导、合作交流过程。而深刻性的理解、丰富性的理解、整体性的理解和具有知识构建能力、问题解决能力、形成基本价值观念则是高品质课堂教学结果的六个评价标准。

根据李松林教授的深度学习理论，课堂学习结果的评价是多维的，在实践操作中，可采用 K（know）、U（understand）、D（do）、B（Be）的方式进行评价。

四、改革成效

成都七中育才学校（水井坊校区）从 2012 年起就开始了"着眼于高品质学校建设的深度学习课堂实践研究"，以"小课堂"撬动"大教育"，实现"大发展"。学生呈现出"五优三强"的全面发展良好态势，在各类学科竞赛、艺体活动、公益项目上均展现出出类拔萃的卓越姿态。育才教师秉承"五育三课"的先进理念，在教学中通过"课程、课堂、课题"三课齐驱，践行"五育"融通，推动素质教育，促进学生的全面发展。全体教师参编《走向深度整合的深度学习》一书，提炼课堂变革研究成果，展现出高品质的专业发展。近 3 年，学校教师围绕课堂改革的课题、论文、赛课等评比获国家、省、市各级奖项 300 余次，呈现出锐意进取、专业精进的良好态势。学校近 5 年获评 10 余项国家级、省级、市级重大荣誉称号，如"全国初中质量建设先进单位""新媒体新技术教学应用暨全国中小学创新课堂教学卓越学校""全国课程改革骨干教师研修基地学校""中国 STEAM 教育创新行动计划种子学校""全国网络学习空间应用普及活动优秀学校"等。2015 年，学校参研国家社会科学基金教育学重大（点）课题"我国基础教育未来发展新特征研究"，出版专著《卓尔不群，大器天下》；2018 年，学校参研"回归课堂原点的深度教学"荣获基础教育国家级第二届教学成果二等奖、四川省人民政府第六届普教成果一等奖。2019 年，学校承办四川省成都市成果推广会——成都市优秀教育科研成果"回归课堂原点的深度教学协同探索与实践"现场推广会，为学校课堂变革纵深发展注入强大的助推力。同时，学校 20 余年持续向教育欠发达地区输送优质教育资源，彰显着名校的使命与担当，展现出"五建三好"的高品质学校发展样态。

反思提升

时代在发展，教育在革新，课堂变革永远是进行时，在未来的研究之路上，要牢牢把握住"创新"和"落实"两个关键词，方能推动课堂变革向更深处发展。

1. 创新变革路径，落实深度卷入

教师的深度卷入是课堂变革持续深入的基础和保障。深度卷入意味着卷入的"全员、全程、全方位"。深度卷入并非一蹴而就，需要创新变革路径，在"搭架子、引路子、建台子"的三步走变革路径中稳步推进。

2. 创新变革思路，落实成果转化

课堂变革的生命力和价值性由研究成果的转化度决定。要真正实现研究成果在课堂中的落地生根，就必须创新课堂变革思路，狠狠抓住"评价"这一课堂变革的抓手，由"评价"的根本性变革逆向倒推，串起课堂变革整盘大棋。

3. 创新变革体系，落实模式推广

未来的研究之路需要创新变革体系，以"大整合"的思维打破学校壁垒，纵向融通，横向整合，"引进来""用起来""融起来"，深入、广泛地促进课堂变革模式的推广。

人民教育家叶圣陶先生说，"人生天地间，为一大事来"。中国教育正全力向着2035年建成教育强国的伟大目标砥砺前行。在教育改革的浪潮中，成都七中育才学校（水井坊校区）也将继续深化课堂教学改革，以高质量的课堂教学助推学校发展不断走向更高品质。

（供稿：成都七中育才学校（水井坊校区），吴明平、臧玲、杨静、周玲）

▶ **专家点评**

课堂是育人的主阵地，减负的主渠道，课堂品质与学校发展、师生幸福息息相关，常态化的课堂高品质教学样态也就成了高品质学校的实质性特征。

中共中央、国务院《关于深化教育教学改革全面提高义务教育质量的意见》为课堂教学变革指明了优化教学方式的方向：在学科逻辑方面，要讲清重点难点、知识体系，探索基于学科的课程综合化教学；在心理逻辑方面，要注重启发式、互动式、探究式教学，重视情境教学，开展研究型、项目化、合作式学习。

长期以来，成都七中育才学校（水井坊校区）以持续的课堂变革来响应中央的号召，"从思想上重视，理念上转化，从行动上积极跟进"。学校既遵循《义务教育课程标准》关于"整体性教学"的要求，又借鉴《普通高中课程方案》"以大概念为核心，使课程内容结构化，促进核心素养的落实"的思路，持续、深入地推进课堂"深度教学"。为此，学校还梳理和提炼了初中不同年级各学科核心素养在知识结构、能力层次、思想价值上的发展目标和具体要求，形成了《学科核心素养的育才表达》，实属难能可贵！

成都七中育才学校（水井坊校区）是知名高品质学校，其课堂深度教学的变革行动具有方向引领的意味。

——周小山

让每一个孩子智慧生长

——高品质学校建设背景下的智慧课堂变革实践研究

问题聚焦

当下教育已然从加强普及转向提升品质，高品质学校不仅要"顶天立地"，更要尊重教育和人的成长规律，全面推进素质教育。研究如何打破碎片化学习壁垒，有效促进全体学生的全面发展，满足每一个孩子个性化、多元化的发展需求，不仅是成都市棕北中学（以下简称棕北中学）高品质发展的需求，更是实现"全人"和"全纳"理念的必经之路。学校通过智慧课堂变革，以"适切"为道，以"精准"为术，使棕北学子"学而有道"，教师"教而有法"。

成果简介

一、改革背景

在高品质学校建设中，品位要素涵盖"理念与课程"，描绘应然状态，质量要素包括"教学和管理"，回答实然做法，品位追求和质量提升相辅相成，呈螺旋式上升发展。其中，课堂是实现课程目标、开展教学活动的主要载体，也是高品质学校建设的重要内容和关键环节。目前课堂中师本位的情况依然存在，教师无法精准掌握并追踪每位学生的学习情况，其教学停留在分层和分类指导上，让教学效果和质量的提升陷入一定的实践困境。同时，在如火如荼开展的教育信息化变革中，大数据等新技术虽然为课堂教学中把控学情发挥着作用，但大多是昙花一现，未成常态，不仅给教师增加负担，学生学习过程的数据也不够精准、动态和全面。在技术飞速发展的信息化时代，学校以区域智慧教育发展和教育改革为契机，以构建智慧课堂为着力点，建设高品质课堂，深化个性化教学，这不仅是高品质学校内生发展的需要，更是时代教育变革的需要。

二、改革主张

高品质学校必然是高质量发展的学校，是落实立德树人，推进"五育"并举走向融合，实现师生全面发展的学校。课堂是教育的主渠道，是学生成长的田园。课堂变了，学校才能变，课堂变革是教与学改革的主阵地，无疑是高品质学校建设中的核心突破口。新一轮基础教育课程改革也强调在课堂教学活动中要尊重和发挥学生的主体地位，关注个体差异，满足不同学生的学习需要，使每个学生都能得到充分的发展。所以，学校一直在"以人为本，面向未来"的办学思想引领下，关注师生的现在，更关注师生的未来，致力于高品质课堂建设，不懈追求"全人""全纳"的学校品位和"共生""共赢"的学校质量。

随着信息技术迅速发展及其在学校教育教学中的广泛应用，从早期的辅助手段向与学科教学的深度融合发展，传统课堂向信息化、智能化课堂发展，教师们对智慧课堂的认识也在不断深化。智慧课堂是以构建主义、学习理论为依据，利用大数据、物联网等新一代信息技术打造的智能且高效的课堂，并通过"云端＋本地"，全面分析学生动态学习数据，实现评价反馈即时化、交流互动立体化、资源推送智能化、教学决策科学化。

基于此，学校以尊重师生权益和减轻负担为原则，厘清大数据分析、精准导学、个性化学习的逻辑关系与作用机制，构建数据采集的校本标准和操作路径、数据分析诊断的应用原则和指标体系，深度融合信息技术与课堂教学，全面把控学情，动态掌握学生成长和发展规律，形成精准引导学生个性化学习的教学机制、教学策略和教学路径，促成以"精准地教"支撑"个性地学"，变革"学与教"的方式，逐步推进大数据支持下的分层导学、分类导学和个体导学，促进"全人"的个人模样和"全纳"的群体模样培养。

三、改革路径

学校着眼于学生的最近发展区，通过信息技术伴随性采集、分析学生学习成长数据，建立个性化的发展目标，提供个性化的学习路径，推送个性化的拓展资源，施以个性化的成长评价，促进学生全面而充分地发展。

1. 聚焦核心素养，构建"五育"并举的学校课程体系

课程是学校实现教育目的的重要载体，是学校的办学思想和育人模式的直接表现，课程变革是学校高品质发展的必然要求。学校从培养"全人"的角度出发，以整体性和均衡性为原则，以学生经验、个体和社会需要为基础，将国家、地方和校本课程进行整体性构建和校本化开发，形成以学生核心素养为中心的"三三六"课程体系，满足学生的差异性和选择性，促进学生个性化成长。第一个"三"指国家课程、地方课程和校本课程三级课程，第二个"三"指基础课程、拓展课程和特色课程三大类学校课程，"六"指人文底蕴、科学精神、学会学习、健康生活、责任担当和实践创新六大核心素养。

学校坚持做强基础课程，做实拓展课程，做优特色课程。构建信息技术视域下基于平板电脑的"五卡联动"课堂教学模式，充分诠释了核心素养与课程深度融合的意义，实现了基础课程（国家必修课）、拓展课程（知识拓展、职业体验及社会实践）和特色课程（兴趣特长、潜能开发）的互通互融，把学生培养成具备人文底蕴、科学精神、学会学习、健康生活、责任担当和实践创新精神的全面发展而富有个性的人，促进了育人模式由知识传授向培养学生核心素养转变。

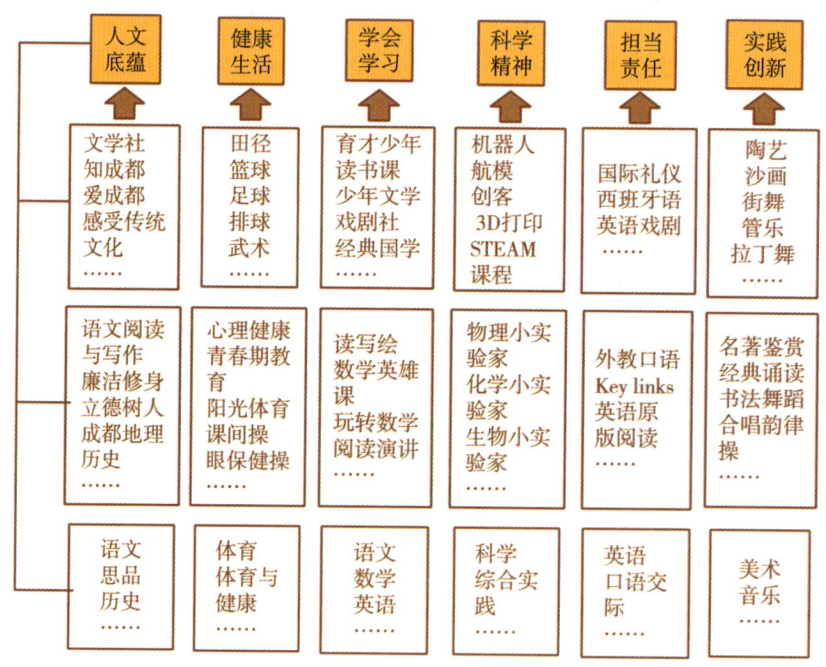

图1　棕北中学"三三六"课程体系

2. 秉持生命立场，深度融合信息技术与教育教学

基于"学生为本"的价值立场，学校依托"云端＋本地"，开启课堂内外适应学生个体发展需求和社会发展需要的"双师课堂"。在线下课堂中，智能端与教学的相互嵌入和即时评价反馈，让现场教师和"在场"的学生互动效果最大化，让课堂成为充盈着生命气息的场所。

在课堂外开放式的学习环境中，学生通过各类平台和同样了解自己的"虚拟教师"进行高效互动，课堂效果毫不逊色于线下教学。例如新冠肺炎疫情期间，师生通过共享一个屏幕进行实验操作模拟，开展探究性学习的方式，实现了零距离交流互动，深受师生喜爱。同时，学校也一直警惕教育技术对课堂教学的僭越，把握好信息技术与教育教学深度融合的"道"与"术"的关系。学校深刻认识到信息技术与课堂教学深度融合的目的是通过个性教学、及时反馈等方式，帮助学生生命个体更好地实现"人在场"，而非方便教师控制和规训学生，保持教育的定力和判断力，做到为我所用，而不为其所缚。

图2 棕北中学课堂即时评价统计分析界面

3. 着眼于动态全面，构建学生成长发展性数据画像

在教学中，通过整合各类学习平台，以及智能化阅卷模拟手阅场景，使学生作业、测验数据收集更加全面、动态、智能。一方面，借助数字化学习平台，全面追踪学生的学习行为轨迹，形成全面的学生群体画像。通过对学生学业数据的分层分类分析，促进教师精准备课、精准授课，动态调整教学进度与节奏。另一方面，数据分析平台针对知识点的掌握情况自动生成学生个体"专属错题集"。在德育中，一是利用平板进行班级日常活动的常态记录和即时考评，二是对学生能力和兴趣数据进行统计和整理，如断点上传学生在校外参加的兴趣课程、志愿服务及所获证书，家长可登录系统完善孩子在校外的活动信息，进而生成群体和个体画像，使学生的自我了解和认知更加全面准确，也为建立学生个性化目标提供科学依据。

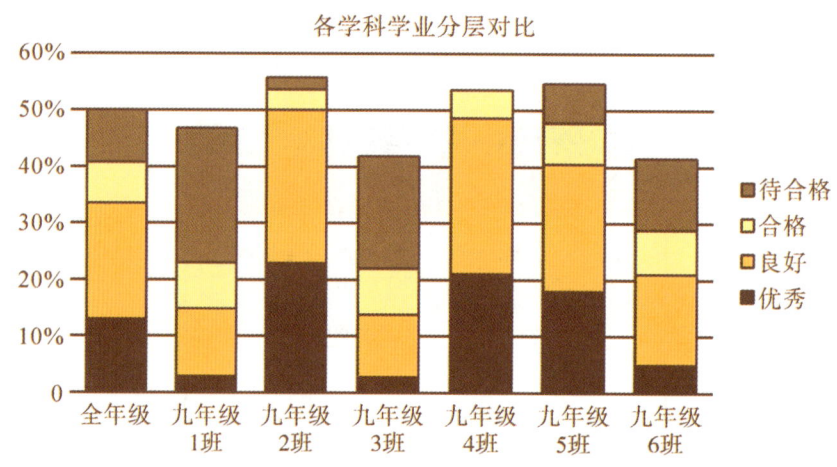

图3　棕北中学九年级各班各学科学业分层对比图

4. 深挖数据价值，助力提供精准适切的教育服务

在获得学生数据分析结果后，学校和教师深挖数据内涵，联合家长、社会为学生搭建可供选择的、立体开放的学校教育选择，提供精准、适切的教育服务，满足学生高阶的、差异的、个性的发展需求。

（1）以尊重生命成长规律为原则，结合最近发展区，建立学生个性化的发展目标。

（2）根据全面且精准的学习画像，针对知识点掌握分析数据，为学生规划个性化的学科学习路径。通过分析学生知识点掌握情况、错题错因以及学生不同的学习能力，为学生量身定制最合适的学习方案。针对踩线临界生，分析哪一门学科需要提多少分，这个分数落实在哪个知识点上，通过哪类检测实现反馈，最终问题是否得以解决，结合教师的辅导与学校资料的推送，实现教学效果的提升。

(3) 整合区域教育资源和校际学科资源，根据学生知识点掌握情况和兴趣爱好智能推送给学生个性化的微课、习题等教育教学资源。

(4) 基于采集的过程性数据和行为数据分析结果进行个性化的学生多元评价，涵盖学校、家庭、教师、自我等不同评价主体对其的形成性、发展性、增值性和综合性评价。例如在"五育"由并举走向融合的"棕北之星"评价体系中，本人自荐、班级测评、班主任和科任老师评价、家长意见等环节充分体现了评价主体的多元性，"棕北之星"评价标准包括了思想道德、礼仪健康劳动、学习、艺体科技、管理服务等学习生活各个方面，其所表现的增值性和发展性给所有学生都提供了成长的无限可能。

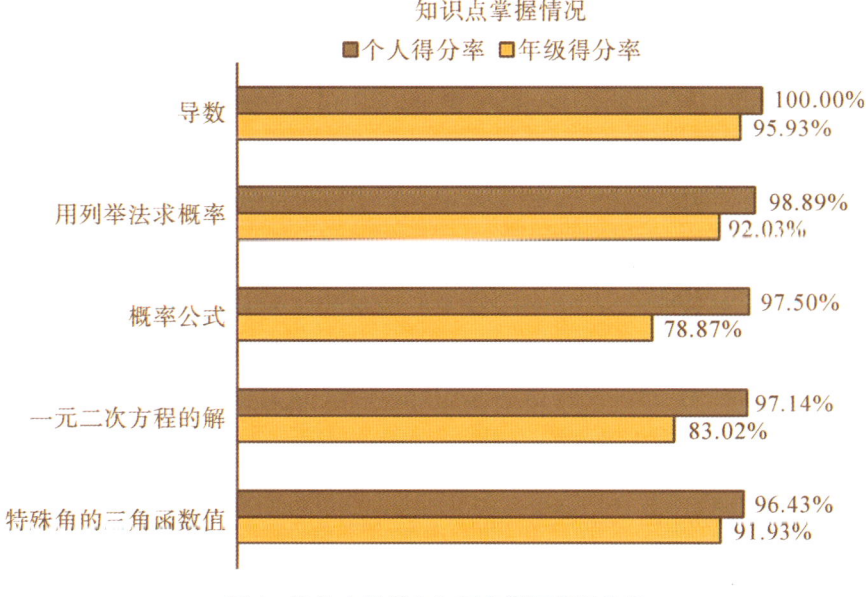

图 4　棕北中学学生知识点掌握情况分析

5. 拓宽发展视野，由课堂走向家校实现共生共赢

树立全面的质量观，促进学校中各要素融合共生，促进学校形成可持续发展的动力机制。一是规划校级数据中心，避免因配置服务器硬件带来的不利影响，与"阿里云"对接，既保证容量和建设周期的硬性要求，又减少设备管理和维修困难的问题，数据的安全和连续性得到有效保障。二是统筹学习资源，为满足学生自主学习、合作探究的需求，结合"预习前置、以学定教"的课堂教学需要，学校建成与各学科教学配套的微课资源库、教学案例库、在线学习检测试题资源库，众建众享优质微课教学课例资源。三是创建学生学习平台，为学生提供如"乐学一百"等个性化、实名制的个人学习空间；探索与智慧课堂教学相适应的作业、考试数据即时分析反馈平台，如"准星云学"。四是建设教师备课教研平台，方便教师开发、录制微课，开展多方远程

互动教研活动。

在 5G 试点的基础上，充分利用校园录播教室和校园电视台等已有设备，通过推流直播等方式实现教学资源采集和数字化，将校园网络与家庭大屏 TV 打通，实现家校互通直播到家庭，学生和家长在家可观看直播、点播；通过本地教育资源线上化，解决民生教育需求，贴近校本教育实际，拓宽家校共育途径；通过线上加线下，优化办学行为，实现学生、教师、学校、家庭、社区乃至社会的共同发展，最大化实现学校的社会功能，带动家庭、社区、社会的品质发展。

四、改革成效

学生数据画像是一种技术，将数据画像运用于教育却是一项艺术。教育是一个灵魂唤醒另一个灵魂的过程，把大数据分析和教育教学深度融合，师生间进行有温度的交流，做好"互联网＋"时代的核心素养发展，必然让学生的心灵得到更多解放。如此一来，因材施教不再是空中楼阁，而是课堂上下、学校内外无处不在的落地生根、发芽开花。

大数据背景下的智慧课堂从以教师为中心强调知识传授转变为以学生为中心强调能力培养；课堂的师生、生生交流更加流畅，教学进程从"先教后学"到"先学后教""以学定教"。通过数据驱动的因材施教和个性化教学方案供给实现自适应学习，通过无感动态采集教育数据生成学生分层分类画像，为学生的全面发展提供了最大助力。在学习质量不断提高的基础上，学生的创新思维能力进一步提高，在各级各类比赛中取得优异成绩，教师的教学幸福感也进一步增强。

图 5　棕北学子在第三届全国综合实践活动优秀成果展示中获特等奖

反思提升

高品质学校建设是具有完整框架意识的结构性变革，学校以智慧课堂变革为突破口，取得了良好成效并收获了丰富经验，打造了智慧教学新生态雏形，下一步将会把以大数据为支撑的智慧探索延伸至智慧教育服务及智能治理上，并浸润以文化，推进学校高品质发展。

在智慧教与学上，将进一步深入研究学生身心发展规律、学习方式和内容，并促进教师成为改革主力军。从构建学情数据画像扩充至构建学生数据画像，对学生进行多维度、全方位的精准评价，为学生发展和生涯规划提供依据，为正在蓬勃开展的综合素质评价改革提供可借鉴的解决思路。

在智慧教育服务上，依托已有的5G网络通信和物联网技术，实现教育视频高质量传输和教育数据的伴随式采集，有效提升教育服务发展能级，全面升级数字校园，与社会学习场景互联互通，形成泛在智能学习环境。

在智能治理上，借助数字画像追踪学生发展过程，及时调整教学行为，变传统的单一教育管理为数据驱动的多元教育治理。学校的决策从主要依靠经验，向依靠"经验＋数据"转变，提高决策科学性和说服力。各类数据结果以可视化方式呈现，分析学生行为特征，建立行为预警模型，制定行为预警策略，实现个性化、智能化、精细化的多元教育治理。

我们相信，随着人工智能时代的发展，教育的手段还会发生迅速更迭，教育也会变得更加精准。但无论如何变化，通过教育促进孩子更好地自主成长的初心不会改变，而追求有着时代烙印的高品质学校建设也不会改变。

（供稿：成都市棕北中学，丁世明、张家明、姜祺、刘一锦）

素质教育的核心价值追求是人的个性化成长，高品质学校最高的"品位"，则应当

是以人的充分、自由、全面发展为价值追求。

学生间有差异是客观事实。"在班级教学中，教学有效性的根本保障是弄清学生已经知道了什么，据此展开教学"是科学取向的教学论的一个重要结论，由此才能缓解学生课堂学习"班定步调"与"自定步调"的矛盾。在智慧课堂环境下，以前通过自然空间和社会空间的交互不能解决的"精准学情把握"和"及时反馈评价"两大问题有了新的解决希望，大数据挖掘的"个人画像"和数据分析的"个别推送"为"适性育人"提供了有力工具。

2020年12月，由联合国教科文组织、中国教育部、中国联合国教科文组织全国委员会共同举办的"国际人工智能与教育会议"在京举行。华东师大课程与教学研究所崔允漷教授在题为"智能时代课程形态变革与课程实施革新"的报告中指出：课程是学校育人的专业标志，智能时代课程形态的变化是从"面向每个人"发展为"适合每个人"的。

成都棕北中学的"全纳育人"和"适性育人"实践研究，正是响应《中国教育现代化2035》提出的"更加面向人人"和"更加因材施教"要求，行进在基于智慧课堂"适合每个人"的课程探索之路上。

——周小山

第五篇

队伍发展篇

基于教育现场的校本研修：
高品质教师队伍建设的"牛鼻子"

问题聚焦

教师是学校发展的第一生产力，高品质学校建设必须基于校本研修培育一支高素质教师队伍。因此，"基于教育现场的校本研修"是高品质学校建设的核心推动力。

成果简介

一、改革背景

教育现代化首先是教师的现代化。建设高品质学校的关键在于"造就一支师德高尚、业务精湛、结构合理、充满活力的高素质专业化教师队伍"。校本研修作为目前最为广泛的教师专业发展制度，既是学校教育研究的主要活动方式，也是教师教育实践的重要内容。学校是校本研修的基地，教师是校本研修的主体。校本研修的立意在于以校为本，以校为本的关键在于扎根教育现场。正如李政涛教授所论，教育现场是"教师生命所在的地方"，"教师在教育现场的学习是最符合教师职业特性的学习"，一切教育的疑难、研究与变革必然体现在教育现场中。基于教育现场的校本研修具有情境性、即时性、实践性、理念性等特点，教师在教育现场真切地体验教育的复杂性与灵动性，真切地发现和解决教育现场中的问题，因此，基于教育现场的校本研修是高品质教师队伍建设的"牛鼻子"。

二、改革主张

基于教育现场的校本研修立足高品质学校建设的实践探索，以现场解决教育问题为导向，以提高教师现场学习力为目标，通过融合校本研修组织机制与学校教育实践机制，促进教师专业发展和学校教育品质的提升。

基于教育现场的校本研修致力于凝聚高品质学校建设的内生动力。一方面，在教育现场的空间"约束"和情景感染下，教师通过充分体验、深刻感知等行动改善研修实效性，提升现场学习力，增强教师参与的意义感。另一方面，通过教育现场表达、对话、内省等研修策略，引发教师间的思维碰撞和共鸣，使每个人的点滴见解或者想法都汇聚成教育现场集体智慧的增长点。基于教育现场的校本研修诠释了校本培训与实践活动的结合机理，以现场情景来强调教师校本研修的直接性，以现场参与来规整研修的自主性，以现场对话来聚合思维的开放性，以现场反思来激励研修主体的参与性，以现场集体性思维来引起研修合作者的共鸣。立足教育现场的校本研修以提升教师现场学习力为目的，改善校本研修的实效性，提升教师参与的意义感，为高品质学校建设注入活力。

基于教育现场的校本研修着力彰显高品质学校建设的教育价值。"高品质学校不仅要满足学生发展的需要，还要满足教师发展的需要"（李政涛）。扎根教育现场的校本研修把教师拉进教育现场，让每位教师由听课者变成研究者，既"身"在场，又"心"在场。在活动中，把话筒交给每一个现场参与者，让其充分表达观点，分享体验，主动、自觉地参与研修。教师既是研修问题的发起人，也是教育实践的承担者，通过亲历教育现场，对教育问题的思考与沉淀有着更切身的体验。基于教育现场的校本研修激活教师发展的自我驱动力和反思力，促使教师走向主动的专业发展之路。

基于教育现场的校本研修符合高品质学校建设的客观要求，从理论高度和实践真实两个维度提出应对之策，帮助一线教师在校本研修的实践性问题方面既找到了"理论在实践上的落脚点"，又找到了"实践在理论上的支撑点"，实现理论与实践的有机融合与自由贯通，通过提升教师专业素养，提高课堂教学效益，成为高品质学校建设的核心推动力。

三、改革路径

1. 构建高品质学校建设中的校本研修机制（见表1）

（1）教师实践机制。教师是教育实践的承担者，也是校本研修的主体。校本研修的关键在于教师内生问题的实践活动。

表 1　成都七中实验学校基于教育现场的校本研修实践过程

研修过程	研修内容	研修方法
确立研修主题	发现教育实际问题 选定校本研修主题	问题→选题→主题 侧重选取　提炼主题
制订研修计划	以解决问题为目的 具体制订研修计划	确定研修具体目标 制定研修活动方案
明确研修任务	明确研修活动范围 确定参加研修人员	明确研修任务分工 准备研修内容材料
开展研修活动	展示研修实践过程 陈述→交流→评价	探索解决问题的方法 验证问题解决的成效
总结提炼成果	总结研修经验 形成研修成果	自我反思　同伴互助 团队合作　专家指导

基于教育现场的校本研修，主要围绕教师在教育实践中的实际问题而展开。教育问题的生成与论证需要教师从"本身"出发，梳理自我教育缺陷，觉察教育困惑，以解决问题的初衷，"发现"教育问题，例如课堂教学设计、教学行为调适、教学管理策略等。真实的教师问题才会形成真实的教师研究，才会得到同伴教师的认同。让校本研修立足教育现场，就是要通过校本研修来解决教育实践中的问题，进而推动教育实践变革和教师专业发展。

基于教育现场的校本研修建立科学有效的"研究过程"。一方面，校本研修是一个规范的教育研究过程，涉及科学的研究程序与资源整合；另一方面，校本研修也是教育实践共同体组织协作的过程。基于教育现场的校本研修正是在"无止境"地发现和解决教育问题的过程中形成了实践智慧。教师的实践智慧不是经验与知识的简单相加，而是经由对经验和知识的深刻领悟，实现自我觉察与教育实践深度融合的教育本质理解。教师实践智慧的沉淀不是一个自动的过程，需要教师切身地体验，充分地表达，自觉地内生，然后才能促进实践经验向实践智慧的转化提升。

（2）组织引领机制。学校是一个校本研修共同体，学校的教学、科研职能部门建立的组织机构、制度体系对教师校本研修活动起到管理和引领作用。例如成都七中实验学校的教师发展中心专门负责教育科研，与课程教学中心协作开展校本研修活动，保障校本研修活动有固定的场所、时间以及专家资源。

学校教育科研的引领作用主要体现在理念引领、理论引领和研究方法引领。在理念引领方面，学校以高品质建设为指向，致力于从文化建设、教师成长、教学效益提升的角度建立实践性文化理念,指引教师的校本研修方向。在理论引领方面,教师在教育现场中对问题的觉察、学术转化以及教育实践智慧沉淀,都需要一定的理论思维和理论意识作指导。教师发展中心通过举办讲座、组织教师参加研讨会、开展教育理论阅读学习,帮助教师提高理论意识和理论水平。在方法引领方面,成都七中实验学校坚持"有会就有交流"的基本做法,不仅在教研活动中让每位教师发言,而且在大大小小的会议上,都会"安排"一些教师分享自己的教育实践体会、阅读心得或管理经验。在此过程中,作为校本研修的主体,教师在组织的关照和引领下,通过"输出"促进"输入",化外部动力为内生动力,形成高品质学校建设中教育现场校本研修的特色。

（3）学校保障机制。学校是教育实践的组织载体,为教师的教育实践提供文化和制度保障。成都七中实验学校以毛道生这位"学术型"校长为代表的教师团队,特别注重文化引领和"学习型团队"的打造。学校以改造图书馆为契机,把教研组活动、阅读分享、读书沙龙、专家讲坛、家长培训、学生阅读课等活动全部"推进"图书馆的阅览室。在空间上,不仅给教师提供了校本研修自由发挥的"教育现场",而且营造了良好的研修学习氛围。

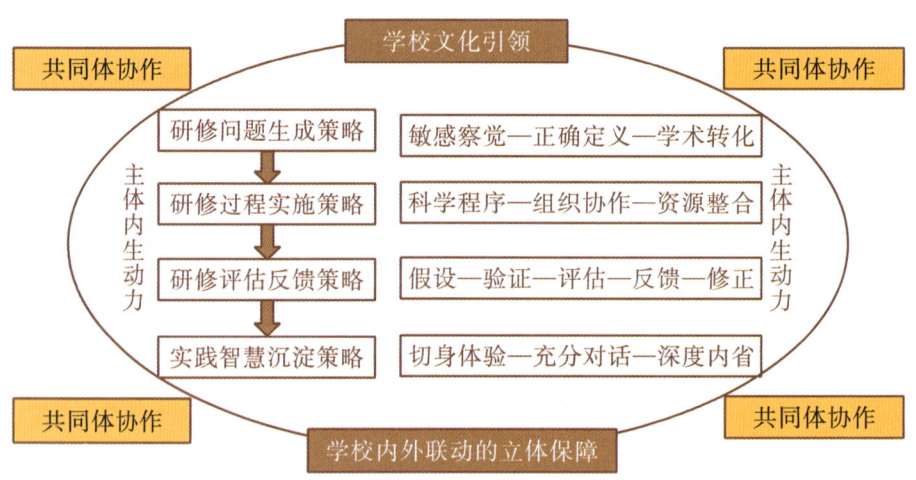

图1 成都七中实验学校基于教育现场的校本研修学校保障机制

2. 制定高品质学校建设中的教育现场研修策略

（1）基于主题式研修的组织协调策略。基于教育现场的校本研修,依托教研组、备课组、学科组、年级组建立研修共同体。教研组根据学科教学中产生的"校本问题",确定研修主题和研修方向,形成研修的"行事历"。见表2。例如初中数学教研组确定的研修主题为:初一年级研究"运算能力提升"教学策略,初二研究"数学建模思想形成"教学策略，初三研究"逻辑推理应用"教学策略。

表2 成都七中实验学校基于教育现场的校本研修展示活动

校本研修主题	研究课内容	指导专家
课堂展示与数学语言表达	三角函数复习	吴中林
合作学习有效性研究	面对经济全球化	卢志
学生生涯课程的开发	遇见未知的自己	李淑英
基于实证观察的阅读教学	昆明的雨	何立新
阅读模式下任务设计的合理性	Mr. Cool's Clothes Store	覃文胜
数学建模教学实践与研究	方程思想在生活中的应用	幸世强
气体制取装置的多样化	气体的制取	尹团结
观测评价任务设计实施的有效性	篮球：体前换手运球	邱永诚
版画基本技法的探究与实践	版画	孔祥平
文言文起步教学策略	司马光	刘晓军
计算思维下的有效性活动设计	智能小风扇	林家锐
教师的引导策略研究	夹染之美	冯恩旭

（2）基于阅读分享的对话生长策略。学校高品质发展，首先是人的高品位发展。成都七中实验学校把阅读作为教师的必修课，通过营造浓郁的书香校园氛围，促进教师专业素养提升。学校教师发展中心每学期都为教师提供阅读书目，并要求教师在阅读后撰写读书笔记。高中部晏建平老师在读书笔记中写道：

> 要做一个与时俱进的新型教师，提高专业水平，提高工作效率非常显然。教师的知识结构是制约教师驾驭新课程的瓶颈。因此，实施新课程，教师不仅要"洗脑"，而且要"充电"。自己深刻感受到应该抽空多读书，充实自我。在阅读中反思，在反思中才会成长。

成都七中实验学校升级改造了图书馆，全天候为师生开放阅览室，为每一位学习者搭建了交流和分享的平台。学校还定期开展读书沙龙、读书交流活动，让教师们轮流上台分享阅读心得和体会，以此让大家在相互取"阅"中产生智慧火花。

基于教育现场的校本研修正是通过这种先"输入"再"输出"的办法，激活教师的内生学习动力。在现场校本研修活动中，把"话筒"交给每一位教师，"对话"与"交流"成为教师在教育现场校本研修活动中知识与智慧的生长方式。让教师与自己对话，反思教育得失；与书本对话，积聚知识能量；与同行对话，形成"学习共同体"；

与专家对话，领会教学规律，找到"实践在理论上的支撑点"。基于阅读、对话、交流的校本研修把教师推向"前台"，在自我提高内驱力的作用下促进教师生命化成长。

（3）基于反思实践的智慧沉淀策略。基于教育现场的校本研修，紧紧把握教育现场的直接性，把校本研修的策略、方法与生动的教育实践相结合，更深层地促进着教师教育实践智慧的沉淀。

成都七中实验学校以"七实之问"来引导教师自我反思，每个寒暑假都要给教师布置阅读和写作教研论文的"假期作业"，以自我反思、总结的校本研修方式促进教师"内省"和智慧沉淀。

例如2021年寒假的"假期作业"：①读一本教育书籍，撰写一篇阅读心得。②撰写校本研修叙事（可以是自己参加校本培训的体会感悟，也可就校本研修谈自己的实践与思考）1篇。③以"我为学生画张像"为题，写一篇能体现"如何做有温度的教师"的文章。

基于反思的校本研修让教师站在自我成长的角度重新理解教育理念，内化知识，改造经验，形成实践智慧的增长点。学校还以课堂教学观察、课例研修报告、班主任治班策略、德育校本化实践、课题研究综述等主题任务安排教师进行"反思"研修。教师们在反思总结中分析教学现象，提炼教学观念，形成教学策略，验证新课程理念，研究教育趋势……让教师们在增长知识经验的同时，切身领悟教育生命的真谛。

（4）基于专家引领的学术支撑策略。2019年以来，学校借力四川省教育科学研究院、成都市教育科学研究院、华东师范大学、四川师范大学、成都师范学院、成都大学、成都市陶行知研究会等院校和机构的专家建立教师发展"专家库"，定期举办教育研讨会、课题研究会、假期教师培训活动，对教师开展规范性学习培训，组织开展青年教师赛课活动、专题教研活动、名师工作室活动，邀请省、市教研员进行"点对点"的专业指导，促进教师理念更新和教育经验的学术转化。2019年12月20日，学校承办四川省重大课题"高品质学校建设的探索与实践"研究推进会，邀请华东师范大学李政涛教授作报告。李政涛教授对高品质学校建设中教师专业能力发展提出"德商""信商""爱商""数商"四项具体要求。

学校还以成都市教师发展基地校、成都市程学琴名师工作室、成都市毛道生名校长工作室、李继博士工作站为载体，承担成都市高中教师菜单课程，开展省、市级课题研究，承担"国培计划"培训任务，主办和承办各级学术研讨会、教师培训活动、赛课活动、区域校本研修活动，为教师搭建研修平台，以学术带动教师专业水平高质量发展。

（5）基于多元融合的泛在研修策略。成都七中实验学校借助省市继续教育平台、高中教师菜单课程以及区教育科研培训中心网络，广泛开展教师培训。按照教师发展部门的课程计划、规定课程进行正式学习；组织教师参加国家教育资源公共服务平台"一师一优课、一课一名师"活动，充分利用网络教育资源丰富校本研修内容。

在教师发展中心的统筹管理下，学校相关部门建了"校本研修教师群""教师发展工作群""课程建设群""课题研究群"，用于发布研修任务和共享研修资源，利用腾讯会议平台开展线上研修活动，在线讨论教育问题和分享研修心得。学校备课组、教研组、年级组以及教师社团群也分别建有学习群，利用碎片时间随时随地开展讨论和分享资源，进行开放性的泛在研修。

基于教育现场的泛在研修给教师提供无缝研修的机会，既具时代感，又能突出研修效益。教师们充分利用信息技术设备和网络平台，发挥现场校本研修情境性、互动性的优势，在丰富的资源、平行的研修关系和灵活的研修形式之下，自主选择学习工具、定制研修内容，更体现教师的专业自主权，生发教师学习的意义感。

四、改革成效

学校以"教育现场的校本研修"理念申报并立项四川省普教科研课题"基于教育现场的校本研修策略研究"；申报了成都市名师专项课题"基于教育现场的校本研修策略研究"（已结题）；申报了成都市"新冠肺炎疫情与成都教育应对"专项课题"推动线上教育活动的校本研修有效策略研究"（已结题）以及四川省"高品质学校建设的探索与实践"子课题"高品质学校校本研修策略研究"（已结题，并获得优秀成果一等奖）。学校教师们还申报了与"现场校本研修"相关的区级课题、校级课题 7 项，形成了"教育现场校本研修"课题系列，科研课题成果等级与数量均创学校历史新高。

基于教育现场的校本研修以高品质学校建设为目标，开展的"研究—变革—推广"一体化研究机制，为高品质学校共同体建设提供方法论。所形成的教育现场校本研修策略体系，为城市学校与农村学校、公立学校与民办学校、名校与帮扶学校协同建设高素质教师队伍找到了切入点。基于教育现场的校本研修增强学校组织、教师之间的协作能力，提升教师的实践水平，促进教师改善教学样态和学习样态，对教育教学质量提升有着显著的成效。

反思提升

基于教育现场的校本研修策略研究以学校和教师为本位，以教育问题的发现、论证、解决以及评价反馈为基本路径，旨在确证校本研修对高品质学校建设的价值意义。

基于教育现场的校本研修策略只是一种过程性表达，而不是一种完结性论断，其操作模式只有在不断地总结与变革中，价值意义才会进一步显现。在外部保障方面，中小学教师的校本研修学术共同体尚未有效形成。中小学教师的主要精力在于教学上，加之长期以来在观念中的理论崇拜，对研修主体认识还不到位，学校对教师"研修"的评价难以超越"教学"的评价。在内部激励方面，需要教师打破已有的经验套路，重构教育方法认知体系。学校从基于教育现场的校本研修组织机制入手，完善各层级的教师校本研修共同体，为教师提供完善的、配套的校本研修引领和保障服务，通过建立科学的管理和评价体系，激发教师自我学习的能动性。

高品质学校建设行动促成校本研修的改革，研究"基于教育现场的校本研修策略"为高品质学校建设的实践与探索找到了另一个切入点。基于教育现场的校本研修活动根植于教师的教育实践，构建的校本研修机制与策略为高品质学校建设注入新的内涵，所彰显的教育科研价值与意义，将有助于推进新时代教育改革背景下高品质学校建设的进一步发展。

（供稿：成都七中实验学校，毛道生、税长荣、李继、许丽萍）

专家点评

成都七中实验学校聚焦"基于教育现场的校本研修"打造高素质的教师队伍，认为这是高品质学校建设的"核心推动力"，并提出了"致力于凝聚高品质学校建设的内生动力"等改革主张，令人眼前一亮，真可谓抓住了高品质教师队伍建设的"牛鼻子"。

这项成果首先以"人的高品位发展"为抓手，不仅构建了以"教师实践机制""组织引领机制""学校保障机制"为基本内容的高品质学校建设的"校本研修机制"，而且制定了基于"主题式研修的组织协调策略""阅读分享的对话生长策略""反思实践的智慧沉淀策略""专家引领的学术支撑策略""多元融合的泛在研修策略"等高品质学校建设中的教育现场研修策略。凡此,殊为难得。其中,"研究—变革—推广"一体化研究机制,可为高品质学校共同体建设提供方法论,尤有意义;同时也对不同地域、体制和层次的学校,通过建设高素质教师队伍进而提高教育质量,具有明显的指引作用。

——吴定初

高品质幼儿园园长的特质与修炼

问题聚焦

高品质园长是幼儿园品质发展的动力源泉，幼儿园品质建设必须调动园长这个关键少数的能动性。高品质园长有什么特质？这些特质如何炼成？又如何作用于自身及团队的成长，从而引领幼儿园走向高品质发展？绵阳市花园实验幼儿园从园长内源性发展的角度入手，运用文本分析与问卷调查等方式，探索并提炼出高品质园长应具备的个性特质和自我修炼的路径。

成果简介

一、改革背景

当前，我国学前教育处于从"量的积累"到"质的飞跃"的当口、从"有没有"到"好不好"发展的关口，新时代对幼儿园园长提出了新要求——走向高品质。

走向高品质，即不断追求卓越，是新时代园长最好的专业姿态。首先，高品质园长是幼儿园品质发展的推手。高品质园长能对幼儿园品质发展面临的问题精准定位，制订切实可行的发展方案，持续推进幼儿园科学保教。其次，高品质园长是幼儿园质量发展的中轴。高品质园长能支撑、引领园所的内涵与质量发展，实现幼儿园从数量型向品质型、从群体化到个体化、从外延式到内涵式发展的转变，实现从"体量优势"向"质量优势"的转身。最后，高品质园长是幼儿园面向未来发展的力量。高品质园长能把握教育发展的规律与趋势，对未来教育有独到见解，主动应用新理念、新思路、新技术为幼儿园发展注入源源不断的动力。

图 1 幼儿园高品质建设研讨会

基于此，我园选取教育部幼儿园园长培训中心第七期全国幼儿园优秀园长高级研究班学员、四川省何云竹名园长鼎兴工作室成员、四川省内各级各类幼儿园园长共553名对象作为研究样本，并着重分析其中100余名优秀园长的成长故事，通过两次问卷调查，提炼出高品质园长的个性特质，总结出高品质园长特质的修炼之道，旨在为园长走向高品质发展提供导向。

二、改革主张

高品质园长首先必须是一名合格的园长，要具备《幼儿园园长专业标准》要求的基本专业能力，包括规划幼儿园发展、营造育人文化、领导保育教育、引领教师成长、优化内部管理、调试外部环境六个维度，这是园长的基本任务。在此基础上，高品质园长拥有区别于一般园长的性格特征和品质，可将其概括为"三大三高"特质。这些，既是高品质园长的标志，也是其成长的内源性动力。同时，高品质园长的"三大三高"特质不仅体现于自身发展，更指向于点亮更多人的大梦想，成就更多人的大格局，焕发更多人的大智慧，形成"带动一批、辐射一片"的增值效应。

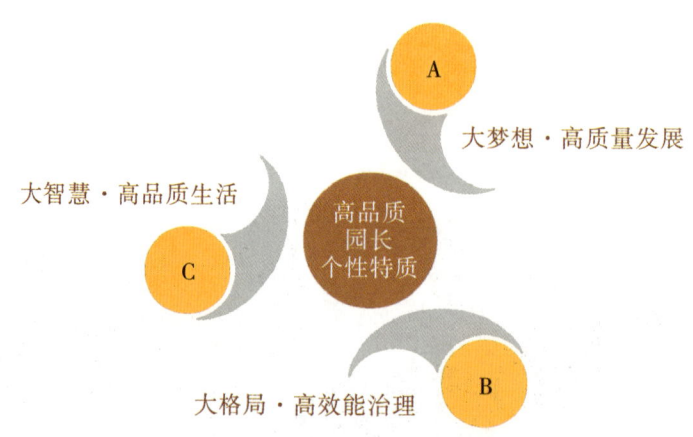

图 2　高品质园长的个性特质框架

1. 大梦想——高质量发展

心有所信,方能行远。高品质幼儿园园长以大梦想引领大发展,在幼儿园的层面为"高质量教育体系"的建设努力奋斗,不仅自己怀揣高质量发展的梦想,还引领教职工人人有教育梦想。主要体现在:坚持高品质的教育实践,追求高远的人生志向,致力于崇高的人格目标。

坚持高品质的教育实践,就是要做到"顶天立地",主动把办园的事业摆在国家要求和人民期待的视野下来看待,坚持以质量为生命,以品位为追求,建设高品质的幼儿园。

追求高远的人生志向,就是要抬高眼界做事业,俯下身来办教育,倾听儿童的心声,放大自己的价值,在儿童眼中发现未来,在平凡之中担当使命,不断刷新自我、超越自我,在专家型园长的成长之路上不断精进。

致力于崇高的人格目标,就是要严于律己,诚以待人,心怀公正,踏实做事,以思想凝聚人心,以信任鼓舞力量,以意志克服困难,以人格魅力凝聚团队。

2. 大格局——高效能治理

格局决定未来,眼界决定出路。高品质幼儿园园长拥有大格局意识,追求高效能治理,不断创新,不断进步。具体表现为:全面贯彻新发展理念,广泛接受新事物新挑战,积极践行利他哲学精神。

全面贯彻新发展理念,指倡导创新、协调、绿色、开放、共享五大发展理念,对幼儿园的发展进行前瞻性思考、全局性谋划、整体性推进,增强幼儿园的生存力、竞争力和发展力。

广泛接受新事物新挑战,指走出舒适区,拥抱未来,拥抱未知,努力汲取新的思想理念,学习新的技术手段,在新征程下勇于探索,善于创新,开拓幼儿园改革发展新局面。

积极践行利他哲学精神,指胸怀宽广,彼此尊重,协力合作,为了儿童的成长、家长的满意、同事的进步、幼儿园的发展奉献力量,以长远的眼光共建和谐的教育生态,共享成长的硕果。

3. 大智慧——高品质生活

知者不惑,仁者不忧,勇者不惧。高品质幼儿园园长既是教育事业的建设者,幼儿园的掌舵者,也是自己生活的耕耘者。具体表现在:学习有术,思考有道,处事有方。

学习有术,即有主动学习的态度,有长期学习的计划,有广泛学习的兴趣,有互相学习的习惯,有深入学习的决心,更有学以致用、用以促学的精神。

思考有道,即有全局思考的视野,有战略思考的眼光,有前瞻思考的意识,有联系思考的方法,有创新思考的能力,更有"谋后而定,行且坚毅"的意志。

处事有方,即有自信自强的心态,有换位思考的思维,有刚柔相济的胸怀,有迎难而上的勇气,有淡泊名利的情怀,更有以不变应万变的定力。

三、改革路径

个人成长是内、外因共同作用的结果,其中个体的认知、格局、能力等内因是发展的核心。因此,园所抓住园长专业发展的内在要核,基于一些优秀园长的教育实践和四川省何云竹名园长鼎兴工作室的建设,从园长内源性的角度提炼出高品质园长特质修炼的三个"秘方"。

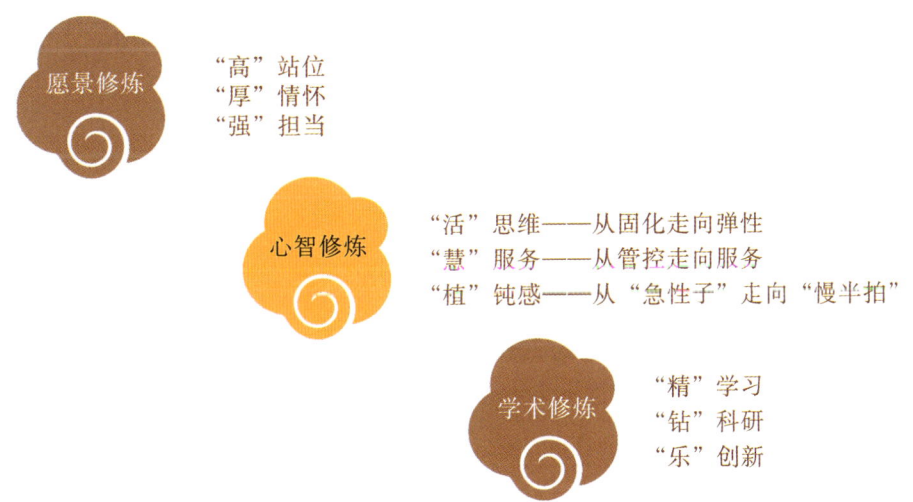

图3 高品质园长的自我修炼路径

1. 愿景修炼

愿景，即希望看到的情景，是对未来的设想。愿景帮助高品质园长描绘事业的短期、长期目标，回答"走向何方"的问题，指导其把握新趋势，认清新目标。

（1）"高"站位。愿景修炼的基础是明确"在哪儿"。高品质园长要站在实现党和国家对学前教育美好期待的基石上，练就"三个过硬"的本领，不断提高自己的站位，不断向学前教育要质量，为实现中华民族教育事业的伟大复兴贡献力量。

信念过硬。胸有建设教育强国的伟大梦想，心怀让学前教育高质量发展的信念，带头做高品质学前教育的坚定信仰者和忠实实践者。

政治过硬。讲政治立场、政治方向、政治原则，坚决贯彻、执行党和国家的教育方针政策，主动提升解读政策的能力，进一步明确"为谁培养人""培养什么人""怎样培养人"的根本问题。

作风过硬。把办人民满意的学前教育信念根植心中，积极开展调查研究提高工作能力，在倾听大众呼声、虚心接受监督中自觉进行自我反省、自我批评、自我教育，不断完善自身。

（2）"厚"情怀。知道"在哪儿"后，明确"我要做什么"是愿景修炼的第二步。高品质园长不仅要情系学前教育事业，还要怀有远大的教育梦想，在"坚守教育初心、坚韧教育选择、坚毅教育决心、坚秉教育追求、坚诚教育使命"中，不断厚植教育情怀，对幼儿园发展做出战略性、前瞻性、长远性、全局性的思考并付诸行动。

绵阳市北川羌族自治县安昌幼儿园的梁娟园长认为，园长唯有内心的挚爱，才能根植教育情怀，实现教育梦想。十年来，她以爱逐梦，坚持"发展幼儿一个都不能少"的信念，在苦难面前坚守教育初心；践行高品质办园，在问题面前坚韧教育选择；勇担责任义务，在病痛面前坚毅教育决心；专业引领发展，在风雨面前坚秉教育追求；乘势拾级而上，在挑战面前坚诚教育使命，让一所民族幼儿园走出了自己的特色发展之路。

（3）"强"担当。"做到什么程度"也是高品质园长愿景修炼的重要内容。作为肩负着幼儿园发展大业的"领跑人"，高品质园长要有过硬的责任意识、科学的办学思想，不断明晰教育职责，提升担当能力。

明确职责使命。高品质园长要树立正确的业绩观，发扬求真务实、真抓实干的作风，以钉钉子的精神担当教育责任与使命，真正做到对幼儿、教师、家长负责，切实解决好"如何上好学"的问题。

凝练办园理念。高品质幼儿园要以科学适宜的办园思想做支撑，办园思想对外是旗帜，对内是保教工作的行动指南。高品质园长的办园思想必须鲜明，具有先进性和个性，反映园所文化，并带动教师共同探索、不断升华，建立"理念指导实践"的共识，让办园行为更加科学。

四川省何云竹名园长鼎兴工作室将撰写办园思想与实践报告纳入了工作室2020年度工作清单，领衔人何云竹带领13名成员依托教育教学实践，围绕办园理念、文化建设、制度建设、课程建设、队伍建设、家园共育几个方面撰写了14份约10万字的《办学思想与实践报告》。在此过程中，大家深入交流与反思，完善、升华了办学思想与理念。例如，邹晓敏园长带领宜宾市市级机关幼儿园提出的"陪伴每个生命主动成长"，赵颖园长与团队提炼出凉山州冕宁县幼儿园的办学理念"天然童心，阳光随行"，张小帆园长围绕新建园绵阳市安州区沙汀实验幼儿园提出建"一所充满爱与探索的乐园"……均发挥良好指引作用。

2. 心智修炼

"心智模式"是认识事物的方法和习惯，根深蒂固于人心，是一种思维定式，影响着人们了解和对待这个世界的态度。心智模式决定了高品质园长的人生格局、人生质量、人生境界。

（1）"活"思维——从固化走向弹性。高品质园长要做到格局大、眼界宽、境界高，需要具备灵活的思维模式。因而，高品质园长要坚信：越多角度，越多思路；越多等待，越多惊喜；越多留白，越多可能。并努力让自己拥有以下三种思维，甚至更多。

系统思维。学前教育是一个多样、开放、综合的庞大系统工程，幼儿园治理要以系统思维把握全局，建立系统认识和系统举措。高品质园长不能局限于幼儿园来思考问题，要"跳出教育看教育"，打破个人眼界的局限，在历史纵向和现实横向的交叉点、在纵观全局和服务大局的交汇点全局通盘考虑问题，确立自己和园所的工作"坐标"和行动"标杆"。

迭代思维。高品质园长要紧跟时代步伐，善于运用迭代思维推进幼儿园改革进程。一方面要有行动力，快速接受、验证学前教育研究和实践的前沿思想；另一方面要将错误或问题看作资源，在幼儿园建立"试错与容错"机制，更好地发现问题，拓展每个人发展的广度、深度。

留白思维。俗话说"过犹不及"，高品质园长应当适度"佛系"，在守住底线原则的基础上予以留白，放手给教职工足够的自由度，增加适度的弹性空间，营造充满民主、人性、生动的发展氛围。

攀枝花市实验幼儿园刁玲园长运用系统思维顶层设计"玩美教育"框架：寻初心—达共识—建课程—创品牌，实现园所课程与文化的结合渗透。绵阳市公园路幼儿园张春玉园长在推行"大阅读"课程中倡导留白原则，只拟定阅读计划的基本目标和框架，具体任务全部留白交予幼儿、教师，变"要我做"为"我要做"，师幼真正实现个性化独立成长。

（2）"慧"服务——从管控走向服务。管控者、管理者、拍板人，都是大众对园长角色的刻板印象。但深究高品质园长的本质，应是幼儿园品质建设、教师专业发展、幼儿生动成长的服务者。所以，高品质园长为人民服务的觉悟应该更加凸显，服务能力应该更强，服务方式应该更智慧。主要包含以下三重境界：

第一重境界：提供高质量服务。这一阶段，高品质园长要广泛关注幼儿园发展中的真实问题，紧盯细节之处，提升服务的精度、细度，通过细心、耐心、巧心提升精细化管理水平，针对不同教职工群体实施多样化、有针对性的服务，供其所需，解其"燃眉之急"，带给他们获得感、幸福感，提升幼儿园的温度。

第二重境界：提高服务能力。一味服务远远不够，还要重点攻克"用什么方式服务"的问题，只有服务能力提高了，提供高质量服务才得以持续。因此，高品质园长要善于运用新思想、新技术不断创新服务机制与模式。例如"定制化教师培训机制""教师专业发展成长课堂"等。

第三重境界：带动个体自我服务。"美好的生活要自己去创造"，高品质园长智慧服务的关键是解放自己，让幼儿园的每个人明确自身发展需求，寻求学习成长路径，努力做最好的自己。

（3）"植"钝感——从"急性子"走向"慢半拍"。"钝感力"一词出自日本作家渡边淳一的主题散文集《钝感力》，意为"迟钝的力量"，是一种有意而为的"迟钝"，是一种从容面对挫折和伤痛的生存智慧，是一种排除周围干扰、勇往直前的处世品格，是一种朝着目标前进的坚定态度。钝感力启发高品质园长不必激进、张扬，应慢下来、静下来；不必过于敏感，可以"粗线条"一些；不必过于刚硬，应有大智若愚的智慧。

如何培植高品质园长的钝感力呢？

策略一："千磨万击还坚劲"。高品质园长要勇立幼儿园高质量建设的潮头，迎难而上，努力克服各类问题，锻炼不轻易退缩的韧劲。

策略二:"人生难得是糊涂"。幼儿园管理工作纷繁复杂,高品质的园长需要有"难得糊涂"的清醒,彰显"睁一只眼闭一只眼"的智慧。

策略三:"宰相肚里能撑船"。高品质园长应弘扬"柔性"哲学,用理解和忍让"以柔克刚",学会原谅和容忍,修养出一种"能忍"的大度。

成都市第十一幼儿园教育集团园长王霞迎难而上,从小学校长成功转型为幼儿园园长,用三年时间把一园三区发展至一园五区的集团园。什邡市第一幼儿园鲁萍园长推行的"温度管理"、泸州市龙马潭区陶然路江韵幼儿园屈祖梅园长实施的"柔情管理"、都江堰市青城山东软幼儿园谭秀兰园长倡导的"共享管理"、眉山市东坡区齐通幼儿园杨柳园长提出的"润泽管理"……都是把教职工当作幼儿园的主人,激发其内生动力,营造和谐向上的精神文化氛围,促进了团队能力的整体提升。

3. 学术修炼

学术能力是高品质园长的专业名片,主要指其在学术方面的基本素质和修养,体现了高品质园长的创新精神和执行能力。高品质的园长要在深度学习、扎实科研、精进技术、不断创新中夯实自己的学术修养和专业影响。

(1)"精"学习。木桶原理告诉我们,一个木桶如果有短板就装不满水,但木桶底板有漏洞就装不了水。高品质园长既要善于补齐短板,更要注重加固底板。而学习是加固底板的唯一举措,学习的广度决定底板的面积,学习的深度决定底板的厚度。

高品质园长的学习要有广度。一是学习的对象要广泛,秉持"三人行必有我师"的态度,向同行学习,向教职工学习,向幼儿学习,向身边的每一个人学习,博采众长;二是学习的内容要跨界,需要涉猎心理学、哲学、社会科学等各个领域,拓宽眼界,博闻强识。

高品质园长的学习要有深度。既要向书本学习,学习理论知识,学习方法策略,知其然并知其所以然,构建起系统的知识体系;也要向实践学习,立足真实问题,实践出真知,探索解决路径;还要终身学习,克服日常琐事的困扰,让学习成为一种习惯。

雅安市实验幼儿园教育集团田川园长,从事学前教育32年,担任园长22年,始终不减学习热情。她在自己的成长故事中写道:作为新时代的园长,成为一名高品质园长是我最大的心愿,向书本学习,向同伴学习,向优秀团队学习,向先进经验学习,这是我的成长路径,同样也是我以后进步的阶梯。我要在永无止境的学习中成就美好的自己,成就美好的儿童。

图4 互学·共研——第七期全国幼儿园优秀园长高级研究班与四川省
何云竹名园长鼎兴工作室学术交流

（2）"钻"科研。教育科研是高品质园长学术能力的直接体现，是进行学术修炼的关键一环。高品质园长要敢于做研究，善于做研究，做真研究，让教育科研站位高、视野宽、思考深、状态稳。

要克服畏难情绪。现实中有很多园长不愿意做研究，不会做研究，甚至做假研究。其实教育科研并非想象中那么难，只要研究选题指向"真"、研究过程指向"实"、研究成果指向"新"，必定有所收获。

要坚定科研信念。做教育科研并非儿戏，不能搞假动作，要在科研高峰上肯攀登。要相信科研之路道阻且长，行则有往；科研之果洵美且异，耕则有为。

要强化成果意识。做科研的最终目的是将研究得出的经验结果予以推广，让更多的园所和人受益。所以，高品质园长要有成果产出意识，积极形成优秀教育论文，编撰专著出版，产出教育教学改革成果。

四川省何云竹名园长鼎兴工作室在课题研究中，研究探索新时代提升园长品质的路径与策略，编撰《名园长修炼之路》并出版，总结优秀园长成长的经验与规律。成都市温江区实验幼儿园彭海霞园长争当幼儿园教育科研的先行者、引领者、指导者，通过机制变革激活教师人人致力于教育科研，研究成果荣获国家二等奖、四川省一等奖。绵阳市开元实验幼儿园刘朝霞园长带领团队通过课题研究提炼出"幼小衔接"园本课程，2020年新冠肺炎疫情期间教师自主创建30多个微课题，形成了以大课题为龙头、小专题为抓手的科研模式，教师在研究中专业发展能力不断精进。

图 5 强化成果意识，形成研究成果——四川省何云竹名园长鼎兴工作室专著统稿会

（3）"乐"创新。创新是发展的第一动力。高品质园长不能有拿来主义、本本主义，要乐于创新、善于创新，要积极运用创新思维、创新技术、创新手段不断革新工作模式，提升管理效能，推动自身跨越式、可持续发展。具体可从两方面着力：

培植创新意识。正所谓"惟改革者进，惟鼎新者强"，高品质园长要与时俱进，不断掌握新知识、熟悉新领域、开拓新视野，并引导全体教职工转变观念，开拓进取，创造性地学习思考，创造性地开展工作。

拥抱新兴技术。新时代是科技创新的时代，新时代的学前教育少不了技术的助力，因而高品质园长要持有开放的心态，坦然接受新技术的冲击，将新技术带来的挑战转化为动力，促进教育改革的深化。

四川省科学城春蕾学校幼托中心李紫园长乐于创新，利用科学城深厚的文化底蕴和雄厚的科技资源开展科学特色教育，在"一园一特色"的基础上，推行和渗透"科学特色并行"的园所理念。绵阳市小岛幼稚园王莉园长用开放的态度对待新技术，在自身信息技术能力跟不上工作节奏时，自请专业人员担任老师，学习办公软件使用、网络资源获取等技术，成为同龄人中的电脑高手。

四、改革成效

1. 刻画出高品质园长的时代画像

通过对四川省何云竹名园长鼎兴工作室成员撰写的成长故事进行深度剖析，分析比对 553 位园长的问卷调查，结合《幼儿园园长专业标准》与园长们的教育实践，我园从基本专业能力和个性特质两个层面绘制了高品质园长的画像，特别构建了其特有的框架体系，让高品质园长的形象跃然纸上。

2. 绘制出高品质园长前进的路线图

"三项修炼"成长密钥，打开了高品质园长内生性发展之路的大门，相信高品质园长会根据自身实际，用好这三把"钥匙"，选择适宜自身的修炼内容与方法，找到前进的方向与路线，同时带动更多的园长走向高品质。

3. 点亮了园长个性化发展的航标灯

对于普通园长而言，高品质园长的画像和修炼秘诀也为其提供了标杆与导向，让他们得以对标找差，锐意进取，不断弥补自身的弱项，为成为高品质园长而不断努力。

2020 年，四川省首批名园长鼎兴工作室领衔人何云竹园长开展了线上线下 25 批次的对外交流，辐射全国 31 个省（自治区、直辖市）和新疆建设兵团的园长们。10 月，工作室承办了第七期全国幼儿园优秀园长高级研究班公益讲坛，与来自北京、上海、广州、浙江等地的优秀园长共话新时代幼儿园品质发展，200 余名园长现场参会，11 万人通过网络观看了活动实况。

图 6　高品质之行带动同行共成长——第七期全国幼儿园优秀园长高级研究班公益讲坛

反思提升

高品质幼儿园园长品质的探究永无止境，我们可从三个阶段层层深入。

第一阶段："从 0 到 1"。归纳高品质园长群体的显著特质，构建起基本的框架体系，并从内因要素的视角提出对应的成长路径，即上述内容。

第二阶段："从 1 到 N"。将此项研究成果推广到 N 所幼儿园的 N 位园长进行验证与实践，丰富高品质园长特质的内涵，探索高品质园长发展的外部成长环境。

第三阶段："从 N 到 1"。关注每一位园长的个性化发展特点与水平，尝试构建高品质园长的评价体系，为相关部门提供可视化指标。

高品质园长的成长不是一蹴而就的。希望通过大家的努力，每一位园长都可以自信满满地迎接未来，坦然地对高品质教育说：我来了！

参考文献

[1] 王铁军. 校长领导力修炼[M]. 上海：华东师范大学出版社，2009.

[2] 中共中央宣传部理论局. 新时代面对面：理论热点面对面 2018[M]. 北京：学习出版社，2018.

[3] 崔勇. 走向高品质：面向新时代的校长思维修炼[J]. 江苏教育研究，2020(22)：7—9.

（供稿：绵阳市花园实验幼儿园，何云竹、李敏、何苗、乔晓丽）

专家点评

就目前来看，幼儿园园长更多是自我驱动为主的成长方式，具有极大的偶然性和不确定性。虽然《幼儿园园长标准》的颁布、园长工作室的设立以及种类繁多的园长培训等，在一定程度上加速、加快了园长的成长，但远远不够。特别是进入新时代，园长面临着诸多新问题、新挑战，如何办出高品质的幼儿园，如何成为一名高品质的园长，就是其中之一。

高品质幼儿园园长具有什么样的特质，是如何产生的？绵阳市花园实验幼儿园的这一研究成果，极力尝试回答这一学前教育发展难题。成果描述出了高品质幼儿园园长应该具有"大梦想""大格局""大智慧"的时代特质，能够在"高效治理""高品质生活"中获得"高质量的发展"。成果也从愿景、心智、学术三个维度，给出了三把成长的"密钥"。

《高品质幼儿园园长的特质与修炼》这一成果，最大的意义和价值，或许不在于得出的"三大三高"以及三把"密钥"，而是这一探索本身。如果我们不把园长成长，特别是高品质幼儿园园长成长的问题摆上议事日程，不放在科学的层面加以客观讨论，不去研究其基本特点、成长规律，不去探讨园长与校长、园长与厂长的区别，园长真正的成长就无法走出自生自灭的尴尬境地，无法实现真正的高品质发展。

——鄢超云

高品质幼儿园教师专业成长路径的思与行

问题聚焦

高品质幼儿园建设需要具有专业水平的教师做支撑，但是，当前幼儿园教师专业成长路径单一，造成教师对自身专业成长理解不深，课程建设与实施、教学设计与组织、环境创设与利用、研究意识与能力均感薄弱。要让幼儿园教师专业成长路径更加多元和有效，必须先对其进行实践探索。

成果简介

一、改革背景

教师是立教之本、兴教之源，是教育发展的核心力量和第一资源。党和国家对教师培养高度重视，中共中央国务院印发的《深化新时代教育评价改革总体方案》专门强调对教师评价的改革，要把师德师风、教育实践、一线工作、教科研能力作为教师评价的重要指标。全面推进高品质学前教育改革发展需要一支高品质教师队伍做强有力的支撑。

在追求幼儿园高品质发展的今天，具有 66 年发展历史的成都市温江区实验幼儿园，在近十年集团化发展过程中，教师队伍在结构与能力上发生巨大变化，骨干力量流失，新教师大量入职，教师队伍的整体专业素质下滑，教师队伍专业能力和专业素养跟不上时代及幼儿园的发展要求。

只有专业的幼儿园教师才能保障幼儿良好的发展。幼儿的良好行为习惯、品质、社会能力、认知发展都处在起步的阶段，需要幼儿园教师的专业引领，幼儿园只有拥有较高文化素养、综合素质、教学水平、专业能力的教师才能更好地促进幼儿的发展。

二、改革主张

1. 机制保障，激发教师职业认同，为专业成长夯实基础

为保障幼儿园教师培养工作的有效开展，促进教师的专业发展，幼儿园需要科学的机制保障。通过组建"一个主体、两个支撑、三组教研、全园参与"的自上而下式的培养组织网络，依托于机制引领，健全教师培养路径，采用多种培养策略，采取走出去、请进来的方式，将培训与研究结合起来，在主要负责人、有经验的骨干教师的引领下，多途径开展研修活动，使教师专业成长有目的、有方向、有办法，为教师专业成长夯实基础，激发教师职业认同感和职业归属感。

2. 外激内驱，营造教师主动发展环境，为专业成长提供助力

教师的专业成长需要外部的激励，也需要教师内在的驱动，积极主动提升自己，在专业态度、专业知识、专业能力和专业视野上激励广大教师积极学习，反思提升，参与研究。教师专业成长的外部激发指幼儿园通过采取一定的措施帮助教师成长，如科学的组织领导、完善的激励制度、全面的专业培训、有针对性的分层培训、师徒结对、各种交流平台等，通过外部力量引领教师的成长；教师专业成长的内驱指激发教师自身学习的主动性，使其愿意并努力提升自己的理论水平与实践水平。外激内驱相互影响、相互促进，外部激发需要教师内部主动发展，内部主动发展驱力让外部培养更加有的放矢，只有将二者结合起来，营造积极主动的发展环境，才能为教师专业成长提供助力。

3. 多项举措，强化教师专业自觉，为专业成长插上翅膀

高品质幼儿园教师培养的过程，就是教师专业的自我认知、自我反省、自我创建的过程。专业自觉的高品质幼儿教师队伍培育需要唤醒教师的专业意识，建立教师的专业自觉，增强教师的专业自信，实现教师的专业自主，需要真实有效的培养路径。通过校园文化和教师成长的顶层设计，构建适宜的培训课程内容，拓展培养途径，让教师学会自我学习，转变教育教学观念；学会自我反思，转变教育行为；学会创新实践，提升教育能力，最后实现专业自觉、专业自主和专业自信。

三、改革路径

成都市温江区实验幼儿园探索出以文化自觉为核心的幼儿园教师培养策略和路径，

在教师队伍建设中以教师成长内驱力与外趋力研究为切入点，通过理念引领、机制引领、团队引领这三大路径，激发教师职业认同；遵循三大路径，以四个方向，即重整专业态度、丰富专业知识、提升专业能力和开拓专业视野，持续高位引领的自主发展，让教师的专业发展有章可循；在外部条件的专业自觉意识建议的基础上，教师还需要主动固化和加强专业自觉意识，为此，我园研制出了强化教师专业自觉的"五个行为"。

1. 以"三大路径"为抓手，激发教师职业认同

通过理念引领，充分了解和尊重教师，把幼儿教师视为独立的个体，重视教师的个体能力并将其个人成长与幼儿园的发展密切融合，从而使教师获得足够的职业认同感。

通过机制引领，帮助教师树立目标感，着眼于教师专业发展，从岗前、职后入手，让教师培养一脉相承，充分激发教师的主动能观性，通过学习的引导，实现教师的专业成长。

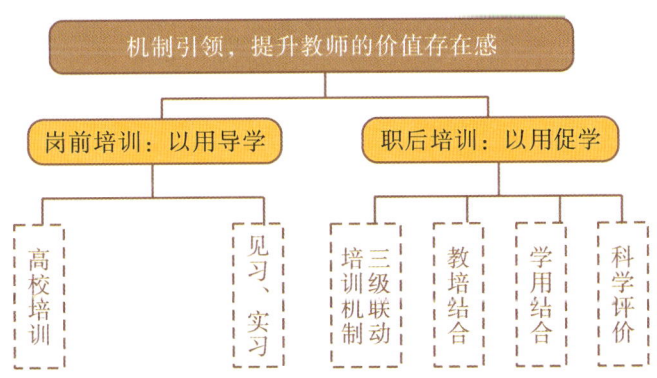

图1 成都市温江区实验幼儿园机制引领提升教师价值存在感

通过团队引领，充分发挥团队的专业引领作用，让教师在集体中得以成长，获得幸福感。一是构建共荣共进的团队文化，让教师在园所文化理念的熏陶下快乐工作，同时获得家一般的温暖；二是管理团队要将教师的职业生涯规划由个人行为转变为组织行为，教师通过思想交流、学习培训、活动展示、教学研讨、奖励成效等，激发对职业的热情；三是形成团队共建、共同成长的氛围，让教师感受到自己的成长受到了同伴、集体的关注与帮助，自己并非一个人在战斗，从而获得职业幸福感。

2. 以"四个方向"为支持，提升教师的主动性发展

主动性发展是一项主动提升的行为，在专业态度、专业知识、专业能力和专业视野上着力，帮助教师明确专业发展之道，让教师的专业发展有迹可循，使教师走向自主发展。

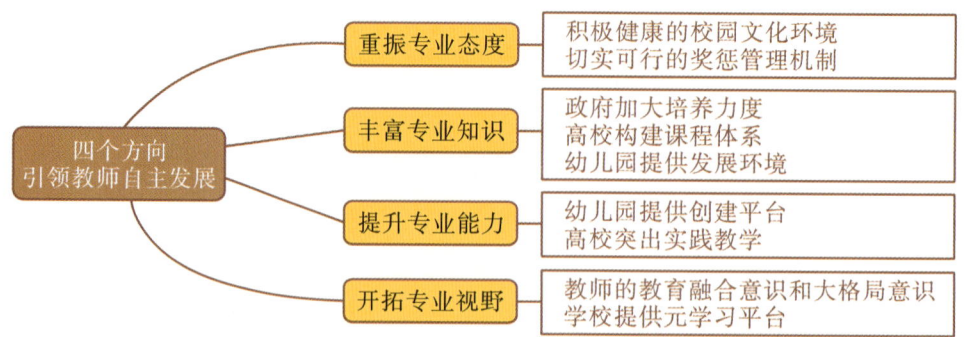

图2 成都市温江区实验幼儿园以四个方向引领教师自主发展

幼儿园通过制定有效的措施，营造积极健康的幼儿园教育和文化环境，调动教师工作的积极性，重振教师专业态度。

建立完善的教师培养课程体系，摒弃无目标、无计划的自培模式，充分利用园内外培训资源，丰富教师专业知识。

研制有效的培养机制，打破传统的重理论轻实践的研培机制，为教师提供、创建多渠道的实践操作平台，不断提升教师的专业能力。

提供多元化的发展途径，给予教师更多接触新事物的多元学习平台，在加强教师自身的教育融合意识和大格局意识的同时，不断提升教师的教育格局，开拓教师的专业视野。

3. 以五大举措为依托，强化教师的专业自觉

教师在借助外部条件建立了专业自觉意识之后，还需主动作为，让专业自觉意识不断加强和巩固。

（1）通过教师的自我觉醒，建立教育信仰。教育之魂是教育信仰，它是有限生命向无限生命的延伸，是教育的生命动力，践行教育信仰需要百折不挠的精神和科学的方法路径。教师需要树立良好的师德师风。师德师风是教师之本，良好的师德不仅是教师职业的认知，更是园方必须重视的工作。首先，要注重提升教师自主建立良好师德师风的意识；其次，要关注提高对教师师德培育的实践性和针对性，强化教师对职业道德的认知和践行能力，通过理论知识的学习和案例分享，让教师从"不知道"到"知道"，从"知道"到"行动"，不能只停留在文本上，更需要实践在日常活动中；再次，教师需要科学的制订职业规划，明确自己的专业发展方向，按照短、中、长期分步确立目标，逐步实现个人发展目标；再次，教师需要主动参与教育科研，不断提升自己的专业能力，能主动发现问题，利用科学研究方式，实现专业能力的提高；最后，教师要善于学习与反思，不断提升自我的教育境界。教师要善于学习，勤于反思，在

学习反思中不断发现自己的不足，激发超越自我的内驱力，以坚忍不拔的精神实践自己的教育信仰。

（2）通过激活教师的内驱力，激发工作激情。教师需主动激发有利于自身成长的内部动力，消除职业倦怠感。职业倦怠感是人主观的疲倦感，也叫瓶颈期，消除职业倦怠感要求教师有主动学习的态度，培养对职业的兴趣，保持自己对工作高昂的激情，最重要的是自我觉醒，就是对自己工作状态有正确客观的评价，当发现自己有职业倦怠感时要主动重建。园所也要通过培养教师的职业兴趣，激活教师的内驱力，从而激发教师的工作激情。

（3）通过准确的定位，定制发展规划。身为幼儿园教师必须热爱教育事业，必须创新教育智慧，在不断丰富自己的精神家园时寻求职业理想的高度，有意识地规划专业发展方向及途径，从而寻求最大化的自我发展。

量身定做自身发展计划。结合自身发展情况制订专业的发展规划和学习培训计划，需要先确定可实现的短期目标或学期目标开始，循序渐进地制定长远目标。

主动学习，增强发展意识。培育教师主动学习的意识，教师有自主选择校内培训的权利和积极参加自主学习的义务。园所为教师提供学习培训的机会和表现平台，让教师有机会参与学习和展示。

"不断超越"，永不止步。优秀教师的目标是做一名专家型教师，是教师通过自身不断的努力，积累丰富的专业能力，不断超越自我，从新教师到合格教师到骨干教师、知名教师最后到专家型教师。

"抓住机会"有提升。从教师专业成长视角，教师应该善于抓住幼儿园提供的各种有利于学习和发展的平台，致力于教师自身的职后培养和发展。一是着力进行学历提升，鼓励教师提升自身学历；二是主动参与国家、地方组织的相关教师培育培训活动，主动吸收更多更广的理念与信息，并学以致用；三是园所建立科学的教研培训机制，幼儿园要建立科学系统的教研培训机制，针对教师发展的问题选择适宜的内容和形式，实施研讨和专题培训，建立教师的研究学习意识，提升教师的专业能力。

4. 实现思行合一，落实教育行动

在积极、健康的园所文化熏陶下帮助教师养成主动学习、善于反思的习惯，激励教师在反复的教育实践探索中不断自我完善与提升。

（1）让教师从"学研结合"唤醒专业自觉。任务驱动式学习，提升教师的理论素养。教师以任务驱动为外引，对标省市级名优教师标准，制订个人发展规划，明确发展目标。互动对话式学习，提升教师的专业认知。通过交流互动对话机制，开展主题活动（读书演讲、才艺展示）、研训一体式活动、实幼微讲堂等活动。名师工作室典范带教学习，唤醒教师的专业意识。以省市区三级"彭海霞名师工作室"为载体，采用"点带面"和"1＋5＋9"层级帮扶策略，提供教师交流学习平台。

（2）让教师从"做研相融"达成专业自主。从环境创设、教师队伍、课程建设、园所管理和家园工作"五位一体"构建模式重塑幼儿园"实"文化——真实、博实、丰实、务实、朴实，指引教师专业价值取向。

重研《园本课程方案》，打造"科创基础大本营""科创项目俱乐部"和"科创七小梦工厂"三位并存的园本课程体系。细化目标和内容，匹配主题课程，生成项目活动；引入STEAM教育理念，变革课程实施模式，着力提升教师的课程实施能力。

充分挖掘幼儿园环境资源，整合家长、社区、集团园、联盟组、结对帮扶园资源，建立成果研究共同体。通过打造"幼儿科学游戏广场"园级区域、"幼儿科学游戏共享体验场"、功能室等共用区域，以及班级"五图一墙"主题墙和区域活动环境，有效提升教师的课程开发能力。

通过组建"一个主体、两个支撑、三组教研、全体参与"的研究网络，建立全覆盖研究机制，以"问题导向"为中心，形成"理念引领→实践检验→研讨反思→再实践检验→研讨提炼→解决问题"的"涟漪式"循环研究路径，提升教师的课程管理能力。

（3）让教师从"悟研相生"激发专业自信。转变教育观念，树立正确的幼儿观。在五大领域的整合教育中，从幼儿的生活和游戏出发，关注幼儿直接经验的获得，研究幼儿能力的发展。转变角色，做"主动学习者"。教师由科研的执行者、灌输者变为参与者、支持者、合作者。幼儿园以双向互动、相互启发、教科研联动一体的"研培共同体"激发教师科研主动性，成为"主动学习者"。

5. 加强团队合作，实现教师的成长增值

以队伍建设出发，充分发挥领导班子的带头作用。幼儿园教师团队建设应首先围绕创建"团结、合作、奉献、实干"的领导班子，从顶层设计科学地管理幼儿园，提升管理人员的自觉性。

着眼团队文化建设，强化教师队伍的执行力。幼儿园教师应该是合作的、积极的、共进的一种关系，重点提升教师的工作积极性，形成团队合力，可以通过"特长组工程""年级组"发挥教师的职业特长及团结协作能力，更好地达成团队发展目标。

注重校园文化，营造良好的校园氛围。幼儿园为教师提供良好的学习环境及条件，创造全体教职工认可的园本文化，实现管理一条心、教师同协力的园所氛围，让教师在园所文化理念的熏陶中快乐成长。例如，我园在园所文化中对教师团队的画像是"勤朴慎思、慧美博实"。以一个核心"博爱"，两种方法"勤学、善思"，三种品质"朴实、严谨、慧美"，引领着教师规范师德品质，增强教师的职业尊严感和专业价值感。

通过线上线下双线教研，提升教师的专业能力。通过"线上＋线下"模式搭建丰富的资源学习平台，线上建立学习研修共同体，利用网络资源，共同讨论学习问题，促进教师之间的合作学习；线下教师利用现场教研和教学，共享集体智慧和团队资源，不断助推自己成为具有独特教学魅力、乐于创新教学形式、善于创建智能高效课堂、勇于形成新教育理念的新时代研究型教师。

四、改革成效

科研引领着教育思想、磨砺着教师的专业品质。通过课题研究，教师不再随性教育和评价儿童，而是通过撰写教育随笔、记录幼儿学习故事，提高观察能力，养成观察－反思－优化的教学实施模式和行为习惯，通过观察、思考和分析去改进教学手段，提升教学质量，强化了教师对职业道德的深切认知和践行能力，不仅仅从"不知"到"知"，更在于从"知"到"行"。教师对自己的专业有了更高的要求，对有效经验、教育成果的总结、归纳和提炼，对自己教育行为的主动反思和调整，对教育问题提出周全而有效的解决策略，养成科学的理性思维。教师在这一过程中养成的学习反思、执着专注的品质成就其自主发展。

反思提升

目前培养策略主要是三大路径、四个方向和五大行为，更多集中于幼儿园层面如何培养与激发教师专业成长，而对于教师如何内发提升专业能力与专业自觉并没有详细的规划，接下来的工作重点将放在如何促进教师自发提升专业能力与学习能力上，例如：师生结对、听推门课、教研互评的方式，通过名师传帮带、学习共同体互助学的形式，引导青年教师大胆尝试，学习反思，促进自身教学理念和教学方式的转变，提升教育教学设计、组织和评价能力。同时，幼儿园还应深入思考针对不同教师的分层培养路径，针对不同教师的长处和短处进行分团体培养，制订针对性目标和计划，明确各组组长、成员职责和任务，在广播主持、舞蹈艺术、创意美劳和信息撰写等工作中，充分发挥教师特长。结合幼儿园各类活动发挥特长组教师的优势，拓展教师的优势，鼓励每一位教师个性发展，拥有自身教育的特色。

最后，虽然幼儿园研制了教师培养的评价标准，以四个维度对教师进行评价，帮助教师在专业发展过程中找准定位与发展目标，但评价的主体应全面多元化，评价的形式还应该注重过程性评价，才能具有更大范围的参考性。

（供稿：成都市温江区实验幼儿园，彭海霞、梁中秀、叶敏霞、孙佳一）

▶ 专家点评

一所幼儿园的教育质量，在很大程度上取决于教师的质量。从全国范围来看，幼儿园教师的学历、职称、数量、稳定性、待遇等，还有待提升。工作必须推进，品质必须提升，简单意义上的"送出去、请进来"培训和不太能够提起大家兴趣的园本教研，都需要改革。教师在专业成长过程中，需要"知道"，需要有机会"看到"自己所知道的内容，需要把自己知道的、看到的付诸行动，并且有机会对自己知道的、看到的、做过的进行反思。更重要的是，"知道""看到""行动""反思"之间应该是相关联而不是脱节的。比如，当教师知道了深度学习，却在实践中看不到深度学习的样态，这样的培训、教研有效吗？有多大的效果？学的和说的是深度学习，做的却是机械练习、简单排演，在今天的实践中还少吗？教师在尝试了深度学习的行动之后，能够得到非常有针对性的支持吗，能够心平气和地进行有效反思吗？

我们所讲的每一个教育理念、每一条教育原则，都适合幼儿园教师的专业成长。当我们说幼儿有自己的学习规律、学习特点时，必须注意到幼儿园教师也有自己的学习规律和特点；当我们说既要面向全体又要注重因材施教时，必须注意到幼儿园教师的差异也是很大的，而且这种差异绝不能简单地说成是工作年限的差异。

"高品质幼儿园教师专业成长路径的思与行"这一成果，对幼儿园教师专业成长的"路径"问题进行了探讨，值得大家去思、去行。

——鄢超云

高品质幼儿园教师的专业能力提升路径

——基于"教育活动计划与实施"的集团园本教研实践

问题聚焦

《幼儿园教师专业标准(试行)》(以下简称《专业标准》)明确指出:"教育活动的计划与实施"是幼儿园教师所应具备的7项专业能力之一。教师专业能力的高质量发展对于高品质幼儿园的建设具有重要意义。成都市第十幼儿园教育集团(以下简称成都十幼)通过集体园本教研,聚焦教学活动的计划与实施,以引导教师提升专业能力。

成果简介

一、改革背景

教师的专业发展是高品质幼儿园建设的重要一环。当幼儿园教师的专业能力达到较高的水准时,幼儿园在高品质建设的道路上就又向前迈进了一步。2012年,教育部出台了《专业标准》,文件对幼儿园教师的专业理念与师德、专业知识、专业能力提出了明确的要求。其中专业能力包括环境的创设与利用、一日生活的组织与保育、游戏活动的支持与引导、教育活动的计划与实施、激励与评价、沟通与合作、反思与发展共计七个领域的内容。因此,想要在建设高品质幼儿园的工作中有所突破,需要在教师培养方面对标《专业标准》,以标准判断教师发展水平,以标准为导向明确教师培养的方向。

集团园本教研是促进教师专业能力快速有效发展的重要渠道。近几年,新建的幼儿园越来越多，优质幼儿园呈现集团化办园趋势。在集团化的发展过程中，新教师的数量不断增长。为了使新教师快速掌握一线专业知识，尽快投入到教学实践中，必须依靠团队的集体力量和正确引领，充分发挥老园区骨干教师的示范作用，创新教学研讨形式，促进教师专业能力的发展。

二、改革主张

1. 聚焦教师教学活动计划与实施的具体短板

教师专业能力与幼儿园的品质息息相关。想要促进高品质幼儿园的建设，必须将教师的专业能力摆在重要位置。而提升教师专业能力的第一步便是准确掌握并分析教师专业水平的实际情况。在了解教师短板的基础上才有可能提供适宜教师发展水平的培训，才能真正促进教师专业能力的有效提升。因此，本改革主张立足教师实际发展水平，根据《专业标准》对教师专业能力进行调查分析，在了解实际问题的基础上提出促进幼儿教师专业能力发展的对策与建议，使得教师的专业发展培训更具可操作性与针对性，让自上而下的教师专业能力发展培训体系建立更有依据。同时也能促使教师对照《专业标准》的具体要求，正确认识自己的专业能力，了解自身存在的差距，对自身教育教学实践工作进行积极的反思和总结，调动教师专业成长的自觉能动性。

通过调查发现，教师对于教学活动计划与实施中"是否能制订阶段性的教育活动计划和具体活动方案""是否能在教育活动中观察幼儿，根据幼儿的表现和需要，调整活动，给予适宜的指导""是否能在教育活动的设计和实施中体现趣味性、综合性和生活化，灵活运用各种组织形式和适宜的教育方式""是否能提供更多的操作探索、交流合作、表达表现的机会，支持和促进幼儿主动学习"四个方面，均存在一些问题。

2. 基于不同发展水平教师的需求

不同发展水平的教师"教学活动计划与实施"的能力也不尽相同，因此需要基于教师发展的实际水平有针对性地进行能力的锻炼。现阶段，幼儿园按照进入园所的时间维度将教师划分为了入格期、合格期和风格期三个层面。入格期教师主要指到幼儿园工作1～3年的新教师，即新手型教师。这个阶段的教师主要存在两种情况，第一种情况是刚从学校毕业，有一定理论基础但无实践经验，正处于理论转化为实践的阶段，需要规范教育行为，在模仿和尝试中学习；另一种情况便是从其他幼儿园离职进入，这部分教师有一定工作经验，但是对当前幼儿园各方面的情况与要求不太了解。合格期教师主要是指在园工作3～5年的教师，即熟手型教师。他们相较于入格期教师已经基本成熟，既有了一定工作经验，又对幼儿园较为熟知，但是仍然需要在教育实践中不断积累教育智慧。风格期教师主要是指在园工作5年及以上的教师，即专家型教师。他们已经在多年的工作经历中不断历练，积累了丰富的经验，并逐步形成了自己的教育风格和特点。

以"教学活动计划与实施"中"能够制订阶段性的教育活动计划和具体活动方案"这一标准为例，入格期教师中，有50%的教师认为自己完全符合，有47.06%教师认为自己基本符合，有2.94%的教师认为自己有点不符合；合格期教师中，有66.67%的教师认为自己完全符合，有26.67%的教师认为自己基本符合，有6.67%的教师认为自己有点不符合；风格期教师中，有83.33%的教师认为自己完全符合，有16.67%的教师认为自己基本符合。由此可见，入格期教师在教育活动计划和方案的制订方面存在一定的困难，相较于合格期和风格期的教师来说，更需要获得这方面的帮助。

3. 关注幼儿的真实反馈

纵观幼儿园对于教师教育活动组织能力的培养，主要有推门课——突袭式地检查教师教育活动的常规与规范；亮相课——入格期教师自己独立的半日活动展现；业务练兵——合格期、风格期教师具体集教活动的展示。在这些活动中，容易出现两方面的问题。一方面是教师更关注自我展示的情况，而容易忽略重要主体——幼儿在其中的表现；另一方面，活动的研讨随着活动的结束而结束，活动的建议及调整也仅停留在研讨的当下。因此，需要通过园本教研，将教师的关注点对准幼儿，聚焦于教学活动的实践，依据幼儿的真实反馈和幼儿的发展水平设计活动、实施活动，根据幼儿在活动中的真实反馈不断进行活动的研磨，调整活动内容、活动形式、活动组织方法等。

三、改革路径

1. 打破园区壁垒，建构起网络式的集团园本教研小组

高质量教研活动的开展既需要自上而下的管理支持，也需要自下而上的实践操作，因此第一步便需要组织架构起教研团队，实行层级管理，凝聚团队的力量。

建立核心讨论组、领域活动组、混合研讨组三个层面的集团园本教研小组，并筛选出各组组长，三个园区的教师打破园区间的界线自主参与。

（1）核心讨论组。在园长的指导下，由园区分管教育教学的副园长、保教主任、保教干事、风格期教师组成教研核心讨论小组，通过向教师征集意见，确定活动领域，制订教研计划与教师专业能力提升方向，明确教研目标和阶段指导要点。

（2）领域活动组。领域活动组是集团三个发展阶段的教师自主申报想要参与教研的活动领域后组成的小组，教师根据自己的兴趣和需求进行选择，进入不同组开展研磨活动。

（3）混合研讨组。在商讨教研活动时，由于集团教师人员众多，如果所有教师在一个大组共同研讨，势必会让许多教师失去发言、讨论的机会。于是，在领域活动组之下，打破园区界限设立混合研讨组，鼓励风格期教师带领入格期和合格期教师，将大组分成一个个小组，每组固定人数，为更多教师的深入参与提供机会。

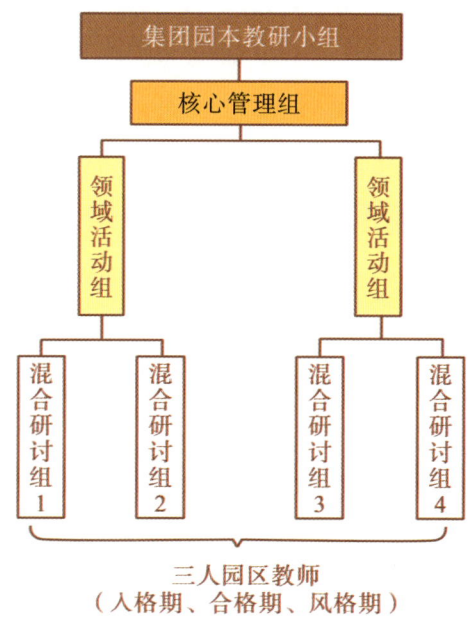

图1　成都十幼集团园本教研小组组织架构图

2. 明确分层目标，梳理教师三个维度发展指向

专业能力中"教育活动的计划与实施能力"主要包括四个方面的内容，即：能制订阶段性的教育活动计划与具体活动方案；能在教育活动中观察幼儿，根据幼儿的表现和需要，调整活动，给予适宜的指导；能在教育活动的设计和实施中体现趣味性、综合性和生活气息，灵活运用各种组织形式和适宜的教育方式；能提供更多的操作探索、交流合作、表达表现的机会，支持和促进幼儿主动学习。

基于调查发现，虽然三个发展阶段教师教育活动的计划与实施能力均存在可提升的现状，但是各层级的教师具体需要提升的内容又不太一致，培养侧重各不相同。于是在核心讨论组制订整个教研活动方案时，对各阶段的教师进行分析，并制定出对应的发展目标，以目标为后期教研活动工作开展的方向。各阶段教师发展目标如下：

入格期教师的发展目标：了解领域的核心经验；学习教育活动计划的制订与实施流程、方法；愿意在活动中大胆地表达自己的想法和观点。

合格期教师的发展目标：通过理论与实践的结合，巩固领域知识；在具体的操作过程中提升设计与组织能力，丰富教学经验；能在活动中观察幼儿、适宜地指导幼儿，转变教育观念。

风格期教师的发展目标：通过学习进一步丰富领域知识；愿意在活动中分享经验、提供见解，带领团队，充分发挥示范作用，提升组织能力。

3. 基于最近发展区，提供具有一定挑战的分层培养任务

基于不同阶段教师的发展目标和特点，鼓励教师在教研活动中承担起不同的任务，发挥自己的能力，深度参与到研磨培训中，获得不同层次的发展。

入格期教师：入格期教师虽然具有一定的理论基础，但是对理论的运用和理解不到位，因此在研磨中鼓励这个阶段的教师主要帮助小组查阅并整理文献，记录研磨活动过程，进一步巩固领域知识。同时，入格期教师欠缺一线经验，对于优质教育活动计划的制订和组织实施的流程、方法等认识不足，因此鼓励他们以观摩现场活动和参与研讨为主，在看和说中理解、学习。

合格期教师：合格期教师具有一定的实践经验，在研磨活动中主要任务是撰写教育活动计划并承担教学活动现场，反复实践，通过活动—研讨—再活动—再研讨，解决对幼儿观察不足、指导不足等问题。

风格期教师：风格期教师教学经验丰富，为了让他们能够起到示范引领作用，分享自身的经验，在研磨中他们主要承担了组长的工作，也为他们反思教师教育行为提供了不同的视角。其中两位风格期教师担任领域活动组组长，负责领域活动组研磨工作的持续推进，其余风格期教师则担任混合研讨组组长，修改合格期教师制订的教育活动计划，点评活动的具体实施情况，带领组内的入格期、合格期教师一同探讨问题，提供经验。

4. 理论与实践的化学碰撞，制订优质教学计划

高品质课堂的建立，需要将理论、实践与反思共同结合产生作用与效应。团队成立后，在领域活动组组长的带领下，各组聚焦领域开展研讨。

理论查阅，让活动有理可依。理论的学习与实践的提升是相辅相成的，不能剥离。以前教师在开展教育活动研讨时，由于不注重理论知识的学习，导致这两种学习呈现出"两张皮"状态，教师只是为了研讨而研讨，理论知识停步不前。在此次研究中，鼓励教师将设计活动的步骤推后，首先组织教师借助《3-6岁儿童学习与发展指南》

及其他相关文献资料,对这一领域进行广泛、深入的学习。只有教师在熟悉了这一领域的幼儿年龄特点与发展水平后,教师在研讨时才能更好地研讨目标、环节设置是否适当,才能在观摩中发现的问题或者闪光点,也能在这个过程中反思自己,固化经验。

历经三个阶段的研磨,在实际操作中碰撞观点。在理论的支持下,教师需要对教学活动的计划、教学活动的组织、教具的使用等内容进行反复的讨论、尝试。在这过程中,至少要经历三次研磨活动,每一次的研磨都需要聚焦一个问题,但又各有侧重,需要不断梳理问题、调整计划。第一阶段研磨,形成教学活动计划初稿。这一阶段的研磨活动,需要教师们在领域之下,确定具体的活动类型、内容,并通过研讨制订出教学活动计划。第二阶段研磨,诊断方向,明确目标和内容。主要是依据教学活动计划提供教学活动现场,根据现场情况,调整活动的目标和内容,并对其方向进行诊断和再明确,再次形成教学活动计划。第三阶段研磨,明确内容,细化教师提问。在前两个阶段基本形成教学活动计划的框架后,这一阶段的研磨主要工作是再细化每一个环节的教师提问内容,通过反复试讲,思考与幼儿对话的所有可能。通过以上三个阶段的研磨,逐步优化教育活动计划的制订和具体实施。

图2　成都十幼教师参与集团园本教研活动现场

5. 丰富教学活动的组织，多形式开展研讨活动

研讨的过程就是反思的过程，也是促使执教者的教学设计不断优化的过程。在研究中我园探索出了基于教学计划与实施开展教研活动的多种组织形式。

形式一：一名教师备课，集体观摩。这种形式也是初级阶段开展的形式。每组选取一名合格期教师进行现场展示，小组的其余教师分组进行观摩、研讨。

形式二：每名教师备课，随机选取观摩。这种形式中，鼓励每一名教师都参与到备课中，随机选取教师轮流观摩、评课。每名教师根据自己班级幼儿特点呈现不同的教学过程。

形式三：同课异构，分成小组选择同样的内容。因为人数多，集团研磨小组暂不能满足所有教师进行示范展示，于是成立了二到四人的磨课示范小组，采取线上、线下自主选择的方式，由示范小组吸收大家的点评并试课，大家反复研磨。多人同课异构的示范作用在于可以看到不同阶段的教师对于同一个活动的不同理解和呈现，有利于提取更多更有价值的教学经验。例如，在休能活动《搬运梯子》研讨中，三个园区各一名教师组成示范小组，轮流试课，优化教案形成最终版，每个教师在各园区的小团队中依次试课，在具体实践中挖掘自己的问题，更好地提升弱项。

6. 把控研讨过程，建立研讨情况反馈机制

以往的教研活动中，教师们交流碰撞、热烈讨论，但当活动结束后会因为种种原因没有去有意识地追踪，而又回归到了原有状态。对此，集团园本教研组将重点放在对教师反思内容的逐级追踪上，形成闭环。一方面帮助教师继续固化自己之前的弱项，另一方面也鼓励教师将在教研活动中吸收到的有效经验运用于教育工作的实践中，进一步提升自身的教育活动计划与实施能力。例如，研讨组长每次活动中记录教师的活动情况，保教主任与干事观察研磨组组长与教师活动开展情况，同时一起参与学习并做实时指导。分管保教的副园长主要听取保教主任对于活动开展情况的汇总反馈，了解活动动态与教师发展情况，并且不定期深入活动现场，比对反馈情况，了解真实发展现状，并将掌握到的教师专业能力的成长情况与园长进行及时汇报，便于园长带着保教部门检验实践的成效，及时调整问题。同时，参加研磨的教师在过程中，也可就研讨中的各项问题直接与保教部门沟通，督促小组进行整体调整。就这样，每个层级间有衔接、有联动、有引领，形成了良性的反馈机制。

7. 固化集团园本教研成果，为教师提供展示平台

教研成果形成后，幼儿园便利用多种接待和评赛的机会，为教师提供成果展示的

平台。通过呈现成果，促使教师进一步反思、优化研讨成果，主动思考教学实施的难点与突破口。

四、改革成效

在集团园本教研活动开展期间，我园风格期教师的论文《浅谈幼儿园高品质集教活动的研磨》在"高品质学校建设"主题论文征集评选活动（幼儿园研究）中荣获一等奖。教师集体形成了 8 份高品质的教学计划，其中有 3 份教学计划在参与"武侯区教育系统法治课赛课比赛"中荣获一等奖 1 项，二等奖 2 项。在一年的研究时间中，幼儿园多次承担了接待活动，其中 5 次接待向全国各地前来交流的园长、教师展示教研成果，为本园教师提供锻炼机会。2019 年 10 月 29 日和 11 月 1 日，接待了全国各地共 170 余名园长、教师来园交流，展示了"消防员出动——抬运梯子"。2019 年 11 月 14 日，接待了来自全国各地教师近 100 人来园交流，展示了"我最厉害的本领"。12 月 10 日与 17 日，分别向全国同行和安康市汉宾区专兼职教研员队伍一行展示了"身边的规则"，展现园所教师的实践风采。

图 3　成都十幼集团园本教研成果展示现场

研究中所获得的集团园本教研活动的经验也在反复的实践中得以优化，最终形成的教研成果为其他集团园开展园本教研活动提供了思路，集团自身教师领域知识的积淀、"教学活动的计划与实施"能力、关注幼儿的能力均有了不同程度的提升。

通过实际的研究改革，我园通过改革成效证明以"高品质课堂"为载体根据教师实际发展的专业能力水平问题进行有针对性的培训是可行的，且能切实看到教师成长。在这个过程中，也有以下反思：

1. 对专业能力其他方面的关注问题

在这个阶段的研究中，我园重点关注的是教师"教育活动计划与实施"能力，但其实教师的专业能力还包括"环境创设与利用""一日生活的组织与保育"等六个方面的内容，需要在下一阶段的研究中一一突破解决。同时，要意识到，目前解决的是共性问题，但当接下来出现非三个阶段教师共有问题时，如何开展更聚焦、更个性化的研讨是值得思考的重要问题。

2. 教学活动的偏向性问题

通过梳理我园实际情况发现，现阶段形成的教学活动案例全部都适宜于中班和大班，缺乏对小班幼儿高品质教学活动的研讨。小班幼儿的教学活动质量同样也需要得到提升，也需要教师在后期有针对性地开展小班教学活动的研讨。

（供稿：成都市第十幼儿园教育集团，王艳林、范颖、陈文君、古红）

▶ 专家点评

一个高品质的幼儿园，是由一个又一个高品质的活动构成的。没有好的教育活动，就很难说有好的幼儿园。在《幼儿园教育指导纲要》中，将幼儿园的教育活动定义为"是教师以多种形式有目的、有计划地引导幼儿生动、活泼、主动活动的教育过程"。在这一定义中，可以看到三个要点：一是形式是多种多样的，不仅仅应该有教学活动，还应该有生活、游戏等活动，不仅仅有集体活动，还应该有小组（区角）、个别活动；二是在活动中，幼儿应该具有生动、活泼、主动的状态；三是活动是有目的、有计划的。

我们都知道，幼儿园是有生成活动、生成课程的，但这并不意味着教师没有目的、不做计划。一个没有目的、不做计划的老师，肯定不是一个高品质幼儿园的好老师，即使是在幼儿的自主游戏中也是如此。越是高品质的老师，越是能够有目的、有计划设计并实施多种类型的活动；越是高品质的老师，越是能够有目的、有计划地让幼儿处于生活、活泼、主动的活动状态之中。还有一点值得关注的是，教育活动的计划与实施之间是何关系？计划好，是否意味着实施也好？一个活动的现场效果（实施）不好，是否意味着计划就不好？

"高品质幼儿园教师的专业能力提升路径"这一成果，通过多种类型的园本教研活动，提升幼儿园教师的教育活动计划与实施能力，并进而提升幼儿园教师的专业能力。这样的探索，为高品质幼儿园建设提供了很好的支撑。

——鄢超云

求解"生长型"教师文化的密码

问题聚焦

构建什么样的教师文化?怎样构建符合新时代发展要求的教师文化?如何摒除当前教师文化建设碎片化、庸俗化、口号化和功利化的缺陷?这些问题,已成为高品质学校教师队伍建设亟需回答的时代命题。

成果简介

一、改革背景

(1)基于对当前教师队伍亚文化现象的深刻反思。当前,教师队伍建设面临的专业发展意识淡薄、专业发展规划缺失、专业发展后劲不足等诸多现实问题,大都与教师队伍中存在的缺乏自主、独立思考和自主选择等亚文化现象有关。如何以信任文化、宽容文化、试错文化、欣赏文化、尊重文化等消解这些问题?需要进行深入的理论和实践研究。

(2)基于对基础教育课程改革面临问题的积极回应。基础教育新课程改革取得了巨大成效,但是课程理念的更新、师生角色的转变和教学方式的变革等诸多问题依然存在。最根本的制约因素是对学校文化、课程文化特别是教师文化的忽视。最具主体价值、生命意义和最具活力的教师文化的构建,不仅是基础教育新课程改革的核心理念和重要任务,而且是课程改革顺利走出当前困境、持续有效推进的必经之路。

(3)基于教育高质量发展对教师队伍建设的迫切呼唤。2019年6月,中共中央、国务院颁发了《关于深化教育教学改革全面提高义务教育质量的意见》,明确了教师队伍是教育高质量发展的关键。在教师队伍建设的过程中，除了规范的制度和相关的激励机制，如何形成良好的学校文化，特别是教师文化，以适应新课程改革的背景，是每一所学校都面临的问题。

（4）基于对国内外有关教师文化研究成果的理性扬弃。借鉴国内外有关教师文化建设的理论和实践成果，我校发现，有关教师文化的研究手段单一，研究对象不明确，研究成果不够系统，特别是对教师文化的内涵、特征、实施策略等概括还比较模糊。

二、改革主张

（1）教师文化是内在规范与外在行为有机联系的整体。教师文化的核心是由内在的价值观念体系构成的，直观观察难度大，但是它会由内而外展现，最终落实在教师的行为模式上。教师的行为模式是教师共享的价值体系的动态表现，是衡量教师文化建设成效的标尺，也是学校文化的折射。教师的行为模式包括语言运用、情感表达、师生互动、同伴交往等，可概括为教师的教育行为、人际交往行为、专业发展行为等。

（2）教师文化形成的内生动力需要不断激发，形成文化自觉。教师文化强调教师在教育教学过程中所表现出来的主体参与意识和开拓创新精神，即教师的自主性、能动性和创造性，以达到教师和学生共同发展的目的。教师文化的重构，一方面需要学校层面的外在因素的支持，另一方面更需要教师层面的内在自觉的激发和调动。我国著名学者费孝通认为，文化自觉主要是指处于某一文化之中的人，在体验和认同这种文化意涵与特质的基础上，所表现出来的自主文化选择和自主文化创新的意识与能力。为此，必须在分析原有教师文化内涵与特征的基础上，大力推进教师文化的变革，不断激发教师的文化自主与自觉，改善教师的价值观念和行为模式，构建具有批判意识、反思品格和创新精神的先进教师文化。

（3）教师文化的建构须由"适应型"转换为"生长型"。"生长型"教师文化是指教师基于时代和教育变革的要求、自身专业素养优势以及学生的发展水平等，通过反思性实践与主体性参与，创建和生成"合目的"和"合规律"的教育价值观、教师角色定位、教育思维方式与行为方式。"适应型"文化限制了教师的独立思考与自主选择，压抑了教师的思想自由与生命价值的实现；"生长型"文化则反映了教师自觉践行和主动追求的理性精神，体现了教师不断增强的文化传承、文化选择和文化创造的自主能力，他们也因此能够在生长科学先进的教师文化的同时，实现自身的教育理想、教育价值和人生意义。

三、改革路径

1. 在多元共建、自主创生的课程建设中培育生长型教师文化

课程,是学校教育活动的重要载体,是学校特色发展与文化变革的核心元素,是教师专业生命的存在方式,是学生赖以生长的营养土壤。成都高新区实验小学(以下简称高新实小)在开足开齐国家课程和地方课程的基础上,根据学生发展需要和学校社区的资源条件,组织开发富有特色的校本课程,形成学校独有的课程体系。学校在课程设计、实施与评价中,坚持以"五育"并举为宗旨,以培养学生的学习力、适应力、创新力为目标,努力培育多元共建、品质整合、自主创生、适性发展的课程文化。

图1　高新实小富有创意、充满活力的STEAM课程研究团队

提升校长课程领导和规划能力。校长领导力是校长设计学校发展愿景并组织全体教师实现这一愿景的能力,集中体现在校长以其价值观念、办学主张影响、促进学校发展和师生发展,包括课程文化领导力、课程规划领导力、课程实施领导力、课程评价领导力、课程保障领导力等。校长要善于用正确的世界观、教育观和人才观来统领课程建设,带领教师描绘课程愿景、勾勒课程蓝图、架构课程体系,使学校课程具有整体性、丰富性、差异性、创新性、融合性、生成性的特点,形成全体师生参与的生动态势。

培养教师课程设计和开发能力。教师是课程的设计师,其课程设计应该包括三个方面:设计一个学期的课程,编制学期课程纲要;进行一个单元的设计,分解主题目标和内容;具体设计一节课的教学,落实学科核心素养。为提高教师的课程设计和开发能力，学校通过组织专家培训、专题讲座、案例分享、主题展示等多种方式，帮助教师理解学校文化、办学思想和育人目标、课程理念，同时转变教师的观念，让教师看到自己在课程建设方面的优势，激励教师对现有课程实践过程中的困难点、疑惑点进行反思，逐步解决教师的顾虑和疑惑，增强学校课程建设的内生力量，使广大教师切实发挥课程建设的核心作用。

加强学生课程参与和创生能力。学生作为课程实施的主体，其多样化的参与和成长体验是课程实施的重要成效。首先，学校开发丰富多彩的多元课程，激发学生的课程参与兴趣，拓宽学生的课程参与面，尊重和保障学生在课程学习中自主选择、参与、表达、思考和实践，以满足全体学生的全面发展及个性发展。其次，学校注重增加学生的课程评价机会，倾听学生对课程本身、课程体验度、教师等方面的多维度评价，实现动态化课程建设。最后，学生本身还应该是课程的创生者。在高新实小"博物馆"课程中，学生不断创生，讲述文物的故事、探寻博物馆的秘密，用黏土或用原木、各种纸袋、矿泉水瓶等不同材料再现各种博物馆的风采，学生们徜徉于创作、展示、交流、反思的过程中，各学科素养得以提升。

加强课程委员会的凝聚和创造能力。高新实小成立学校生长力课程建设领导小组，组建以专家、学校行政、骨干教师代表、学生代表、家长代表、社区代表、企业代表为成员的课程委员会，加强制度建设，明确具体职责，进行学校课程建设的领导与决策，审议每一门校本课程纲要，确保课程的开发与实施、评价工作。每学年进行优质课程、课例、课程建设教师评选，有效激励课程推进。

2. 在平等对话、和谐共生的课堂改革中彰显生长型教师文化

教育改革的核心在课程，课程改革的核心在课堂，高品质学校更需要有充满生命活力的课堂。高新实小在课堂改革的形态和评价环节，努力彰显尊重个性、平等对话、和谐共生的课堂文化。

传统的课堂，教师常常"雄踞"讲坛，居高不下也就居高临下，学生再"风华正茂"也难"激扬文字"。平等对话的课堂，要求教师转变教育观念，而最大的转变是课堂地位的转变，提倡"以学生为本""充分发挥学生的主体地位"，教师要走下"神坛"，将课堂还给学生。

图 2 高新实小师生平等对话、和谐共生的课堂

高新实小的课堂改革,坚持学生主体,关注"三力"培养。

关注学生学习力。课堂上,教师有调动学生学习热情的有效方法,学生参与学习兴趣浓厚,态度积极;有促进学生学习习惯养成的有效方法,注重培养学生在参与中独立思考、自由表达、主动探究,促进思维发展,养成在学习生活中运用所学解决问题的能力。

关注学生适应力。课堂上,教师充分表扬、欣赏、及时肯定学生,达成师生、生生的情感沟通和智慧交流,促进学生大胆表现,增强学生生命自信;学生在学习过程中尊重他人意见,师生、生生彼此接纳、相互欣赏;课堂具有适宜学生发展的生活化、游戏化元素,使学习活动生动、有吸引力,真切、有感染力。

关注学生创造力。课堂上,教师重视学科知识的融合及延伸,课堂教学向习惯养成、品德培养渗透,向社会、生活、自然发散;充分尊重学生个性,打造利于学生独立思考的课堂,激发学生创新思维展现,让每个学生在课堂上都有所得。

同时,也应强调教师的主导地位,立足三个本位。学习本位,关注学生原有经验和认知水平,教学目标、学科活动问题设置科学有层次,明确课时具体要求及在教材体系中所处的位置。生活本位,立足生活、围绕核心问题进行充分有效的合作探究和实践体验,以良好的语言、教态、板书和积极的情绪调动学生对课堂生活的热爱。创造本位,体现学科文化元素,设置新情境,提供新材料,拓展新视角;体现学段融通、学科融合的教学思想;体现知识的迁移,学生能创新或使用跨学科知识解决问题。

高新实小的课堂上师生互动充分,学生学习目标达成度高,获得积极的情感体验,不同学生都得到训练和发展，尊重个性、平等对话、和谐共生的课堂文化得以彰显。

3. 在自觉反思、精益求精的多元研修中营造生长型教师文化

高品质学校的建设必须依靠教育教研的力量转变教育教学方式，提高教育教学效率。高新实小注重营造自觉反思、精益求精的教师多元研修文化，组建了多个有着共同的追求和愿景、成员间相互平等和尊重的教师研修共同体。坚持校本必修和个性化选修相结合，团队合作研修与个人自主研修相结合，让研修和成长成为教师人生意义与价值的自我超越方式。

基于分享的教师讲坛。高新实小定期召开富有学校特色的"金紫荆"教师讲坛活动，分层分类、深入开展教师学术交流、学习汇报、读书分享等活动，同时评选优秀领读者、优秀阅读个人和书香小组，让教师讲坛真正成为交流与学习的场所。

基于全员的校本必修。学校根据教师发展的实际需要，组织开展全员性、定制化、系列性校本研修活动。研修前，教师提交教育教学研修需求调查，学校从中归纳整理出相应的研修模块，如：教育教学理论与政策前沿、课程改革、课堂教学变革、班级管理等。研修主要模式为专家引领、自主研修、名师示范、互动交流结合，让教师近距离感受名家风采，聆听名师思想。

基于互助的听评课。听评课是教师研修共同体的重要活动，为了开展更多样的交流，得到更真实的反馈，学校改变了研讨的内容，聚焦学生的学，即这节课学生学习的成功、失败之处是什么。观摩者在帮助执教者冷静追寻教学轨迹、还原教学真相的同时，从中发掘新教学思路，辨析不同教学方法的优劣，因此受益。

基于成长的中心组。学校成立教育科研、国学、品格教育等各类中心组，教师自主申报，学校审批组员资格。组内成员以任务或问题为驱动，通过自主选择学习任务，聆听专家讲座，自主研习，反思内化，学习共同体互助分享，以及专家型指导教师引领，完成共同研修活动。在中心组中，人人都是主讲人，人人都是学习者，人人都在研修活动中快速成长。

基于实践的课题组。学校提出"问题即课题、行动即研究、成长即成果"理念，提倡教师把难题变问题，把问题变课题。学校省市级课题指向学校重大改革项目指引学校改革方向，引导每位教师以子课题形式参与研究，覆盖各学科。同时，各部门、年级、教研组负责的课题，则涉及各领域，形成一种全员参与的科研局面，促进教师从被动发展向主动发展转变，实现教师从书匠型教师向研究型教师转化。

高新实小教师在自主研学、集群内生的氛围中，不断吸收、内化教育教学理论，

实现向教育教学行为转化；不断对在实践中深入反思探究，总结提炼有价值的教育教学经验；剖析问题，共同构建教师的心理文化、行为文化和精神文化，走向文化自觉。

4. 在团队行走、立己达人的教师培养中唤醒生长型教师文化

高新实小采用多元培养、梯队发展的模式对教师进行分层培养，引导教师通过个人反思、同伴互助和专业引领等途径，主动追求并实现自我价值，逐渐形成团队行走、立己达人的教师培养文化。

合格教师培养工程。一是组建合格教师学习团体，有组织地开展活动。二是学校骨干教师担任导师，以师徒结对老带新方式，帮助年轻老师进步。三是组织新教师观摩学习和专题培训，搭建发展平台。四是开展"新教师亮相课""青年教师诊断课""新教师技能大赛"等活动，并做好年轻教师成长记录。五是举办"青年教师沙龙"，提供教师交流、资源共享、共同成长的平台。

骨干教师培养工程。一是组建骨干教师相关研修班，进行开放式、互动式学习，定期开展交流活动，促进骨干教师共同进步。二是组织骨干教师对新课程标准、教材与学情分析、学习目标与任务、教学重点与难点、教学方法与手段等进行集中学习和讨论，提升理论水平。三是以研促训、以赛促训、以考促训，提供多元的研讨课、观摩课以及专题讲座，鼓励骨干教师参与各类赛课和交流分享，提高教育教学水平。四是提倡骨干教师做教育实践的研究者，做教育研究的实践者，以课题方式研究教育教学实际问题，并用理论成果指导实践。

名优教师培养工程。一是建立名师管理机制，筛选德才兼备的教师成立名师工作室，为名优教师搭建"领军"平台，发挥辐射引领作用。二是组建名师顾问团，定期为名师培养工程提出指导意见。三是定期举办名师论坛，包括名师讲座、课堂展示、点评指导。四是完善名师考核措施，落实名师待遇。

5. 在雅趣共存、多彩互生的闲暇生活中丰富生长型教师文化

闲暇文化是教师自由发展的空间，积极、愉悦的闲暇文化不但能提升教师作为社会人的存在价值，而且为增强教师的专业认同感提供了必要的条件，同时也为教师终身学习提供了广阔的空间。

营造"生长型"闲暇文化，主要采取以下两种策略：

整合资源，提升活动吸引力。学校坚持党建引领，工会承担丰富教师闲暇生活的责任，组织开展有益身体健康的文体活动。同时，发动党小组、年级组、教研组、行政部门、社区街办、友好单位等力量，邀请省市专业艺术团体专家或退休艺术人员进

校开展讲座或授课,让教师们走出校门参观交流,开阔眼界。

图3 高新实小组织党员教师赴井冈山开展"红色之旅"研修活动

丰富形式,提升活动创新力。学校各机构结合生活实际,满足教职工心理需要,创新性地开展具有互动性、体验性的趣味文化活动,调动教师的积极性和参与度。形式上坚持节庆活动与常规活动相结合,系列活动与单项活动相结合;内容上考虑传统与现代结合、民族与世界结合、高雅与通俗结合,做到常年有活动,次次有创新,除节庆活动,还常年开展教师才艺大赛、教职工运动会、高雅艺术欣赏活动、兄弟学校联谊活动、党员行走红色基地活动等。

四、改革成效

学校进一步优化并形成了具有"大气、高雅、精进"特质的"生长型"教师文化,并渗透于课程、课堂、德育、管理等领域,形成灵动、高雅、温馨的氛围文化,公开、公平、公正的制度文化,健康、向善、向上的精神文化,形成文化引领、激扬生命的积极生长景象。

"'生长型'教师文化的建构与实践研究"获成都市教育科研课题阶段成果评选二等奖,同时获四川省普教科研资助金项目2018年度重大课题"高品质学校的探索与实践"子课题结题成果二等奖,10余篇有关文章在省级以上刊物发表,出版《让每一个生命自由生长》等专著5部。

近几年,学校先后接待省内外教育考察团300余人次,获全国名校课改联盟示范学校、中国STEAM教育2029行动计划首批领航学校、四川省艺术教育特色学校、四川省文明校园等荣誉称号，中央电视台、四川电视台及《人民教育》《中国教育报》《中国教师报》《四川教育》《教育导报》《成都日报》等媒体多次对学校办学成果和办学特色开展深度报道。

反思提升

本课题研究虽然取得了一些成效，但还应在以下方面做深化研究：一是要处理好"生长型"教师文化构建与学校管理制度之间的关系，管理制度的完善并得以有效执行，是"生长型"教师文化建设的基础和前提；二是由于文化本身比较抽象，且处于动态变化之中，"生长型"教师文化建设的实施策略也应该与时俱进，进行阶段性的评估并进行调整和优化；三是根据学校工作的实际情况，在学校倡导的主流文化之下，学校管理者还必须重视教研组、年级组、项目组、课题组等团队文化的建设，以此来丰富和补充学校"生长型"教师文化的建设。

（供稿：成都高新区实验小学，朱祥烈、胡文东、温红丽、陈璐）

专家点评

成都高新区实验小学基于教育高质量发展对教师队伍建设的迫切要求，认真考量基础教育课程改革面临的问题和当前教师队伍亚文化现象，分析了教师文化的本质、形成动力和构建的类型，提出了"生长型"教师文化建设的五个路径：在多元共建、自主创生的课程建设中培育；在平等对话、和谐共生的课堂改革中彰显；在自觉反思、精益求精的多元研修中营造；在团队行走、立己达人的教师培养中唤醒；在雅趣共存、多彩互生的闲暇生活中丰富。

高新实小基于五大路径，协调教师文化建设资源、加快教师文化建设步伐，形成了具有"大气、高雅、精进"特质的"生长型"教师文化，并渗透于课程、课堂、管理等领域，促进了各个领域的快速有效发展。

高新实小教师文化建设理念清晰、目标明确、措施得当且全面，取得的建设成就对提升学校的办学质量和办学品质具有重要意义，为其他学校开展教师文化建设树立了标杆。在深化研究方面，建议借鉴美国社会学家斯科特（W. Scott）提出的规制性、规范性、文化—认知性要素理论，对"生长型"教师文化构建与学校管理制度之间的关系进行进一步探索。

——王磊

第六篇

管理优化篇

区域推进高品质学校建设的策略

问题聚焦

泸州市江阳区部分学校开始探索高品质学校建设之初,存在"目标不明、思路不清、资源缺乏、单打独斗"等问题,学校育人方式没有得到根本的改变,办学质量没有明显的提升。究其根源,是学校对如何建设高品质学校、提升区域教育品质缺乏整体的设计来导引,缺乏完善的机制作保障,缺乏具体的抓手以落地,缺乏有效的评价促发展。"区域推进高品质学校建设的策略"旨在解决这四缺乏的核心问题。

成果简介

一、改革背景

2016年,泸州市江阳区(以下简称江阳区)顺利通过国家义务教育均衡发展评估验收后,学校的硬件建设基本达标。但区域内各校发展不平衡,办学质量"二元化结构"突出,整体育人质量不高,学生不能全面而有个性地和谐发展,与"公平而有质量的教育"差距还较大。江阳区教育和体育局立足区域实际,明确提出了"全域品质教育"发展理念,聚焦"办好每一所学校,成就每一位教师,发展好每一个学生"的目标,开始探索全域品质教育的实施策略。2017年,受到"高品质学校建设的探索与实践"总课题组启发:如能在区域内建设众多的高品质学校,那么,高品质学校的建设势必会促进全域教育品质的提升。

于是,在四川省教育科学研究院的指导下,学校开始了子课题"区域推进高品质学校建设的策略"的研究。期望能在区域内形成一个高品质学校群，在推进高品质学校建设的同时整体提升全区各校办学质量，以满足人民群众"上好学"的教育需求，实现"让每个孩子都能享有公平而有质量的教育"这一目标，同时也为江阳区的"全域品质教育"研究提供实践经验。

二、改革主张

1. "共融、共生、共赢"既是区域推进高品质学校建设的理念，又是其目标

共融：区域内各校在办学理念、办学资源、办学经验上，互促互补，互动生成。

共生：各校在区域统筹下，在现有基础上，一起发展、一起生长。

共赢：在区域内构建起"高品质学校群"，促进每所学校的办学质量都得到提升。

2. 每一所学校都有成为高品质学校的可能

新时代的教育目标指向"公平而有质量"，建设高品质学校，不是为了登峰造极、标高示范，也不是给名校锦上添花，而是用"共融、共生、共赢"的建设理念使每一所学校都拥有成为高品质学校的可能，每一个学生都享有获得高质量教育的机会。

3. 教育生态营造是区域推进高品质学校建设的关键

区域推进高品质学校建设，既涉及教育外部力量的协同支持，更需要教育内部各要素共同发力。一是协同主体，建设良好教育外部生态。包括协同政府部门向各学校提供优质的服务，管理上的指导，经济上的支持；协同各党派、社会团体为学校的特色项目实施提供支持，联合开展特色活动；协同社区、家庭补充教育资源，提供实践基地，实现家校社共育。二是协同要素，构建良好教育内部生态。包括教育者和受教育者的共同发力：校长、教师、学生、家长之间互相支持，形成合力；办学要素的融合共生：课程、课堂、活动及其目标、内容、评价一以贯之，和谐统一。

4. "3141"模型的构建为区域推进高品质学校建设的整体设计奠定了基础

高品质学校的建设，其终极目标是要提升教育品质，实现教育"公平而有质量"。江阳区在探索全域品质教育过程中，构建出的"3141"模型，为区域推进高品质学校建设的整体设计奠定了基础。

全域品质教育"3141"模型，即围绕"办好每一所学校、发展好每一个学生、成就每一位教师"这三个目标，吸纳"全人教育、差异教育、生态教育、自主教育"等教育思想，形成一个品质教育的理念体系，通过"梯级推进、培建一体、点面结合、

全域行动，力量协同、生态滋养，自主赋能、多元评价"四个策略，借助以区教研培训中心为龙头的一支专业队伍的引领，开展全域品质教育行动。该模型的构建是区域推进高品质学校建设的基础。

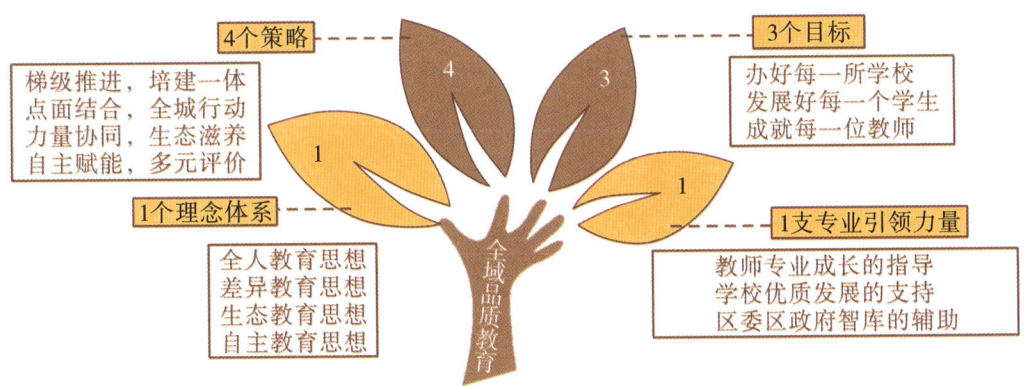

图1　泸州市江阳区全域品质教育"3141"模型

5. 区域统筹下的项目推进是高品质学校建设的有效路径

在区域统筹下的项目构建与实施，为各类学校建设找到具体的抓手。各校在建设高品质学校过程中，既有全域的项目、全域的行动、全域的评价，又有基于各自基础、实际问题的可彰显自身特色的项目、路径与做法等。这样，既有各校同为一事的"共"，又有相互借鉴、相互吸纳、相辅相成的"融"，促进"一校一品"的形成。

三、改革路径

1. 整体设计全方位

从区域层面进行整体的设计，旨在帮助各校深入解读党和国家教育方针、政策，精准把握自身发展中出现的问题，明确"为什么要建设""怎么建设""建成什么样"的问题。全方位的整体设计包括：设计高品质学校样态，设计高品质学校建设的目标、内容、阶段以及行动与评价等。

为做好全方位的整体设计，采用了以下办法：

"顶天立地"的设计思维。"顶天"就是对党和国家教育方针、政策的深入解读；"立地"就是对区域和学校现状展开"全面体检"，从而找准问题。以"顶天立地"的思维，勾勒出江阳区高品质学校建设愿景图：第一个5年完成11所高品质学校建设，第二个5年再完成10所，形成"高品质学校群"，以高品质学校建设推动江阳全域教育品质的提升。每所学校呈现出的样态将是：有优美的校园环境，浓郁的文化氛围，卓越的校本课程，丰富的实践活动，有效的课堂教学以及基于核心素养的评价体系，教师都能得到最大化的专业成长，学生都能实现全面而有个性的发展。

"上下联动"的设计流程。即通过几轮的"自上而下＋自下而上"，整合教育行政领导、校（园）长、教师、学生、家长、教育专家及社会各界人士的力量参与调研、论证与设计。基本流程是"自上而下，顶层设计→自下而上，收集意见→形成共识，确定目标→制订方案，一校一品→专家进校，项目论证"。围绕高品质学校愿景图，全区所有学校制订了实施方案，经专家审核，形成了一校一案的"高品质学校建设三年作战图"，从标准化硬件、高素质队伍、课程体系、课堂样态、现代学校制度、特色品牌、评价体系八个方面进行高品质学校建设。

"分层分步"的设计原则。高品质学校建设涉及全区所有学校，包括幼儿园、义务教育学校、普高、职高、特殊教育学校。根据学校的基础条件和办学水平，将全区学校分为高品质学校、特色学校、标准化学校三个层次，分类设定建设指标，分步达到高品质目标。

2. 机制建设全保障

区委、区政府牢固树立"对教育投入是最有远见的投入，对教育怎样投入都不过分"的理念，构建利于学校、教师、学生发展的机制体制，为高品质学校的建设提供了多维保障。

经费保障。持续加大对学校建设和改扩建等投资，确保教育教学设施的完善，全面提档升级各校办学条件，使城市学生和农村学生享有同样优质的教育资源。在此基础上，每年划拨300万元用于全区教育管理队伍、教师队伍专项培养，以满足校长、教师专业发展的实际需求。每年划拨1000万元，用于全区教育教学质量表彰，大大激发了全区各类学校争创高品质学校的热情。

政策保障。研究出台了《江阳区进一步推进义务教育均衡发展工作实施方案》《泸州市江阳区关于实施"江阳区人才新政"的若干意见》《江阳区高品质学校建设方案》《泸州市江阳区2018—2019年"星级"校（园）长暨名优教师培养工程实施方案》《江阳区全面深化新时代教师队伍改革建设措施》等相关政策文件。这些政策和制度的保障，为高品质学校建设营造了良好的生态环境。

人才保障。首先是优化完善教师补充机制，用笔试、面试、考核相结合的办法，从优秀大学生中招录教师，重点向薄弱学科和乡村学校、村小倾斜；从区外引进名优骨干教师，充实我区骨干教师队伍；建立城乡和片区内教师合理流动机制，切实强化村小教师配备，优化教师结构。然后是干部、教师培训的全覆盖，每年开展的各级各类人才培训10余项，参培人员2万多人次。整个区域教师培训支持体系的日臻完善，解决了高品质学校建设中"力量不足"的问题。

3. 队伍培养全覆盖

人，是建设高品质学校的关键，队伍薄弱，建设无从谈起。全覆盖的队伍培养对区域推进高品质学校建设至关重要，江阳区采用"院地合作"，主要抓三类队伍的能力提升。

培三级校（园）长，养管理队伍。在具体操作时，江阳区依托省教科院，实施"星级校园长培养工程"，将江阳区各级各类学校校（园）长分为五星级培养对象、四星级培养对象、三星级培养对象，分层制定培养目标，分类构建培养内容，分阶段实施培养。变革传统的培训方式，以"五段式"培训（即集中培训、实地跟岗、返岗实践、专家诊断及成果展示五段）突出针对性与实效性。

培五级教师，建"塔形"队伍。为切实提高教师队伍的综合素质，江阳区与华东师范大学合作，实施"卓越教师工程"。根据教师专业成长规划，培养合格教师、骨干教师、领航教师、卓越教师及本土教育专家五级教师，建设"塔形"教师队伍。在具体操作上，采用"主题论坛式""活动参与式""行动研究式""任务驱动式"等多种符合江阳区实际的有效培训方式，整合培训项目，关注"跨界"学习，关注教师综合实践能力提升，形成了以"教师为主体、科研为引领、学科为载体、校本为基地、课程为支撑、远程学习为辅助"的研训新模式。

培教科研人员，育江阳智库。教研培训中心的教科研人员是区域推进高品质学校建设的专业引领队伍，为练好教研培训中心这支队伍，使之充分发挥高品质学校建设智囊团的作用，江阳区与华东师范大学合作，实施"卓越教科研员工程"。实施此工程时，明确提出"七个一"要求：即深入解读党和国家近期政策，结合自己工作，做一份工作方案；至少要研读一本教育教学专著；深耕一门学科；承担一项教研课题；联系一所学校或跟进一到两个发展项目；带好一支教学研究队伍；指导开发一门学科课程。在具体的工作情景中，通过任务驱动，成果倒逼，促使教科研人员成长，解决高品质学校建设中的实际问题。

注重家长队伍的培养。家庭是育人体系中不可或缺的部分，高品质学校的建设离不开家长的协同。对家长队伍的培养，主要通过系统的家校共育实践活动，唤醒家长教育意识，渗透家教知识，点拨家教方法，挖掘家长中教育资源，助力高品质学校建设。

4. 项目推进全参与

高品质学校建设，需要具体的抓手，才能从根本上提升学校品质。江阳区通过对全区各校进行全面的"体检"，找准建设高品质学校的难点，即"育人方式单一，缺乏融合"。为突破这一难点，江阳区以"共融、共生、共赢"的理念，设计出"六个全域行动"，以项目推进的方式，将区域内所有学校卷入其中，同为一事，集群生长。

"六个全域行动"分别是：全域特色课程建设、全域"活动式"德育、全域师生阅读、全域艺体特长培养、全域研学与劳动实践、全域家校共育与校际合作。师生阅读为底色工程，贯穿其他五项行动，课程建设为基础工程，是艺体特长、师生阅读、活动德育、研学旅行与劳动实践的关键。家校协同育人与校际合作是托举工程，进一步促进了其他几项行动的融合共生。每一项行动在设计与实施时均考虑德、智、体、美、劳五育的融合，六个项目各有侧重又融为一体，避免单打独斗，各自为政，其最大的特征就是"育人方式的变革——融合育人"，为各类学校的建设，师生全面而有个性的发展找到了具体的抓手，促进了各类学校在现有基础上的发展与提升，逐步达到高品质学校标准。

5. 多元评价全发展

为促进全区不同层次学校都能长足健康发展，江阳区采用了多元评价，包括多维度、多主体、多方式、多层级。参照总课题组"高品质学校评价量标"，在原有的《素质教育评估指标》的基础上，紧扣"理念、管理、课程、教学、评价、教研"这六个高品质学校建设的核心要素，将六项全域行动的推进，"五育"融合的实践纳入评估中，重建《江阳区品质教育评价指标》。评价点位一致，但针对不同发展层次的学校，标准有差异。这样就既关注品质教育工作过程，又注重成效评估，既关注了共性发展，又尊重个性差异，充分发挥了评价的诊断功能和激励功能。

评价的主体包括教育行政人员、教科研专家、家长代表、同类学校校长、教师以及学生等。采用"自评＋他评"的方式，促使被评价者，特别是校（园）长、教师与学生的自我学习、完善、调节、发展，从而不断向"高品质"这一目标靠近。

为党育人，为国育才，学生究竟成长为什么样，对学生发展评价是难点。江阳区率先在全市实施综合评价改革，不单纯以分数来评价学生的学业水平，探索出了对学生品德发展水平、学业发展水平、身心发展水平、兴趣特长养成情况等进行多元评价的具体操作办法。

四、改革成效

目前,"高品质学校群"已初建成。第一批的 11 所学校正在努力奋进中等待验收。在此基础上,又有 7 所学校作为第二批高品质学校开展建设。近几年,涌现出了市级及以上的特色学校 15 所,优秀课改学校 5 所,校本研修示范校 6 所。

教师专业得到成长。通过高品质学校建设的推动,一批校(园)长、教师专业成长迅速。近年来,校(园)长、教师应邀到各地讲学 300 多次,获得省级以上荣誉、奖励 1200 多项。其中特殊教育学校肖敏老师被评为 2020 年"全国教书育人楷模"。

城乡教育发展更趋于均衡。随着优质资源的共享,城乡教育差距有所缩小,乡村办学质量有了明显提高。

促进了学生的全面发展。特别是在之前较为薄弱的艺术、体育个性特长方面取得长足进步。

扩大了江阳全域品质教育的影响。高品质学校的建设,提升了江阳区教育品质。2019 年,其成果在"第五届中国教育创新成果公益博览会"中展出;同年,江阳区成功举办四川省县域品质教育交流会;2020 年 6 月,与华东师范大学基础教育改革与发展研究所成功签订"五育"融合实验区战略合作协议;同年 12 月,又在"2020 年首届中国基础教育论坛研讨会暨中国教育学会第三十三届学术年会"上交流区域推进高品质学校建设策略;在全国第二届"五育"融合研究论坛上交流育人方式的变革。另外,江阳区品质教育论文数十篇在《教育科学论坛》《四川教育》《中国教师》等刊物上发表。

反思提升

回顾实践历程,盘点实践效应,江阳区推进高品质学校建设有以下几方面经验值得总结:一是党政重视,为构建良好的教育发展生态,高品质学校集群发展提供了重要的保障;二是充分发挥了教育行政部门、教科研部门的引领、服务作用,打通了高品质学校建设的"共融共长"通道;三是通过院地合作,借智借力发展,理性解决了高品质学校建设中的实际问题;四是项目推动,使高品质学校建设有了具体抓手。

区域推进高品质学校建设走到今天,还有诸多问题没能解决:一是高品质学校评价系统还没构建。现有的评价系统也没得到实践检验,对评价标准、评价工具、评价方式、评价团队如何落地还存在困惑。二是项目体系构建尚未完善。未来区域推进高品质学校建设的路上，如何进一步丰富融合育人方式，还可以设计哪些项目，形成"项目群"，供不同发展层次、不同发展阶段的学校选用，不断提升学校建设品质？三是区域整体推进与学校个性发展如何有机结合？四是破解城乡二元化结构的难题，高品质学校建设在江阳全域品质教育中的定位和作用是什么？以上这些问题都还需进一步探索。

（供稿：泸州市江阳区教育和体育局，周玉、肖世林、李芝伦、黄正萍）

专家点评

该案例从中观层面出发，详细介绍了泸州市江阳区教育和体育局在推进区域高品质学校建设、实现全域教育品质提升上所进行的顶层设计、改革过程，对取得的成效和经验进行了全面总结，对于促进区域教育均衡发展和教学品质持续提升具有很强的启示作用。江阳区教育和体育局在区域高品质学校建设过程中，坚持问题导向，精准把握住了区域教育品质提升的内在因素，注重以科学的顶层设计为区域高品质学校发展提供价值和方向指引，从而为全域教育品质提升提供了保障。同时，江阳区坚持"共融、共生、共赢"的新理念，进行资源整合，充分挖掘区域内各学校的发展潜力，以教育生态营造为关键抓手，构建了具有自身特色的"3141"模型，为区域高品质学校建设确定了目标、价值理念、行动路径和策略，有效解决了以前存在的"目标不明、思路不清、资源缺乏、单打独斗"等现实问题，初步建设了"高品质学校群"，区域教学质量和品位得到明显改善。总体而言，江阳区高品质学校建设的方法和模式，实现了区域、学校、教师、学生的协同发展，对于促进教育均等化发展、满足人民群众对公平而有品质的教育需求有重要的参考价值。

——罗哲

高品质学校建设的政府推进策略

问题聚焦

在推进全国一流教育强区建设过程中，成都市金牛区坚持以区域高品质学校建设促进教育高质量发展。探索之初，针对教育资源供给与人口规模和增长幅度不相匹配、人民群众日益增长的优质教育需求与教育发展不平衡不充分的矛盾等问题，需要从政府层面整体规划、系统设计，完善区域推进机制和制度性保障措施，实现区域教育更高层次的优质均衡发展。

成果简介

一、改革背景

2014年，成都市金牛区获评全国首批义务教育发展基本均衡县（市、区）。在实现义务教育基本均衡后，如何推进义务教育从"基本均衡"向"优质均衡"升级，成为政府办好人民满意教育的内在要求和重要任务。金牛区在推进县域义务教育优质均衡发展的过程中，依托四川省教科院的专业指导，充分运用四川省重大课题"高品质学校建设的探索与实践"成果，积极探索高品质学校建设的政府推进策略和有效治理路径，通过区域整体谋划和推进高品质学校建设，持续扩大优质教育资源，不断缩小义务教育质量差距，切实以高品质学校建设促进金牛教育高质量发展。

二、改革主张

区域推进高品质学校建设是落实党中央"建设高质量教育体系"的重要基础，既要

"顶天"落实国家系列重大教育改革措施，也要"立地"激发办学活力，着力"为党育人、为国育才"。区域推进高品质学校建设应改变单纯依靠教育部门的局面，发挥好党委政府牵头抓总、统筹协调作用，在系统谋划推进、螺旋上升中动态推进区域教育优质均衡发展。

1. 党政推动是区域推进高品质学校建设的根本，要构建高品质学校治理格局

坚持党政"一把手"亲自抓教育，发挥党委"把方向、搭平台、建机制"的作用，健全教育优先发展的制度机制，全面加强党对教育工作的领导，坚定以党的教育方针统领全局，确保教育事业始终沿着正确的政治方向前进，理顺政府、学校、家庭、社会在区域教育治理现代化中的和谐共生关系，系统构建联动育人体系。

2. 内外联动是区域推进高品质学校建设的基础，要营造高品质学校育人场景

秉承公园城市营城新理念，坚持以功能复合为导向先行配套学校、以场景融合为关键构建开放校园，推动学校"优形态、优功能、优品质"，打造植根天府文化、具有金牛特色的"花园学校"。坚持"产业园是学校的校园、学校是产业园的园区"理念，将高品质学校作为高品质城市生活社区的重要支撑，将产业园与教育教学场景、生产生活场景、人文生态场景等深度融合，实现从校园单一场景向多元开放场景转变。

3. 改革创新是区域推进高品质学校建设的动力，要打通高品质学校内生路径

聚焦建设全国一流教育强区目标，将创新作为区域推进高品质学校建设的动力，以教育创新（重点）项目为抓手，按照"建项目、创特色、优品质、树品牌"梯次递进的思路，推进"一校一品"建设，引领学校结合实际进行"微改革""微创新"，增强品牌意识，充分激活区域每一所学校品质提升和品牌打造的内驱力，推动学校从"要我发展"向"我要发展"转变。

4. 品牌带动是区域推进高品质学校建设的关键，要完善高品质教育供给体系

坚持"五育"并举，推动德智体美劳"五育"融合创新，统筹推进学前教育优质普惠、义务教育优质均衡、普高教育优质特色、职业教育优质领先、终身教育（社区教育）优质示范，构建"点上出彩、线上多彩、面上精彩"的立体品牌格局，系统构建"从出生到入学、从入学到毕业、从成人到老年"全面培养全生命周期现代教育供给体系。

三、改革路径

1. 发挥政府引导作用

坚持把优先发展教育事业作为推动金牛区经济社会发展的重要先手棋，全面加强

党对教育工作的全面领导，健全立德树人落实机制，牢固掌握教育领域意识形态工作的绝对领导权，为区域推进高品质学校建设、加快实现教育现代化提供坚强的政治保证和组织保障。

强化思想引领。加强党对教育工作的全面领导，是办好教育的根本保证。区委、区政府坚持把党建引领作为立教之"魂"，健全党对教育工作全面领导和政府履行教育职责的机制，切实把党的思想、政治、组织等优势转化为教育改革发展的综合效能，以高质量党建引领教育高质量发展。把准政治方向，引领教育系统始终坚持社会主义办学方向，把培养德智体美劳全面发展的社会主义建设者和接班人作为根本任务，把坚持教育为人民服务、为中国共产党治国理政服务、为巩固和发展中国特色社会主义制度服务、为改革开放和社会主义现代化建设服务作为根本要求，始终不忘为党育人、为国育才的初心使命。把准教育方向，指导教育系统把握好教育改革发展的大方向和突破口，按照"管办评"分离的要求，加快建设现代学校制度，推进学校治理体系和治理能力现代化，在教育领域大力倡导富强、民主、文明、和谐，倡导自由、平等、公正、法治，倡导爱国、敬业、诚信、友善，把社会主义核心价值观贯穿教育发展全过程。把准办学方向，指导教育系统发挥好校（园）长的"火车头"作用，坚持集思广益，全力做好立德树人、教书育人的工作，切实把党的教育方针和社会主义核心价值观细化、实化、具体化，转化为学生的核心素养和学业质量，使学校各项工作始终沿着正确的方向前进。

强化顶层设计。区委、区政府以制定出台政策文件为牵引，加紧推进顶层设计，将科学规划作为区域推进教育优质均衡发展的行动指南，着力抓好区域和学校两个层面发展规划的编制落实，构建党委统一领导、党政齐抓共管、全员共同参与的工作格局。区域层面以教育事业发展五年规划为龙头，进一步明晰金牛教育阶段性发展目标和措施，明确学前教育、义务教育、普高教育、中职教育、社区教育等发展任务及改革项目。同时，聚焦深化教育改革、集团化办学、教育强区建设等出台指导意见，坚持"以点带面"推进高品质学校建设，指导每所学校找准发展方向和路径，将规划制订过程作为总结办学经验、梳理办学理念的过程，作为凝聚各方共识、明确办学目标的过程，作为分析诊断问题、实现持续发展的过程，达成学校高品质发展的共同愿景。

强化机制建设。建立健全区域推进高品质学校建设的有效机制，努力把"规划图"变成"施工图"，推动构建点线面"分层推进、三维突破、整体联动"的区域高品质学校建设立体格局。坚持"分层推进"，宏观层面依托在全国率先推行青少年校园足球、近视眼防控等16个国家级教改试点项目，准确把握国家发展大势；中观层面坚持区域整体推进,"区域幼儿园课程资源整合的联动研究"等8个教改成果受国家和省政府表彰,微观层面充分激活学校品质提升和品牌打造的内驱力,形成了一批可复制可推广的"金牛经验"。坚持"三维突破",点上抓"一校一品",推动从"要我发展"向"我要发展"转变,实现"校校有特色、一校一品牌";线上抓"链条创新",打造德智体美劳"五育"品牌创新链条;面上抓"示范引领",强化学校品牌集群和创新链条的系统集成,推动"试点"变"示范"。"整体联动",以党委政府倡导、家长社会认可为导向,充分激发"家校社师生"主体的活力,有效盘活"人财物时空"条件的潜力,着力打造"政府主导型+市民认可型"名校品牌,全区学校在劳动教育、校园足球等方面获区级以上特色荣誉420余项,获市级以上优质示范荣誉60余项,优质示范学校总数位居全市前列,全国新时代高品质学校建设线上线下学术研讨会、第15届全国学校品牌大会等在金牛举办。

2. 发挥政府服务作用

顺应现代政府职能发展的必然趋势和客观要求,推动政府教育职能从重"行政管理"向重"公共服务"转变,坚持站稳人民立场,把人民满意作为教育改革发展的重要标准,把促进学生健康成长作为教育改革的中心任务,坚持目标导向和问题导向相结合,努力让每一个学生接受更加公平更有质量的教育,不断增强人民群众的教育获得感。

树牢服务理念。牢固树立以人民为中心的思想,坚持以人为本、以服务为本,切实强化政府服务理念与服务意识,将提供教育基本公共服务作为政府的基本职能,作为保障和发展民生的重要手段,作为实现社会公平和正义的基础,将教育公共服务建设与教育管理体制改革、办学体制改革密切结合、同步推进,着力建设与区域教育发展相配套的新型服务型政府,形成了保障教育改革发展和基本公共服务的相关政策体系,推动教育公共服务走向规范化、制度化,实现可持续发展。

转变政府职能。突出政府教育公共服务的职能,坚持为人民提供满足人民需求的优质教育服务,持续推进教育公共服务改善与政府转变职能相结合,着力创新教育公共服务供给体制和供给方式。创新公园城市学校建设理念,研究制定《金牛区学校建筑设计导则》,规范学校建筑标准,通过钟楼(钟塔)、平坡结合屋面等特有建筑元素,提升金牛校园的辨识度。深入实施"一校一特色"校园空间打造,遵循儿童立场设计空间、依据教育功能开放布局,营造高品质育人场景,打造植根天府文化、具有金牛特色的"花园学校"。将社区作为学校突破育人边界的重要载体,整合大院大所、高等院校、公园绿道等校外资源,开展"博士进校园"等活动,打造"绿道+教育"中小学社会实践新场景。

健全供给体系。强化政府公共服务职能,加快健全基本公共服务体系,大力推进教育公共服务,正是政府转变职能、建设服务型政府的生动实践和重要成果。金牛区坚持"五育"并举,全面协调推进素质教育发展,出台《金牛区落实"五育"并举构建全面培养教育体系实施方案》,实施全德育、全课程、全运动、全尚美、全劳动、全阅读"六全"育人行动,统筹"五育"课程与课程"五育"建设,推进学前教育优质普惠发展、义务教育优质均衡发展、普高教育优质特色发展、职业教育优质领先发展、终身教育(社区教育)优质示范发展,完善高品质教育供给结构和供给体系。

3. 发挥政府推动作用

发挥政府在推动高品质学校建设和高质量教育发展中协同推进、督促落实的作用,坚持依法治教、依法行政、依法治校,构建党委政府、部门街道、学校、家庭、社会"五位一体"落实机制,营造区域落实高品质学校建设的良好生态。

抓督导。深化教育督导评价改革,完善教育督导工作机制,推进教育督导问责,让督导"长牙齿"。坚持科学"督"与精准"导"有机结合,探索推行"123"服务型督导模式:"1"指一个理念,即"服务于办好每一所学校";"2"指两个保障,即专业督学队伍保障、运行机制保障;"3"指三个层面,即责任督学服务于学校内涵发展,监督学校落实教育法律法规和党的教育方针政策,坚持立德树人,实施素质教育,提升教育质量;督学责任区服务于责任片区内的教育重点、热点、难点问题解决;督导办公室服务于责任督学的专业发展与督学责任区运行。创新构建推进实践的"六化"运行机制,即组织保障制度化、工作落实系统化、挂牌督导常态化、督导手段信息化、反馈整改精准化、考核评价可量化。

抓评价。探索建立"全国一流教育强区"评价体系,回答好什么是教育强区、什么是好学校、什么是好教师、什么是好学生、什么是好家长等问题。加快"管办评"分离改革,依托全国"教育评价与质量管理"改革试验区建设,按照"以评促建"的思路,探索建立第三方评估机制,制定《金牛区中小学小学评价方案》《金牛区中小学办学效益评价方案》及《评价量表》,构建基于金牛、适合金牛、成就金牛的教育质量综合评价指标体系。在中国教育学会的指导下,针对中小幼与职业学校、传统老校与新建学校、集团学校与单设学校等情况,研发《金牛区中小学教师行为测评量表》等6套量表,分层分类建立教师评价改革的126项指标,构建符合新时代新要求的教师"测、培、评、标"一体化评价机制。

抓协同。充分发挥学校党组织的政治核心作用，抓好校（园）长办公会、行政会、教职工代表大会、家委会"四会"建设，推动"一校一章程"，形成"一核四会一章程"的现代学校法人治理结构，持续提升学校治理水平。注重发挥教育系统群团组织作用，依托共青团、少先队等组织动员好广大青少年学生，依托工会、妇委会等组织动员好广大教职工，依托家委会等组织动员好广大家长，制定《构建亲情家校关系工作实施方案》，营造"亲近亲密、清晰清白、同向同行"的亲清家校关系，支持引导多元主体深度融入教育治理和服务。

四、改革成效

金牛区获评全国中小学校责任督学挂牌督导创新区等国家级试点示范18项，获国家级教改成果二等奖1个、省政府教改成果一等奖5个，呈现"学前教育优质普惠发展、义务教育优质均衡发展、普高教育优质特色发展、职业教育优质领先发展、终身教育（社区教育）优质示范发展"的良好态势。

（1）学前教育优质普惠发展。获评教育部幼儿园园长培训中心教学研究和实践教学"双基地"，建成省级示范园5所，是全省优质学前教育品牌最多的区县。

（2）义务教育优质均衡发展。建成市级新优质学校17所、市义务教育优质名校教育集团4个，义务教育均衡程度持续提高，校际差异不断缩小，全区义务教育优质学校覆盖率达到88.37%。

（3）普高教育优质特色发展。建成省一级示范性普高4所、省二级示范性普高3所，培育市级领航和特色高中6所，是全省优质普高品牌最多的区县。

（4）职业教育优质领先发展。建成省级重点特色专业3个、市级重点专业6个，财贸职中、洞子口职中入选市级特色职业学校建设，财贸职中获评首批国家级重点职业中专学校、国家级示范性中等职业学校。

（5）社区教育（终身教育）优质示范发展。获评全国社区教育示范区，形成以社区教育学院为主干、社区早期教育学院等5个二级学院为支撑、13个街道社区教育学校和90个社区教育工作站为网格的"1+5+N"社区教育格局。

回顾和反思政府区域推进高品质学校建设的金牛实践，关键在于我区抓牢了3个重点：

（1）始终围绕"一条主线"系统谋划发展思路。聚焦"全国一流教育强区"建设，抓牢"建教育强区、办品牌教育"这条主线，系统谋划金牛区高品质学校建设，坚持教育均衡化、现代化、国际化、信息化"四化取向"，依托学校党组织、领导班子、群团组织、家委会"四类组织"，构建校长领导力、教师创新力、家长影响力"三力系统"，区域推进教育品质发展，努力实现学校有口碑、教师有风范、学生有素养"三有目标"。

（2）始终坚持"五个重点"统筹建设教育强区。将思想引领作为区域推进高品质学校建设的先导，将科学规划作为区域推进高品质学校建设的指南，将硬件改善作为区域推进高品质学校建设的基础，将资源整合作为区域推进高品质学校建设的抓手，将精准治理作为区域推进高品质学校建设的保障。

（3）始终把握"六个关键"聚力提升教育品质。以"立德树人"为根本、文化理念为核心、课程建设为载体、课堂教学为关键、改革创新为活力、队伍培育为动力，聚力提升教育品质。

在政府区域推进的实践中，仍然存在一些问题：

（1）政府主导与多元参与的矛盾还未有效解决，政府主导作用与多元主体作用结合不紧密，政府、家庭、学校、社会"四位一体"协同治理体系还不完善。

（2）区域整体推进与学校个性发展的矛盾还未有效解决，在区域整体推进高品质学校建设的过程中，如何促进学校个性化、特色化发展，实现"一校一品"，还需要深入研究。

（3）优质供给与多元需求的矛盾还未有效解决，人民日益增长的对优质教育的个性化、选择性的需求与优质教育资源供给能力不足、供给形式单一、供给体系不健全之间的矛盾仍然存在。

（供稿：成都市金牛区教育局，文贤代、刘启平、吴庆国、孙丹、高汉宁）

▶ 专家点评

政府对教育的重视、规划和引领历来是决定本地区教育发展和改革走向与步伐的关键，也是影响本区域学校教育质量和学校品质高低的主要因素。进入新时代，作为特大城市主城区的金牛区的教育面临着比其他区域更为明显的社会经济加速发展、人口大量增长与流动性增加及区域竞争所带来的巨大挑战。要同时满足人民群众不断增长且变化着的对教育的数量质量的双重需求实在不是一件容易的事。金牛教育的引领者和实践者们勇敢接受挑战，以强烈的责任感、耐心和决心、非同寻常的能力和创造性进行了一场高水平的教育改革和发展的攻坚战，书写了一段推进区域整体教育发展、质量提升和高品质学校建设的壮丽篇章，不仅为全区人民群众交上了一份合格的答卷，也为其他地区树立了一个可供借鉴和参考的样本。

金牛区为实现建"全国一流教育强区"的目标，注重强化教师、校长和教育行政管理干部三支队伍，坚持党政推动，构建高品质学校治理格局，坚持内外联动、营造高品质学校育人场景，"五位一体"合力为区域高品质学校建设营造良好氛围，坚持创新驱动，打通高品质学校内生途径和坚持品牌带路，打造高品质教育供给体系，其整套做法思路正确清晰，系统性和操作性强，取得了两大方面的显著成就：首先，适应区域快速发展变化需要，明确教育优先发展，用新理念、新思维和新做法创造性地结合市情区情，破解"学位不足、布局不优"难题，激发教育活力，拓展教育资源，优化教育结构，促进教育公平，营造教育生态，致力教育优化，初步形成了从幼儿教育、义务教育、普高教育、职业教育到社区教育的"全生命周期现代优质教育供给体系"。其次，坚持立德树人、课程建设、课堂教学、改革创新和队伍培育六个关键，切实抓牢高品质学校建设的"牛鼻子"。以上内外两个方面的努力，奠定了金牛区高品质学校和高质量教育的根基。

在取得巨大成绩的同时，金牛区的同行们在案例文本的最后也敏锐地提到了政府主导与多元参与、区域整体推进与学校个性发展的矛盾。化解这两大矛盾实质上涉及怎样避免教育过度行政化等高品质学校建设的深层次问题，期待他们能一如既往地勇于探索，开辟出解决难题的途径。

——李小融

党建引领学校高品质发展

问题聚焦

中国共产党是领导社会主义现代化建设的核心力量,如何将党的建设同学校建设有机融合,以党建引领学校高品质发展,彰显立德树人、教育强国的时代要求,是教育者应该思考的问题。对此,四川省成都市第八中学校(以下简称成都八中)进行实践探索并产生了良好效果。

成果简介

一、改革背景

1. 加强党的领导是教育发展的时代要求

党的十八大以来,在以习近平同志为核心的党中央坚强领导下,党对教育事业的全面领导得到有力贯彻,我国教育事业发展取得了显著成就。习近平总书记在全国教育大会上发表重要讲话强调:"加强党对教育工作的全面领导,是办好教育的根本保证。"在新时代,学校要实现高品质发展,切实履行为党育人、为国育才的使命,就必须以加强党的领导为前提。

2. 党建引领是优化学校发展要素配置的政治保证

学校高品质发展是一项系统工程,需要建立高质量学校办学体系。落实到实践中,就是进行要素优化配置。在诸多办学要素中,学校文化建设、课程建设、课堂建设和队伍建设是最关键的四大要素。这些要素的优化配置,不仅需要学校行政强有力的推动,更需要党建进行方向引领、精神激励和政治保证。

3. 加强党建是提升学校品位的客观要求

学校高品质发展的鲜明特性在于高质量和高品位。从宏观层面来看,中国未来的发展,需要更具综合性的高素质人才,这倒逼学校转变育人方式,建设高品质学校,以顺应国家发展需要。中国共产党高度重视教育,把教育作为立国之本和兴国之基,大力推进教育改革和发展素质教育,建设高品质教育体系。中国共产党的教育方针政策就是高品质学校的发展方向、动力源泉和行动路径。

从微观层面来看,"高品位"需要学校基于自身发展历史和时代需要挖掘潜力,形成具有自身特色的育人模式,提升学校竞争力。成都八中拥有近80年的办学历史,以"发展自我,报国为民"为办学理念,在党建引领下,坚守办学初心,弘扬八中精神,走出了一条具有八中特色的发展之路。

二、改革主张

抓好党建治校和党建育人,可以充分发挥党组织的政治核心作用,确保社会主义办学方向,从而引导和带领全校上下,汇聚学校发展合力,增强教师发展动力,激发学生发展潜力,从而实现学校高品质发展。

1. 以党建把控学校发展大局

高品质是高品位和高质量的融合,高品质学校是坚持党的教育方针,遵循教育规律,满足学生发展需要,实现"五育"并举的学校。习近平总书记明确提出,党是教育事业发展的核心领导力量,党的领导是办好中国教育的最大政治优势,牢牢掌握党对教育工作的领导权是新时代中国教育发展的根本要求。学校要始终把党建作为高品质学校发展的引路石,实现学校师生在思想上、政治上、行动上的团结统一,自觉在政治立场、政治方向、政治原则、政治道路上同党中央保持高度一致,确保党的教育方针政策得到贯彻落实。

2. 以党建强化教师队伍建设

《中共中央国务院关于全面深化新时代教师队伍建设改革的意见》明确提出要建立一支政治素质过硬、教学技艺精湛、师德师风高尚的教师队伍。这一队伍的建成,必然要求党组织强化政治领导。要聚焦师资队伍力量,强化党组织作用,以标准化建设为要求,以党员示范为带动,实现党旗飘起来、党员冲在前、教师干起来。用习近平新时代中国特色社会主义思想武装全体教师头脑,引导全体教师向新时代"四有"好教师和"四个引路人"目标不断迈进。

3. 以党建指引学生全面成长

中国特色社会主义教育事业的目标是培养德智体美劳全面发展的社会主义建设者和接班人。这需要学生在政治站位上与国家大局高度契合，与民族利益紧密相连，切实肩负起实现中华民族伟大复兴的时代重任。中小学只有抓紧抓牢党建工作并不断提高党建质量，才能在教育教学中坚定不移地维护党中央权威和党的集中统一领导，才能始终落实好立德树人的根本任务。成都八中由专职党委书记同步抓党建和德育，结合学校红色校史基因，传承八中德育文化，将党建和德育有机融合，用思想政治、意识形态工作浸润德育教育，促进全员、全过程、全方位育人，解决好"培养什么人、怎样培养人、为谁培养人"这一教育的根本性问题。

三、改革路径

高品质学校的建设离不开党建的引领，成都八中以党建引领为灵魂，逐渐发挥了党建引领学校高品质发展的"三力"作用。

1. 聚合力：党建引领学校文化建设

学校文化是学校在长期办学过程中积淀下来的精神和氛围，通过理念文化、制度文化、行为文化和物质文化等形态，在互相促进、互相补充的过程中进行演绎和呈现。学校文化是促进学校发展的精神核心和灵魂，对师生具有导向、赋能、凝聚等作用。成都八中党委紧紧抓住这个"牛鼻子"，在党建中传承革命基因，把党的教育和红色校史结合，突出八中特有文化优势，构建八中独有文化氛围，守好意识形态阵地。

图1 成都八中校训"发展自我 报国为民"

1942年，成都八中诞生在全民族奋起抵抗日本帝国主义侵略的烽火岁月中，成立之初就以"发展自我　报国为民"为宗旨，在近80年的办学历史中，虽历经时代变迁，但这一宗旨一以贯之，内涵不断丰富发展，"发展自我　报国为民"这一校训所蕴含的办学理念已外显为全体成都八中人不忘初心、砥砺前行的实践，内化为全体成都八中人一直遵守的信念。

在校党委领导下，围绕"培养什么人、怎么培养人、为谁培养人"这一根本问题，通过组织党员座谈、校友访谈、专家咨询等活动，将学校文化的传统因子与新时代党的教育方针相融合，赋予"发展自我　报国为民"以新的内涵。"发展自我"，即坚持以德为先，并通过课程建设、课堂建设、队伍建设、评价创新、管理创新，培育学生发展核心素养。"报国为民"，即强调学生的发展应在实现中华民族伟大复兴的中国梦的实践中体现自身价值。基于此，提出学校的育人目标为"身心健康，家国情怀，勤勉睿智，自立自强"，这与党的教育方针中"五育"并举一脉相承。如今，正值国家强盛、民族复兴的伟大蓝图践行之时，增强国家兴亡、匹夫有责的使命感、责任感，自觉把个人命运与国家民族的命运紧紧联系在一起，努力为国家富强、民族振兴、人民幸福不懈努力，正是"发展自我，报国为民"的理念在当代的必然要求和真实写照。

校党委在学校文化建设中发挥着组织者和把关者作用，担负有确保学校文化体系与党的教育方针高度契合的责任。在学校党委的领导和推动下，学校文化得到清晰的梳理和表达，进一步增强了八中人的自豪感，也使学校更加明确了新的历史时期发展目标，汇聚了发展合力。在学校顶层文化的指引下，学校融合党的教育方针与办学宗旨、育人目标、红色基因等文化要素，构建起具有八中特色的"六自"办学体系，即自强的发展型德育、自助的发展型课程、自主的发展型课堂、自律的发展型管理、自新的发展型队伍和自省的发展型评价。"六自"办学体系，是新时期学校党建引领下的发展坐标和目标航向。

2. 强动力：党建引领学校队伍建设

人才兴校，人才强校，人才是兴校之本，学校的发展离不开一支优秀的团队。学校党委以提升干部队伍水平、增强党员队伍素质、强化师德师风建设、建立分层培养机制等方式，引领和推动队伍建设，培养了一支高素质创新型教师队伍，增强了全校教职工立足岗位、干事创业的动力。

（1）建立和完善党管干部工作机制。"水不紧，车不转"，干部队伍的素质能力关乎学校高效运转。学校坚持党管干部、党管人才的基本原则，致力于建设一支有责任、有担当、能做事、能成事的干部队伍。在培养选拔上，学校建立了中层干部选拔标准，以政治标准为首，坚持业务标准和政治标准相统一的原则，构建起科学、严格、动态的干部任免机制。在教育管理上，学校党委建立定期研判制、谈话制等制度。强化干部教育管理，首要关注干部政治素质，教育干部时刻保持坚定的政治立场、优良的政治品质、较高的政策水平，坚定不移贯彻党的路线方针政策；其次关注干部道德素质，要求干部在行政岗位上，对人做事上，言行一致、清正廉洁、以理服人、办事公道；最后关注干部业务素质，要求干部坚持教学科研，立于教育前沿，在教育教学上站稳讲台，突出业绩，在专业能力、专业水平上起到带头作用。在评价考核上，学校党委依托全体教师参与干部队伍考察，每年年底让教师对中层干部开展评议，对干部先锋模范作用发挥情况和满意度进行调查，使教师成为干部队伍的监督员，让干部自觉履行带头作用。

图2　成都八中"重走长征路"主题党日活动

（2）规范和落实党员教育工作制度。党员是学校教育教学战线的中坚力量，要充分发挥党员教职工的示范与堡垒作用。学校党委高度重视党员队伍建设，强化党员教育管理，狠抓党员思想意识形态、业务能力提升和师德师风涵养。一方面，坚持党建工作标准，提升党建质量。学校建立党员活动室，让党员有固定的活动场所，增强组织归属感；设立固定党日，坚持每月25日开展党员活动，用仪式感增强使命感；坚持"三会一课"，促进党员教育常态化。另一方面，创新党员活动形式，提高教育实效。开展重温入党誓词活动，组织"让党旗在岗位闪光"党员献课和赛课活动，走进建川博物馆等红色基地，与邛崃回龙中学党支部开展党建结对活动，参加"凝党心激活力"

社区趣味运动会……丰富的活动不仅增强了党员的凝聚力，也进一步激发了党员的活力。再者，严肃党内政治生活，保持党组织先进性。严肃组织生活，开展好民主评议党员活动，让每一位党员交流自己在思想和工作中存在的问题，让思想交锋、揭短亮丑，旗帜鲜明坚持真理、修正错误，统一意志、增进团结。开展广泛的谈心谈话，关心每一位党员思想、工作和生活动态，以正确的价值观引导党员立足岗位，倾情奉献。

（3）领导和推进师德师风建设工作。教师是学校最重要的财富和资源，教师队伍建设是学校可持续性发展的核心保障。学校党委将党建元素融入师德师风建设和理想信念教育之中，让教师们在党的引领下，干好教书育人本职工作。一是推动教师激励制度建设。学校党委把重大制度调整和制定与"大学习、大讨论、大调研"工作有机结合，召开年级组长、教研组长、部分党员和骨干教师的座谈会，修订完善学校岗位竞聘制度和绩效考核方案，有效激发了教师干事创业的动力。二是加强师德师风教育。党委深化教师职业道德规范的学习教育，签订师德承诺书，让《师德白皮书》成为教师们案头常备读本。三是发挥榜样示范作用。利用学校官方微信公众号、学校官方网站宣传"金牛力量·信仰的力量——金牛区优秀共产党员"李晓波老师、区党代表"最美女教师"余梅老师；评选"最有风范男教师"、校优秀青年教师、校优秀党员，树立校内标杆，引导全校教职工爱国守法、爱岗敬业、关爱学生、为人师表、终身学习。秉持"成熟一个发展一个"原则，将优秀的教师发展吸纳为中共党员。

3. 激潜力：党建引领学校德育建设

中组部、中共教育部党组印发的《关于加强中小学校党的建设工作的意见》要求"把抓好德育和思想政治工作作为中小学校党组织重要任务"。成都八中坚持德育为先，坚持书记亲自抓德育，构建具有八中特质的德育体系，充分激发学生发展自我、报国为民的潜力。

（1）完善党委领导的德育工作机制。为落实《关于加强中小学校党的建设工作的意见》中"党组织书记要把德育工作抓在手上"的要求，学校建立以党委书记兼任德育副校长亲自抓德育、以党建带团建队建的德育工作机制，充分保证和发挥党委在德育工作中的主导作用。学校以党建带德育，以党建促团建队建，以党建促学生发展，滋养学生胸怀家国、仁爱万物、勤勉睿智、自立自强的品质。学校团委、少先队、学生会及志愿者服务队均成为党建带动的优秀学生团体，他们积极参与学校各类活动组织，开展环境保护、垃圾清理等互帮互助活动，成为学校德育工作的重要力量。学校开设学生党校二十余年，采取学生自愿报名、班级推荐、团委审核的方式，让一大批有上进心、品学兼优的学生能够参与党校学习，在思想上进一步增强先进性意识，积极向党组织靠拢。学校每学期组织党员带领团员、队员，了解八中革命历史，从感性和理性上增强家国情怀，增进对党的认识。

图3 成都八中"新时代守初心 新目标立远志"主题德育活动

（2）优化基于发展的德育工作路径。在"发展自我 报国为民"这一校训所蕴含的办学理念指引下，学校德育工作应该如何抓？学校党委组织围绕立德树人根本任务的德育工作研讨，形成德育工作共识："立德"，既要立社会主义的大德，要坚持社会主义核心价值观教育，培养社会主义建设者和接班人，又要基于八中传统，强化"报国为民"情怀培育，要让学生有本领、有担当。"树人"，既要树德智体美劳全面发展、能担当民族复兴大任的时代新人，又要基于八中校情培养学生"发展自我"的能力和本领。在党组织的领导下，通过治理体系、课程体系、评价体系、队伍建设创新，发挥德、艺素养对学生全面发展的积极性影响，形成了"以德立身，以艺成人"的特色发展之路。

（3）构建立足校情的德育课程体系。学校德育工作落地的载体是德育课程，高品质学校注重构建校本化德育课程体系。成都八中党委是学校德育课程的领导者、规划者和监督者。一是抓实思政课程和课程思政。党委书记定期组织思政教师座谈，不定期深入思政课堂，了解思政课程实施情况，建立问题调研和解决机制。党员带头进行课程优化，在国家课程校本化实施中挖掘德育因素，自觉融入思政教育。二是抓好校本德育课程建设。在党委领导下，进一步明确和细化成都八中德育培养目标，围绕培养学生自知、自尊、自信、自立等健全人格，构建"六讲教育"德育主题班会课程和德育活动课程。坚持党史教育与校史教育有机融合，将八中发展历程中涌现出的田宗美烈士和丁佑君烈士作为校史教育的重要内容,并将其与中国共产党领导中国革命的历史结合起来,开发了《成都八中校史读本》,作为新生入校教育的必修课,让红色基因深入一代又一代八中学子的心中。

四、改革成效

成都八中党委发挥政治核心作用,引领学校文化建设、队伍建设和德育工作,进一步凝聚了学校发展合力,增强了教师发展动力,激发了学生发展潜力。学校现代化治理能力明显增强,现代治理体系初步建成,文化建设卓有成效,课程改革走向深入,队伍建设效果明显,教学质量稳步提升,连续32年荣获成都市教育局表彰和金牛区政府表彰。学校"五育"并举教育体系不断优化,在教学质量不断进步的同时,德育、体育、艺术教育和劳动教育成绩突出,学校男生合唱团已成为一张亮丽的艺术教育名片。成都八中丰硕的教育成果和成功的办学经验,促进了学校办学品位和品质的不断提升,学校先后荣获70多项集体荣誉,得到了社会各界的广泛赞誉。

反思提升

随着改革的深化,学校高品质发展的要求越来越高,党建引领作用的发挥需要建立更加完备和科学的机制。回首成都八中的改革步伐,需要从以下几方面进一步加大改革力度:

1. 进一步优化党政关系,提升学校治理现代化水平

通过改革,学校党组织建设水平有效提升,为保证学校正确的发展方向发挥了重要作用,但对照加强党对教育工作全面领导的新形势、新要求,学校党委还存在功能定位不相适应、作用发挥不够充分、队伍建设有待加强等问题,与推进教育治理体系和治理能力现代化的新要求还有一定差距。如何进一步优化学校党政关系,完善学校治理结构,发挥党组织领导作用,健全党对教育工作全面领导的制度体系,有待进一步探索。

2. 进一步优化党建载体,提升党建与业务融合水平

党建工作在充分发挥政治核心作用,引领学校高品质发展的同时,依然存在着党建工作与学校教育教学业务工作融合不够的问题,既包括表层融合问题,也包括深度融合问题。这有待在下一步改革中优化党建载体,强化党的统战工作,将党建活动向

业务工作延伸，实现二者的高位融合。

（供稿：四川省成都市第八中学校，王宇、徐光杰、王永、杨槐）

▶ 专家点评

  建设高品质学校，必须坚持正确的政治方向。成都市第八中学校多年坚持"以党建引领学校高品质发展"，可谓方向明、站位高、根本正。

  成都八中的经验表明，建设高品质学校必须坚持"党建治校和党建育人"。为此，他们坚守三条改革主张：以党建把握学校发展大局，以党建强化教师队伍建设，以党建指引学生全面成长。八中的经验还表明，建设高品质学校必须坚持党的教育方针。为此，学校党委充分发挥其政治核心作用，由专职书记同步抓党建和德育，将二者有机融合，实施全员、全过程、全方位育人，确保了社会主义办学方向。八中的经验也表明，建设高品质学校必须遵循教育规律，"五育"并举，并逐渐发挥党建引领学校高品质发展的"三力"作用：聚合力，党建引领学校文化建设；强动力，党建引领学校队伍建设；激潜力，党建引领学校德育建设。

  成都八中"以党建引领学校高品质发展"的实践，不仅使他们走出了一条具有自身特色的发展之路，其宝贵经验也能给更多的学校提供难得的参考和借鉴。

——吴定初

优化"自主发展"育人模式
提高学校整体建设品质

问题聚焦

　　高品质学校建设的重要任务之一，是培育学校的自主发展文化，提高学生的自主发展能力。四川师范大学附属中学（以下简称川师附中）以"自主发展"为学校的核心文化理念，在德育、课程、课堂及团队建设等方面渗透自主发展思想，构建自主发展模式，落实自主发展的相关要求，通过创新自主发展的育人模式，提高了学校的整体建设品质。

成果简介

一、改革背景

　　根据高品质学校建设的基本要求和学校长期以来沉淀的"自主发展"文化基因，学校通过强化、优化"自主发展"的学校文化特质，创新"自主发展"育人模式，在德育、课程、课堂、团队建设等方面实施系统化改革。通过近二十年的持续实践，激活了全体师生内生动力，促进了每一位川师附中人主体性、内生型发展，实现主动地、持续地高质量发展，为学校高品质建设和育人方式变革增添精神能量和实践智慧。

二、改革主张

1. 高品质学校建设需要创新"自主发展"的育人模式

高品质学校建设的重要内容之一是创新育人模式。创新育人模式的重要目的，是在提升学生综合素养的基础上，高质量高品位地发展学生的创新意识与实践能力。综合素养、创新精神和实践能力的提升，是以学生的自主发展愿望、动力和能力为前提的，如果学生缺乏自主发展的意识与动力，就难以从被动发展转向主动发展，如果学生缺乏必要的自主发展能力，就难以在独立或团队学习中提升自己的综合素养、创新精神和实践能力。所以，要提高学校建设品质，需要创新"自主发展"的育人模式。

2. 创新"自主发展"的育人模式需要植根学校的特色文化

构建学校特色育人模式，需要挖掘和解码自身的文化基因，寻找影响学校发展的关键性因素[①]。为了创新"自主发展"的育人模式，学校回顾了川师附中办学历史，梳理了发展脉络，发现六十余年薪火相传、弦歌不辍的川师附中走到今天，能成为办学力量强、效益显、口碑好的四川省首批一级示范性高中，与川师附中人具有"吃苦耐劳，默默奉献，开拓进取，革故鼎新"的共同精神特质密切相关。这种精神特质和与之相应的行为方式与习惯，源于川师附中人"自主发展"的价值认同与追求，这是川师附中发展的深层密码和文化基因。学校在创新"自主发展"育人模式的过程中，注意植根已有的"自主发展"文化，因而取得了很好的发展效果。

三、改革路径

在具体的实践中，学校秉持"自主发展"文化理念，基于丰厚育人方式改革的实践土壤，聚焦于学校育人的重点领域和关键环节，从"四自"德育、自主多元发展课程、自主优效课堂和自主发展团队等方面展开深入实践，整体性推进高品质学校建设。

1. 强本：在"四自"德育体系的构建中滋养学生的美好德行

基于立德树人的根本任务，学校将育人方式改革的重中之重放在学生美好德行的滋养上。

（1）整体性构建"四自"德育体系。德育创新是高品质学校建设和育人模式变革

---

① 李建民，陈如平. 新时代普通高中教育转型发展关键在育人模式变革［J］. 中国教育学刊，2019（9）：32—37.

的首要任务和重要内容。学校以"自主发展"文化理念建构了"四自"德育体系，突出培育学生的"自我规划""自主管理""自能学习"和"自强发展"等"四自"能力。这四种能力相互的关系是："自强发展"是目的，"自我规划"和"自主管理"是基础，"自能学习"是关键。围绕这四种能力，系统性构建了学校德育工作体系和德育活动序列（包括集体朝会序列、主题班会序列、实践活动序列、艺体活动序列等）。

（2）创造性落实"四自"能力培养。根据这四种能力，学校逐一细化操作措施，构建滋养学生德行的实践创新策略。如在学生"自主管理"能力的培养中，第一，班级文化建设突出"自主性"，主要措施有集体讨论确定班级建设目标，学生共同设计班级形象，共同建立班级规章制度等。第二，培养和用好学生干部这支队伍，如利用学生干部平台，锻炼学生自主管理能力；发挥学生干部的榜样辐射力量，引领学生不断提高自我管理能力；引导学生干部队伍树立正确的班级舆论导向，引导学生自我管理等。第三，通过开展学生活动，提高学生自主管理能力。为配合班级的日常德育、事务管理、课堂学习等，学校开展了一系列学生活动，如德育主题教育活动（按学校德育活动体系的设置实施）、学生校外社会实践活动和学生社团活动等。第四，在住校生和晚自习管理中强化自主性。如共同订立寝室公约，确保良好的寝室秩序和生活环境；共同制定晚自习管理规定，自我约束自习行为，自主完成学习任务。第五，推行值周班制度。校团委学生会根据学校常规管理的相关要求，制定检查项目和评分标准，由值周班级负责检查，通过"检查—评分—汇总—反馈"等环节评定流动红旗，促进各班自我管理水平的提升。

再如"自能学习"培养，首先着力提高班主任"团队自主学习"的引导力，强化班级"团队自主学风"的建设。其次是通过培养自主学习习惯、激发自主学习动力、建立自主学习常规、制定自主学习能力评价标准、完善自主学习监控机制、建立"自主学习导师制"等策略，提高师生个体的"自能学习"水平。再次是借助"班科配合，学法指导""家校合作，共同培养"等手段，建立"自能学习"保障机制。最后，学校还通过"班级学习共同体""书香班级""最喜欢的校园活动评选"等学生自主教育活动的系列设计与实施，提高学生自我发展的能动性与有效性，全面塑造学校自主德育品牌。

2. 优能：在"自主课程"和"自主课堂"的建设中提升育人品质

课程是学生发展的土壤，课堂是育人的主阵地。川师附中以自主发展文化引领深耕课程土壤，优化课堂主阵地。

（1）基于核心素养的"自主课程"体系构建。课程是学习者在学校环境中获得的全部经验[①]，直接影响学生自主发展的质量。学校着力构建以核心素养为总纲、以"自主发展"为主线的高水平多元发展学校课程体系。

	人文素养	科学素养	德育素养	体艺素养	实践素养
基础性课程	基础性学科课程：政治、语文、英语、地理、历史	基础性学科课程：数学、物理、化学、生物、信息技术	心理健康/班团活动/校本"四自"德育课程	基础性学科课程：音乐、美术、体育、生物、信息技术	基础性学科课程：通用技术/综合实践
拓展性课程	拓展性特色学科课程：政治、语文、英语、地理、历史 / 拓展性校本选修课程：狮山讲堂（人文）、其他跨学科人文素养提升课程	拓展性特色学科课程：数学、物理、化学、生物、信息技术 / 拓展性校本选修课程：狮山讲堂（科学）、其他跨学科科学素养提升课程	校本选修课程：（例）领导力提升课程、时间规划师、打造你的学习脑、优雅女子课堂、幸福人生	拓展性特色学科课程：音乐、美术、体育 / 拓展性校本选修课程：狮山讲堂（艺术）、其他拓展性体艺素养提升课程	校本选修课程：劳动与社区实践、实体设计和3D打印
探究性课程/高水平特长课程	探究性特色学科课程：政治、语文、英语、地理、历史 / 研究性学习（社会调查与人文研究）、学科竞赛课程、文学社	探究性特色学科课程：数学、物理、化学、生物、信息技术 / 研究性学习（科学实验与科学探究）、学科竞赛课程	职业生涯探究课程、模拟联合国	探究性特色学科课程：审判与创意表达 / 体艺高水平社团、代表队	机器人工程（FTC）、研究性学习（设计与创作）

图1　川师附中以"自主发展"为主线的高水平多元发展学校课程体系

这一课程体系主要包括五大板块和三层结构。五大板块是指"人文素养""科学素养""道德素养""体艺素养""实践素养"，三层课程结构是指基础性课程（必修）、拓展性课程（选修）、探究性课程及高水平特长课程（选修）。在课程实施方面，学校主要以主题整合课程群、特色学科课程群与特长发展课程群协调推进的方式提升课程实施质量。主题整合课程群主要包括主题理解课程、主题体验课程、主题实践课程、主题探究课程等。特色学科课程群主要是深刻认识学科本质和学科育人价值，系统思考和谋划学科建设，夯实基础性课程，并营建更有品质的学科拓展课程和学科探究课程。特长课程群的基本形态包括选修活动课、研究性学习、社团课程、节庆展演课程等。

在这一课程框架下，学校特别开发了自主发展拓展课程和个性化特长课程。一是聚焦生涯与发展指导的校本拓展课程。学校整合高校、家长、校友和其他社会资源，邀请高校知名教授、专家到校开设选修课"冲刺青春"，讲解高校专业设置及各专业职业走向；邀请各行业有成就的家长和校友开设"狮山讲坛"等课程，介绍社会主流行业的特

---

① 陈侠. 课程论[M]. 北京：人民教育出版社，1989：13.

点和人才要求，开阔学生视野，帮助学生树立正确的理想信念和价值观。二是聚焦优秀传统文化和本土文化的校本拓展课程。如"锦城游——成都旅游历史文化""古人的衣食住行""中国人文地理""川剧传奇"等，让学生传承优秀传统文化，感受本土文化，激发学生爱家乡、爱祖国的感情，增强学生的文化自信。三是聚焦国际理解教育和创新能力的校本拓展课程。如"青年领导力提升""带着护照游世界"等课程。四是联合高等院校探索创新人才早期培养课程。如"平面设计""C++与算法设计""实体设计与3D打印""机器人工程（FTC）"等课程。五是基于学生个性化学习需求的特长课程。

（2）促进学习方式变革的"自主·优效"课堂建设。促进学生学习方式变革的"自主·优效"课堂建设，是以发展学生自主学习能力为重要任务，以提高学生自主学习质量为价值追求，统整课堂目标、课堂情境、课堂问题和学习策略等要素形成的高质量课堂形态。基于此，川师附中的做法如下：

建立问题驱动的自主学习实现机制。首先，结合自主学习理论和问题教学理论，构建了基于问题驱动的自主学习实现机制。这一实现机制包含四个基本环节与要素——夯实基础（教材解读与学情分析）、找准聚合器、细化驱动器、科学设计活动序列，四者相辅相成，共同促进学生有深度的自主学习。

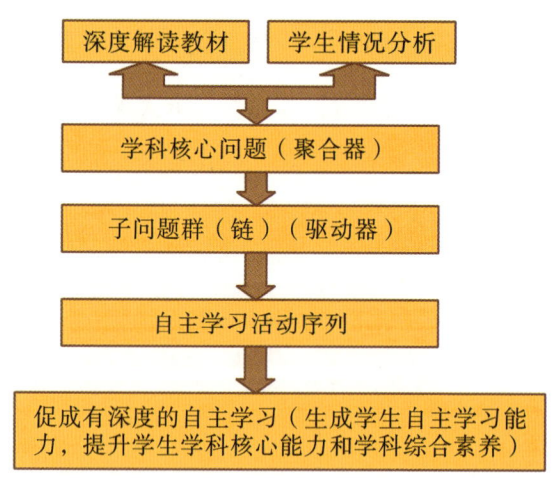

图2　川师附中问题驱动的自主学习实现机制

构建问题驱动的自主学习课堂模式。根据自主学习实现机制，构建和实施了"学—用—评—调"四环节课堂学习模式。这一模式包含的问题驱动的自主学习课堂活动序列，为学生参与自主学习提供了基本依托，是学生自主学习品质的重要保障，也为教师设计序列化活动提供了具有明确指向性和操作性的框架。"学"开启问题驱动下的自主建构与发现之旅；"用"是在新情境中让"学"向更深处探寻；"评"主要是通过检测诊断为学生带来"获得感"与生长力;"调"主要任务是引导学生在反思与调整中培育自主学习能力和学习品质。在"学—用—评—调"四个自主学习环节中,不同环节对学生的"知识构建能力""问题解决能力""自我反思能力"的培养既统筹兼顾,也各有侧重。此外,"学—用—评—调"四环节自主学习课堂活动序列并不一定是固化流程,可以根据教学实际进行调整。

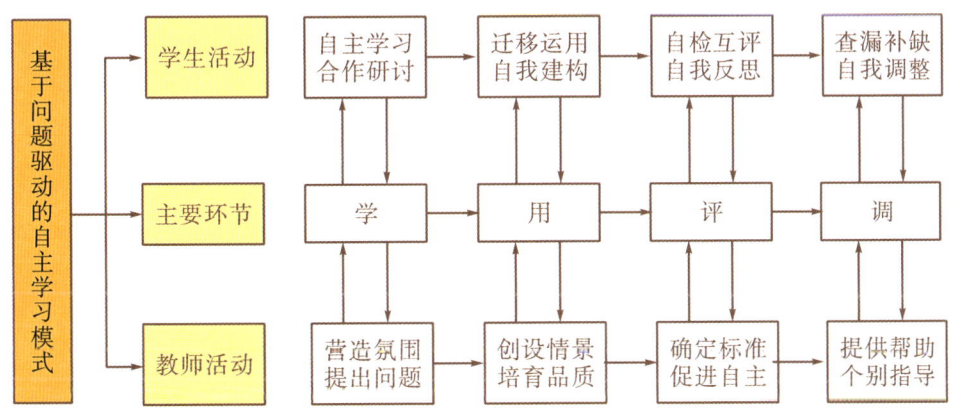

图 3　川师附中基于问题驱动的自主学习课堂模式

创生自主学习课堂问题设计策略与教师引导策略。根据问题驱动的自主学习课堂模式,学校重点深化了高质量问题设计的四个关键环节,包括理解教材、把握学生的生活脉络、学科问题"双向连通"和整合设计四个关键环节。

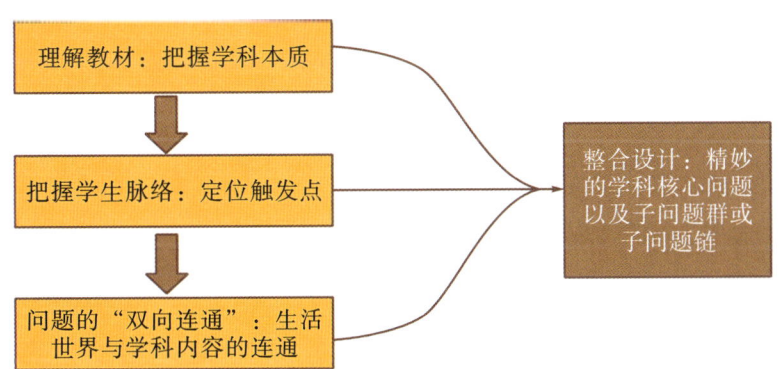

图 4　川师附中高质量问题设计的关键环节

为了进一步提高问题设计和实施质量,我校采用了"三四四三二"策略确保教材解读的深度,并细化了高质量问题设计与应用的三个"一"流程(聚焦一个核心问题,形成一个子问题群或问题链,创设一个主情境)及五个维度(问题的指向性、适切性、情境性、生长性、自主性)。

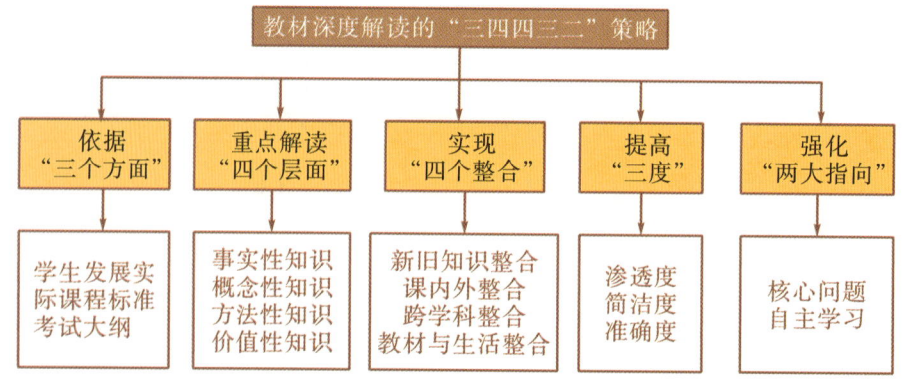

图 5　川师附中深度解读教材的策略图

为了充分发挥课堂中教师的引导价值，川师附中还归纳和凝练了问题驱动的自主学习引导策略，包括动机激发策略、循循诱导策略、高阶思维策略、心灵融通策略等。

3. 固基：以"三路"并举提升教师团队的"自主发展"品质

教师发展与高质量办学正相关，学校以"自主发展"文化为引领，在教师提升自主发展品质方面采取了多种措施。

（1）规划引路，夯实教师自主发展基础。学校把夯实教师队伍的自主发展基础纳入学校规划，确立和坚持了"三力一自"的发展思路。"三力"即发展力、学术力和文化力。其中，"发展力"是指全体教师立足教与学实际，不断发现和解决现实问题，不断提升和超越现状的能力；"学术力"是指全体教师学习、研究、创新和变革的能力；"文化力"是指全体教师传承和创生"自主发展"的特色文化能力。"一自"即自主发展，"三力"是师生提高"自我发展"能力的基础，将"三力一自"作为规划的基本思路，其重要目的是聚焦自主发展，培育自主发展型团队。为了帮助教师团队更好地判断自主发展情况，川师附中根据规划要求，结合各条工作主线和各年级组、教研组、备课组的实际工作与学科特点，制定了各项评估标准。以学术力评估为例，学校每年度根据"四川师大附中校本教研成果综合量化细则"对各教研组进行科研综合评估，分别评比出优秀教研组和个人，并实施奖励。

（2）研究铺路，丰富教师自主发展内涵。川师附中通过梳理、聚焦学校发展中的关键问题，形成统领全校教育教学研究的龙头课题，再通过层层分解，在不同层级开展子课题、小专题研究。近几年来，学校先后开展了四川省资助金项目"高中班级文化建设"、成都市教育局教育科研招标课题"提升教学质量的学校管理制度创新研究"、四川省哲学社会科学重点研究基地资助金项目"新课改背景下中学教师有效教学方法与策略的校本研究"等研究。为了让教师们的课题研究能够更好地促进学校发展，川师附中强化了课题研究的"铺路"功能，聚焦学校、教研组和备课组的共同关注点，确立研究专题，规范了课题、小专题研究与校本教研的流程和实施框架。多层级的课题研究，促进了年级组、教研组、备课组向实践变革型团队的转变，促进了跨学科、跨年级的研究共同体形成，整体性丰富了教师自主发展的内涵。

（3）携手行路，增强教师自主创新合力。教师自主发展不是随意发展，更不是单打独斗发展，而是在学校规划的一盘棋中创新性地发展。这就需要把教师的自主创造和严格执行学校规划结合起来，以增强教师自主创新的合力。一是树立团队成员的黄金心态。营造"沟通而不对立，补台而不拆台，互助而不自利，合作而不单干，温情而不冷漠"的工作氛围；树立"工作就是为生命增值，工作是一种带薪的愉快学习过程"的良好心态。二是强化担当与责任。以年级团队发展为例，学校按照管理团队、班科教师和备课组团队进行目标分解和责任分担，使之成为目标一致、团结协作、互帮共进的团队，实现班级、学科整体发展。三是增强"没有任何借口"的执行信念。为了将"没有任何借口"的执行信念渗透到各个领域，学校提出了"精致铸就特色"的要求，如在教育教学中抓实备课、抓活课堂、抓严辅导、抓精练习、抓细分析等多种举措，提高了各个环节的执行力。四是提高"创造性工作"的执行智慧。比如川师附中的班主任团队和备课组长团队：班主任团队的职责之一是根据不同阶段特点研究如何创新性激发学生精神动力，每周日晚上定时研讨交流；备课组长团队的职责是教学标高把控、新课和复习等教学节奏安排、学术研究质量把关，每周星期一上午一节课定时研讨。通过这样的方式，引导教师携手行路，增强自主创新合力，提升自主发展品质。

四、改革成效

通过历史性回顾和时代性省思梳理学校文化脉络，学校以"自主发展"的文化铸就学校之魂，整体性推进高品质学校建设和育人方式变革，从办学功能实现的层面回答"培养怎样的人""为谁培养人"和"如何培养人"，并在学校发展、师生发展上取得了明显成效。具体表现在：

1. 改革令学业质量持续优异

学校连年被评为成都市"优秀学校"，获得锦江区"突出贡献奖"；学生在自主发展力与持续发展力、特长发展与全面发展等方面表现优异，引人瞩目。

2. 办学品质得到各界高度认可

近年来，学校先后获得成都市先进基层党组织、成都市普通高中教育教学工作优秀学校、全国教育硕士专业学位研究生联合培养示范基地、四川省精神文明校园、成都市首批教育国际化窗口学校、锦江区学校体育艺术工作成绩突出学校、四川省第十三届运动会成都体育代表团突出贡献单位等荣誉或表彰。

3. "自主发展"特色明显

围绕"自主发展"育人模式的创新实践获得多项重大成果。课程建设成果"高水平自主多元发展课程"获得中国教育学会专家高度认可，在2018年中国教育学会学术年会上做专题交流；围绕深度创建的课题成果"问题驱动的自主学习引导模式"先后荣获成都市教学成果一等奖、四川省第六届普教教学成果一等奖、国家级教学成果二等奖。与此相关的还有两项合作完成的课题成果获得一个国家级教学成果二等奖、一个四川省第六届普教教学成果一等奖、一个四川省第六届普教教学成果二等奖。

4. 辐射范围日益扩大

学校先后在民进中央"基础教育改革座谈会"、教育部"农村校长助力工程"校长班、华东师范大学"名校长高峰论坛"、首届全国名师发展学校兰州市高级研修班、四川省名校长培训班、全国中小学责任督学挂牌督导创新县考核评估会做经验交流；先后为江苏教育考察团、海淀区中青年干部教育管理培训班等数十个教育教学考察团体或跟岗研修团队展示育人模式创新实践经验，产生了广泛的辐射影响，取得了良好的引领和示范效应。

反思提升

在学校文化引领下，"四自"德育、"自主多元发展"课程、"自主·优效"课堂等如何与时俱进？

以"四自"德育为例。国务院办公厅《关于新时代推进普通高中育人方式改革的指导意见》指出，构建全面培养体系要突出德育时代性，要结合实际制订德育工作实施方案。学校在以下三个方面有待形成新的突破：一是围绕立德树人根本任务，如何落实好"五育"融合？在学校实践中，如何把"五育"并举、融合育人的理念转化为行动？如何破除简单拼凑与整合的局限，通过学科融合、知识融合、方法融合和价值融合，实现"五育"的真正渗透与融合？二是如何进一步凸显德育工作时代性和实效性？面对学生的变化，传统"防范式""控制式"模式亟待改进，由传统单一的教育模式转向形式多样、生动有效的体验式、情景式、沉浸式育人模式，由经验育人转向科学育人，需要更为深入的探索。三是要进一步发挥育人合力，还需进一步探索家庭、学校、社会协同教育的有效途径。

再如"自主多元发展"课程。当前的课程内容与"促进学生实现自主多元发展、适应学生全面而有个性发展"这一课程目标还存在一定落差。目前学校的课程看起来"丰富多元",但对照学生发展需求来看,还是不够"自主",不够精细,不够精准,还难以真正促进学生的自主多元发展。当前的课程体系与"五育"并举的时代要求也还存在一定差距。完善"五育"并举的课程体系,对落实立德树人根本任务,深化新时代教育改革发展,培养德智体美劳全面发展的社会主义建设者和接班人具有十分重要的意义。如何将德智体美劳全面发展落实到课程建设的各个层面,还需深入研究。同时,劳动教育课程还比较薄弱,比较缺乏系统设计;综合实践课程还不够综合,特别是需要调动跨学科思维的问题解决课程,还有待加强。

总之,如何让川师附中"自主发展"的文化因子在高品质学校建设和育人模式变革中发挥更强大的精神内核作用,仍需我们不断追问和求索。

(供稿:四川师范大学附属中学,胡昳、李文超、刘显平、王贵飞)

▶ 专家点评

四川师范大学附属中学作为传统名校,历来注重培养学生的"自主发展能力",也积累和贡献了不少成功的经验。在四川建设高品质学校的重大研究实践中,又依据学校长期沉淀的"自主发展"文化基因,通过优化"自主发展"的文化特质,创新"自主发展"育人模式,再度提高了整体的办学品质。

在具体研究实践中,川师附中秉持"自主发展"的文化理念,依托丰厚的实践土壤,聚焦于学校育人的重点领域和关键环节,从构建"四自"德育体系、"自主多元发展"课程、"自主·优效"课堂和"自主发展"团队等方面深入展开系统化改革,整体性推进高品质学校建设。其实践不仅在明确"为谁培养人"的基础上,很好地回答了"培养怎样的人"和"如何培养人",而且在师生发展、办学品质上取得了明显成效,得到了各界高度认可。特别希望他们在已有的"问题驱动的自主学习引导模式研究"(获得四川省第六届普教教学成果一等奖和2018年国家级教学成果二等奖)的基础上,百尺竿头,更进一步。

——吴定初

以学科育人推动高品质学校建设

问题聚焦

习近平总书记在全国教育大会上强调,教师要围绕立德树人来教,学生要围绕这个目标来学,不利于实现这个目标的做法都要改过来。学科教学是育人的主渠道,但学科教学中还存在"教""育"分离、"育分"重于"育人"等问题。

成果简介

一、改革背景

新时代基础教育高品质发展,首先要处理好"教育与人"的关系,要把育人作为教育教学的起点和原点;落实立德树人,要处理好"育分"与"育人"的关系。开展学科育人校本探索实践,是学校试图处理好这些关系的尝试。

首先,育人问题是当务之急。习近平在全国教育大会上指出:"要努力构建德智体美劳全面培养的教育体系。要把立德树人融入思想道德教育、文化知识教育、社会实践教育各环节。"

其次,学生最主要的学习经历是学科学习。学生把约80%的时间花费在学科学习中,他们在学科学习中的表现对其素养形成有重大影响。

再次,"缺魂失灵"的学科教学令人担忧。部分教师在学科教学中,"育分"重于"育人",缺乏生动活泼的教学方式,缺乏有效的理想信念教育,学生缺乏接触社会和服务社会的实践体验,缺乏支撑学生个性发展的学习条件。

最后，学校学科育人还存在一些问题，如部分教师学科育人意识较为淡薄、学科育人方法较为生硬、学科育人知行较脱离，难以融入学生灵魂，难以帮助学生解决实际问题。

学科教学是育人的主渠道，学科育人的效果如何，直接决定着学校立德树人这一根本任务能否顺利完成。

二、改革主张

1. 认识层面的学科育人

（1）学科育人是高品质学校建设的关键领域。高品质学校以"育人"为根本使命，高品质学校的教师以"育人"为根本职责。学科学习是学生最主要的学习经历，也是学生全面发展的重要途径。学科教学是师生交流的主场所，是教与学交互的主渠道，育人必须坚守这一重要阵地。

（2）学科育人必须有高品质教育的学科教学观。①科学发展的学科观。学科虽以知识为核心，但要在实践中发展创新；学科学习以课本为主要载体，但要有拓展延伸；学科间没有分明的界限，学科间的融合无处不在；学科教学以教师为主导，但不能把课堂变成"百家讲坛"，任何学科育人都要谨记"为谁培养人"这一根本问题。②以人为本的教材观。在内容上，师生合力对教材进行利用和开发，全面实现教学目的；在组织上，结合教学的实际需要，灵活处理教材；在功能上，强调教材最终要服务于教学；在教学上，强调师生的双主体地位。③"五育"并举的课堂观。课堂是教育的细胞。好课堂是通过学生的卓越来表现的，卓越的学生是德智体美劳全面发展的。"五育之花"堂堂开、科科放，卓越的学生就会越来越多地生长起来。落实各学科核心素养，是五育课堂的目标和实施路径。

2. 操作层面的学科育人

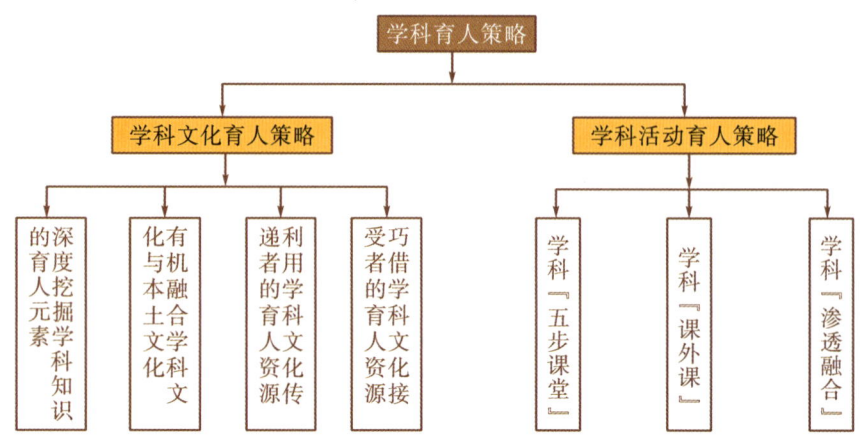

图1 眉山苏祠中学学科育人策略示意图

(1) 学科文化育人策略。①深度挖掘学科知识的育人元素。学科知识是学科育人的重要载体。教师要对隐藏在知识背后的育人元素进行深度挖掘，挖掘教材每一章节每一课时的育人点，形成独具学科特色的学科育人氛围。②有机融合学科文化与本土文化。每所学校都有其独特的文化底蕴和传统优势，这是校本德育课程构建的最好资源。将本土优秀文化引入课堂，有利于培养文化认同、增进文化信仰。③利用学科文化传递者的育人资源。师者，人之榜样，其为人处世方式对学生有很大影响。严谨的治学态度、对学生发自内心的情感、注重道德自律……这些德行将会渐入学生身心言行，达到无言之教的效果。④巧借学科文化接受者的育人资源。教师关注学生在课堂里的每一点表现，挖掘学生的文化经验，联系学生的生活实际，巧借学生的错误教训，根据学生的实际需要随机地调整教学行为，不断找到新的教学生长点。

(2) 学科活动育人策略。①学科"五步课堂"，学生做自主的人。"五步课堂"实现了两大转变：由以"教"为中心向以"学"为中心转变，由知识灌输向学科核心素养培养转变。②学科"课外课"，学生做立体的人。学科育人以课堂学习为基础，利用综合实践活动、研学实践等，扩展学科教育空间，让学生的知识能力、情感态度价值观在实践中得到锻炼和升华，从而促使学生成为立体的人。③学科"渗透融合"，学生做多元的人。学科融合既是学科育人的实践趋势，也是学科育人产生创新成果的重要途径。通过项目式的学习进行学科间的渗透融合，让学生更全面深入地思考问题，从而促使学生成为多元发展的人。

图2 苏祠中学"五步课堂"教学模式示意图

三、改革路径

苏祠中学尝试从学科知识本身、学科知识传递方式以及"人"(学科知识传递者和接受者)这三个方面进行探索。

1. 从学科知识本身进行学科育人

学科知识育人元素的深度挖掘。学科知识是学科育人的重要载体。教师要对隐藏在知识背后的育人元素进行深度挖掘。对照课程标准,按德智体美劳"五育"并举的指导思想,根据各学科核心素养,由各教研组分头实施,在集体备课时挖掘教材每一章节每一课时的育人点,形成独具学科特色的学科育人氛围。比如,历史学科形成以史、以情、以理育人的特色;音乐、美术学科形成以美育人的特色;理科形成以科学、以思维、以技术育人的特色……

学科知识与本土文化的有机融合。当今世界,多元文化的冲突不断凸显,对本土文化价值渗透产生了一定的影响。每所学校都有其独特的文化底蕴和传统优势,这是校本德育课程构建的最好资源。2011年,苏祠中学成功编撰了融入课程教学的校本教材《苏祠邻里》,对苏东坡进行全方位解读,融合道德与法治、语文、历史、美术等多个学科教学,对传承东坡文化、弘扬东坡精神进行了有益的尝试。实践证明,将本土优秀文化引入课堂,有利于培养文化认同、增进文化信仰、坚定文化自信和文化自觉。

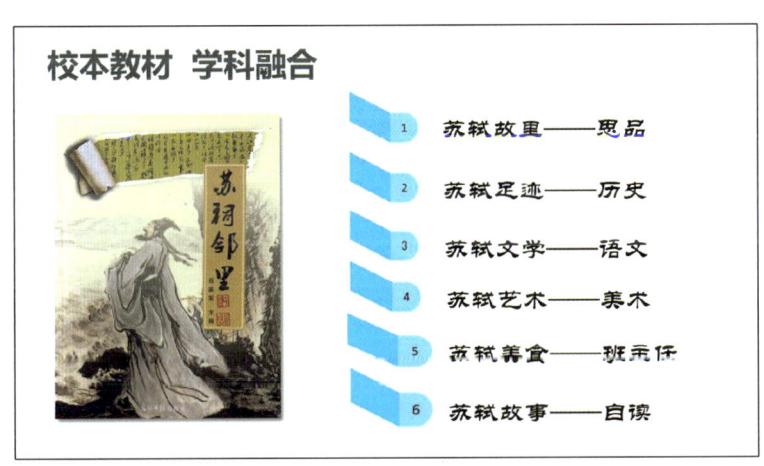

图3 苏祠中学学科融合的校本教材《苏祠邻里》

学科知识与生命教育的有机融合。学科教材中包含大量的生命教育元素,苏祠中学以生命教育的眼光去发掘,在学科育人中渗透,使课堂充满生命的情怀与律动,让学生学会感恩、学会珍惜、敬畏自然、顺应自然。如生物学科，在人类对生物圈的影响这部分教学内容中，补充由于人类的过分索取，导致许多物种数量减少甚至灭绝，水土流失加剧，农业生产力下降，最终人类也深受其害的相关内容。近些年，我国大力实施退耕还林、天然林保护等措施，生态系统逐渐恢复，人民的生活质量大为提高。

学科知识与生活的有机融合。在教学中充分挖掘知识本身所蕴含的生活内容。在学科育人过程中，引导学生用学科的眼光看世界、用学科知识服务于我们的生活。如数学学科，学习完九年级"弧长与扇形面积"后，正值学校改造操场，教师让同学们帮助工程队画操场的4条环形跑道，计算操场的面积。这个过程中同学们不仅学会了弧长和扇形面积的计算方法，还体会到了"学习有用的数学"的重要性，达到了很好的学科育人的目的。

2. 从学科知识传递方式进行学科育人

用思维导图构建知识层级。一是纵向联系，将前后知识串联，既能温故又能知新。二是横向比较，找出异同，加深对知识的理解和应用。如地理学科，我国东北平原与华北平原气候相同，与美国中央平原纬度相同，它们在农业生产上有许多相似之处。在学习东北三省时，教师提出：比较我国东北平原、华北平原、美国中央平原在农业生产方面的异同。学生从地形、气候、河流等自然环境以及人文环境等方面进行纵向横向综合比较分析，得出结论。有些人认为中国是小农经济，与美国现代化的农业差距很大，但通过这样的深度对比学习，学生不仅能准确理解掌握新的知识，还能增强民族自信心和国家认同感。

让课堂充满人文情怀。为了更好地顺应新课程改革的要求，提升学科育人价值，在学科育人中，教师要积极地渗透情感教育，有效地满足学生在情感方面及知识方面的需求，丰富学生的情感体验，塑造良好的道德品质。学校语文教师带领学生学习汪曾祺《端午的鸭蛋》等风俗篇目文章时，组织学生了解本地人情风俗，并去钻研和实践（包粽子、包汤圆、做东坡肉等），每个人写一篇较短的报告，继而形成具有班级特色的本地风俗报告。这样的实践活动使学生充分体会到风土人情，增强了民族文化认同感，从而更加珍惜现在的幸福生活。

让学科核心素养课课落地。学科核心素养落地，实现从"教""学"分离到"教在学中"。一是把握核心素养内涵，科学设计教学目标。将学科质量标准的能力目标与相关核心素养具体表现对接，准确定位基于核心素养的教学目标。二是拓宽学科育人途径，实现学科育人价值。从学科特点和学生发展需要出发，找准学科教学内容与学科核心素养的切合点，深挖本学科独特的育人价值。三是培育学科创新思维，创设有效问题情境。发展学科核心素养，需设计能引发学生认知冲突的新颖性、真实性和趣味性问题情境。四是贯穿学科核心素养，以问题引领教学。帮助学生用所学知识解释和解决现实生活中的一些问题，增强对学科核心素养获得过程的体验。

"五步课堂"，学生做自主的人。学校构建充分体现学生自主、合作、探究学习方式的"五步课堂"教学模式："自主预习，先学后教；合作交流，以学定教；展示提升，共同分享；检测反馈，拓展延伸；归纳总结，构建知识"。"五步课堂"实现了两大转变：一是由以"教"为中心向以"学"为中心转变，让课堂充满思维碰撞式的对话，体现思维互动与智慧共生。二是由知识灌输向学科核心素养培养转变，变"消灭问题"的课堂为"暴露思维"的课堂，变"师问生答"的教学为"共同设问"的教学，学生在学习中大胆发表看法，提升批判性思维能力。

学科"课外课"，学生做立体的人。教育不应该与生活实际脱离，不能把学生束缚于书本之内，禁锢在课堂之中。学校倡导学科教学以课堂学习为基础，利用综合实践活动、社会实践活动、研学实践等，扩展学科教育的空间，使学科知识与实践活动相结合，让学生的综合素养在实践中得到锻炼和升华。学校化学老师带领学生参观眉山市自来水厂，参观完后同学们完成了两项任务：推举两位同学开展"水的净化"课题；结合自己掌握的净水知识自制简易净水器。通过课外拓展活动，同学们的自学能力、动手能力、创新能力等都得到了极大提升。同时，同学们再深入思考：曾经，眉山城区是从岷江取水，为何现在舍近求远，从仁寿黑龙滩引水？曾经，河流水、湖泊水可以直接饮用，为何现在要经过复杂工艺净化后才能饮用？学生相互探讨后，更能明白"珍惜每一滴水""人与自然和谐相处"的重要性。

图 4 苏祠中学学生参观自来水厂

3. 从"人"的角度进行学科育人

提升学科知识传递者的育人意识和育人本领。教师是学科育人的根本力量,教师队伍建设是学校高品质发展的永恒主题。学校通过内力驱动、环境熏陶、路径优化,激发教师的育人主体意识,改善教师教育方式,培养教师独有的育人个性,聚生放大了学校学科育人内涵发展、品质提升的强劲动力和高位势能。

强化教师的职业精神。唤醒教师的育人自觉,必须培育、强化教师的职业精神。学校通过开展"教师大讨论"(如围绕"学科教育的本质是什么"等主题)、"教师读书节",让教师明确教书育人是一个不可分割的整体,教书是途径,育人是目的。通过内力驱动,将培养德智体美劳全面发展的人这一育人目标,内化为全体教师共同的价值追求。

提升教师的专业素养。学校以课题研究、常态教研、教学比武等活动的扎实开展提高教师高品质学科育人本领。第一,教育科研是教师发展的重要途径。近年来,学校围绕学科育人开展了多项教育研究,比如省级课题"本土榜样教育""拓展阅读研究";出版教育专著《苏祠邻里》;"基于教师职业生涯的自我修炼研究""家庭化学实验促进初中生能力提升策略研究"等六个市级教研课题,参与课题研究的教师人数占学校教职工总数的35%,学科育人研究逐渐铺开。第二,常态教研是提升教师学科素养的重要保障。学校强化落实隔周一次的教研活动和集体备课,让教师在集体智慧孕育下快速提升专业水平;常态化的"推门听课"让教师把精心备课变成职业自觉。第三，教学比武是学科育人行动的生动展示。学校开展全员校本研修，通过定期开展"名师亮剑""教研组长说课""青年教师大比武"等活动，交流、展示教师育人智慧，引领教师在个人反思、同伴互助、专家指导中提升专业素养。

把学科知识接受者作为学科育人的重要资源。叶澜教授指出："教学过程中教师要把学生看作教学资源的重要构成和生成者。"在教学过程中，教师应关注学生在课堂里的每一点表现，根据学生的实际需要随机地调整教学行为，不断找到新的教学生长点。一是挖掘学生的知识经验。学生已有的知识与经验不仅对他本人的成长起着重要作用，而且对于同伴也是一种资源。因为学生通过相互交流、相互启发，彼此促进，使每个人都可以从同伴那里获得信息和启示，使同伴之间的知识和经验共享，进而丰富个体的情感和认识。比如组织学生赴美国、日本及国内各地开展研学实践活动，活动结束后，参与者又将自己的所见所闻、所思所想制成课件，为同学们分享，这又成了难得的课程资源。二是联系学生的生活实际。课程设计常把学生固定在"科学世界"里，缺乏对学生"生活世界"的观照。因此课堂教学要联系学生的生活实际，使之成为一种新的课程资源。比如，某年11月中旬，一场影响很大的寒潮席卷全国，眉山也深受其害。学校地理教师及时给学生讲解寒潮，学生亲身经历，感受更为深刻。教师引导学生深入思考：人类可以提前预测自然灾害，把灾害的影响降到最低，而其他动物只能被动承受，由此感受知识的力量、科技的力量，这样的育人效果非常明显。三是巧借学生的错误教训。英国心理学家贝恩布里奇说："错误人皆有之，作为教师不利用是不可原谅的。"所以，在课堂上学生学习出错是正常的，也是真实课堂教学的反映，教师要善于发现学生的学习错误，对学生的学习错误要正视而不回避，要巧妙利用并使其为课堂教学服务，变成课堂教学资源。

四、改革成效

通过对"学科育人"的探索实践，苏祠中学初步取得了几方面的成效。一是学生核心素养有所提升。学生的道德素养增强、文化素养浓厚、学习能力提高、自我价值感提升。二是教师综合素养有所提高。教师的职业情怀进一步深厚：能自发地去做一个有忧患意识、有文化内涵、受学生爱戴的教师；教师专业素养得到极大提升：教师学科素养提升、跨学科素养增强、信息素养提高，逐渐形成专业自觉。三是学校迈向高品质。学校课堂逐步迈向高品质课堂，学校跻身高品质学校之列。

反思提升

推动"学科教学"转向"学科育人",全力推进高品质学校建设,既是对国家政策的积极落实,又是对当下现实问题的有效回应和主动作为。在学科育人的校本探索和实践过程中,苏祠中学着力于课堂变革。反思过程,学校还有需要改进和提升之处。

1. 学科育人之源不足

师生对学科的"爱"还不够。爱因斯坦曾说:"兴趣是最好的老师。"有的学科教师可能不喜欢自己所学的专业,有的教师教学科目和所学专业又不对口,所以把教书仅作为自己的"饭碗",即使有学科育人的"风"刮来,也是随"风"应付。由于教师缺乏对所教学科的"爱",就更难让学生"爱"上本学科,那么学科育人又从何谈起?

2. 学科育人体系不全

学科知识、学科技能、学科活动、学科思想、学科文化和学科生活彼此之间不是孤立的,而是相互关联和相互交融的,共同构成了学科教学的过程,都以"育人"为价值追求和根本目的,但侧重点有所不同,分别为"育其知""育其能""育其行""育其心""育其根"和"育其生活"。学科育人是一个系统,仅从课堂改革入手,是远远不够的。

针对以上问题,要进一步加大对教师的有效培训,进一步加大学科育人成果的推广,让"爱"以学科为媒介,在师生间传导。我校力图围绕立德树人建立学科育人课程体系,实现学科育人各环节的统一。

学科育人不可能立竿见影,贵在坚持与去功利,需要平和务实、淡定从容的心态与一种凌驾于喧嚣之上的睿智与笃定。在尊重教育基本规律、学科内在逻辑和学科教与学规律的基础上,把教育真正地归还给教师和学生,科学规划、统一协调,学科育人应成为立德树人的"新常态",学科育人应成为高品质学校的"新常态"。

(供稿:眉山市东坡区苏祠初级中学,岳家军、戴霞、杨洋)

学科育人是建设高品质学校的关键领域。苏祠中学以此为"抓手"推动高品质学

校建设，落实立德树人根本任务，其切入点明确且合理，值得称许。

为切实抓好学科育人，苏祠中学不仅在认识上强调"必须有高品质教育的学科教学观"，而且形成了"学科文化育人策略"和"学科活动育人策略"的操作成果，不乏新意。更令人欣喜的是提炼了"学科育人的改革路径"，包括从学科知识本身、从学科知识传递方式、从"人"的角度等三条路径进行学科育人。其中，学科知识与本土文化（东坡文化）有机融合，构建"五步课堂"让学生做自己的主人，设计学科"课外课"让学生做立体的人，这些探索非常宝贵且具有推广价值。

不懈的探索带来了收获的喜悦，苏祠中学实现了学生、教师、学校共同成长。学生核心素养明显提升，教师综合素养得到极大提高，课堂教学质量越来越好，学校也跻身高品质学校，达成了"以学科育人推动高品质学校建设"的目标。

——吴定初

中职学校高品质专业群建设的探索与实践

问题聚焦

中职学校专业之间常常"各自为战",专业资源配置与建设分散,共享度和利用率不高,专业单体资源不足、规模较小、实力较弱,难以适应产业集群发展对技能人才素质和能力提出的新要求。

成果简介

一、改革背景

随着汽车维修企业供给侧结构性改革的深入,我国汽车产业利润正在向服务产业转移,汽车服务行业利润已占整个汽车产业利润的60%～70%,汽车后市场成为新的增长点。汽车后市场对人才数量和质量的要求不断提高,尤其是新能源、商用车领域,急需大批高素质复合型技能人才。

四川交通运输职业学校(以下简称四川交通学校)在汽车后市场领域开设有"汽车运用与维修""汽车整车与配件营销""商用汽车维修"和"新能源汽车维修"等专业,各专业在人才培养、队伍建设、课程资源、技能竞赛、社会服务等方面积累了一系列高水平建设成果。但在专业建设中,存在资源分割"各自为战"的问题,未形成人才培养的合力,难以适应汽车行业转型升级对技能人才的新需求。

高品质学校建设理念强调"共生、共赢"的办学主张,提倡办学要素的结构性变革,通过创新组织形式强化学校内部的高效协同,扩大学校与企业、社会的互利合作,这就要求中职学校在专业建设上加强整合,以产业发展需求的视角重新审视专业建设的结构。因此，为适应产业发展需要，提高办学水平和质量，走高品质专业群发展的道路，将是解决上述问题、促进产教融合、提升支撑能力的最佳路径，也是优化资源、凝聚特色、打造专业核心竞争力的最有效路径。

二、改革主张

通过深入了解四川汽车产业布局，对接汽车后市场转型升级，精准定位行业、区域需求及技术技能人才的职业岗位等信息分析，四川交通学校按照以"职业岗位相关、技能基础相近、专业基础相通"为主，以"资源共享、行业业务相连"为辅的方式组群，形成重构整合、优势互补、协调发展的汽车服务专业群，即以学校汽车运用与维修专业国家级示范专业为核心，整合汽车机电维修、汽车车身维修、汽车营销、汽车维修接待、新能源汽车维修、商用车维修、二手车鉴定与评估等多个职业岗位，打造汽车服务高品质专业群。

按照"价值提升、重心下移、结构开放、过程互动、动力内化"的原则，从技术链出发构建专业群顶层设计，按照组群逻辑重组群内资源，推进专业群建设质量保障体系，学校提出了以下思路：

1. 深化校企合作，双轮驱动，协同发展

加强与四川省交通运输专业指导委员会、四川龙头企业、成都市汽车维修行业协会合作，搭建产教协同平台，构建校企合作共同体。以企业、学生双主体需求为导向，创新人才培养模式，加强供给侧源头改革，做专做精学历教育；对接行业企业需求，大力开展技能人才培训、技术服务、成果转化、精准扶贫等，做大做强社会服务。

2. 优化专业结构，一体四翼，特色发展

跟随汽车行业转型升级发展，精准定位四川区域汽车后市场对技能人才的需求，深入分析汽车后市场岗位群知识、技能和素养要求，构建"平台＋专项＋拓展"三层级课程体系，将群内资源进行解构和重组。以国家示范专业"汽车运用与维修"为主体，做强市场紧缺专业"商用汽车维修"，做优品牌专业"汽车整车与配件营销""汽车车身修复"，做好新兴专业"新能源汽车维修"，优化群内组合，突出建设与创新。

3. 推进"三教"（教师、教材、教法）改革，自主创新，内涵发展

根据高品质专业群人才培养要求，实施"学生中心、能力本位、工学结合"的一体化教学改革，着力打造"三有"（有序、有效、有趣）高品质课堂；分类培养6

支高水平教师团队，支撑因材施教与教学改革，塑造高素质的学生；构建高品质专业群评价指标体系，建立以第三方为主的多维度评价制度，为专业群建设提供质量保障。

三、改革路径

1. 搭建产教协同平台，深化校企融合发展

学校牵头成立四川省职业教育与成人教育学会交通运输专业委员会、四川省汽车示范专业建设联盟，与成都市汽车职教集团、成都市维修行业协会合作，共建成都市汽车维修行业协会教培工委会，构建产教协同平台。拓宽合作对象，构建"三元合作、三层互通"的校企合作长效机制，形成"系部—专业群—企业""教研室—专业—企业部门""教师—课程—技术人员"三级校企合作对接体系，共同开展人才培养、师资培训、社会服务。

2. 紧跟产业发展趋势，动态调整专业群建设

建设汽车服务专业群建设指导委员会，加强汽车后市场调研。随着汽车后市场转型升级，商用车、新能源汽车发展迅猛，商用车后市场出现人才供给空白，专业群及时调整建设重心和目标，在保证乘用车优势情况下，把商用车汽车售后人才培养列为专业群动态调整主攻方向，对接汽车后市场全产业链转型升级。

与福田康明斯、福田戴姆勒、成都汽车维修行业协会等开展深度合作，校企协共建四川省世界技能大赛重型车集训基地、商用车维修技术研发培训中心；与中国交通教育研究会商用车研究会合作，共同制定商用车维修技术标准，开发商用车维修教材，填补中职学校商用车维修的空白，实现"错位发展"，实现专业发展为产业、区域经济服务。

3. 创新人才培养模式，强化校企协同育人

基于经济学供需关系理论和职业教育本质属性，以企业、学生双主体需求为导向，加强供给侧源头改革，建立"双向、三元、四阶"的专业群人才培养模式。

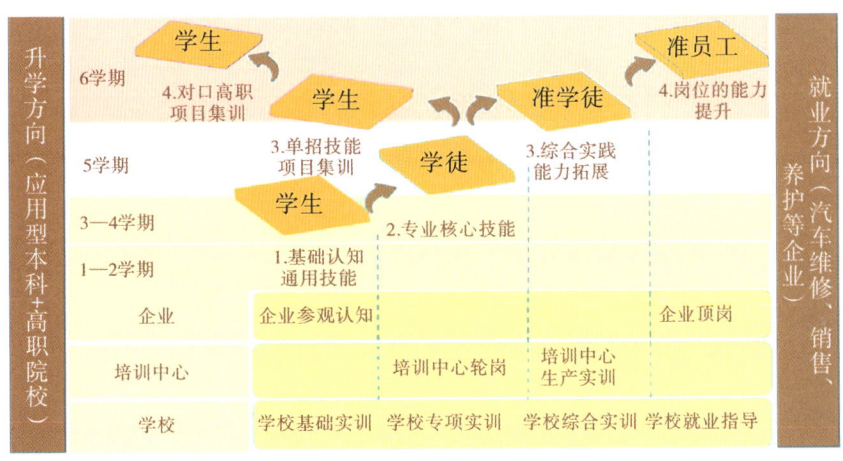

图1　四川交通学校"双向、三元、四阶"人才培养模式

（1）需求导向，学生双向培养。一是进行市场调研，深入企业实践，走访企业专家，收集校企合作企业反馈信息，分析企业岗位和典型工作任务对人才综合职业能力的需求，确定专业群人才培养定位与培养目标；二是进行学生文化水平测试和职业倾向问卷调查分析，学生需求类型大体分为"升学需求""就业需求"两类，将学生分为升学班、就业班进行分向培养。升学班对接对口高职或单招考试大纲设置基础与专业技能课程，为升学做好准备。就业班结合企业需求和学生职业倾向组建不同专业订单班，发挥学校与企业双主体作用，校企共商共建协同育人。

（2）构建产教融合"三元制"，促进学生能力"四进阶"。与上汽通用、北京福田康明斯等知名企业深度合作，与康明斯西南培训中心、成都文臻教育有限公司等汽车维修培训中心深度合作，构建产教融合"三元制"，即：一元是学校，二元是企业，三元是培训中心。三元作为三个教育主体交替性地按比例、分四阶段参与汽车服务专业群的整个人才培养过程。第一阶段为1~2学期，学校为主体，企业参与，学生进行专业基础知识和岗位认知学习；第二阶段为3~4学期，学校为主体，培训中心参与，将真实生产任务引入校内教学中，培养学生专业核心技能；第三阶段为第5学期，培训中心为主体，学校参与，学生在培训中心生产实训基地进行学习，实现专业技能综合运用与能力拓展；第四阶段为第6学期，企业为主体，学校参与，学生到企业参加顶岗实习，培养学生岗位综合职业能力，实现复合型准员工到企业员工的过渡。

4. 构建三层级课程体系，优化整合各专业群资源

根据行业、企业实际，通过对专业群各专业职业岗位（群）典型工作任务的分析，明晰专业群各专业的职业共性能力与专项能力；同时，基于汽车行业转型升级的叠加

期，对复合型人才存在大量需求，构建"平台＋专项＋拓展"的三层级课程体系。

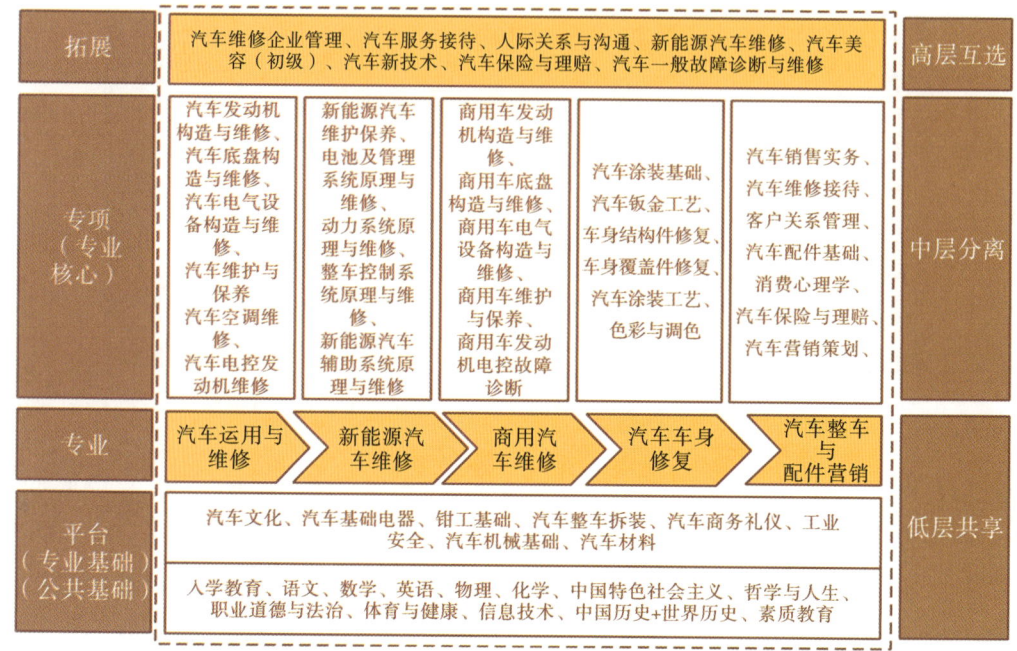

图2 四川交通学校汽车服务专业群"平台＋专项＋拓展"课程体系

汽车服务专业群课程体系构建按照"底层共享、中层分立、高层互选"的原则，整合群内各专业共同必需的知识、技能和素质构建底层共享的公共基础和专业基础的平台共性课程，帮助学生构建职业整体认知，以保证专业群的基本规格和全面发展的共性要求；对接职业标准，根据专业群各专业面向的职业岗位（群）及能力要求设置中层分立的专项差异化课程，帮助学生形成岗位核心能力，以满足不同专业职业能力的需要；根据汽车后市场岗位群人才需求和汽车行业技术进步不断调整，构建校企无缝对接的高层互选的综合实践和能力拓展课程，提升学生的专业水平和知识视野，促进学生专业知识和能力素养的多元构成与复合发展，提升学生竞争力，适应汽车行业转型对复合型人才的需求。

通过三层级课程体系的构建，群内资源得到优化整合与共享，在加强国家示范汽车运用与维修核心专业建设的同时，引领辐射群内专业的发展和提升。

5. 深化教学改革，构建高品质课堂

（1）立足"三教"改革，推进教材与学习资源建设。根据国家职业标准，对接企业生产实际和岗位需求，及时更新改编出版汽车服务专业群改革规划教材；按照"以学生为中心、以学习成果为导向、促进自主学习"思路，开发模块化新型活页式教材；

校企共建"云立方"信息化教学平台,共建优质教学资源。

(2) 科研项目引领,深化课堂教学改革。以省级课题"中职学校'三有'课堂实证研究"为引导,通过对中职课堂"教什么,怎么教,教得怎么样"三个维度进行研究,构建教学内容有用、课堂教学过程有趣、学生学习结果有效的"三有"高品质课堂。以"工学一体化教学能力测评"为载体,全面推进教学改革,深化信息技术在课堂中的应用,推广线上线下混合教学模式,完善多元评价体系,向课堂要质量,提高学生每堂课的获得感。

6. 分类组合培养,打造高素质创新型教师团队

立足"三教"改革,按照"扬长补短、组合发展"的思路,将教师分为高技能团队、名师团队、素质教学团队、双师团队、培训师团队、顾问团队六支团队,明确教师的专业化方向,拓展教师培养途径,健全师资队伍建设保障机制,打造高素质创新型教学团队。①建机制。制定《青年教师管理办法》《职称评审办法》等制度保障师资发展。畅通职业发展通道,激发教师干事创业的激情。②搭平台。搭建技能大师工作室、名师工作室、商用车技术研发中心等平台引领六支教师团队,提升教师教学业务水平和教学质量。将有潜力的教师推到前台领衔项目,以项目促发展,推动精英人才快速成长。③压担子。将教学能力测评、教科研、技能竞赛、教学能力比赛、企业培训服务等列入教师专业技术评审指标,鼓励教师常竞赛、多钻研、求创新、能服务,不断提高自身职业能力。

7. 构建社会服务体系,为行业发展提供智力支持

(1) 搭建职业能力提升平台,完善教育培训体系。面对产业的转型升级,企业急需开展员工技能和专业知识培训的新机遇,借助成都市汽车维修行业协会教培工委会、福田康明斯西南培训中心,搭建汽车后市场从业人员职业能力提升平台,成立由分管校领导牵头的社会服务工作领导小组,构建校企共同体,共同开拓服务项目。开发和建立相对稳定的培训包、培训师,对汽车行业从业人员开展学历培养及专业技能提升培训,完善"继续教育—技能培训—技能认定"教育培训体系。

(2) 校企共建汽车维修技术研发中心,助力行业发展。校企共建汽车维修技术研发中心。研发中心集生产技术服务、实践教学、科学研发等为一体,结合省内外、国内外先进教育资源,从企业实际需求出发,推进生产技术工艺的改进和研发,推动中小企业的技术研发和产品升级,提升服务行业企业社会的技术附加值,成为区域性技术技能积累中心;创建科研反哺教学机制,把科研项目成果转化为课堂教学案例,实

现教学内容与技术进步同步更新，在技术研发中提升师生的实践能力和创新能力。

（3）实施职教精准帮扶，助力"三区三州"地区发展。实施全省建档立卡贫困户适龄应往届初（高）中毕业生免费学历教育项目。发挥专业优势，通过对口支援、驻村扶贫、职业技术培训等方式助力脱贫攻坚。对口帮助四川甘孜州职业技术学校、四川省西昌交通学校等职业学校，助力职教扶贫。

8. 建立多维评价制度，保障专业群建设质量

针对专业群、产业群及产业链的对接度，从人才培养模式、课程体系构建、教学内容方法与手段改革、产学研结合、现代学徒制、订单式培养、学生能力培养、教学管理制度等方面，构建高品质专业群评价指标体系。建立以第三方为主、全程控制、全面管理的高品质专业群建设评价制度，形成办学质量考核结果运用长效机制，促进专业群建设，更好服务于区域经济的发展。

四、改革成效

通过高品质专业群建设实践，目前四川交通学校汽车服务专业群逐渐形成育人特色，逐步建立品牌效应，专业影响力显著增强，建成一个交通运输专业建设委员会、两个专业建设联盟、三个省级技能竞赛集训（培训）中心，辐射引领全省30余家汽车专业学校。

商用车维修专业方向开省内先河，连续两届世界技能竞赛选手入选国家队，办学实力独占鳌头，位于职业院校同类专业前列。教师队伍已形成"高端人才能引领、技能高手能上阵、教学研究能推广"的新格局。每年为20余家行业内企业提供技能训练指导、技术培训，为汽车行业输送和培训高技能人才2400余名。人才培养质量显著提升，升学率达96.88%，就业率达98%，专业对口率达85%，就业质量上升。

1. 政府层面

专业群课程体系的构建是宽基础、窄模块，在第一学年安排的是专业群的专业基础平台课，后面两年安排专业方向课。目前，中职学生入学即要求注册专业，缺少专业方向的自主选择权，与专业群建设中层分流的格局存在一定冲突。

2. 学校层面

教学质量监控体系建设还需完善。应进一步分析影响教学质量的因素，针对教学过程的各个环节制定相应的制度和标准，加强教学过程的管理，形成"多元参与、自主诊断、持续改进"的教学诊改机制。

3. 课程层面

应进一步拓宽教学资源的空间，从教学内容整合、工学对接、学生主体、双证融通等方面入手，通过内容和形式的创新，丰富教学资源的内容和形式，使课程和教材贴近时代、贴近社会、贴近生产。

4. 教师层面

需建立体现"教学实绩、技能水平和专业教学能力"的"双师型"教师考核评价机制。有目的、有组织地通过"课程与教材建设、研发教改课题与项目、参与承接企业项目"三个方面的教学实践，培养教师的创新思维、产业思维，增强教师行动能力。逐步形成专职教师的"双师素质"，实现校企教师的"分工协同"。

（供稿：四川交通运输职业学校，刘新江、何陶华、熊瑛、张瑶瑶）

▶ 专家点评

职业教育是为国家经济发展和科技创新培育技能人才的重要渠道，是为社会主义现代化强国建设提供人才保障的途径之一。该案例全面展示了四川交通运输职业学校在中职学校高品质专业群建设方面的问题意识、推动因素、价值理念、建设路径和取得的成效等，体现出高品质学校建设的系统性、前瞻性和指导性，为高品质职业学校和专业群建设提供了样板。该案例在高品质专业群建设过程中呈现出明显的共享理念，充分彰显了整体布局、协同共建、资源共享的优势。由案例能够看出，四川交通运输职业学校在专业群建设过程中具有明显的问题导向和市场需求导向，立足汽车后市场发展对技能人才的需求，明确了高品质专业群建设的方向，并大力借助校企合作、产学融合、服务社会等形式开展人才培养，形成了"双向、三元、四阶"人才培养模式，使其专业群建设始终紧跟汽车行业发展态势。此外，该校注重高品质的课堂建设和教师队伍建设，构建了"平台＋专项＋拓展"的三层级课程体系，借助科研项目打造高品质课堂，为培养学生的创新能力、复合能力提供了成长舞台。总之，该案例内容翔实、独特新颖，为职业学校的产学研一体化发展、校企合作协同育人、共建共生共享提供了经验借鉴。

——罗哲

高品质课后服务的实践探索

问题聚焦

课后服务(School-age Child Care,SACC)在欧美等发达国家起源于20世纪60年代,并被纳入教育发展结构体系中。国外对于课后服务的模式、内容、政策等方面形成了相对完整的理论系统和实践体系,值得学习借鉴。

课后服务在国内起源于20世纪90年代。随着我国社会经济发展水平不断提高,家长工作节奏加快,学生课后服务问题逐步凸显。2010年,福州市率先在全国开展课后服务,随后北京等地纷纷响应。但是,当前我国有关课后服务的研究成果系统性还显不足。

成果简介

一、改革背景

泸州师范附属小学校(以下简称泸师附小)成立于1902年,它由知名学者、教育家赵熙创办,朱德、恽代英等革命先驱曾任学校监督,是一所具有悠久办学历史与光荣革命传统的学校,教学质量誉满川南,是川渝滇黔接合处的一颗耀眼教育明珠。

学校在泸州率先开展学生课后服务工作,前身可追溯到2010年开展的特色社团活动,2017年经批准成立学生"小凤凰俱乐部",2018年全面开展课后服务。

2017年3月,教育部出台的《关于做好中小学生课后服务工作的指导意见》明确指出:广大中小学校要结合实际积极作为,充分利用学校在管理、人员、场地、资源等方面的优势,主动承担起学生课后服务责任。中小学校作为课后服务的主阵地,在师资配备、活动场地、服务管理等方面具有得天独厚的优势。此后，全国各级教育行政部门针对本地实际情况，相继发布了课后服务工作意见、通知或管理条例，较好地推进了中小学生课后服务在全国范围内的实施。2019年1月，四川省教育厅也印发了《关于做好中小学生课后服务工作的实施意见》，从重要意义、基本原则、服务安排、保障机制等几个方面对课后服务工作提出了具体要求。

学校借鉴国内外中小学先进经验，贯彻落实课后服务文件精神，结合区域与学校实际，积极开展课后服务探索；遵循"以学生全面而有个性的发展为本"的教育理念，在组织学生完成当天作业的基础上，开设丰富多彩的兴趣特长课程；努力做到让学生在全面发展的基础上有自己的特长与技能，让高品质课后服务成为学生综合素养提升的又一平台。

二、改革主张

1. 拓展课后服务育人路径，促进学生全面发展

学校开展课后服务，遵循学生德智体美劳"五育"并举、融合发展的目标，充分认识课后服务"针对性、有效性、反馈性、可能性、延续性"的特点，以服务好学生、家长为宗旨，把开展好课后服务作为一项重要工程来抓，切实增强教育服务能力。课后服务充分关注学生的差异性，注重因材施教，让"学有余力的学生吃好、让学习困难的学生吃饱"。教师重视对学生的课后学业辅导，结合学生兴趣爱好加强个性特长及综合素质培养，帮助学生发展特长、开阔视野、提升能力。学校创新性地开展个性化课后服务，丰富学生校园生活，坚持问题导向，破立并举，改进结果评价，强化过程评价，探索增值评价，健全综合评价，促进学生全面而有个性地发展。

2. 完善课后服务课程体系，提升学校办学品质

高品质学校建设必须立足教育本质，学校的竞争力必须回归立德树人根本任务，要有契合学生核心素养发展的课程体系，打出自己响亮的名片。校本课程，凸显学校与教师的智慧，积极发挥学校的主渠道作用，在课后服务中落实国家课程标准，提升教师课程设计力，为学生提供丰富多彩的课程资源。结合对高品质学校育人模式的探索以及基于未来学校发展走向，学校利用课后服务平台全面推进学校转型升级和创新发展，建立和完善课后服务课程体系，有利于提升学校品牌课程的核心竞争力，为学生成长、教师提升和学校高品质发展提供强劲动力。

3. 提升课后服务师资水平，减轻家长社会负担

教师是一所学校的第一资源，承担着为党育人、为国育才的重要使命。中小学校作为课后服务的主阵地，在师资配备、活动场地、服务管理等方面具有得天独厚的优势，学校可以充分利用课后服务平台提升教师专业知识、专业技能与专业情意。学校开展课后服务，以优质的服务质量、安全的活动场地、规范的教学管理等优势，解决学生放学时段无人接送的"时间"问题，解决学生作业家长无法辅导的"知识"问题，解决校外培训机构收费高的"经济"问题，为家长与社会排忧解难。学校课后服务一经推出，就受到了家长的认可、学生的喜爱。据统计，近两年来，泸州市各中小学校学生课后服务的参与率达到了97%。

三、改革路径

1. 构建了课后服务"1233"工作法

课后服务不仅要为家长解忧，更要助力学生成长、教师提升与学校可持续发展。学校构建的课后服务"1233"工作法，力求实现课后服务与课程建设一体推进，与课堂教学改革同生共长，与学校高品质发展有机融合。

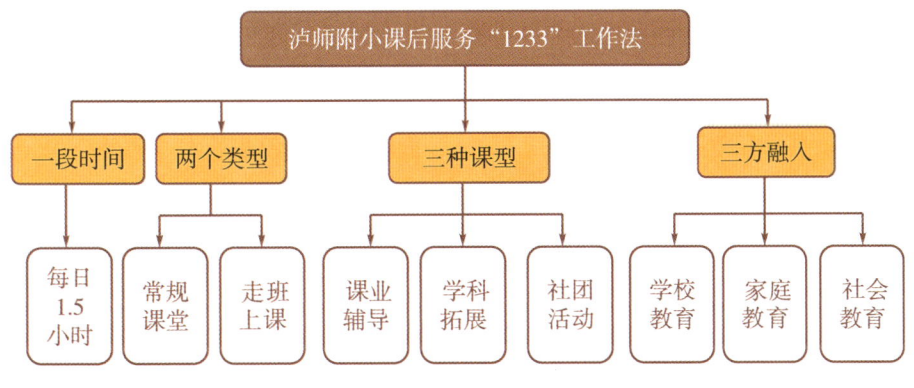

图1 泸师附小课后服务"1233"工作法

2. 培育了课后服务优质师资

课后服务引导教师专业成长。教师是开展课后服务的主要承担者。学校把教师参与课后服务时间纳入教师课时总量，与教师考核和评优晋级相结合，推动课后服务的开展。倡导由教师带社团，有效拓宽教师教育视野，提升教师业务素质，促进教师专业成长，建设一支优秀的教师队伍。

课后服务促进家长走进课堂。部分具备兴趣特长的家长，志愿参加学校课后服务，辅导学生。学校教给这些有特长的家长必要的教育教学方法，让他们走进课堂。现开设的"妈妈图书馆""爸爸运动场""奶奶家政课""爷爷棋艺社"等，既增进了家校联系，也使课后服务师资更加优质。

课后服务推动公益机构有效合作。妇联、团委、青少年宫、家庭教育协会、博物馆、图书馆、高等院校等社会机构经常到学校开展社会公益活动。学校与他们开展合作，做好学生课后服务工作，让孩子走出校园，体验丰富的社会生活。

课后服务聘请地方工匠倾情助力。泸州独特的地域优势滋养了一批优秀的地方工匠。如分水油纸伞、泸州河川剧、泸州老窖酒文化、竹编手艺等非物质文化传承人；在文学、书法、音乐、器乐、舞蹈、体育等方面很有造诣的当地文化名人，学校为他们颁发指导教师聘书，为学生开展课后服务。

3. 编制了课后服务框架内容

课业辅导夯实基础。依据国家课程标准，小学开设有品德与生活（品德与社会）、语文、数学、英语、科学、书法、体育、音乐、美术等学科课程。在课后服务时间里，各学科教师对自己任教的学科开展课业辅导。

学科拓展积累深化。在国家课时标准中，小学1～2年级每周26课时，3～6年级每周30课时，没有更多的时间开展学科拓展活动。课后服务为各学科拓展活动的开展提供了机会。

社团活动个性成长。开展丰富多彩的学生社团，是学校课后服务的重头戏。学生在自己喜欢的社团活动中培养兴趣特长，都拥有了自己喜欢甚至擅长的一种体育健身项目、一种艺术表演方式、一项劳动生活技能等。

4. 构建了课后服务实施模式

分层分类的课业辅导课程。课后服务课业辅导一般以班级为单位进行，由本班学科教师组织，在本班教室内开展，以教师集体辅导、学生自主学习、生生及师生个体充分交流为主，学校进行巡查督导。

创意性强的学科拓展课程。课后服务学科拓展一般以班级为单位进行，由学科教师组织，在本班教室内开展。年级组同一学科教师分别确定不同的主题进行备课，在同年级各班开展服务。学校也会聘请校外相关学科专家，到校为学生开展学科拓展课程。

丰富多彩的兴趣特长课程。精心规划社团活动，开展选课走班，学生根据兴趣爱好和年龄特征组成社团，每个社团配备相应的指导教师，或者聘任校外的辅导教师。

每个社团有自己的活动章程、社标、社旗、口号、内容和方式，让学生自主选择、自主体验，做自己最喜欢的事。

研究类社团强思维。采用"研究＋小课题"模式，充分发挥教师、家长、专长人才等资源优势，邀请他们作小讲座，开展小研究活动，或者走出学校，到附近的机关、企业、商场、公园、社区等，开展小研究。充分利用广播、电视、网络等媒体获取研究信息，让学生都成为活动的主角，通过科幻画比赛、小发明比赛、小制作比赛、小论文比赛、电脑机器人比赛等形式，不断强化成功体验。

社会实践类社团重研学。采用"研学＋实践"模式，给学生创造时间和空间，鼓励师生走出校园，走向自然与社会，开展本地历史、经济、社会、文化、生活等方面的社会实践活动。比如对周边的环境进行调查，对长江水资源、新农村建设、现代农业等进行调查，让学生通过资料搜索、文献查阅、现场观摩、人物采访等方式开展社会实践。

文化艺术类社团亮技艺。采用"活动＋竞赛"模式，开展丰富多彩的文学艺术类社团活动，为各社团搭建多元化的展示平台。充分利用"校园六节"中的读书节、英语节、艺术节、器乐节等节日，校园电视台小专题访谈、特长秀、午间展台等活动，积极组织学生参加各级各类比赛，展示活动成果。

体育技能类社团强身心。采用"常规＋竞技"模式，定期开展艺术体操、田径、乒乓球、足球、篮球赛事，开展围棋、象棋邀请赛和挑战赛等，并结合体育节做好展示。同时，开展家庭体育活动，参与各级体育活动和竞赛，体教融合提高体育素养。

劳动技术类社团练技能。采用"劳动＋展示"模式，各班级开展家务劳动竞赛，为学生搭建种植基地，建设烘焙等劳动教室，在现代农业示范园区承包种植大棚，让学生从"学习劳动"到"我会劳动"，并对劳动成果进行展示，开展义卖捐赠活动，树立劳动光荣的理念。

5. 拓展了课后服务教育基地

校内基地精心布置。学校合理规划各功能室、室内外活动场所，分年段错时安排使用。完善代英楼、子俊楼、好读亭、凤凰艺苑、健体中心、种植园等主体建设，完善小凤凰电视台、录播中心、机器人创客中心、阅览中心、心理健康中心、少先队之家、川剧苑、乐轩阁、翰墨轩、纸韵梨园、伞里印象、信息通道、科学王国等功能室建设，为学生提供安全适用的课后服务场所。

校外基地合理利用。泸州秦时造城，汉代置郡，兴于宋明，已有两千多年的历史，获得了全国文明城市、国家历史文化名城、国家卫生城市、国家园林城市、中国优秀旅游城市、中国长江奇石文化城等荣誉。泸州独特的历史、文化、地域等优势为建设课后服务校外基地提供了便利，学校在课程设置上拓展了历史学院、酒业学院等九大校外课程基地。

6. 开发了课后服务校本课程

全校教师立足课后服务，根据学生年龄特点，结合学生生活经验编写校本课程，将德育、智育、美育、体育、劳动教育等内容融入校本课程中。课后服务课程内容的呈现和编排方式生动、新颖、活泼，增强对学生的吸引力。学校开发的课后服务系列校本课程含泸师附小文化阅读、趣味英语、传统节日、童眼看科学、奇妙的数学之旅、口琴、经典诵读、纸韵梨园等30多门，几乎涵盖所有学科。同时做到不断完善，更好地服务于学生成长需要。

7. 健全了课后服务管理制度

建立健全管理机构。建立学校课后服务管理领导小组，负责学校课后服务常规管理工作。由学校校长兼任组长，党团队组织、家委会、后勤服务、课程开发、质量督导、安全保障等各部门领导兼任领导小组成员，确保工作顺利开展。

项目方案预审论证。课后服务推出的服务项目，要制订服务项目实施方案，拟出项目名称、服务意义、目标预设、内容框架、师资队伍、质量保障、成果展示、安全预案等内容，经学校课后服务领导小组论证通过后实施。

师资队伍培养选聘。课业辅导与学科拓展指导教师基本上由本校教师担任。社团活动指导教师因涉及面广，采取校内外师资队伍结合模式，加强校内社团指导教师培养，重视校外优秀辅导老师选聘。

服务常规高效监管。加强课后服务地点、功能教室设备检查，及时更新所需设备与器材，处理因特殊情况不能正常开展服务的情况，提出整改措施，确保课后服务高效运行。

制订预案保障安全。课后服务以校内为主，校外为辅。加强校内安全督查，帮助外出活动指导教师协调交通、社区、企业、院校等各方面的工作，制订详细可行的安全预案，保障师生安全。

工作考核有效推进。每月定期召开课后服务工作例会，研究工作开展中需要采取的措施、增添的项目、工作如何深入推进等。针对课后服务中出现的新问题，及时召开工作例会，研究解决。

8. 探索了课后服务评价机制

星级评价榜样示范。结合学校"星级评价"制度，指导教师对每个学生参加课后服务的情况做跟踪记录，通过学员互评、自我评价、成果展示等方式，每年评选"社团之星""特长之星"等，发挥榜样的引领作用。

现场展示快乐成长。课后服务中的许多小项目，尤其是课业辅导与学科拓展内容，可以在较短的时间内完成。如社团活动文化艺术类中的小主持、吟诵等，体育技能类中的棋类、球类等，劳动技术类中的家务、烘焙等，都可进行现场展示。

档案袋记录成长。档案袋评价是一种质性评价工具，在课后服务中可以很好地应用。学生在教师的指导下，收集反映自己参与课后服务的作品，汇集在档案袋中，体现参与课后服务阶段性的发展。

社会开放有效沟通。开展课后服务，学生及家长喜欢，社会广泛关注。让家长与社会人士走进学校，及时了解开展情况，促进家庭教育、学校教育、社会教育的有效沟通，促进课后服务健康发展。

专题汇报展现成果。结合教育部门工作安排及学校实际情况，开展成果专题汇报。如结合"校园六节"开展专题汇报：仁孝节，仁孝立人；读书节，书文毓秀；体艺节，刚健尚美；英语节，世界融合；科技节，科学求真；器乐节，弦歌知雅。

推送竞赛成绩斐然。课后服务产生的许多社团项目，取得很好的成绩，学校及时推送参加各级比赛。如电脑机器人项目获得过世界冠军，泸州河川剧曾走进央视少儿春晚，科幻画作品也获全国一等奖。

9. 增强了课后服务育人功能

立德树人，扣好人生的第一粒扣子。在课后服务中，依托学校"百年积淀"和"红色基因"，努力打造独具学校特色的"铸魂成长课堂"，将思政教育融入课程体系。德育课程系列读本之《中华传统节日》，引领学生开展序列化的主题德育活动，践行于生活，让德育无声润泽学生的心灵。

学校作为全国文明校园、全国规范化家长学校，充分利用课后服务时间组织开展"美丽泸州·雏鹰行动"主题活动，向每一个学生宣传生态文明相关知识；鼓励每一个孩子小手拉大手，带动家庭成员参与到生态环保的行列中；倡导学生践行保护环境、节能低碳的理念；带领学生认识大自然中的一花一草，了解山川河流的重要性，为创造天更蓝、草更绿、云更白的生态环境贡献力量。

四、改革成效

1. 更好地促进了学生健康成长

课后服务开展的学业辅导、学科拓展，巩固深化了学生对文化知识的学习。学生在参与社团活动过程中,兴趣特长得到了很好的拓展,参加各级竞赛取得了丰硕的成果,在体育竞技中团队合作,拔得头筹,在科幻画竞赛中,赢得桂冠,机器人社团更是冲出国门,载誉而归。两年来学校获省级以上表彰500余人次。

2. 更好地修炼了教师业务素养

课后服务促进了教师团队生长。近两年教师参与各级教学比赛与技能竞赛20余人次获奖,30余篇与课后服务相关的论文和案例获奖,获四川省教书育人名师、泸州市最美教师、泸州市优秀教师、泸州市优秀社团教师等表彰近20人次。

3. 更好地提升了学校办学品质

构建了课业辅导、学科拓展和社团活动的课后服务三线融合立体框架,实现全面、全程、全景育人。课后服务成为学校高品质建设的一个特色品牌,多次接待各地教育考察团观摩学习。近年来,学校获得"全国文明校园""全国中华优秀文化艺术传承学校""全国青少年校园足球特色学校""全国规范化家长学校"等20余项荣誉称号。

4. 更好地提供了课后服务案例

学校定期开展课后服务研讨活动,多次在各级教育教学论坛中做课后服务经验介绍,及时进行成果推广,汇编《课后服务研究论文集》,编辑《课后服务家校荟萃》,整理出版《城市小学课后服务的校本实践》专著,为各兄弟学校提供课后服务案例参考。

反思提升

1. 学校课后服务硬件建设亟待加强

课后服务的内容、形式比课堂教学更加丰富多彩,特别是艺术、体育等各种兴趣活动的需求大,学校现有的功能教室、艺体器材、活动场地不足,需要大笔资金投入。因此,政府要统筹规划,把课后服务设施建设纳入学校建设范畴,加大学校少年宫等设施建设,为课后服务提供保障。

2. 学校课后服务课程体系应特色构建

建设好课后服务课程体系,始终是学校课后服务的重点工作,这是国家的要求、区域的需求,也是学生的诉求与教师的追求。构建好课后服务特色课程体系,让学生在课后服务中选择适合自己的课程,选择适合自己的学习方式和成长方式,才能更好地凸显学校课后服务的智慧与力量。

3. 学校课后服务质量保障应协同推进

开展学生课后服务，给教育管理提出了新的挑战。比如课后服务的校外活动，安全隐患多，要保证学生安全，不仅学校要建立健全严格的规章制度，强化安全知识教育，制订安全事故应急预案等措施，同时公安、交通、消防、卫生等部门也不能缺位，都要协同推进，家长与社会也应当给予课后服务更多的理解与支持。

（供稿：泸州师范附属小学校，李维兵、林艳、甘玉穗、孙霞）

专家点评

泸州师范附属小学校根据教育部出台的《关于做好中小学生课后服务工作的指导意见》和四川省教育厅出台的《关于做好中小学生课后服务工作的实施意见》的文件精神，借鉴国内外中小学课后服务的先进经验，立足区域与学校实际，积极开展课后服务探索，提出了"拓展课后服务育人路径""完善课后服务课程体系""提升课后服务师资水平"的课后服务改革主张。

在这些主张的指导、启发下，泸师附小在教育实践中构建了课后服务"1233"工作法，培育了课后服务优质师资，编制了课后服务框架内容，构建了课后服务实施模式，拓展了课后服务教育基地，开发了课后服务校本课程，健全了课后服务管理制度，探索了课后服务评价机制，增强了课后服务育人功能，几乎建构了一个完整的课后服务教育体系。

泸师附小的这些做法促进了学生健康成长，修炼了教师业务素养，提升了学校的办学品质和社会美誉度，还为其他学校课后服务的开展提供了可资借鉴的范例，促进了家校关系的发展和社会的和谐进步。建议泸师附小在继续做好课后服务的同时，结合当地的特色文化与学校实际，不断优化课后服务课程的校本要素，进一步促进课后服务的特色发展。

——王磊

高品质学校特色教育发展的实践探索之阳光教育：让每一个孩子向阳而生

问题聚焦

在"有学上"走向"上好学"的关键时期，四川师范大学附属上东学校（以下简称上东学校）改革发展依然面临低效能、同质化等现实问题，主要存在着主体意识不强、内生动力不足、办学理念不清晰、教育特色不鲜明等缺憾，这些都势必会成为现代学校走向高品质发展的羁绊与阻碍。

成果简介

一、改革背景

在基础教育改革与实践探索中，基于"建设高质量教育体系"的目标要求，坚持立德树人，实施"五育"并举，自觉走出一条现代教育特色发展之道已是新时代高品质学校的必然选择。面对新时代的新理念、新发展、新要求，高品质学校首先要"办人民满意的教育"，对此学校必须紧密结合所在区域和自身的具体情况以及家长、学生的实际需求，从学生立场出发，着力为学生的个性发展、全面发展和终身发展提供高质量的特色教育。近年来，有关"特色建设在提升学校内涵与社会知名度、激发校本改革、促进学生个性化发展等方面初步展现出的效能，也让特色办学与多样发展、教育质量提升之间有了更多的、观念上的联系。尽管如此，地方和学校对于特色发展、多样发展不尽相同的路径选择，却让特色、多样和高品质教育之间的关系变得模糊"。这种模糊的关系也就直接导致学校特色教育呈现出"两化四性"的不良发展态势，即特色教育发展形态的表象化、同质化，应试特色教育实践机制的盲从性、低效性以及特色教育评价体系的零散性、功利性等问题。

为了"将特色办学目标确立为高水平、个性化的教与学本身，使学校特色建设致力于追求高质量、个性化的教育供给"，找到适合自身的发展之路，而不是遵循唯一的量化标准，作为一所承继师范大学附属学校近70年办学历史的高品质学校，上东学校通过一年多的课题研究，深度聚焦"阳光教育"特色发展的核心问题，积极探索出一条让质量提升与特色发展并驾齐驱的康庄大道，并力求为总课题提供一个"高品质学校特色教育发展"的"上东样本"。

二、改革主张

1. 厘清质量提升与特色发展的内在关系

我校认为，高品质学校具有质量提升和特色发展的两大内涵特质，二者既各有倚重又相辅相成。总体而言，学校的"质量提升"能够切实强化学校特色教育的影响力和品牌力，反之教育特色的彰显又能够激发办学活力，促进质量提升。二者只有形成内在的共生关系，学校才能真正实现整体转型，也才能真正实现高品质发展。

2. 厚植"阳光教育"特色发展的办学理念

基于高品质学校特色教育发展的内在要求，经过子课题组的努力探索与实践，我校完成了学校特色教育发展的顶层设计，厚植了具有前瞻性、导向性、开放性和特色化的"阳光教育"办学理念。在"播洒阳光，让生命更精彩"的教育理念引领下，学校积极构建了蕴含现代教育意义、追求办学特色的阳光学园，富有生命童趣、奠基幸福人生的书香乐园和充满温情、向阳而生的精神家园，并阔步走上一条高品质学校特色教育发展的康庄大道。

三、改革路径

经过课题组对高品质学校特色教育发展的实践探索，上东学校最终形成了"阳光教育"特色发展的实践理路，其内容概括起来就是"一二三四五六七"："一"是聚焦"一生"育人目标；"二"是实施"两大"发展方略；"三"是创设"三阶"自主课堂；"四"是建构"四型"阳光课程；"五"是落实"五育"融合机制；"六"是实行"六维"导向模式；"七"是优化"七彩"教育生态。

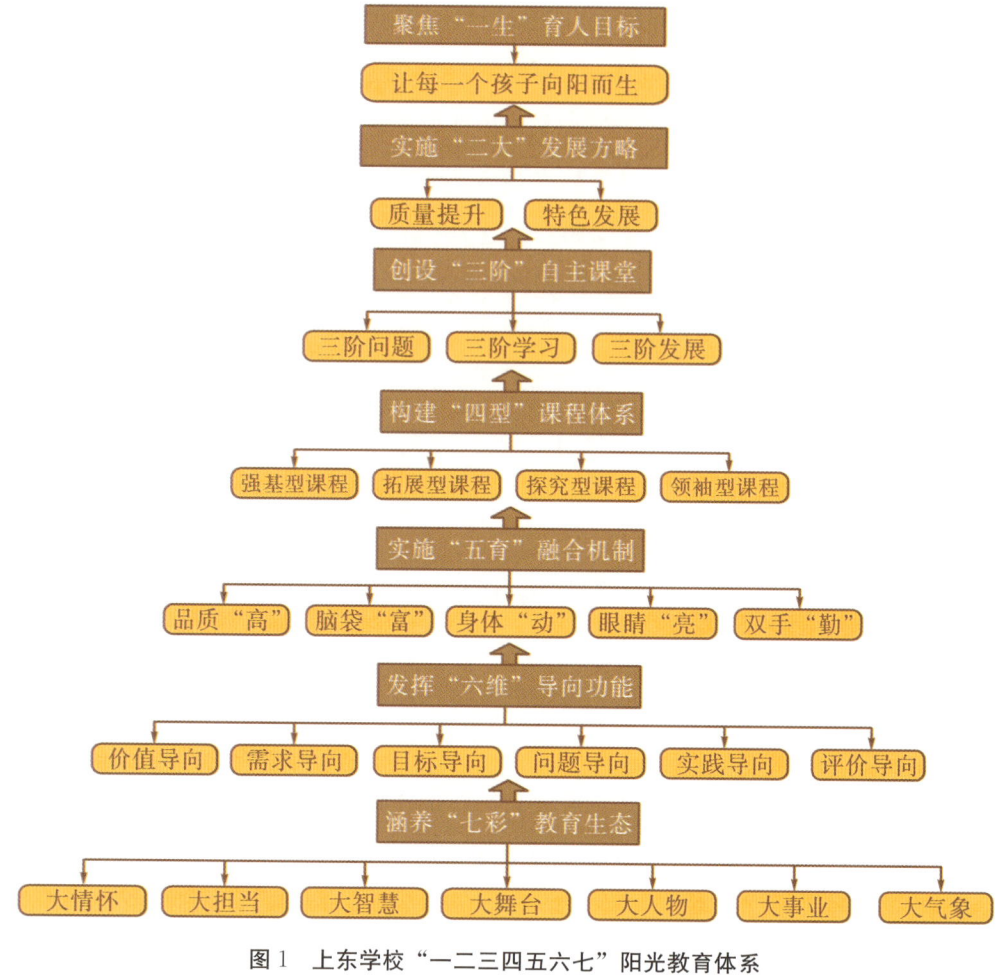

图1 上东学校"一二三四五六七"阳光教育体系

1. 聚焦"一生"育人目标

让每一个孩子向阳而生,这是本课题实施的出发点和落脚点。根据"播洒阳光,让生命更精彩"的教育理念,上东学校凝练出"阳光教育"的育人目标——让每一个孩子向阳而生。从发展层次看,就是让每一个孩子都能彰显自然的生命活力,掌握自主的生存技能,养成自适的生活品行和拥有自由的生长样态;从素养结构看,就是通过六年的阳光教育,努力培养出身心健康(体魄强健+心胸宽广)、有责任担当(爱心+公德心)、基础厚实(养习惯+会学习+厚根基)、特长鲜明(学科专长+创造潜质),具有传统文化底蕴、现代公民素养和未来领袖气质的阳光少年;而从其个性特质看,就是实现成长学生"自主",即学生通过自主管理和自主学习实现自主发展。

2. 实施"二大"发展方略

所谓高品质学校,就是实现学校的高质量和高品位发展。因此,上东学校立足高品质教育的学生立场，秉持"既赢得分数，又不唯分数"的评价原则，确立阳光教育绿色质量的发展指标，将质量提升和特色发展作为阳光教育特色发展的两大方略，显然前者能让学校获得高质量，而后者又能让学校拥有高品位。

3. 创设"三阶"自主课堂

学校坚持以生为本的"三阶"自主课堂，特别强调学生在课堂上能够进行自主学习，其着力点就是给机会（提供学生自主学习的机会）、引方法（提高学生自主学习的能力）和育品格（培育学生自主的意识和习惯），并有效引导学生实现三个学会，即学会知识构建，学会问题解决，学会价值生成。归纳起来，"阳光教育"的"三阶"自主课堂主要包含三阶问题（初始问题、核心问题、衍生问题）、三阶学习（自主学习、多元对话、实践反思）和三阶发展（浅层建构、深度理解、实践创生）这三个基本阶段。

4. 构建"四型"课程体系

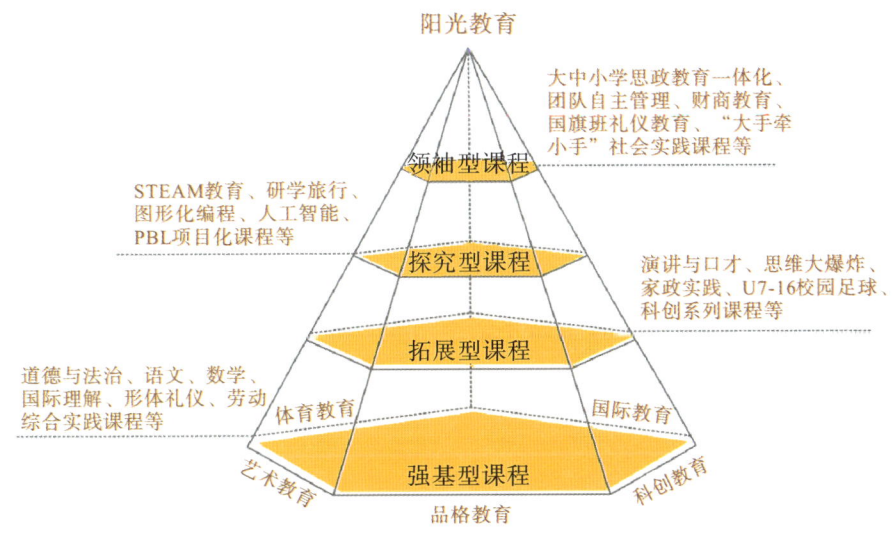

图2 上东学校"四型"阳光教育特色课程体系

有什么样的育人目标，就设置什么样的课程；而有什么样的课程，就培养什么样的学生。基于高品质学校特色教育发展的具体要求，本着"时时有课程，处处是课程，人人建课程"的原则，上东学校初步构建出"四型"阳光教育特色课程体系。其"四型"即指精品化的强基型课程（七彩德育、道德与法治、语文、数学、国际理解、形体礼仪、劳动综合实践课程等）、多样化的拓展型课程（演讲与口才、思维大爆炸、家政实践、U7-16校园足球系列课程等）、主题化的探究型课程（STEAM教育、研学旅行、图形化编程、人工智能、PBL项目化学习课程等）和个性化的领袖型课程（大中小学思政课一体化建设、团队自主管理、财商教育、国旗班仪式教育、"大手牵小手"实践课程等)。

5. 实施"五育"融合机制

根据学校自身和所在区域落实"五育"并举的具体要求,为大力发展每一个学生的绿色生命质量、绿色学业质量和绿色成长质量,我校主要通过让品格"高"起来、让脑袋"富"起来、让身体"动"起来、让眼睛"亮"起来、让双手"勤"起来的"五育"融合机制深入实施"阳光教育"特色课程。

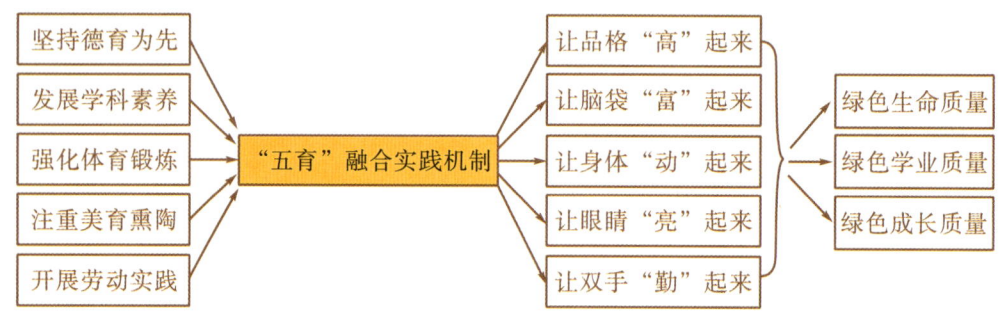

图2 上东学校"五育"融合实践机制

坚持德育为先,让学生的品格"高"起来。学校从大处着眼,从小处入手,做到循序渐进,内化外显,虚功实做,久久为功。比如在"七彩"品格课程实践过程中,学校着重上好不同年段的思政课,不断重塑以生为本的主体观、全面发展的成才观、深度整合的课程观和知行合一的教学观,合理利用体验式、启发式、浸润式、互动式、渐进式的创新教学模式,进而有效构建横向跨越、纵向深化的大中小学思政课一体化教育实践机制。

发展学科素养,让学生的脑袋"富"起来。在"阳光教育"实践中,学校主动提供基于学生关键能力、核心素养和综合素质发展要求的特色化学科课程,促进教师积极创设遵循认知规律、富有生命气息和闪耀智慧光芒的高品质课堂。学科教师通过充分发掘学生学习的"最近发展区",利用现代教育手段、方式和策略着力发展学生的学科素养,大力激发学生获得自主学习的内驱动力,有效引导学生自主构建深度学习的知识体系并积极塑造终身学习的成长品格,这样学生的内心就会变得更加充盈,他们的脑袋也就会变得更加聪慧。

强化体育锻炼,让学生的身体"动"起来。在这个专门用来培养人、发展人、成就人的教育场域里,学校的空间景观不能只是一间间被隔离起来的教室,学生的成长姿态也不能只是整天坐在课桌前埋头苦读,教师的教学方式同样不能只是让学生进行思维训练。在开足开好国家课程的同时，学校做到因地制宜创设多功能的运动场地，因人而异设置可选择的运动课程，因势利导孵化精品运动项目。增强体质，磨砺意志，保证学生每天都有机会参加相应的阳光体育锻炼，每周都有时间在操场上跑一跑、在沙堆上跳一跳、在双杠上翻一翻、在吊环上拉一拉，甚至定期到野外爬爬山、散散步，让他们的身体真正"动"起来，这应是上东学校"阳光教育"应有的独特景象。

注重美育熏陶，让学生的眼睛"亮"起来。近年来，上东学校充分整合不同场域的美育实践课程，积极开展形式多样、内容丰富、成效显著的美育工作，大力发展学生感知美、鉴赏美、追求美、创造美和展示美的艺术修养，不断激励学生在真善美的价值追求中树立"各美其美，美人之美，美美与共，天下大同"的美育观，这已成为当前学校特色教育的一张名片。

开展劳动实践，让学生的双手"勤"起来。劳动教育作为"五育"并举的重要内容，对新时代青少年的成长成才发挥着关键性作用，因此劳动课程已成了上东学校课程体系中的一门必修课。为了让学生热爱劳动，尊重劳动者，珍惜劳动成果，学校大力引导学生主动参与日常生活劳动、公益服务劳动和生产实践劳动，深度根植劳动最光荣、劳动创造幸福生活和美好未来的价值观，努力培养学生勤俭节约的习惯、自立自强的品质与艰苦奋斗的精神。另外，学校还积极探索出多方协同共育的创新实践机制，从而真正为每一个学生的个性发展、全面发展和终身发展保驾护航。

6. 发挥"六维"导向功能

（1）价值导向。学校非常重视"阳光教育"特色发展的文化建设和价值引导，自觉将"全人、全纳、共生、共赢"四个价值要素的结构性改革作为基本导向，并努力将"阳光教育"特色发展作为走向高品质学校的"上东共识"。

（2）需求导向。基于学生个性发展、全面发展和终身发展的实际需要，通过探索高品质学校特色教育的实践理路，大力促进上东学校的"阳光教育"实现稳健、高位和卓越发展。

（3）目标导向。本课题研究主要聚焦十三类目标导向，即力求顺利达成学生发展目标、教师发展目标和学校发展目标。

（4）问题导向。课题组紧紧围绕高品质学校的办学要求，观照客观现实，聚焦实际问题，切实解决高品质学校发展的底部问题，由此解决上东学校质量提升和特色发展的关键性问题。

（5）实践导向。立足自主课堂，聚焦自主课堂，深耕自主课堂，成就自主课堂，通过课堂教学的深度实践来解决高品质学校特色教育发展的实际问题,这是本课题组所采用的一个关键策略。通过大力发挥实践导向功能,学科教师逐步形成了自备、集备、再备的"三备"教研模式和学校、家庭、社会等多方协同共育机制,而"阳光教育"管理团队和教师团队逐步呈现出交互学习的成长生态,上东学校也主动走上了"共研、共建、共享,共同成就高品质学校"的特色教育发展之道。

(6)评价导向。课题组坚持以评促改、以评促进、以评促建的原则,紧握学校、家长、政府、社会"四维"评价的"指挥棒",尝试性地构建以结果评价、过程评价、增值评价和综合评价为一体的高品质学校特色教育发展的评价体系,是有针对性地拟定出学校"四型"阳光教育特色课程的实施标准。在此以"3D打印创建未来校园沙盘"课堂教学评价表(见表1)为例予以说明。

表1 上东学校"3D打印创建未来校园沙盘"课堂教学评价表

评价项目	评价内容	评价标准			总评
		A	B	C	
结果评价(40%)	目标达成	学习目标顺利达成,有效获得该项学习主题的学科素养	学习目标基本达成,初步获得该项学习主题的学科能力	学习目标未能达成,作品无法呈现,能力未有相应提升	
过程评价(20%)	学习状态	能快速确定需要的工具,熟练使用3D软件中的常用命令	能基本判定出需要的工具,对有些命令不熟悉,有一定的学习自主性	无法确定工具,大部分命令使用不熟练	
	建模过程	能熟练使用3D软件制作出理想模型	能制作出简易模型,但显得不太熟练	无法通过自主或正常合作方式进行简单建模	
	参与合作	高度参与小组作品设计,且能主动帮助小组其他成员解决问题	能基本参与小组任务,且在小组成员帮助下能够比较顺利地完成学习任务	在小组中起不到明显作用,无法参与作品设计和制作	
增值评价(10%)	努力程度进步情况	课堂专注度和参与度非常高,学习态度非常端正,进步也非常明显	学习状态比较不错,通过学习参与活动让学科能力得到一定提升	课堂注意力不集中,没有取得实质性进步	

续表

评价项目	评价内容	评价标准 A	评价标准 B	评价标准 C	总评
综合性评价（30%）	学习分享	表述清晰有条理，能提出很好的创新问题和创新设计	表述较清晰，提出的问题和作品设计创新性一般	无法清晰表述，提出的问题和作品设计无法体现创新性	
	成果展示	作品符合草图设计，且具有相应的美观性和创新性	作品基本符合草图设计，作品较为美观但相对较简单	作品没有达到设计要求，学习成效不够理想	

备注：在遵循客观公正的原则下，对课堂教学还可采取激励性、协同性、发展性等其他评价方式。

7. 涵养"七彩"教育生态

在高品质学校特色教育发展的实践探索中，上东学校始终坚持立德树人，深入实施"五育"融合，积极构筑阳光公正、绿色优质、选择多元、格局开放的现代教育场域和风清气正、奋发向上、恬静高雅、和谐包容的校园文化氛围，大力打造"阳光教育"的书香学园、成长乐园和精神家园，着力让每一位师生都拥有强烈的使命感、归属感、获得感、荣誉感和幸福感。在注重阳光教育质量提升和特色发展的同时，上东学校还积极引导全校师生主动参加丰富多彩的教育活动，积极创造多姿多彩的教育生活，始终保有气象万千的成长状态。通过阳光教育的价值引领和文化滋养，上东学校让阳光校园的每一个角落都富有童趣、温情、诗意和梦想，让上东学校的每一个影像都具有历史文化底蕴、现代教育气质和未来发展格局，从而让这所大学附属学校真正营造出有大情怀、大担当、大智慧、大舞台、大人物、大事业、大气象的"七彩"教育生态。

四、改革成效

在总课题组专家的悉心指导下，课题组成员本着求真务实的科学态度，历经多年的努力与探索，目前已获得较为满意的阶段性研究成效，初步形成了较为丰硕的理论认识成果与实践操作成果。通过课题研究，上东学校在有效促进学生绿色质量发展和教师专业能力提升的同时，还顺利实现了上东学校"阳光教育"的特色发展和高品质学校的整体转型，并随之获得了良好的办学声誉，产生了显著的品牌效应。

1. 促进学生绿色质量发展

根据阳光孩子的关键能力、核心素养和综合素质的发展要求，上东学校深度整合

"阳光教育"的课程资源，大力实施"五育"融合的实践机制，有效孵化"品格教育、科创教育、国际教育、艺术教育、体育教育"的精品项目，积极探索高品质学校特色发展的实践理路，由此保障上东学校的每一个学生都能成为"阳光教育"的最大受益者，并切实促进他们都能真正拥有绿色生命质量、绿色学业质量和绿色成长质量。

2. 促进教师专业能力提升

在课题组的带领下，学校教师团队的专业素养得到有效培养，参与课题的教师也取得较为丰硕的研究成果。近两年来，学校已有多项国家、省、市、区级课题成功立项，其阶段性研究成果已陆续在《人民教育》《中国德育》《中国辅导员》《教育科学论坛》等刊物公开发表。另外，本课题研究让学校管理团队对新时代高品质学校特色教育发展内涵有了更深刻的理解，让教师群体对这所大学附属学校的"阳光教育"理念和文化也有了更充分的认同。如今，上东学校已自主培养出了适岗型、成熟型、骨干型、专家型和未来教育家型齐备的阳光教师梯队。

3. 实现学校整体转型发展

在深入实施质量提升和特色发展这两大方略过程中，上东学校已逐步实现了高品质学校特色教育发展的深刻变革与整体转型，并相应地提升了"阳光教育"的社会声誉和川派名校的品牌价值。在这期间，学校先后被评为全国STEAM教育领航学校、全国中小学校生命教育实验基地、全国青少年科创教育示范学校、教育部全国青少年篮球特色学校、全国青少年冰雪项目特色学校。同时，中央电视台、新华社、人民网等主流媒体还对上东学校在"阳光教育"特色发展的实践探索中所取得的积极成效进行了专题报道。

反思提升

目前课题组在有关高品质学校特色教育的实践探索中已取得了阶段性的研究成果，但学校同时仍面临诸如什么是新时代高品质学校特色教育发展的理想样态、怎样切实满足学生和家长对高品质学校特色教育发展的多元化诉求、如何构建和完善高品质学校特色教育发展的成效评价机制等实际问题。其中，如何推进"阳光教育"特色发展的评价改革、科学构建高品质学校绿色质量评价体系也将是上东学校亟待进一步研究的重点与难点。

道阻且长，行则将至。在总课题组的带领下，这些问题必会成为上东学校对本课题进行再研究的强大助力。在高品质学校特色教育发展的实践探索中，上东学校也将一路风雨一路歌，直至抵达高品质教育的梦想彼岸。

参考文献

[1] 李政涛."高品质学校建设"——基础教育改革的四川经验[J]. 教育科学论坛，2019（29）：3—7.

[2] 刘涛，崔勇. 高品质学校建设的"四川样本"[J]. 人民教育，2020（10）：47—50.

[3] 刘涛. 高品质学校的教育意蕴与建设路径[J]. 基础教育课程，2017（18）：40—45.

[4] 崔勇. 高品质学校建设的理念解读与实践路径[J]. 四川教育（理论），2020（7/8）：42—44.

[5] 方红峰. 公民办学校之间的竞争应是办学特色与教育质量的竞争[J]. 人民教育，2019（23）：15—16.

[6] 薛辉. 特色品质学校建设的实践与探索[J]. 基础教育参考，2019（11）：17—19.

[7] 武秀霞. 多样、特色与高品质教育——关于普通高中特色发展若干问题的反思[J]. 教育科学研究，2019（12）：26—31，45.

[8] 刘涛，崔勇. 走向高品质学校. 理论探究篇（小学卷）[M]. 成都：四川教育出版社，2019.

（供稿：四川师范大学附属上东学校，曾小钢、张周、周洋、龚雪）

专家点评

"办人民满意的教育"，其要义就是要促进每个孩子的发展，为此需要特色化学校教育，而"将特色办学目标确立为高水平个性的教与学本身，使学校特色建设致力于追求高质量、个性化的教育供给"更是应有的题中之义。上东小学深度聚焦"阳光教育"特色发展核心，积极探索，使质量提升与特色发展并驾齐驱，既立意高远，又紧扣实际，可圈可点。

"特色发展"和"每一个"是上东小学探索的两个关键和亮点。通过"一生""二大""三阶""四型""五育""六维"和"七彩"的特色发展实践途径，奠定每一个孩子终身发展的"阳光教育"基础，其思路逻辑严谨，体系完整，交织当今小学教育和各项目标和改革前沿，取得了学生全面发展、教师专业能力提升和学校整体转型发展的明显效果，令人点赞叫绝。

未来高品质学校面临的最大挑战之一就是实现从"百分比"到"每一个"的历史性转变，小学教育要让每一个孩子在达成基本发展目标基础上"各展所长"和"各得其所"，这才是货真价实的特色教育、个性教育和阳光教育。在这个意义上，"上东探索"可供借鉴并给人以想象空间。

——李小融

四向拓展　开放共赢

问题聚焦

成都市石笋街小学校（以下简称石笋街小学）作为成都市首批名校集团龙头学校，定位于资源共享、品牌共用，为更多的学生提供高品质教育。2018年，石笋街小学筹建蜀蓉校区，学校如何在快速发展的社会中找到自己的定位，大家不可避免地又一次发问：我们的学校应该提供什么？空间该有什么样的新范式？

成果简介

一、改革背景

成都武侯祠内的楹联"不审势即宽严皆误"远近闻名，蕴含着丰富的哲学道理，对"势"给予了深刻注释。当空间与学校结合起来之后，空间就会具有教育的意义，同样应依势而建。

1. 审势

学校空间建设是高品质教育的基础保障。自2005年起，石笋街小学由一个校区发展到多个校区，在学校空间建设上已经有了一定的实践经验。

本次尝试打开各个校区，向区域寻找一种可借鉴的、原本不擅长的突破口，并以此创造突破物理禁锢的新空间，努力打造空间提质增效的石笋样本，既体现石笋街小学一贯秉承的"和而不同·各美其美"的办学思想，又是对四川教育高品质发展的积极回应。

新建的蜀蓉校区作为城市建设配套设施，毗邻三馆（金牛区图书馆、方志馆、档案馆),三馆与学校分区相互独立、互不干扰,同时两个地块上的建筑都采用明快的直线条为主旋律,抽象地将竹简及书籍的形态元素进行提取并整合。通过整体的形态构图和统一的建筑造型处理手法,将馆校从形式到精神上有机地联系起来,构成一个较符合逻辑性的建筑群体;整体呈现连续、上升的态势,简洁而富有动感,大气又明快,寓意着蓬勃发展的城市人文精神。这样加强学校与三馆两个独立地块的联系,创造统一的形象,使它们相辅相成,形成共生关系。

图1　石笋街小学蜀蓉校区毗邻三馆鸟瞰图

2. 顺势

《新时代推进普通高中育人方式改革的指导意见》指出:"要健全社会教育资源有效开发配置的政策体系,因地制宜打造学生社会实践大课堂,建设一批稳定的学生社会实践基地。按规定免费或优惠向学生开放图书馆、博物馆、科技馆、文化馆、纪念馆、展览馆、运动场等公共设施。"

3. 成势

四川省高品质学校建设的初心是什么?"学校改革往往单打独斗,兼顾多方利益不够,更不能带动家长、社区、社会、教育生态的融合,难以实现多方共赢。"

四川省高品质学校建设主张"共赢":"树立全面的发展观,高品质学校改革带动学校其他改革品质发展,推动家庭、社区、社会的品质发展。通过办学行为的优化实现学生、教师、学校、家庭、社区乃至社会的共同发展,最大化实现学校的社会功能,实现以学校为中心的区域学习共同体。学校在高品质建设中,要拓宽视野,解放思想,开放办学,吸纳各方优势,并以办学成果反哺各界的支持。"

国家及四川省的教育指导意见让人惊喜地感叹蜀蓉校区开放式的多维空间设计生逢其时。由此，开放——破题蜀蓉校区空间建设，谋划空间布局，促进"场馆中的学校，学校中的场馆，社区中的馆校合一"空间潜力的加速释放无疑是石笋街小学建好教育教学"地基"的重要步骤，也是"走向高品质学校"的必经之路。

二、改革主张

石笋街小学抓住"开放"，确定"四向拓展"主张，由一环路内老城中心不足 7 亩（合约 0.47 公顷）的弹丸之地，向三环路新城 30 亩（合约 2 公顷）高地乘势而进。让我们来看看什么是"四向拓展"。简单来说，就是：突出价值，提升统整，深化实践，扩大适性。

1. 突出价值

教育的根本任务是立德树人，以德为先。新校区位于成都市金牛区蜀蓉路，顾名思义，蜀代表四川，蓉代表成都，"秦开蜀道置金牛"，距今已有 2000 多年的历史。学校将地域文化拓展进校园，有助于传承蜀蓉精神，彰显天府文化与金牛文化时代风貌，突出"敬畏历史、尊重历史"及"把握现在，才能掌控未来"的价值观。

2. 提升统整

发挥学校主导作用，引导家庭、社会增强育人责任意识。石笋街小学起步于石笋街 8 号，现扩展至另一学区所辖范围，为 2015 年以后周边居住小区配套设施，当地居民只闻其名未见其实，是外地来蓉新建设者的新学校。为了让城市的文脉不断，让下一代人了解这座城市的文化底蕴，根植乡愁情怀，石笋和美文化也亟待当地居民的了解和认可，形成家校教育合力。学校向社区开放门户，积极延伸学校教育链条，统整学校、家庭、社区三个场域多元共融，充分发挥馆校公共文化设施的重要育人作用。

3. 深化实践

拓宽综合实践渠道，打造中小学生社会实践大课堂，统筹课堂学习和课外实践。通过对校园周边馆藏资源的利用，打造出相应的特色课程。把三馆拓展为课程实施场馆，开展情景教学。探索基于学科的课程综合化教学，利用研究型、项目化、合作式学习，为学生的知识理解、技能提升、情感熏陶提供专业支持。

4. 扩大适性

校园空间也可以具有个性化。学校教育的功能就在于选择或创设合理情境，通过适当活动以促进学习的发生。校园空间的开放性能为学生需要的差异性、个性化教育提供物质环境和人文环境支持。"四向拓展"主张"价值"与"实践"通上彻下,"统整"和"适性"通人达才,但也不可能平均用力。在现阶段,石笋街小学把"提升统整"和"深化实践"摆在更加突出的位置:

价值取向:开放·拓展·共享

遵循特色:馆校合一

技术支撑:学生中心　整体架构　重组资源　突破边界　大家建设　综合发展　校社融合　课程转化

"四向拓展"让学校意识到应从空间实体开始向促进学习的综合体转换,未来学校的布局、教室的设计、环境的营造、技术的引入等,都将为适应未来教育理念和学习方式而构造。

单一的校园空间建设　VS　多样教育方式
　　　　　　　　　　　　不同学习群体
　　　　　　　　　　　　多面复杂问题

图 2　教育变革对学校空间提出挑战

课程和学习形式的变革对学校空间提出了挑战,学校空间不只是提供一个教育场所,学校空间本身更是非常重要的学习资源。

三、改革路径

2020 年 9 月,师生入驻新校园,开启新生活,从点、线、面、结构四个维度对学校空间进行沉浸式体验建构。点是静态的,指空间的节点,表现为操场、庭院、教室、景观、标志等各类开放空间;线是动态的,指将分布在空间中的点联系在一起的重要通道;面在空间上表现为学校、图书馆、方志馆、档案馆等各类功能用地;结构是学校和社会在空间的结构投影,指上述维度在空间范围内的分布和联结状态。

1. 点要素:生动的场景

开校第一天,在学校的主入口,映入同学们眼帘的是正面写着校名全称的石碑。石碑高仅 1.5 米,不让人感觉到局促而觉得那样的空间不属于自己。相对的,不管是学生、家长,还是社区居民,都不用担心自己不应该走进,石笋街小学每天都以开放的姿态拥抱所有人。

入口即是庭院,设置广场、绿地,视线无遮挡,通过多层次的景观环境即可到达

18.8米高的教学楼，教室外侧这一系列的空间收放与标高的变化，给人们进入学习殿堂的心理暗示。一回头，学校大门石碑背后书丹镌刻的《石笋新说》清晰可见。精心打造的场景下，《石笋新说》石碑和学校广阔的中庭间，208名石笋学子齐声诵读《石笋新说》，20多位学生笔墨流畅地现场书写《石笋新说》片段。粉红裙，花间路，摇迈走出人生步，学生身着汉服，以儿童的视角展现独一无二的"千年蜀韵耀天府，百年石笋育新苗"场景化教育。

图3　《石笋新说》石碑成为石笋街小学生动的场景教学点

"天府文化与金牛·一环路市井生活"故事创作暨巡讲活动的志愿者现场为同学们讲解石笋文化由来、蜀蓉文脉传承、学校办学理念以及未来愿景，同学们跟随讲解志愿者穿越漫长的历史时空，触摸百年老校的文化底蕴，对学校充满了强烈的认同感、归属感和自豪感，深刻理解了学校"创最好的学校　做最好的自己"的现实追求，油然而生出奋发学习的热情和信心。

"以讲故事的方式解读历史，既生动又有趣，不仅让我们收获了很多天府文化知识，还对母校文化有了深刻的理解。"同学们期待这样的活动以后还能经常在学校举行，自己也愿意参与到其中，向更多人分享和讲述成都的故事和学校的历史。

2020年10月，"这礼是蜀蓉"文创设计大赛启动。教师们带领学生将用4年的学程深入发掘《石笋新说》中蕴藏的古蜀文化、大石文化、蜀道文化、交子文化、芙蓉文化资源，围绕文化、创意、生活等元素展开创意设计，打造代表四川、专属于成都的文化礼物。

本次大赛面向群体广泛，师生、家长等均可参赛，也可以共同创作、联名参赛。大赛设置了文创设计和文创短视频两大参赛板块，鼓励选手提交包括平面设计、海报设计、产品设计、短视频等多种形式的作品。

"这礼是蜀蓉"文创设计大赛通过"文化IP"与"设计"嫁接，结合当下同学们生活的追求及喜好，让学校的文化在生动的教育场景和体验中得以深植，让师生深刻地感受和理解到了天府文化与金牛、天府文化与学校的内在关系，找到了学校文化的根与魂。

石碑景观《石笋新说》作为蜀蓉校区的文化客厅、蜀蓉文创的IP源泉，重构生动的场景，创新教育方式，无疑为蜀蓉校区注入了深化天府文化的创新血液，为学校更好地保护和继承天府特色文化铺就前行的文化基石。

1个故事串联校园空间环境脉络，N个课程型场景重要节点贯穿理念，以学校自身特色文化主题故事，设计成一个个课程型场景节点。当古香古色的"蜀风千载传"遇上创意十足的"石笋赋新说"，这样奇妙的组合充分展现了传统文化与现代创意的结合，是"蜀蓉"空间透射出的独有场景化教育。

2. 线要素：真实的项目

2020年底，师生们第一次在蜀蓉校区迎来元旦。学校征求学生的意见，得知学生们希望新年在新校园跑步迎新后，一位教师提出"彩跑"建议。与以往不同，此次活动的策划全权交给六年级的学生，让学生进行"彩跑"项目设计。学生一听，自己的建议被采纳了，兴趣大增。活动的初始阶段，学生提出许多问题："彩跑"是什么？怎样开展？哪些人参加？路线如何规则？……在一系列真实问题的驱动下，六年级确立了项目式学习主题——"迎接彩跑"。根据学校六年级项目式学习总体设计框架，围绕主题与学科内容，分解为若干个小课题，由不同学科教师负责活动的开展：探究彩色玉米粉的作用与使用（科学教师）；"编写彩跑活动指南"（语文教师、体育教师）；制作彩跑宣传海报（美术教师、信息技术教师）；为彩跑设计线路（综合实践活动专职教师、数学教师）；彩跑活动的起源、发展及兴起（英语教师）；彩跑服装、化妆、道具创意设计会（音乐教师、美术教师）等。

"迎接彩跑"为主题的项目式学习打破了学科壁垒，让学生面向真实的世界。同学们积极进行头脑风暴，设计出大致方案，之后又进行了独立学习，自己审视设计方案，同时制订了"彩跑"的应急保障方案。

当这份本以为完善的项目设计方案由学生项目员交到学校后，学校请大家再想想参加人员和路线。大家凭借经验想到了每次大型活动都会邀请家长、社区参与其中，至于路线，大家又在校内设计了三条。见此情况，教师把几位同学带出校门，请大家分别站在街道上、临近的高层住宅楼上观察学校建筑，看看有什么发现。结果，同学们一下捕捉到了馆校建筑的浑然一体。那我们的"彩跑"路线可不可以把馆校几个点串起来拓展自己的空间呢？同学们一下激动起来了：我们可以出校门了！我们可以到外面去！于是，2020年最后一天，一个个少年穿梭于五彩缤纷的教学楼间，在千姿百态的课程中，扮演着不同的角色，吸收着不同的营养，奔跑在属于自己的"跑道"上，那跃动的身影、那欢声笑语、那静静的沉思、那低低的呢喃，都是心灵拔节的回响！

一位同学在"每日心语"中写道："蜀蓉校区激情燃烧的师生们带你开启2021的大门！彩跑路线围绕蜀蓉校区和金牛区图书馆、档案馆、方志馆一周，同学们放肆跑，开心笑！全程色彩相伴，欢乐无限！"

通过主题项目的活动实施，学生还与三馆工作人员手拉手，深入社区开展发放"彩跑"活动倡议书、布置彩跑场地、销售彩跑物品等实践活动，亲历实践、深度体验。在蜀蓉校区自由、开放的环境里，一群富有热情、遵守规则、充满人文情怀的孩子在茁壮成长！

金牛区图书馆、方志馆、档案馆与学校各个分布的空间点通过彩跑这条线串联起来，有机结合，保持了动线和功能上的连续性，流线通透流畅。如同蜀蓉课程的演化，让各学科之间不再割裂、孤立，而是彼此之间能够相互有机联系成为真实的项目式学习，保证了学生在课程框架内部连续的流动的"线性"学习体验。

3. 面要素：学习的社区

从蜀蓉校区馆校空间的功能看，它的另一个角色是"社区公共文化空间"。图书馆、方志馆和档案馆位于同一栋综合楼内，学校毗邻综合楼，四周都是新建的高层住宅楼。社区居民从空中鸟瞰"一校三馆"建筑设计形体，整个建筑群恰似一个大写的"S"，这个"S"寓意着"science"，即科学，也寓意着技术的脚步"step"。

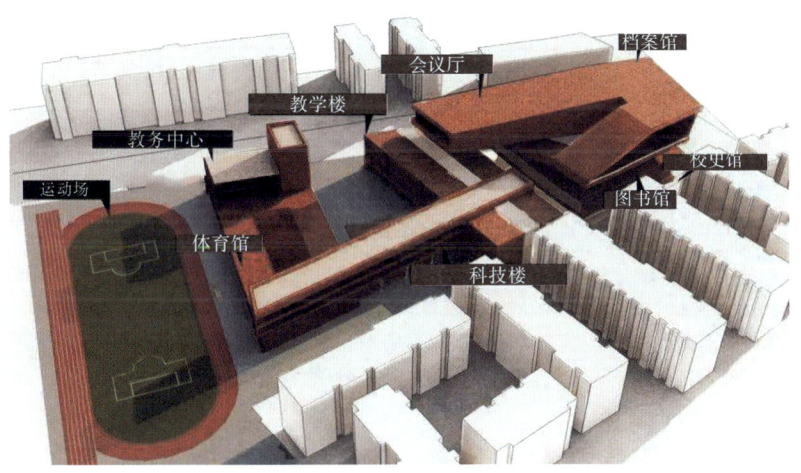

图4　石笋街小学蜀蓉校区"四区一带"立体设计图

在为大家创造惊喜视觉效果的同时，蜀蓉馆校建筑群已成为成都金牛区的文化新地标，还能满足多种不同类型的活动和场景的需求。学校西接蜀蓉路，北隔城市绿地，通过社区广场、林荫大道、内部广场，形成具有中国传统规划色彩的一系列空间序列。主要拓展内容为打造"四区一带"（四区：综合馆藏区、研学博览区、小型馆藏区、博览文创拓展区，一带：蜀蓉博览文创带）开放型共享公共文化社区。

除了已开放使用的综合馆藏区外，占地约 5 亩（合约 0.33 公顷）的研学博览区，已通过改造蜀蓉校区、三馆的建筑立面，拆除馆校围墙、提升博览功能，形成馆藏、教学办公与绿地资源融合无边界的研学博览空间；占地约 500 平方米的小型馆藏区，将置换校园利用率较低、非博览功能的阅览室、楼层平台等，并对空间进行改造，打造小型馆藏区，构成分布式的、开放的学习环境；博览文创区则将依托金牛区方志馆、图书馆等增加微展览及临时展览空间。蜀蓉校区将"四区一带"学习互动空间看作学校教室的延伸，创造了一个为学校、社区都带来积极效应的公共文化空间，这也就是我们所说的"学习社区"。

4. 结构要素：联通的资源

三馆是蜀蓉校区的近邻，每天都有学生到图书馆借阅，间或开展读书活动，方志馆、档案馆里的宝藏却"养在深闺人未识"。如何让学生们也走进两馆，有更多的实践投入探究式学习，促进他们的社会实践呢？

学校积极与金牛区方志馆建立合作机制，金牛区方志馆针对蜀蓉校区学生的导览活动包括馆内常规史志书刊导览、方志馆设计的专题图展，还包括教师的课程导览。现将金牛区方志馆导览教育活动进行概括总结，呈现如表1：

表 1 石笋街小学金牛区方志馆导览教育活动表

导览类型	题目举例	导览内容	导览目的	导览设计者
常规史志书刊导览	成都市金牛区志	带学生看到史志书刊的实物，比如成都市金牛区志	使学生看到史志的实物。了解金牛区政治、经济、文化等各方面的发展概况	方志馆工作人员
方志馆设计的专题图展	金牛区民风民情	方志馆工作人员以"金牛区民风民情"为主题设计专题图展。让学生通过图片了解金牛区传统的民俗风情	加深学生对金牛区传统文化的认识，提升学生的文化素养	方志馆工作人员

续表

导览类型	题目举例	导览内容	导览目的	导览设计者
学校教师设计的课程导览教学	"金牛坝上来过年"	鼓励教师将课堂搬到方志馆。如语文课中《"年"的来历》，教师就可将"金牛坝上来过年"作为拓展知识，带学生进到方志馆中，通过图文观察金牛人过年时的活动，加深学生对地域文化的认识	体验式教学 学科知识的统整 提升学生的文化素养	教师 方志馆工作人员配合教师

以上三种导览活动的对象全部来自蜀蓉校区的学生，只是其教育策划者截然不同。只有在第三种导览中教师才会成为主导者，其他两种都由方志馆的工作人员完成。常规史志书刊展厅中对学生的导览非常丰富，具体表现为小学的教师会对馆方工作人员进行时间预约，在预约时间内由方志馆工作人员对学生进行专业知识的讲解；"在方志馆找主题"活动是馆方应学校之约进行的主题设置，让孩子们在舒畅的空间中找寻所需要的主题，更具趣味性；在学校设计的课程导览中，教师为了满足具体学科的训练而设计导览活动。这三种教育方式都可以让学生在轻松愉悦的环境中学习到知识。

这样的方志馆就不再是一个封闭的空间，它的开放性将包容不同种类课程资源的联通与创造。开放，是蜀蓉校区空间发展的最大变量。

至此，文章开篇之问"空间该有什么样的新范式"也有了答案。

图5　石笋街小学空间建设流程图

学校空间建设必须科学推进：先规划，后建设；重质量，求品质。

立足学生，对学校空间加以系统设计，让点、线、面、结构多维度落地，学校全域开放作为高品质学校建设的重要表达方式。

四、改革成效

历时四年，参与国际竞标的作品"成都市石笋街小学校蜀蓉校区馆校建筑"终于竣工。石笋街小学教育集团张友红总校长认为："蜀蓉校区这个项目位于成都市中心城区的北部，作为金牛区的文化地标，以独具魅力的建筑形象，为天府之城呈现了一部令人惊叹的'三维之书',体现出新时代公共文化空间在文化及建筑实践上的高层次追求。在学校空间使用上其实我们用了一种'升维'的思考。蜀蓉校区和它旁边的三馆,实际上是两个社会功能的地块,但它们又有着文化上的一致性。学校与三馆空间彼此支撑,相互策应,譬如鸟之两翼、车之两轮,并举则兴,偏废则废。蜀蓉校区独有的公共空间也就成为石笋街小学显著的教育特质。"

石笋街小学改革的成效落实了四川省高品质学校建设的改革主张:"结构是改革的关键点,高品质学校建设是全面的结构性改革,不仅要顶层设计办学的'小结构',既有道、又有术,整体推动学校改革与转型;还要放在社会发展的'大结构'中办学。"

反思提升

谈到高品质学校建设视野下的学校空间时,仍然要以"学生发展"为出发点。学生需要什么样的环境?应该通过环境达到什么样的教育目的?所提供的环境会为学生提供的发展是否具有持续性?如何将"高品质学校建设"理念与学校空间进行深度融合?这是在高品质学校建设背景下做好学校空间开放需考量的。

(供稿:成都市石笋街小学校,张友红、张瑶)

专家点评

办分校和建新校区,扩展现今示范学校规模,以满足广大人民群众空前高涨的对优质教育的迫切需求,是当前解决教育资源供给不充分和不均衡,逐步实现教育公平,加快提升学校教育质量的主要策略之一。为此,对新校区规划设计建设的实践探索和研究着眼于更有效地突破时间、空间和管理及师资等各项条件局限,发挥母体学校办学优势,使新设分校和校区尽快走向正轨,实现办学效益,具有极为重要的意义和迫切性。成都石笋街小学以先进教育观为引领,在其蜀蓉校区建设中,设想"通过办学行为的优化实现教师、学生、学校、家庭及社会(社区)的共同发展,形成以学校为中心的区域学习共同体",特别是提出的蜀蓉校区开放式的多维空间设计规划,既能满足现实需要，又面向未来，具有鲜明的现代色彩和时代性。显然，这套成系列的主张和规划蓝图不仅是校区建筑的设计，更体现了关于现代和未来教育的设想和主张，实质上为构建未来高品质学校打下了基础。

具体而论，规划和建设者们提出的"三势"观、"四向拓展"的建设主张、"全域共开放"的校园文化建设，预设了整合式教育场景，将社会学校大小环境资源和学校教育活动紧密结合进行一体化设计，以未来学生发展为出发点，最终通过社会与校园环境的开与合，实现"升维"的高品质学校目标，其思路和设计完整、成系统，精妙绝伦，令人赞叹。

在兴奋和赞美之余也还需更多冷静思考，如设计和建设方案的落实，建成后使用和管理的难度，投入成本的效益及边际效应的实现，相关学校和社会不同主体目标和价值观的融合等。事关学校建设的设想、规划和设计固然不易，但要使这些设想变为现实并转化成学生发展的效益更加困难；除很多可以确定的要素外，还有不少难以预判的不确定因素影响，其中最为重要的是学生、教师、家长、学校管理者和有关社会成员的观念和行为。为解决这些问题，需要更大的勇气和更多艰苦细致的工作。我们对此构想的全面实现抱有最殷切的期待，并致以最美好的祝愿。

——李小融

高品质幼儿园环境的特质与创设

问题聚焦

本成果主要针对幼儿园环境价值失落、环境创设"不见儿童"、教师专业素养待提升、环境创设思路不清,以及环境课程黏合性不足、难以形成系统合力等问题,厘清高品质幼儿园环境应具备的特质,找到具体实践路径和策略方法。

成果简介

一、改革背景

1. 幼儿园环境的价值追问与功能定位

幼儿园环境的价值主要包括:为幼儿提供游戏的空间,满足幼儿基本的生活需求;承载园所文化,传递办园思想、文化理念等精神内涵;助推课程生成,记录课程发展,展示幼儿的经验与学习轨迹。

幼儿园环境的功能主要有:启迪功能,有利于幼儿获取知识、开发智力、构建认知;激励功能,对幼儿的心理和行为产生正强化效应,产生激发鼓励作用;涵情功能,帮助幼儿激发内在丰富的情绪情感,唤醒幼儿良好的道德品质;调节身心的功能,能够使幼儿的情绪得到释放,帮助改善幼儿体验到的矛盾和不平衡等负面心态,也可以弥补幼儿身心发展滞后的领域,能够促进幼儿身心的发展。

2. 幼儿园环境的价值失落与问题分析

幼儿园环境价值失落,环境创设"不见儿童"。环境流于欣赏,没有探索之趣;环境过度精致，没有自然之趣；环境追逐标准，没有个性之趣；环境一味充实，没有想象之趣。

教师专业素养待提升，环境创设思路不清。教师缺乏对幼儿园环境价值和高品质环境样态的认识；教师思维固化，缺乏创新意识，环境创设千篇一律；教师创设环境的目的错位，忽视幼儿的主体性，仅按照自己的主观需求进行创设。教师创设环境缺乏教育视角，随意性强。

环境课程黏合性不足，难以形成系统合力。环境中的知识经验较为零碎，环境与课程缺失内在逻辑关联。

二、改革主张

1. 高品质幼儿园环境的内涵

本成果中的"环境"指个体生活周围的情况和条件的总和，"幼儿园环境"即幼儿本身以外的、影响幼儿发展或者受幼儿发展所影响的幼儿园中的一切外部条件和事件。

高品质幼儿园环境是指高品位、高质量的幼儿园环境，"高品位"意味着幼儿园环境有特色创新、有文化内涵，"高质量"意味着幼儿园环境能够充分尊重儿童的年龄特点和认知发展规律，有效支持幼儿身心全面发展。幼儿园环境的高质量和高品位是相互促进、相互支持的关系。

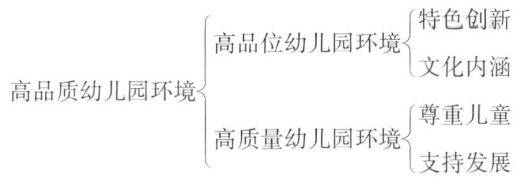

图1 高品质幼儿园环境内涵

2. 高品质幼儿园环境的特质

探索性和互动性。高品质的幼儿园环境应充分考虑探索性和互动性，满足幼儿的好奇心和挑战欲，使幼儿在与环境的互动中发现问题、提出问题、解决问题，通过环境创设引发幼儿的认知冲突。

生活性和趣味性。"生活性"具有两层含义，一方面，环境创设所使用的材料、内容和环境呈现来源于生活、贴近生活；另一方面，环境创设服务于幼儿生活技能的掌握和生活习惯的培养。"趣味性"是在了解不同幼儿发展水平的基础上，结合幼儿喜闻乐见的材料、形象、语言和活动方式等打造富有童趣的环境。

丰富性和层次性。"丰富性"表现为环境场地、材料、设施数量充足；类型多样，涵盖面广，能够满足幼儿多方面的需求。"层次性"体现在能够观照幼儿性格气质、身心发展的阶段性和差异性，投放不同难度的材料，满足不同幼儿的个性需要，完成不同的活动计划。

想象性和启发性。幼儿园环境创设在空间、设施、活动材料和常规要求等方面都要隐含幼儿学习与发展的空间，能够启发幼儿的智慧和学习。

3. 高品质幼儿园环境的创设原则

目标一致性原则。环境的创设要体现环境的教育性，即环境设计的目标要符合幼儿全面发展的需要，与幼儿园教育目标相一致。幼儿园环境创设要有利于幼儿德、智、体、美、劳五育的全面发展，把教育目标落实到环境创设的方方面面。

发展适宜性原则。环境创设必须尊重幼儿的生理、心理特点，尊重幼儿的认知与情感的发展水平，充分考虑每个幼儿在知识经验、兴趣、能力发展上的不同速率，提供最适宜的发展环境。

使用安全性原则。环境创设强调卫生和安全，注重定期排查和维护。环境中的设施、材料秉承"惊险不危险"的教育原则，巧妙利用充满挑战或者需要规范行为的环境，培养幼儿的安全意识。

材料经济性原则。环境创设应考虑不同地区、不同经济条件的园所的实际情况，做到勤俭办园、因地制宜、就地取材等，多利用易取得、成本低的材料，特别是废旧材料进行环境创设。

三、改革路径

1. 环创思路：把握高品质幼儿园环境的关键要素

结合园本实践，课题组在研究中形成了高品质幼儿园环境的创设思路。高品质幼儿园要同时研究"两种需求"、夯实"两类基础"、提升"两个维度"、优化"三条路径"。以研究两种需求为动力、夯实两类基础为保障，以提升两个维度为重点、优化三条路径为抓手，努力提升幼儿园环境质量。

研究"两种需求"，确保环境创设"有效"。两种需求即"幼儿需求＋成人需求"。幼儿园环境创设要将幼儿的需求和成人的需求相结合。幼儿的需求是根本，要充分挖掘幼儿的身心特点和认知发展规律，把握幼儿的兴趣与需要，创设满足幼儿学习探索的环境；而成人的需求则是以幼儿园或者教师的视角，呈现成人对于环境创设的专业思考，避免盲从幼儿致使幼儿园环境流于形式。

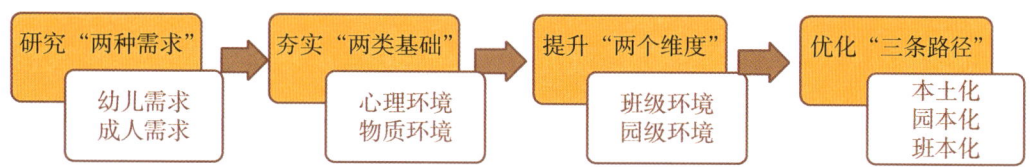

图 2　成都市金牛区机关第三幼儿园高品质幼儿园环境创设的思路

夯实"两类基础"，确保环境创设"落实"。两类基础即"心理环境＋物质环境"。幼儿园环境要落实到心理环境和物质环境两个层面进行建构，将两者结合激发环境的更大价值。心理环境和物质环境是高品质幼儿园环境创设实践的突破口，通过夯实两类基础能够确保环境创设真正落实，能够看见显性的环境和隐性的环境。

提升"两个维度"，确保环境创设"丰富"。两个维度即"班级环境＋园级环境"。幼儿园环境创设要兼顾班级环境和园级环境两个维度，而不仅是局限于某一个方面。要从两个维度出发丰富环境，让幼儿随时受到环境的滋养与浸润，更好地发挥环境的价值与功能。

优化"三条路径"，确保环境创设有"特色"。三条路径即"本土化＋园本化＋班本化"。幼儿园环境要充分挖掘本土资源、园所资源和班级资源，以三条路径为环创改革实践的着力点，努力实现环境的突破与创新，彰显幼儿园环境的特色与新意。

2. 空间构建：强调场域流变和空间延伸

高品质的幼儿园环境创设应考虑到不同物质空间环境，科学规划幼儿园的各个活动区域。要依据需求创设固定场域或流变场域，要注重由室内环境向室外环境延伸，要促进班级环境向园际环境拓展。

依据需求创设固定场域或流变场域。高品质的幼儿园环境创设应科学规划幼儿园的各个活动区域，既可以根据特定内容创设固定场域，如阅读区、美工区和科学探索区等活动区，也可以设置为灵活的流变场域，如娃娃家、建构区和艺术区等区角之间的隔离物是轻便可移动的，便于教师与幼儿通过空间的自由变化与延伸来调节游戏与活动。

注重由室内环境向室外环境延伸。幼儿园环境创设要将室内外空间充分结合起来，特别是要积极挖掘资源、丰富幼儿户外探索空间，满足幼儿更宽泛的学习需求。如在"小兔的衣服"中，教师不仅仅只是停留在室内墙面的布置，更放眼于幼儿园室外的饲养角，让幼儿观察小兔子的特征和生活环境。再如"野兽国——小捣蛋和他的家"中，幼儿来到户外"丛林探险"游戏区域，借助户外宽敞的场地优势创意表现各种捣蛋的场景。

促进班级环境向园级环境拓展。幼儿园可以充分挖掘班级和园际资源，整合公共资源构建共享空间，将独立的环境向园级环境拓展，特别是利用共享区域丰富幼儿活动的环境空间，满足幼儿的不同学习兴趣与需求。成都市金牛区机关第三幼儿园（以下简称机关三幼）遵循"一地多用"的原则，充分利用幼儿园共享功能区，打造了聚焦美术核心经验的涂鸦区、纸艺区、泥塑区、扎染区等六大特色主题环境，保证了环境空间数量充足、类型多样。

3. 设计实施：卷入多主体共构环境

高品质幼儿园环境的创设过程是幼儿与教师、家长与社区、园内与园外多元参与、共同合作的过程。通过大、小环境的取长补短、有机配合，形成全方位、多层次的幼儿园教育系统，培养适合新时代要求的幼儿。

师幼共构为主、幼儿主体为重。幼儿园也要遵循"共建、共管、共享"的理念，采取师生合作共建的方式合力开辟环境，师幼共构遵循这样一种思路：教师通过调查、征集、讨论等形式和幼儿共同设计幼儿园环境，并在游戏和教育活动的开展过程中再讨论、再调查，解决环境中存在的问题，形成一个设计、实践、改进、再实践的环境创设过程。教师要相信幼儿的力量，善于倾听幼儿的想法，充分发挥幼儿的主体性，鼓励幼儿积极参与材料准备、道具制作、区域布局等设计，用自己的想法与需要亲手改变环境，与环境互动，使幼儿感受到自己是环境的主人，在积极参与、主动建构的过程中将环境内化为学习经验。

整合多方资源，共创育人环境。幼儿园环境创设要将园内环境要素和园外环境各要素有机结合、协同一致地对幼儿施加影响，应整合多方资源，有目的地选择和利用外界环境中有价值的人力、物力资源丰富育人环境，在幼儿园、家庭、社区之间形成长期、稳定的合作关系。如利用社区的特殊环境开展与生活相关的项目活动，或与男性家长建立合作，改善园外接送环境等，如成立爸爸护卫队，在接送环节为幼儿安全保驾护航。

4. 价值提升：专业控制优化环境品位

幼儿园要结合在地资源、园本资源、班级资源等特色资源建构有特色的环境，将环境与课程活动相关联，观照群体差异和个体差异。

挖掘特色资源，注重融合适应。其一，挖掘在地资源建构本土化特色环境。高品质幼儿园要积极践行因地制宜的原则,充分发掘地方蕴藏的丰富资源,如民俗文化、历史文化、传统文化以及自然资源等,结合本地实际建构具有本土特色的主题环境,例如机关三幼研发了川西民居、川菜美食馆等独具特色的在地文化环境。农村幼儿园也可以充分利用农村资源和乡土材料打造具有"乡土味道"的特色环境,根据幼儿真正感兴趣的问题设计、组织相关农村活动,真正打造出凸显本土特色的幼儿园环境,而不仅是农村特色的堆积。其二,利用园本资源建构园本化特色环境。幼儿园可以根据自己的办园理念以及园所资源,建构专属于自己的园本特色环境,将园所特有的精神文化与地理空间、物质资源有机结合,让特色环境彰显独有的育人理念。其三,要融合班级资源建构班本化特色环境。班级环境也是幼儿园环境的重要组成因子,是与幼儿园学习生活密切相关的部分。班级环境可以依托班级活动和班级已有资源建构具有本班特色的环境,呈现出各班级环境百花齐放、各美其美的样态。

例如,机关三幼以班级特色研究性课程为载体,创设了各具特色的主题环境。大五班创设了"丝绸之路"特色环境,小一班构建了"小小火箭飞上天"特色环境,大一班构建了"我们的城市"特色环境……各个班级的环境截然不同,具有鲜明的班级特色。

图3 机关三幼大一班依托美术特色课程打造"我们的城市"环境主题

关联课程活动,构建系统经验。高品质幼儿园必须强化环境的系统融汇,要针对环境的单一、割裂等问题,着重提供更加系统连贯、更具整合性的环境资源,特别是要依托主题课程的研发,营造浓厚的主题氛围,彰显环境的主题性和个性,为幼儿提供丰富的主题经验,以课程激活环境生命力;反之,以环境支持课程深入推进。

为增强环境与课程的黏合性,教师需要把握好几个关系:其一,环境是课程活动开展的必需元素,教师要依据课程的需求创设环境,为课程的开展提供必要支持,保障课程活动的高质量开展。其二,环境记录了课程的推进过程,教师可以通过环境创设帮助幼儿回顾和梳理课程经验,激发幼儿进一步探究的欲望。其三,环境中可为幼儿提供实践操作的机会,教师可通过环境创设满足幼儿自主探究学习的需求,帮助幼儿解决课程学习中的疑惑和问题,为后续教学活动的开展扫除障碍。其四,教师也可以透过环境反观课程的实施过程和质量，剖析课程推进过程中的适切与不足，为课程的不断完善和课程经验的不断丰富提供可靠依据。

例如，机关三幼的幼儿走进永陵博物馆和金沙遗址博物馆开展了博物馆课程。他们将传统元素和文化符号巧妙融入作品中，制作了永陵伎乐的头饰、服饰以及使用的乐器，创作了青铜面具、太阳神鸟等，打造出别具一格的"微型博物馆"。

图 4　机关三幼幼儿打造的"永陵博物馆"　　图 5　机关三幼幼儿打造的"金沙遗址博物馆"

观照群体差异，兼顾个体差异。差异性是幼儿园环境创设不可忽视的重要因素，教师要在环境创设中体现"因材施教"的智慧。其一，关注年龄差异。不同年龄段的幼儿存在能力水平的差异，因此需在材料的提供上体现层次性、延续性和动态性。其二，关注性别差异。幼儿园环境创设尤其需要思考哪些区域、材料、玩具和色彩适合男孩，哪些适合女孩，要提供科学合理、全面均衡的环境。其三，关注个体差异。环境创设既要符合幼儿整体发展水平，又要兼顾超常与较弱幼儿的发展水平，要在分析幼儿个体差异的基础上提供相适配的环境，满足个体幼儿的个别化需求。

强调动态生成，实时更新变化。幼儿园环境是灵活且富有变化的，高品质幼儿园的环境创设应当遵循"动态"的理念，而非一成不变、机械地执行固定计划。幼儿的探索环境要随着经验的日渐丰富而不断变化，根据幼儿的发展需求适时调整环境，这些问题可能是材料的摆放不便、破损等，或者幼儿对材料、工具、装饰等失去兴趣和新鲜感等。因此，教师要根据实际情况不断反思环境创设的有效性，要随着幼儿的需要与兴趣及时调整布局，将事物与事物建立联系，让幼儿在"动态"的关系中学习，在环境无法满足幼儿需求时及时丰富和更新环境。

四、改革成效

1. 教师的专业素养得以提升

教师的环境创设能力得到增强。环境创设思路更加清晰，能够准确把握各个年龄段幼儿的发展水平和特点，创设满足幼儿全面发展需求的环境。

教师解读幼儿的能力得到增强。教师能够对幼儿的需求进行观察解读，针对性地提供环境支持，根据幼儿动态需求持续优化环境。

据统计，教师相关研究成果发表 4 篇，省、市级获奖共计 20 余项，开办交流讲座 18 次。

2. 幼儿园的环境质量显著提升

幼儿园环境真正"看见儿童"。能够见幼儿的意愿、见幼儿的思想、见幼儿的学习、见幼儿的经验、见幼儿的发展，特别是环境的层次性、丰富性显著增强。

幼儿园环境凸显特色和创意。彰显本土特色，形成了具有"中国特色、四川特色、成都特色"的园所环境。彰显园本特色，形成独树一帜的园所风貌。彰显班级特色，依托美术、戏剧、STEAM 等特色课程形成"一班一特色"的主题环境。

近两年，机关三幼接待了来自山东、浙江、广东、重庆等多个省份及直辖市的幼教同行，举办各级观摩交流活动约 20 批次，观摩人数累计超 10000 人，并通过集团办园、联盟帮扶、网校项目等渠道推广环境创设经验，为薄弱园所的环境创设提供了有益借鉴。

图 6　机关三幼幼儿打造的"爱祖国　爱家乡"主题美术展

反思提升

1. 心理环境与物质环境缺一不可

课题组所探讨的环境创设主要聚焦于"物质环境"，而心理环境也是幼儿园环境质量的重要组成部分，同样不可忽视。在讨论幼儿园环境创设时也应关注儿童发展所需的心理环境，例如师生关系、同伴关系、日常生活氛围以及教师在教育时的态度和方法等，都在潜移默化地对幼儿施加影响，教育者要努力为幼儿营造安全、和谐、轻松、具有包容性和接纳性的心理氛围，帮助幼儿建立安全感，更加自如、享受地投入幼儿园的生活与学习。

2. "儿童视角"与"儿童的视角"的错位

儿童本位的践行需要在理念与实践的来回推导中形成稳定的思考习惯与行动逻辑，让儿童本位的理念真正根植于心，落地实践。伴随研究的深入，教师开始解读和珍视环境的隐性价值，有意识地转变教育观念，提升环境的育人价值。同时，机关三幼也意识到教师的"儿童视角"在逐步建立的过程中也面临着困惑。例如环境创设中的儿童参与度仍有提升空间，教师把控的比重多于儿童自主建构，教师的"退位"不够彻底，师幼共构的模式尚未成熟等。

课题组所倡导的是"儿童的视角"，是儿童自己的视角，是儿童自己的体验、感受和对周围世界的理解。教育者所践行的"儿童视角"是成人的儿童视角，是教师关注儿童的所见、所闻、所想、所为，极力去理解儿童。应然与实然之间仍存在差距。

幼儿园的环境创设不是冠以成人虚构的、装饰的儿童视角，而要努力向真正的儿童靠近，不可"假装"儿童，更不能"代替"儿童，需要儿童真实的感知、体验、操作和参与，这样的环境才是富有意义的。

（供稿：成都市金牛区机关第三幼儿园，高翔、黄莉、胡露、朱燕）

▶ 专家点评

对一所幼儿园来说，环境本身就是教育。什么样的环境，就产生什么样的教育。一个幼儿园有着温馨、爱、包容的氛围，本身就在进行着爱的教育；一个幼儿园的种植、饲养环境里，本身就在进行着如何处理人与自然关系的教育，在进行着生命教育。显然，一个处处洋溢着趣味的幼儿园环境，本身就在保护幼儿的好奇心和学习兴趣，在培养幼儿敢于尝试和探究、乐于想象和创造等学习品质。一个幼儿园的建筑、空间、物体、关系，无时无刻不在进行着教育。教育不只是发生于教室之内，还发生于教室之外的广阔空间；教育不仅仅是上的一节又一节的课，不只是老师上课时讲的话，更是一日生活中的各个环节中的方方面面。对幼儿园来说，环境是办园思想、教育理念的具体体现，是一所幼儿园的"气质""形象"，向家长、社会无声地宣传着学前教育。环境也是幼儿园实施教育行动、达到教育目标的重要载体，缺乏相应的环境，没有相应的环境资源支撑，再好的教育理想、课程、教学方案都难以甚至无以实施。正是因为环境对一所幼儿园的重要性，在幼儿园办园质量评价中，通常都会将"环境"作为一个重要的部分。

"高品质幼儿园环境的特质与创设"这一成果，针对幼儿园环境中的价值失落、不见儿童等现象、问题，以充分的实践为基础，旗帜鲜明地强调幼儿园环境应该拥有的价值，值得大家学习、思考。

——鄢超云

高品质幼儿园的课程管理新范式

问题聚焦

幼儿园课程的建设是高品质幼儿园发展的必然要求,课程管理是课程建设的重要环节。那么,高品质幼儿园课程的管理指向哪些要素?如何进行课程管理才能防止课程"小学化"倾向,生发出符合儿童学习与发展规律的高品质课程体系呢?宜宾市市级机关幼儿园(以下简称宜宾市幼)认为,以"儿童为本"的新型课程管理范式,是激发幼儿园课程建设生命活力的有力支持。

成果简介

一、改革背景

1. 高品质幼儿园课程建设是新时代学前教育改革的核心

幼儿园的课程改革进程与时代发展紧密相连,《3-6岁儿童学习发展指南》《关于学前教育深化改革规范发展的若干意见》等相关政策文件的颁布,意味着"尊重儿童、促进儿童全面发展"成为幼儿园课程改革风向标,"儿童为本"的理念必须在幼教工作者心中牢固树立。然而,从"理念到行动"、从"知道到做到"是一个漫长而又艰难的过程。

目前,幼儿园课程改革开展得如火如荼,但许多矛盾依然很难攻破。究其原因,在于改革往往都是在课程形式与方法的技术层面进行改变,并没有进入到课程体系的核心层面——对园所课程文化与育人目标的内涵进行重构。因此,呼唤幼儿园课程改革回归教育原点,关注儿童生命主体的真实需要与主动生长成为新时代幼儿园课程改革的主线。

2. 构建以"儿童为本"的幼儿园新型课程管理范式是推动高品质课程建设的重要路径

2012年教育部颁布《3-6岁儿童学习与发展指南》，提出贯彻"终身教育"和"儿童是自主建构者"等教育理念。可见，幼儿教育的核心是以"儿童为本"，遵循幼儿身心发展规律，实现儿童主体发展。在追寻"求真精神"的宜宾市幼，求真的教育意味着"真学"与"真教"，宜宾市幼人一直在思考，怎样的课程样态可以生发幼儿真正的学习？因此，"建设高品质幼儿园"作为灯塔，指引着宜宾市幼往"儿童立场"下的课程管理方向航行。在此方向下，宜宾市幼聚焦幼儿园课程中的师幼主体性发展，以构建以"儿童为本"的新型课程管理范式为切入点，进行教育改革。

二、改革主张

1. 以"儿童为本"的理念是新型课程管理范式的核心主线

幼儿园课程建设自主权很大，需要自己完成园本课程体系构建，但是，在幼儿园的课程管理和行动过程中，常常存在儿童、教师、家长、幼儿园多方利益的博弈。例如，教师在班级管理中以方便自己管理为主，过度强调班级纪律和规矩，重视安静顺从和听话，有的教师甚至采取高控的方式，主导幼儿游戏，有的教师忽视儿童主动学习的能力，课程活动全部以教师教授为主。高品质幼儿园的课程的构建与管理应该建立在以"儿童为本"这一核心主线下，以"儿童为本"的新型课程管理范式可以在思想层面促进幼儿园、教师、家长三方形成教育共同体，这需要幼儿园内部体制机制的保障。

2. 激发师幼双主体性发展是新型课程管理范式的重要目标

在高品质幼儿园里，教师与儿童两大活动主体是课程的开发者和创造者，幼儿园管理人员应该为教师与儿童创设一个开放的、动态的、实践的活动环境。高品质课程形态为师幼双主体发展赋能，形成共性与个性的相互结合。从幼儿园课程管理体系中的园本教研机制入手，探索由幼儿园主导，教育理论工作者、教研员、小学教育工作者、幼儿家长等多方参与的新型教研范式，为教师专业成长助力。同时，班本课程为教师赋权，让每个教师主体都有建构高品质幼儿园课程的空间与能力，在与儿童的互动中不断创设环境、提供支点、让儿童获得更加丰富的有益经验，这也是以"儿童为本的新型课程管理范式"所追求的课程愿景。

3. 完善机制平台是构建新型课程管理范式的主要内容

高品质的幼儿园课程管理体系应是以"儿童本位"的新型课程管理范式,包括健全的幼儿园课程管理体制机制,除了重构幼儿园课程的生发方案、改进幼儿园课程的审议方式,还应该优化幼儿园课程的行动路径,从而实现高品质幼儿园课程由外控到内控、从"园长"主要控制到"园长、教师、家长"共同控制的本质转变。在适宜的、完善的机制中,园长进行角色转换,踏实践行以"儿童为本"的课程领导力建设,将是让教育回归研究儿童的最佳保障。课程的价值取向决定课程管理机制的具体内容,捍卫儿童权利,是整个管理体系改革的核心。对课程管理中相关的课程审议制度、课程资源管理制度、课程经费使用制度等进行探索,能够从机制出发保障高品质幼儿园新型课程管理范式的构建。

三、改革路径

1. 航向:回归以"儿童为本"原点

以"儿童为本"的课程,强调儿童主体地位与儿童主体性发展,构建的是实践课程模式。高品质的实践课程模式,注重在教学实践中以激发儿童的主观能动性为动机,以支持其主体性发展为全过程与目标。

关注"真实的儿童"而不是"理想中的儿童"。以"儿童为本"的课程从"放开"儿童的活动中来。在实践中发现,课程来源的方式并不重要,重要的是儿童的主体性是否得以真实展开。"放开"意味着儿童拥有独立、主动、创造、人际互动的可能,这是儿童是否愿意主动发起活动的重要因素,也是把游戏活动走向高水平的动能。例如,幼儿园的节庆活动中常常会有表演类活动,传统的课程常模是"演什么、怎么演"都由教师来策划编排,而放开式表演活动则是尝试让儿童通过感知主题激发动机,自主选择同伴组队,自主讨论创编,自主排练、表演。放开式表演活动可能远远不如传统方式的效果好,而且在这个过程中,还会遭遇许多的困难、问题甚至挫败,但是,正是因为这些自然真实的际遇,丰富儿童的图式,儿童才能在确认自己、把控环境、解决问题等方面有最好的自我学习与主动发展的机会。

以"儿童为本"的课程行动依循"放开—观察—解析—支持—放开"的循环路径。这是一个师幼相互作用的有机"生态系统",是一个循环完整的课程行动体系,即教师从主观意识(顺应儿童的放开的活动)到客观认识(在生活和游戏中观察儿童行为)到理性辨析(发现儿童的真实需要与问题)再到支持行动(形成有效的师幼互动策略），最后形成对儿童的感知（更加理解、支持儿童放开的活动）。

看见"儿童生命能量"而不是看见"儿童的乖巧"。宜宾市幼自 2011 年起逐步放开幼儿游戏，儿童在自主活动中与环境（同伴）不断互动，教师通过观察查找和梳理儿童"生命活力"的证据，在"痕迹梳理"中，"教"获得提升。教师看见的儿童"生命能量表征"，是儿童在游戏活动中所表现出的"生命主体"与"环境"间进行互动的"行为方式"。现阶段，我园教师梳理出儿童生命能量表现的五种"行为方式"：乐于尝鲜、自主选择、交流协商、应对挑战、个性表达。这五种方式是对儿童在游戏活动中的"生命能量表现"的"概括性固定"，由此得到的观察信息，比随意观察到的表面痕迹信息更能融入园本教研的交流中。

2. 行动：激活教师主体性发展

在幼儿园课程改革的主战场，离儿童最近的是教师，因此教师主体性发展、个人专业能力提升与课程设计能力尤为重要，而保障教师主体性发展又有赖于园长课程角色定位与课程领导力建设。

（1）放权——让教师回归课程建设的主体。一日生活皆课程。离儿童最近的人，是教师；知道什么样的课程符合自己班上儿童的人，是教师。唯有和儿童一起生活与学习的教师，最能读懂一个个鲜活灵动的生命，因此，需要把课程权利还给教师。以"儿童为本"的实践课程是动态而随机的，需要教师不断发现儿童，解读儿童的个性化兴趣与需求，为儿童创设开放、邀请的环境，搭建推动人际交往互动的平台，支持儿童的自发生成性活动，支持儿童发展的种种可能。因此，以"儿童为本"的课程改革，首要前提是让教师回归课程建设主体。

（2）赋能——让观察儿童赋予教师专业能力。"观察"是教师最核心的专业能力，在放开的实践课程中，在儿童自发自主的活动中，对教师观察能力提出更高的要求。观察与认识儿童、创生活动、评价儿童发展情况紧密相关。那么，观察什么？怎么观察？首先，是培养观察习惯；其次是引导教师在儿童自发性活动中观察；最后，要围绕观察展开对话，帮助教师反思与重构课程。观察是一个教师专业从量变到质变的过程，除了要形成观察的长效机制，还要把观察与课程形成动态可循环体系。这是教师专业敏感性建立的基础，也是专业成就感的源泉。

（3）共研——让研究儿童成为教师的专业能力。课程研究共同体在这里成为研究的重要路径，主要由本园全体教师、行政后勤代表、家长代表构成，同时，吸纳专家、社区人员加入也非常必要。课程研究共同体主要以儿童实际水平、年龄特征、个别差异为依据，审议课程，开展教研对话。通过对课程来源、目标、内容进行审议，帮助教师摸索、拿捏、决策，谋求课程的动态平衡。通过回到教育现场的教研，对话课程实践中对儿童的发现与儿童的问题，让教师可以看见儿童的力量，对课程行动展开反思进而生成活动。教师既是课程行动实践者，又是课程研究者，这对于教师的专业构建非常重要，为提升教师的专业自信与专业自觉提供了可能。共同体是一个研究、审议集体，保障基于以儿童与教师为主体的个性化、低结构的实践课程具有更充分考量和适宜的把控。

3. 支持：构建丰富多元的支持平台

（1）教研平台：在发现个性中归纳共性。这是一个资源平台，由儿童成长的陪伴者（家长、教师队伍、专家等）组成，形成教师团队、教师与家长、教师和校外专家之间的合作。他们对儿童生命成长有不同的解读视角，根据对儿童典型行为观察，结合家庭教养方式，合力解读其显著行为背后的个性原因，共同商定尝试性的支持方案。

比如，"空间控"的发现，始于涛涛老师对"3岁的昊辰喜欢奔跑于幼儿园楼道"产生的困惑。该故事在教师们的热议中进入教研平台，他们由此发现了第一个"空间控"学生，循着"第一个"，又发现具有类似表现的一群"空间控"学生……他们日常的"空间奔跑"行为模式，后期的"科学探究"优势，其背后"放手、顺应"的家庭教养方式，居然有着惊人的相似之处。"空间控"的发现摘下了他们"调皮、好动"的标签。通过在发现个性中归纳共性，儿童的样貌逐渐在我们心中重构。

（2）对话平台：陷入—感知—调频。这是专属教师与儿童（个体、群体）之间的平台，宜宾市幼选择用对话来概括教师对儿童生命活动中的回应，其核心在于强调教师要陷入到儿童的生命活动中，在陷入中充分感知儿童生命律动状态，例如，面对群体攻击时个体律动在减弱还是被激发？面对相互矛盾时个体律动是直线冲击还是曲线迂回？等等。建立在感知基础上的调频，也许教师只需在活动中"加一句、引一句、逗一下、推一下……"例如，长期受到强势小组长的"压迫"，组员们免不了向教师"告状"，关键时刻，教师一句"组长可以重新选嘛"，强势小组长长期以来"直线冒进"的生命律动频率就可能在群体力量下自我调整，因为生命需要"进退有度"。

（3）活动平台：充分利用"主体性"和"主体间性"。项目社团平台，在园际共同实践。利用儿童群体中的"主体间性"来影响儿童个体的活动行为，以"项目任务"来诱导、整理儿童的行为"意向"。包括宜宾市幼在内的8所幼儿园组成的"园际教改共同体"近6年的经验已经证实，在幼儿园开展"项目社团"是完全可行的、有显效的。

发现活动平台，集全园力量最大限度地拓展儿童群体活动涉及的资源（社群资源、物质资源），让活动蕴藏更多的可能性。例如，混龄混班游戏，将中大班 8 个班级的人员、材料、环境混合，资源的叠加，对"主动尝鲜、自主选择、个性表达"等能量的激发效应是 8 倍基础上的无数倍。

回看活动平台，活动方式以"常态交流、集体讨论、固定聊天"为主，特别有利于对儿童交流协商能力的培养。有的活动帮助个体在群体中获取更多元角度和经验，如游戏经验回看、问题矛盾回看等；有的活动帮助个体在群体中形成民主意识，如值日生述职、公约修订等。

竞选活动平台，发挥群体中个体优势经验的交互带动作用，班级产生一些"带头人"能够带动群体经验提升，如象棋小队长。此类活动有利于"应对挑战、主动尝鲜"等能量的激发。竞选要遵从民主与集中的程序，形成职位设置—讨论职位条件—民主选举定期或需要时改选的流程。

四、改革成效

1. 高品质幼儿园课程管理看见儿童生命能量

儿童研究是学前教育工作者的第一专业。在高品质的课程管理下，儿童一直都在教师眼中，儿童的形象在专家、园长、教师、家长的高频对话中快速丰富，不断重构。"看见儿童—重构认知—融合思路—共创课程"，在这一过程中，宜宾市幼发现了儿童的五大生命能量，儿童乐于尝鲜、自主选择、交流协商、应对挑战、个性表达，实现品质成长。

2. 高品质幼儿园课程管理驱动教师内省成长

新的课程管理范式，为支持师幼双主体发展的园本研修平台做专业支撑，达成对儿童主体发展的研究和支持，为教师专业成长赋能。为教师搭建成长平台，助推双主体理念同频、行动并轨。课程研究共同体在"共研"中，"成长故事"平台应运而生，用"小故事搭建大平台"。在成长故事中，教师的关注点从儿童消极行为逐渐转向积极行为；教师的观察内容从儿童行为表象转向行为动机；教师对"儿童需要"的回应，从此以"头疼治头，脚疼治脚"的短效回应为主，逐渐转向以通过"支持平台"寻求长效回应为主。教师观察儿童，解读着一个个儿童的学习过程，在对话中自己解读、反思自己的专业成长过程，生发主动学习和内省成长。

3. 高品质幼儿园课程管理范式创生高品质课程体系

创建了"一中心、四平台"的生态课程方案。以儿童的真实生活经历为中心，以生活事项、自发游戏、项目社团、幼小衔接下的集体教学四大课程平台作为课程主要来源，形成支持儿童主体学习力发展的课程方案。

建构了"一中心、两环、三段"的课程审议生态圈机制。从助推幼儿主体学习力的广度、深度为课程出发点，建构以幼儿发起为中心，以直接行动者（幼儿、班级两教一保）为内环，间接行动者（同年级教师、园级教学管理人员、家长、社区人员）为外环的两大课程审议组；从课程前、中、后三个阶段对课程进行发展式评价、多维评价、生态评价、过程性评价，形成了班级时时评、年级节点评、园级总体评的课程审议流程，杜绝了幼儿园课程评价的诸多问题。

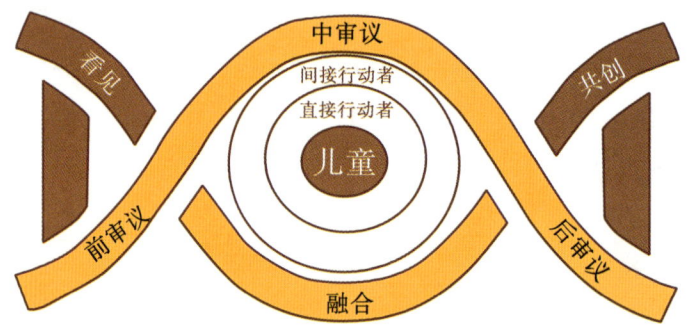

图 1　宜宾市幼"一中心、两环、三段"的课程审议生态圈机制

形成了"一中心、三联动"的课程行动生态链机制。针对幼儿园课程实施以教定学、儿童缺位等小学化现象，促进幼幼、师幼、师师相互看见，打破文本化、行政化的静态课程计划，构建起一条以幼儿主体学习力发展为中心，以"看见、融合、共创"为循环的课程行动生态链，提升教师课程领导力。

反思提升

走向高品质的幼儿园课程需要变革幼儿园管理者的课程领导力，宜宾市幼从课程的外寻（2000—2010年引入蒙氏课程）到求真的改革，从"儿童缺位"到回归"儿童立场"、回归教育本原，完善生发高品质幼儿园课程的体制机制，准确把握高品质幼儿园发展的方向，实现高品质课程管理，还应该在以下方面深入研究。

（1）新方法。归纳高品质幼儿园新型课程管理的经验，反思当前的课程管理是否经得起推敲，在不断与新的矛盾、问题见面的过程中，生发新的管理方法，丰富园本课程管理范式。

（2）新需求。高品质幼儿园课程建设的过程需要对不同时代儿童发展的新需求进行研究，交流表达、人工智能、信息化素养逐渐成为人发展的核心竞争力，新的儿童发展需求在高品质幼儿园课程管理中应当充分考虑。

（3）新成果。高品质幼儿园课程建设需要深耕教育科学研究，宜宾市幼凝练改革经验，发表《有生命力的课程从"尊重儿童生命"的课程素养中来》等论文，课题研究成果《自主性游戏中幼儿生命能量的实践性识别及支持平台》获四川省政府普教成果二等奖，参与四川省体制机制改革项目"构建儿童为本的新型课程管理范式"获"良好"评价，同时参与了专著《走向高品质学校·幼儿园卷》编写等。在新的课程改革发展阶段，宜宾市幼需要在此基础上进行回溯，不断提炼出更丰富的高品质幼儿园课程管理的有效经验。

参考文献

[1] 柯蒂斯·卡特. 关注儿童的生活：以儿童为中心的反思性课程设计 [M]. 郑福明，张博，译. 北京：教育科学出版社，2015.

[2] LANWESTBURY, NEILJ WIKOF. 科学、课程与通识教育：施瓦布选集 [M]. 北京：中国轻工业出版社，2008.

[3] 成尚荣. 儿童立场 [M]. 上海：华东师范大学出版社，2017.

[4] 刘涛. 高品质学校的教育意蕴与建设路径 [J]. 基础教育课程，2017（18）：40—45.

[5] 靳玉乐，于泽元. 后现代主义课程理论 [M]. 北京：人民教育出版社，2005.

[6] 华爱华. 学前教育改革启示录 [M]. 上海：上海社会科学院出版社，2009.

[7] 虞永平. 学前课程与幸福童年 [M]. 北京：教育科学出版社，2012.

（供稿：宜宾市市级机关幼儿园，邹晓敏、谢鑫、曾艳茹、曾珂）

▶ 专家点评

与中小学课程相比,幼儿园课程有其特殊性。从最传统的课程四要素来看,中小学校(教师)更多的是理解课程目标、内容、评价,学校(教师)最大的课程权在课程实施,而幼儿园(教师)至少在课程内容选择上有更大的空间。换句话说,中小学(教师)教什么是比较确定的,重点是怎么教;而幼儿园(教师)除了要思考怎么教,至少还要做出教什么的专业决定(不少幼儿园、教师还需要涉及课程目标和评价)。中小学的校本课程,可能体现为星期五下午的两节课,而幼儿园的园本课程、班本课程,则可能体现在幼儿在园一日生活的每时每刻。在幼儿园,一日生活皆课程,课程的目标、内容、实施、评价,都需要幼儿园(教师)做出专业决定,课程弹性、灵活性也更大。用好这样的课程权利,幼儿园可以走向高品质;反之,则可能导致课程混乱,走向低质量。

"高品质幼儿园的课程管理新范式"这一成果,正是指向幼儿园课程中的"管理"问题,摸索出以"儿童为本"的新范式,是高品质幼儿园建设的重要成果。

——鄢超云

凸显儿童本位　打造高品质幼儿园环境

问题聚焦

环境在儿童成长过程中具有不可低估的教育功能，是儿童成长的物理空间、心理空间及精神空间，是课程创生的来源、课程实施的载体及结果，也是支持儿童发展的平台、记录儿童发展的载体及表征儿童发展的媒介。

高品质的幼儿园环境是彰显办园理念和教育思想的文化标签，幼儿园的高品质发展之路离不开高品质环境的支撑。如何破解现有幼儿园环境创设的问题，走出实践的困境与误区，让幼儿园环境走向高品质？成都市温江区光华实验幼儿园（以下简称光华实幼）聚焦幼儿园环境创设中的核心问题，搭建环境创设的五大支架，构筑"灵动有声、生命有质、育人有品"的高品质幼儿园环境。

一、改革背景

2019年5月颁发的《教育部等四部门关于实施第三期学前教育行动计划的意见》指出，到2020年基本建成广覆盖、保基本、有质量的学前教育公共服务体系。《幼儿园教育指导纲要（试行）》和《3-6岁儿童学习与发展指南》（以下简称《指南》）均指出："环境是重要的教育资源，应通过创设和利用，有效促进幼儿的发展。"由此可见，学前教育质量关系着儿童的全面发展，而学前教育质量的提升不仅取决于园所文化、园所理念、教师队伍、家园关系，还应取决于为儿童发展提供重要教育资源的环境。

通过对若干幼儿园环境创设现状的调查分析显示，当前幼儿园的环境建设存在以下困境：一是意识困境产生困顿的园长，环境创设用钱堆砌，没有文化；二是行动困境产生困惑的教师，环境创设盲目借鉴，没有特色；三是视角困境产生困倦的儿童，环境创设凸显成人视角，缺乏儿童观。可见如何合理、科学地创设和利用环境资源，无疑是一个难题。

进一步分析我们发现，意识困境的园长、行动困境的教师归根到底是对"儿童为本"的解读与实践力度不够，由此可见儿童主体地位的缺失是阻碍环境创设走向高品质的关键因素。换言之，环境创设中的儿童视角是凸显幼儿园环境高品质至关重要的因素，如何让儿童视角在环境创设中得到充分体现，是亟待解决的问题。

二、改革主张

研究中，我园秉承着"生命至上，儿童第一"的教育理念，确立"以儿童视角审视和创建教育环境"的改革主张，力求创设具有教育延展性、生命灵动性、课程创生性、发展多元性的促进儿童生命成长的高品质环境。

图 1　光华实幼生命有质、灵动有声的环境

1. 教育延展性

环境是教育活动的延伸和拓展，有什么样的环境就有什么样的教育，环境是什么状况，儿童的学习就是什么状况，因此高品质的环境创设首先要体现教育的延展性。这要求幼儿园不能简单地将环境创设价值定位在观赏与美观，要凸显开放、互动、挑战，不断激发儿童的探索欲望，促进儿童新的经验构建。

2. 生命灵动性

环境对于儿童来说，犹如亲密的影子伙伴，时时依偎、细语述说。我园积极转变主体，让儿童成为环境的主人。首先，坚持环境来源于儿童，也作用于儿童，调查、征集儿童关于环境的想法，确定儿童的创意；其次，注重儿童的参与，让幼儿园各处环境都能由儿童而创，处处充满儿童的味道；最后，注重环境的留白，适当留下想象的空间，给儿童生成的可能。

3. 课程创生性

高品质的环境需要课程的推动，是课程创生的来源，是课程实施的载体和结果，也是基于儿童的生活事件、游戏探索等形成的多元化课程资源。某些幼儿园存在环境花哨、静态固化、脱离儿童生活与经验的现象，这些都反映了环境与课程相分离的状况。而儿童视角下的环境，必定是以儿童多姿多彩的各种语言方式，呈现其生活、游戏、学习中的思考、过程以及成果，展示儿童在课程学习中的思考与行为，形成依托、依靠、依存关系，为课程创生提供无限可能。

4. 发展多元性

在研究中，我园把环境创设作为一个个项目，以项目化主题式的方式进行设计，引导儿童围绕项目展开系列的探究学习，主动收集信息、主动协作、主动尝试，不断发现问题、解决问题。其学习路线为：发现并提出项目—行动实践—研究问题—解决问题，最终设计并打造出属于他们的环境，为儿童的多元性发展提供充足的机会。

三、改革路径

聚焦高品质的环境创设，我园搭建五大支架，即"构建共同体—多元化学习—反思性实践—创新研修模式—搭建多样平台"，为高品质幼儿园环境创设提供范式，让环境创设不仅滋养着孩子们的心灵，也让其成为提升教师专业素养的有效路径。

图 2 光华实幼环境创设共同体研讨

1. 自发构建共同体，实现合作共享

基于教师在环境创设中的问题、兴趣与需求，由教师自下而上、自主选择、自发构建区角环境创设共同体、课程墙环境创设共同体、户外运动区环境创设共同体、户外生活区环境创设共同体等，确立以共同体领衔人为组长，聚焦共同体内成员疑惑，以形式多样的园本研修方式，进行问题逐层剖析，实现智慧碰撞、合作共享。

2. 多元化学习浸润，丰富理论资源库

（1）构建资源库，助力教师理论学习。不同教龄教师的环境创设能力参差不齐，具体表现为：3 年以内教学经验的年轻教师环境创设尚停留在美观性和观赏性，对环境创设的价值与意义几乎不清晰；5 年左右教学经验的教师清楚环境创设的价值与意义，但对于自身的环境创设行为缺乏理论认识，仅停留在操作层面；5 年以上教学经验的教师，能结合理论进行环境创设实践，但是儿童视角依然比较缺失。为此，我园组织教师深研《指南》，解读儿童的学习与发展，梳理了与环境创设相关的理论图书，构建了环境创设理论资源库，促使理论与实践相结合，助力教师关于环境创设的理论研究学习。

（2）聚焦观察，在实践中学习。借助观察反思，鼓励教师在实践中向儿童学习，以儿童对环境的反馈进行行为改进。每人每周至少观察 1 名儿童，聚焦儿童与环境的互动、儿童的兴趣与兴奋点；每天观察 3 次，每次 3 分钟，用随笔、视频、拍照等方式进行白描式记录；班级教师或者年级教师每周至少 3 次以故事会或咖啡屋园本研修的方式高频率讨论自己观察到的儿童行为，同时借助与之有关联的专业图书反思儿童行为，形成大量观察案例，透过案例反思改进下一步的环境创设。

3. 反思性实践，厘清环境课程化思路

环境对于儿童而言，就是一本立体、多元、富有吸引力和童趣、能激发无限想象和创造力的无声教科书，而这本教科书的主要内容来源于课程。为了规避教师在实践操作中将环境与课程相分离，我园将课程放在环境创设的中央，提出"331环境课程化"创设思路，即环境课程化创设三要素、环境课程化实施三部曲和一种创新型的项目学习环境创设方式。

（1）环境课程化创设三要素。一是变化，即环境跟随课程的不断生成而变化，杜绝教师"一创到底"的现象；二是启发，即环境功能的多样性启发儿童不断求知与创造，改变环境与儿童无互动的现象；三是参与，即儿童在课程路线中的学习行为表现成为环境创设的核心内容，强调儿童主体的参与。

（2）环境课程化实施三部曲。首先，教师依托儿童经验与兴趣规划课程思维导图，避免课程实施盲目性；其次，让教师的预设与儿童无限碰撞，充分放权于儿童，让儿童亲历课程实施的过程，并注重儿童的生成；最后，将儿童的学习成果以儿童化的方式呈现在环境当中，即以直观的符号、标识、绘画等为主，采用儿童喜欢、认同、理解的方式，让环境成为儿童想看、会看、爱看的有效环境，实现环境中具有儿童的视角，环境中凸显儿童的学习痕迹。

（3）一种创新型的项目学习环境创设方式。即以项目学习的创新方式进行课程化环境创设实践，聚焦环境与课程内容，把主权交给儿童，让儿童去研究班级区角、卫生间、主题墙甚至幼儿园户外环境与课程的关系，完成"讨论—设计—实施—调整"一系列的环境创设研究学习路经，让儿童全身心参与，充分运用已有经验，构建新的认知，真正实现儿童本位。

4. 创新研修模式，助推教师环境创设能力提升

我园一直致力于突破教师被动型园本研修模式的改革，创新实施了对撞式园本研修、故事会园本研修、偶遇式园本研修、"互联网＋"园本研修、咖啡屋园本研修五种模式，助推教师环境创设能力不断提升。

（1）对撞式园本研修。对撞，即合作互动、碰撞分享、互为人师、互助成长。将教师的环境创设问题变为研修主题，通过同伴的互动分享，用一种思想换多种思想，再通过小组发言人的发言、主持人的梳理、专家适时的点和助，帮助教师重新构建、升华提升经验，生成新的问题和任务，为下次的研修做铺垫，让环创研修主题具有连续性和渐进性。这种研修方式以目标为导向，以任务为驱动，关注教师的主体地位，以经历为基础，以体验和反思为学习方式，让全体参研教师真实卷入。

图3　光华实幼助推教师自主成长的研修模式

(2) 故事会园本研修。讲故事反向促进教师学会观察解读儿童，改进教育措施。在故事会园本研修中，教师根据环境创设中的精彩片段，讲述观察小故事。讲故事的五大原则：一是简单，即核心越少越好，最好只有一个，而且语言简洁明了；二是意外，即立意新，打破常规，出其不意地吸引别人；三是具体，即还原活动现场，尽可能使用具体客观的词句；四是可信，即不瞎编、不抄袭，故事来自真实的教育现场；五是情感，即把观点情感化，能激起人的情感共鸣。研修步骤可以是：讲述观察故事—教师进行理论分析（分析者是讲述者本人或者配班教师）—同伴（参研教师）交流—教研主持人总结提炼。

(3) 偶遇式园本研修。"只要有观察发生就有研修发生"，研修"随处可见、随时可发生"，园区的任何一个角落都是研修的场所，任何一次偶遇都是研修的契机。抓住每一个契机，把每一个契机都当成研究，鼓励教师们与同伴偶遇时分享环境创设过程中的精彩小片段或者共同探讨疑惑困难。比如，我们通过偶遇知道了大二班的孩子在卫生间环境创设中，对便便产生了兴趣，开启了一系列有关的问题，如：便便从哪里来？你的便便健康吗？便便会到哪里去？大六班的孩子在区角创设过程中，因建构区的设计图无处摆放，引发了班级五个区角环境大变身的主题活动。

(4) "互联网+"园本研修。"互联网+"的研修方式，能满足教师对于教研的个性化需求，通过网络平台随时随地发布自己的观点，分享自己的发现。我园的"互联网+"研修模式包含：一是UMU互动学习平台，能在网络上实现接近于传统教研组的体验，在教师需要相对正式的讨论时使用；二是使用OneNote软件、有道云等软件共建、共享笔记，动态调整研修内容，使教师研究成果得到有效保存；三是使用"问卷星"开拓研修信息源，高效收集和分析数据；四是利用QQ、微信群整合碎片化时间，使教师不定时线上交流，碰撞灵感；五是利用校园微信公众平台，让教师记录研修轨迹，低成本推广高品质经验。

（5）咖啡屋园本研修。把研修当成一段浪漫的咖啡时光，来一场沙龙，营造一个轻松的氛围，教师们畅所欲言。与偶遇式研修不同的是，看似松散，实则每次沙龙都有一个聚焦课题研究的主题，围绕这个主题进行深入探讨。

五种研修方式实现了教研时间、地点、人员灵活，教研氛围和谐、民主、宽松，大家共享智慧、经验和资源，有效提高了教师环境创设能力。

5. 搭建多样平台，完善环境创设支持体系

优质的平台决定着教师成长的速度与高度，为了促进教师专业能力发展，特别是环境创设能力，我园通过"资源平台、项目平台、成果平台"三大平台，汇聚优质资源，完善高品质环境创设的支持体系，为教师开辟一条更加宽广的专业成长道路。

（1）资源平台。通过优质专家资源，为教师培养搭建高位发展的优质平台。我园特聘了从国家到省、市、区四级不同层面的权威专家和知名园长作为幼儿园学术指导和实践指导专家，形成精锐的专家资源库，通过"请进来、走出去"的方式，充分发挥专家资源库的专业引领作用。一是请进来，聚焦环境创设开展研修活动，邀请专家走进园所，在与专家高位对话中，形成"表达—对话—再表达—再对话—提炼"的对话研讨模式，激活学术研讨的氛围。把话语权交给教师，鼓励教师敢说善讲，敢于用批判性的思维与专家对话，打开了教师的思维，拓宽了教师的视野。二是走出去，为教师的专业成长私人订制了基于问题、基于实需、基于成长的多元培训菜单，让他们走出方寸之地，走近专家、走进名园，带着问题去思考，带着思考去成长。

（2）项目平台。当下，围绕教师专业发展的项目平台丰富多彩，将这些多样、不同层级的平台做链接，能有效建立平台间的互助，形成"多维联动"。例如，依托"成都市名师工作室""成都未来教育家"培养项目等平台，借助专家的力量，加强教育研究，卷入全园教师参与。

（3）成果平台。成果既是教师专业成长的印证，也是教师专业成长的产物，更是反促教师专业成长的强大动力。我园为教师提供四类成果平台的支持，通过成果交流、成果评奖、成果发表、成果著书这四类成果平台激励教师多写、多思，提升教师研究能力和学术水平，实现研究经验的共享，支持教师研究成果的推广，为教师专业成长不断助力，为园所走向高品质强化软实力。

四、改革成效

在成果方面,形成了幼儿园不同区域环境创设的操作策略。我园以室内环境和户外环境为内容划分,其中室内环境包括教室、走廊和功能室,户外环境囊括运动区、生活区等,梳理了室内外环境创设原则、环境创设目标、环境创设流程、环境创设案例,形成了不同区域的环境创设策略,为广大教师提供可借鉴、可参照的资源。

图 4 育人有品的环境

在成效方面,实现了多边发展相得益彰。一是随着儿童与环境不断发生有效互动,儿童在园内获得更加适宜个体需求的发展;二是通过研究实践,教师在环境创设能力方面获得理论认知与实践操作的跨越式发展;三是高品质环境彰显了高品质幼儿园办园质量,促进园所办园品质不断提升;四是形成的系列研究成果,为在环境创设方面有困惑的幼儿园提供了借鉴和参考,发挥了高品质幼儿园的示范和辐射引领作用。

反思提升

研究没有终点,任何一个节点都是新的起点,唯有将课题持续性研究下去,不断梳理研究中存在的问题,不断调整研究思路,在反思中改进策略和行为,才能将幼儿园环境创设打造成我园的一张亮丽的名片,彰显高品质幼儿园内外兼修的高品位与高质量。

(1)理论支持力度不足。在研究前期,我园为教师提供了环境创设相关的理论图书与资料,对教师研究起到了一定的帮助作用,但是到了研究后期,发现已有的理论支持已经显得不足。下一步,我园将充分发挥专家资源库的作用,依靠专家的力量拓展理论学习的宽度和深度，同时加大对高品质幼儿园环境创设相关文献的研究以及中外对比研究，厚积理论认知。

（2）专业引领力量薄弱。尽管我园有优质的专家资源库，他们在学术引领上能够给予高位的指导，但是在实践操作层面，由于教师整体研究水平有限，实践经验不足，而行政人员不足，行政事务缠身，深入一线指导的机会不多，专业引领的力量依然显得薄弱。下一步，我园将充分利用教研员、专职督学入园指导，行政包班指导，名园影子跟岗学习等策略，增强课题研究的专业引领力量。

（3）成果物化意识和能力需要加强。教师怕写、不会写成为课题研究道路上的绊脚石，特别是对研究论文、研究方案、研究报告类成果还存在较大的畏难情绪。下一步，我园将通过压担子、给任务、搭平台、展风采等形式，多措并举提升教师物化成果的意识和能力。

（4）环境创设能力评价方式单一。目前对于教师在高品质环境创设能力方面的评价体系还比较单一，主要以逸事记录（观察故事、案例分析）的方式进行质性评价。下一步，我园将积极探索教师环境创设能力提升的量化评价与增值性评价。

我园的研究仅仅是"高品质学校建设的实践与探索"中的一个案例，取得的成果与成效微不足道，但是研究的热情与信念笃定不移。高品质幼儿园环境的建设一直在路上，在路途中能够遇见更深远意义的教育。

（供稿：成都市温江区光华实验幼儿园，何煦、唐蜜、梁银平）

▶ 专家点评

只有当幼儿与环境产生有效互动时，环境才是有教育性的，才可能成为第三位老师。高品质的环境，应该实现从成人意义上的创设，转向幼儿意义上的利用。凸显儿童本位，不仅仅是强调环境创设中儿童的参与性，更应该重视儿童可能会怎么使用成人创设出的这些环境、儿童喜欢什么样的环境、什么样的环境更能够满足儿童的发展需求。

儿童立场、儿童意识、儿童视角这些凸显儿童本位的思想，说说容易，落实到行动上并不是一件容易的事情。开展丰富多样、切实有效的园本教研是一个好办法。这就需要幼儿园成为一个研究儿童的乐园、学园，在一个又一个的教研中，真正走入儿童内心世界、读懂儿童。当前，应特别注意成人用自己的想法、感受替代儿童的想法、感受的误区，打着"儿童视角"的旗号做成人事情的误区，要注意区分成人的"儿童视角"与儿童自己的"儿童的视角"。而且，并不存在一个统一的儿童视角，以儿童的"害怕"为例，可能有一些共性，但不同的孩子怕什么、怕的程度，显然是有很大的差异的。

"凸显儿童本位，打造高品质幼儿园环境"这一成果，强调应凸显儿童本位，创设高品质的环境，实现高品质的教育。这是很好的探索，大家可以仔细阅读。

——鄢超云

第七篇

评价改革篇

高品质学校学生综合素质评价改革实践
——以成都市双流区实验小学为例

问题聚焦

学生评价长期受到"唯分数"倾向的影响,评价功能异化、评价方式传统、评价手段缺乏柔性、评价主体不够开放、评价导向错位,造成"育人"成了简单的"育分",评价与真正导引学生的素养生长、自主发展与潜能激发还有距离。

成果简介

一、改革背景

"高品质学校建设"提倡"全人、全纳、共生、共赢"的办学主张,成为学校走向高品位与高质量的航标。学校教育评价改革要基于"全人、全纳",追求学生的全面持续发展;学校评价改革更要基于"共生、共赢",勇于创新评价机制,追求评价要素之间的协调融合。

为了积极回应党和政府在学校教育评价改革的精神主旨,成都市双流区实验小学(以下简称双流实

图1 成都市双流区实验小学校园风景

小）从培育"完整的人"的高度，整体构建幸福教育课程体系：从幸福课程构建的顶层设计，到学生课堂的深度变革，再到幸福学生成长评价探索，一路走来，学校越来越笃定地形成了一种文化自觉——教育的最终目的在于培养人，即培养全面的、可持续发展的现代人。学校教育的一切出发点和归宿点都是"人"——一切教育评价都要着眼于对"人"的关注。

二、改革主张

《深化新时代教育评价改革总体方案》指出："教育评价事关教育发展方向，有什么样的评价指挥棒，就有什么样的办学导向。"对于一所学校来说，评价机制是学校全面发展素质教育的重要导向和激发、监控力量。

新课改以来，双流实小坚持发挥评价的导向作用和杠杆作用，以评价引领学校教育质量内控机制建设，撬动学校课程改革，助力学生全面发展。近年来，学校更是在"一个都不能少"的办学理念下坚持"五育"融合，基于学校实际和育人追求，构建评价指标，开放评价主体，创新评价工具，改革评价方式，完善结果应用，着力构建完善的学生综合素质评价体系，力争将双流实小学生培养为具有阳光、果敢、自主、合作素质，具备家国情怀和国际视野的幸福儿童。

图2 双流实小党支部书记、校长祝波与学生

在学生综合素质评价改革探索中，我校始终认为：

其一，要树立全员观，体现差异性评价。教师全员参与，对每一个学生进行评价。

评价过程中，尊重每一个学生独特的个性，"用一千把尺子量一千个孩子"。

其二，要树立全程观，强化过程性评价。要观照学生生命发展的每一个过程，以评价为导向，培养与发展学生的核心素养。

其三，要树立全面观，健全综合性评价。既要引领学生坚定理想信念，厚植爱国主义情怀，也要促进学生品德与习惯养成、人格和身心发展，实现德智体美劳全面发展。

其四，要树立发展观，落实增值性评价。遵循学生身心发展规律，以发展的眼光看待学生，更要通过增值性评价引导学生正确认识自己，有获得感、成功感和幸福感。

三、改革路径

自 2004 年启用成长记录袋对学生进行评价以来，学校不断探索学生综合素质评价的评价指标与评价方式，并于 2014 年正式启用"双流实小幸福学生成长护照"，对学生进行综合素质评价。十余年的探索历程中，学校以问题为导向，深入研究，深刻反思，不断改进，紧扣党和国家对"人"的发展要求，结合学校实际，在"五育"融合理念下构建起学生综合素质评价体系。

1. 坚持文化引领，形成育人导向的评价目标

育人目标是学校教育的原点和起点，也是学校教育的终点和落脚点。

一所学校的育人目标应该具备以下六个特点：一是具有价值导向性，即遵循党的教育方针，体现社会主义核心价值观，与立德树人一脉相承；二是符合科学性，即尊重人成长和发展的规律，遵循教育发展的规律；三是具有文化属性，即有学校的文化烙印；四是具有实践操作性，可观、可感、可实现；五是具有悦纳性，即得到全体师生、家长的认同与悦纳；六是具有社会认可性。

近年来，双流实小在"一个都不能少"办学理念引领下，树立全员教育观、全程教育观、全面育人观、差异发展观、和谐发展观，并据此确定学校育人目标和学生综合素质评价目标体系。

（1）明确学生综合素质评价总体目标。根据国家政策，参考"中国学生发展核心素养"，以"一个都不能少"办学理念为引领，确定学校育人目标：培养具有阳光、果敢、自主、合作素质，具备家国情怀和国际视野的幸福儿童。

图3　双流实小学生风采照

（2）明确学生综合素质评价具体目标。科学解读学校育人目标，深刻把握"阳光、果敢、自主、合作"八字的丰富内涵，并进行阶段细化，使其具象外化为一种可观可感的学生生命样态。内容见表1。

表1　双流实小"阳光、果敢、自主、合作"八字内涵及阶段细化目标

	阳光的风貌	果敢的精神	自主的能力	合作的态度
低段	身体健康，善良友爱，纯真爱笑，主动热情	遇困难不叫苦，想办法去解决；公开场合敢表达，课堂学习敢提问	自己事情自己做，作业完成不拖拉；生活事务我要做，学习习惯要养成	课堂学习要合作，二人合作有方法；生活学习互帮助，团结协作共行动
中段	身体健康，善良友爱，性格开朗，主动进步	遇困难不退缩，想办法能解决；公开场合会表达，课堂学习会提问	自己事情自己做，作业完成效果好；生活充当小帮手，学习习惯养成好	课堂学习能合作，四人合作有方法；承担项目寻合作，团结协作创佳绩
高段	身体健康，诚信友善，理想坚定，积极进取	有困难勇面对，有办法会解决；面临问题有思考，主动挑战善质疑	自己生活善打理，学习任务完成好；生活充当小能手，生涯规划有主见	课堂学习善合作，多人合作优方法；主动交往抓契机，整合资源有办法

2. 坚持全面审视，形成科学规范的评价原则

（1）导向性原则：教育的出发点和归宿都是为了"人的发展"，因此评价内容要引导学生达成育人目标的要求。

（2）整体性原则：评价指标应在育人目标导向下，关注学生德智体美劳全面发展。

（3）客观性原则：评价主体应公正、客观地进行评价。

(4)发展性原则:对学生个体的评价进行纵向对比,促进学生持续发展。

(5)统整性原则:多种评价方式统整,多种评价结果统整。

3. 坚持综合视角,形成重点清晰的评价指标

学生综合素质评价内容应按照国家文件要求,紧扣学校育人目标,结合学校学生实际制定,体现学生综合素质评价的五项指标,即思想品德、学业水平、身心健康、艺术素养、社会实践。

学校按照国家文件要求,结合学校育人目标,研发"双流实小幸福学生成长护照",在"阳光风貌、果敢精神、自主能力、合作态度"四个维度下,确定"身体健康、心理阳光、艺术素养、公民素养自主管理、合作能力"等十个评价方向,并分解为"身体机能"等三十余项具体指标。

图 4 双流实小幸福学生成长护照 5.0 版

(1)研究评价总表,明确各项指标的具体比例。评价总表应基于国家要求和学校实际,围绕评价总目标,既为学生"画像",又明晰学校育人质量的标准。评价总表的具体内容包括三级指标,第一级指标对应评价总目标,第二级指标是评价总目标的要点,第三级指标细化具体要求,体现"学校标准",做到可操作、可检测。如一级指标"阳光的风貌"下二级指标"体育锻炼习惯"转化为"三级指标":95%以上学生养成良好锻炼习惯,98%以上学生每天运动 60 分钟。90%以上学生有 1~2 项自己喜欢的运动项目,并能长期坚持。98%以上学生能参与校运会和各项班级比赛。

(2)梳理分年级评价表,明确学生应遵守的"底线制度"。基于评价总表的要求,梳理各年级评价表的具体要求。结构上对应评价总表,第三级指标的内容描述坚持可操作可检测原则。如一年级学生成长评价表一级指标"自主的能力"下"自主管理"的三级指标为"C25. 家庭自我管理":①完成个人物品整理(每天对照课表整理书包,会独立穿衣,会整理书柜、鞋柜)。②做好个人卫生(每天自己洗脸、刷牙,能洗干净内衣裤)

的同时,做力所能及的家务劳动(丢垃圾,更换垃圾袋)。③在家人帮助下勤洗头、勤洗澡(夏天每天洗头、洗澡,冬天每周至少洗两次),在家人帮助下每周剪一次指甲。

4. 坚持全面发展,形成"五育"并举的评价方式

为摒弃唯知识论、唯分数论,强调全体学生的全面发展,学校从2015年起开始对学生进行综合素质评价"五化"改革研究,创造了适合学生发展的评价方式。

(1)学业质量评价游戏化。学习能力是学生综合素质的一项重要内容,学业质量评价改革也就成了检测综合素质评价改革的关键。为了改变传统学业评价过分强调知识重要性的现状,学校积极探索拓宽学业评价的路径,实行了"开心闯关游"(非纸笔)和"动力加油站"(纸笔)相结合的学业质量评价方式,着眼于学生的全面发展,让学生通过多种方式展示自己的学科知识、学科技能和方法,实现学科素养的提升。

学校在夯实"课标解读—教材分析—知识点梳理"教研活动的基础上,完善"三点一线"("三点"是指课程总目标、不同学段目标和课时目标,"一线"是指学生核心素养发展主线)目标,明确了各阶段学生学业质量评价的内容,从学生社会交往、自主合作、实践操作、情感态度等维度设计了多种展示活动,充分调动学生的眼、耳、手、心多感官齐参与,寓教于乐的同时,将学科测试变成了学生喜参与、乐挑战、展风采的大舞台。

图5 双流实小学生学业质量测评——开心闯关游

评价实施尊重学情差异,鼓励学生成长。如在二年级的"巧手学数学"两人合作展示买文具的过程中,两名学生如能通过合作学习清楚展示过程,有序表达,可获"优秀"印章;二人合作展示过程较为清楚,可获"合格"印章;二人不能合作展示,则获"待提高"印章。对"待提高"或"合格"的学生,又设置了第二次或第三次闯关挑战机会,激发学生挑战困难的意志力,培养积极进取的品质。

(2) 德育评价生活化。学生的道德品质是在具体的生活实践中逐步形成和发展起来的,因此,结合真实生活的德育评价才更有意义。学校历经五次修改和完善的"双流实小幸福学生成长护照",就是力图结合真实生活对学生道德品质进行评价。评价目标校本化。德育评价对接国家要求和学校育人目标中的"阳光、果敢、自主、合作",主要考查学生日常行为习惯和公民素养。评价内容与过程生活化。德育评价内容来自真实的生活,包括家庭生活、学校生活和社会生活。因此,评价主体有家长、教师、同学、社区工作人员、学生自己等。

(3) 美育评价展示化。学校突出艺术学科特点,把过程性评价和终结性评价统一起来,以活动展示作为评价学生艺术素养的重要载体和窗口。美术、音乐、书法等学科在严格落实课程的基础上,积极开展社团培训,通过学校艺术节这一平台,开展班级音乐会、学校书法作品展、千人绘画等丰富多彩的活动,人人参与其中,以展促评,让美育之花灿烂绽放。

图 6 双流实小"乐韵杯"班级音乐会

(4) 体育评价赛事化。结合体育竞技性的特点,开展班级、年级、学校的多级赛事活动,以此对学生体质健康、体育技能等进行评价。如开展了以兴趣培养为主的年级足球赛、篮球赛、乒乓球赛、武术比赛;以特长培养为主的"小飞人""小铁人"竞技选拔赛;以训练展示为主的春季运动会、冬季运动会、队列队形比赛、课间操比赛、手指操挑战赛等赛事活动。这些赛事调动了学生参与体育锻炼的积极性,有利于更加真实地对学生体育技能、意志品质进行评价。

图 7　双流实小"乐动杯"体育艺术节

（5）劳动教育评价情境化。劳动教育实践性强，劳动过程往往寄寓于具体情境，因此，对学生的劳动情感、劳动技能和劳动素养的评价，也在情境中进行。在家庭劳动情境中评价，让家长、同伴或身边熟悉的人对学生家务劳动情况进行评价，可以是一句恳切的鼓励，可以是一次用心的微信朋友圈记录。在校园劳动情境中评价，实现时时、处处都可评。如学生个人卫生清洁、课桌整理、日常劳动都可以记入其常规表现中；每天坚持参与班级劳动的情况则记入其"先锋少年"评比中。在社区实践生活情境中评价，邀请社区工作人员作为职业体验课程导师对学生参与职业体验的情况进行评价，从劳动态度、劳动过程、劳动技能三方面进行全程记录和评价。在真实的情境中对学生劳动教育进行评价，实现劳动教育的实施和评价过程的有机统一。

图 8　双流实小幸福学生劳动技能展示

5. 坚持促进成长，形成多元结合的结果应用

评价应该发挥导向、鉴定、诊断、调控和改进作用，因此，学校必须强调评价结果的优质应用。

首先，学校开发了双流实小 APP，对学生综合素质评价的过程和表现进行数字化管理，科学高效地掌握学生综合素质评价结果。

其次，在评价结果的应用上体现"三结合"。过程性评价结果与终结性评价结果结合。如学生学业成绩由过程性评价和终结性评价结合共同构成。评价结果与评优选先结合。学生行为表现等过程性评价结果与期末评优选先相结合。如学生在升旗仪式上的过程性表现与学生评优选先和入队资格挂钩；每学年按照"双流实小幸福学生成长护照"中的得分，评选班级"魅力荣誉"学生和校级魅力学生。连续三年获得校级魅力的学生，才有资格推荐参评区级及以上评优选先。学生评价结果与教师考核结合。学生行为习惯、公民素养等方面的评价结果与班主任考核挂钩，学生艺术素养与身体健康情况的评价结果与艺体学科教师的评价挂钩。

四、改革成效

在尊重儿童、顺应儿童、发展儿童、激越儿童的评价探索中，我校依据育人目标展开对评价的一系列思考和探索，在冲破传统禁锢的实践中，敢于治"唯"，勇于融"维"，创新作"为"。明确育人目标，让"评"有方向、有广度；聚焦综合素养，让"评"有内涵、有厚度；体现逐级分项，让"评"有路径、有温度；多向双赢，让"评"有成效，让评价为每个孩子健康、全面、个性生长赋能。

首先，通过学生综合素质评价的一路探索，教师不再单纯地将分数作为评价学生的唯一标准，而是更加重视学生全面素养和个性特长的发展，实现了从"被动应付"到"主动担当"的理念转变；其次，因为有了具体可行的评价指标，师生参照育人标准，重视学生成长中的过程性发展，实现了从"结果倒逼"到"过程自修"的行动转变；最后，综合素质评价扩大了主体参与度，促进了社会优质资源有机融通，切实推动了家校共育，实现了从"孤军作战"到"合力前行"的教育生态。

反思提升

我校的幸福学生综合素质评价，在思想和主张上无限靠近高品质学校建设的显著

特征，也在路径和策略上彰显出学校特有的文化内涵和价值追求。

但是，高品质学校建设的学生综合素质评价需要更加观照学生的个性，为学生生命高质量发展提供更加科学准确的过程指导和整体回馈。因此，站在时代发展的制高点，对接社会生产的发展需求，立足学生终身发展，学校还应该在以下方面积极探索：

第一，量性评价和质性评价更加充分地融合。既合理开发和充分利用更加科学现代的评价工具，如人工智能、大数据等现代信息技术手段，又要探索具有浓浓人情味的评价方式，如观察、记录、分析等手段，二者兼容，共同施力，全面而动态地反映学生的成长过程。

第二，规范综合素质评价的实施过程。综合素质评价过程是否规范科学，直接关系到评价结果是否可信、有用，为此学校要加强各评价主体教育评价能力的提升，指导评价各环节的具体操作，有序开展综合素质评价。

第三，学校综合素质评价关注学生德智体美劳全面发展，但在鼓励和评价学生个性化特长的发展指标拟定上还比较薄弱，为此学校要建立能够反映学生特长和发展个性的评价指标，为进一步激发学生的潜能发展奠定基础。

第四，学校的综合素质评价实施还应该注重学生内驱力的激发，让学生主动积极地参与到对自己和他人的评价中，让评价成为学生自我觉醒、自我修正、自我发展的有效工具。

（供稿：成都市双流区实验小学，祝波、闫瑾、林琳、何燕莉）

▶ 专家点评

学校教育评价是学校管理的枢纽，也是学校管理的关键、瓶颈和难点。学生评价是基础，而学生综合素质评价是突破"五唯"，尤其是"唯分数"倾向的重要举措。客观而论，近年来一系列的改革在很大程度上为小学教育松了绑，小学本应放开手脚依教育规律行事，但事实上，传统观念和做法仍大行其道，仍然需要加深加快有关评价的改革。双流实小扭住评价"死结"不放，真抓实干，积极落实《深化新时代教育评价改革总体方案》，值得称道。

双流实小的改革实践立足立德树人、"五育"融合与"一个都不能少"的目标和理念,以科学规范评价观为引领,树立全员观、全程观、全面观和发展观,体现、强化、健全和落实差异性评价、过程性评价、综合性评价和增值性评价,并在此基础上构建了可操作的指标体系,准确地抓住了改革的重心和要点。在具体实践过程中有两个可供借鉴和评说的耀眼亮点。一是在明确学生应遵守"底线制度"基础上的分年级评价。它不仅可以对不同年级学生表现有一个客观的描述,更重要的是明晰并细化相关教育活动,体现了评价的导向功能。二是形成了学业质量评价游戏化、德育评价生活化、美育评价展示化、体育评价赛事化和劳动教育情境化的"五育"并举评价方式,在很大程度上克服了常见的评价脱离实际的形式主义,一定程度上促成了敢于治"唯"、勇于融"维"、创新作"为"评价改革目标的实现。

学生评价最忌讳远离现实、烦琐和虚假,希望双流实小在未来的改革实践中敢于直面问题,在简明性、实效性、生动性与多样性上下真工夫,避免过度量化,使评价更能发挥其功能。

——李小融

为每一个独特的生命成长赋能

——透视创新学生"五育"发展评价改革

问题聚焦

都江堰市永丰小学（以下简称永丰小学）自办学以来，始终坚持执行党的教育方针，遵循教育规律，营造适合师生发展的教育情境，为满足学校发展需要，在深化教育评价改革方面不断尝试，借助信息化手段，着力打造适合学生全面发展的综合评价体系。

成果简介

一、改革背景

依据"改进结果评价，强化过程评价，探索增值评价，健全综合评价"的基本原则，努力营造师生全面发展的教育氛围，坚持师生全面发展所依托的评价是促进师生成长的转化机制。我校将结果性评价变成学生过程性评价的集合体，将过程性评价落到实处，将评价与教育教学、育人课程结合，实现对学生即时评价，对教师评价即时反馈，对家长进行评价引导，打造"全人、全纳、共生、共赢"的评价格局。

2018年9月，伴随着都江堰教育改革创新，带着人民群众对高品质教育的期待与需求，永丰小学应运而生，成为都江堰市城区一所新的单设小学。学校实行"两自一包"管理模式，教师由学校在教育局的指导下自主招聘而来，虽然缺乏育人经验，整体年龄结构偏向年轻化，但教师学历层次均为本科及以上，在育人评价信息化的过程中具备较强素养，能快速掌握利用信息技术对学生实现过程性评价，使学校创新"五育"发展评价具备了良好条件。

我校把学生比作健康自然、积极向上的蒲公英，希望学子们具备朴素大方、乐观坚韧的优秀品质，如蒲公英般永远丰盈地生长。这种品位和质量共生的办学定位促进学生发展评价的创新改革。"五育"并举是学校改革评价的指导思想，"五育"并举与办学理念、育人目标融合是学校评价改革的发展目标。为此，学校紧紧抓住学生"会健体""讲文明""善学习""能担当""尚审美""敢创新"六个形象特质，提取每一个特质的核心关键词，设置了以信息技术为主要手段的"五育"发展综合评价体系，引导教师和家长转变育人观念，提高整体育人的意识，为学生生命成长赋能。

二、改革主张

办学之初，永丰小学在学生综合素质评价中使用了学生评价手册，主要对学生学习水平、活动开展、品格发展、综合实践等情况进行阶段性等级评价和收获描述记录。这种方式注重的是学生阶段性情况反馈，评价结果比较笼统，而教师评价趋于模板化，无法因人而评，做不到因材施教。可见，学生评价改革势在必行，评价符合学生全面发展，营造和谐的教育情境，促进教师全面发展是评价改革的重点内容。我校通过信息技术与教育教学的深度融合，从课程建设、课堂评价、教育管理、教研活动等多方面创新评价方式，实现"全人、全纳、共生、共赢"的评价体系。如何落实学生过程性评价，看见学生成长的全过程、全要素、全时空？管理团队带领教师们聚焦这个问题开始细化梳理：

其一，评价内容和标准的确立。学生成长的五个重要方面如何分类贯通？哪些指标对促进他们的全面发展有积极的影响？如何建立一个统一的标准？

其二，评价方式和手段的选择。怎样快速实现方便有效的即时性评价？如果过程和方式过于烦琐，教师、学生和家长疲于应付，后期的评价结果就会产生一定的偏差，无法体现评价精准性。

其三，评价执行的合理性和结果呈现的有效性。教师如何合理评价？评价结果怎样呈现便于精准掌握发展情况？传统评价存在一班多名教师独立评价的情况，评价数据无法汇总，也就没法通过数据反思评价合理性和结果的有效性。

以上三点是永丰小学在评价改革中重点研究的问题。通过实践发现，学校育人目标与"五育"融合形成的评价内容和标准是促进学生成长的营养基，教师的即时评价是促进学生成长的强心针，科学的评价数据记录与分析是促进学生成长的调色盘，教师不断改进自身评价水平是促进学生成长的润滑剂。评价即教育，评价即学习，评价即生长。两年多的探索，永丰小学的"美丽蒲公英""五育"发展综合评价改革，站在学生的角度，坚持学生是正在发生改变的"现实的人"的哲学观点，尊重学生人格的完整性，尊重学生表现的日常性、成长的动态性和发展的差异性，努力寻找学生多方位、多领域、多层次、多主体的评价范式，评价内容覆盖学生学习的纵向全过程和"五育"发展的横向指标；评价主体融合学生本人、同伴、教师和家长多维度；创新智能评价方法，开发评价工具，通过数据采集、分析、呈现、反馈逐步生成学生的成长画像，为学生的生命成长赋能，让学生为教育精准施策与优化调整做出实证参考。

三、改革路径

1. "五育"发展综合评价体系建立

"五育"发展综合评价体系重点解决的是学生发展走向问题，能起到指挥引领作用，是学校落实、落细"五育"并举的有效切入点和突破口，是实现"五育"并举的有效保障。

所以，永丰小学将育人目标中的关键词——"丰盈生长"作为实施评价改革的目标内核，基于中国学生核心素养培育，围绕立德树人目标，从学生"会健体""讲文明""善学习""尚审美""能担当""敢创新"六个特质进行设计，将学校育人文化与德育、智育、体育、美育和"劳动教育"结合，利用定制二维码的"蒲公英币"实现即时评价，努力探索评价内容和评价方式的融合变革，进一步发挥评价的激励、诊断和导向作用，促进教师育人目标和育人方式的转变，从而落实学校教育"五育"并举的新路径，不断提升学校办学质量和办学品位，逐步建设高品质学校。

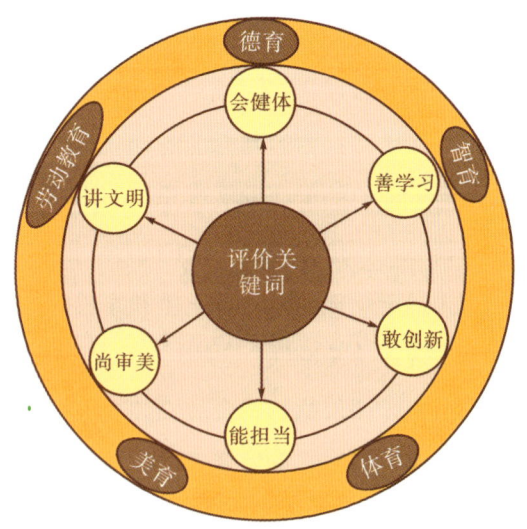

图1 永丰小学综合评价目标体系

（1）评价标准确立。"五育"并举和学校育人目标是一对多或多对多的关系，建立两者之间的评价联系是建立评价体系的第一步。例如，德育、美育同时对应学校育人目标尚审美。多对多的关系在建立联系时必须有一个评价的关键词，并确定关键词的评价量级。

（2）评价目标解读。学校育人目标依托"会健体""讲文明""善学习""尚审美""能担当""敢创新"六个评价维度的发展关系实现，每个评价维度代表学生发展的具体方向，这六个维度支撑五育发展综合评价，是评价改革实现的主要路径。具体表现为：

会健体。关注学生身体、心理两个方面的健康状态。通过评价引导学生积极参加运动锻炼提高身体素质，学会情绪管理，保持良好心态。该维度下对应的评价关键词有：主动锻炼、热爱运动、认真做眼操、体质监测优异等。

讲文明。这个维度是对学生个人品格形成情况的评价，对应着德育发展目标。通过评价引导学生遵守人类社会约定俗成的各种道德规范，提升个人素质及教养。该维度下对应的评价关键词有：遵守秩序、个人卫生、尊敬师长、团结同学、勤俭节约等。

善学习。掌握各种高效学习的方法，在学习知识的同时，能认真观察，积极思考。通过评价，引导学生摒弃从浅表性学习甚至无效学习的误区中走出，逐步尝试开展深度学习。该维度下对应的评价关键词有：勤于动脑、观察仔细、善于质疑、按时完成作业、认真书写、认真听讲、成绩优异等。

敢创新。创新能力是在智力发展的基础上形成的一种综合能力，它是人的能力的重要组成部分，是21世纪人才必备的素质之一。该维度下对应的评价关键词有：敢于质疑、奇思妙想、小小发明家等。

尚审美。引导学生崇尚一切美好的东西，关注学生审美情趣的培养和审美能力提高，培养学生发现美、欣赏美、创造美的能力。该维度下对应的评价关键词有：热爱表演、绘画小天才、小小歌唱家等。

能担当。形成正确的劳动观，树立为自己服务、为家庭服务、为学校服务的意识。培养吃苦耐劳的勤劳品质。该维度下对应的评价关键词有：家庭劳动、操作小达人、乐于助人、城市管理等。

（3）评价体系建立。"五育"综合发展评价体系遵循"全人""共生"的基本原则，依托国家关于学生综合评价的指导标准。一是树立科学成长观念，二是完善德育评价，三是强化体育评价，四是改进美育评价，五是加强劳动教育评价，六是严格学业标准。永丰小学在评价体系中通过这六点评价关键词，以点建立评价面，通过评价面建立多维评价目标。

评价体系是一个闭环，具备五大功能。一是建立有效的评价机制，保证过程性评价落到实处；二是通过评价机制引导评价方式变革，探索评价路径升级；三是通过评价方式完善评价过程，注重学生个体发展；四是评价过程即时反馈增强家校共育，修正学生成长方向；五是通过家校共育促进育人目标达成。育人目标达成情况是学校五育发展评价直接的成果体现，它能反馈育人目标达成过程中存在的问题，促进评价机制的变革，最终形成一个完成的评价闭环，使得评价体系不断完善升级。

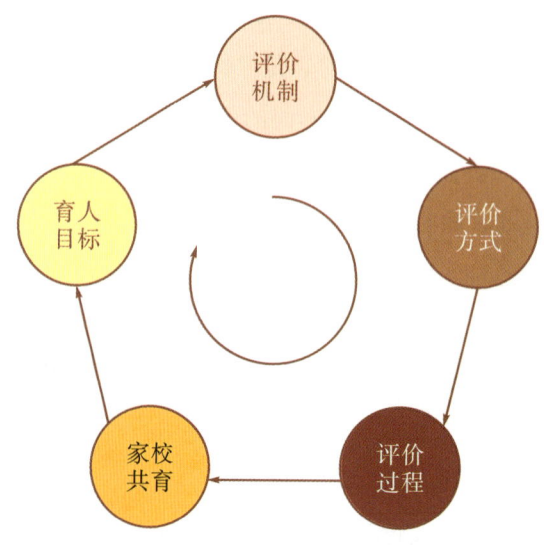

图 2　永丰小学评价机制反馈体系

评价体系将学生发展、教师成长纳入。永丰小学设置的评价体系不仅仅能体现学生成长的完整性，还可以追踪教师使用评价的过程，通过学生的评价结果数据反馈教师的评价关注点，找到教师的评价瓶颈，促进教师专业成长。

2."五育"发展评价体系运行

（1）设置专属评价媒介，实现即时评价。学校设置了评价的专属媒介——蒲公英币，这是一张彩色的小卡片，具备五个特点。一是每张蒲公英币币值为1；二是每张蒲公英币上印有专属二维码和防伪编号；三是每张蒲公英币上明确了"五育"发展的类别、育人目标、评价关键词；四是每张蒲公英币都能追踪到对应的评价老师；五是每张蒲公英币只能扫描一次，不能重复使用。

图 3　永丰小学评价专属媒介蒲公英币样本

图 4 永丰小学"五育"综合素质评价系统家长反馈界面

学校建立蒲公英币基础数据库,根据育人目标,在评价目标体系内生成评价模型,对应生成"五育"发展评价模型。此模型指导教师进行"五育"过程性评价,让教师在实施评价前、中、后都有参考,便于修正阶段性评价指标。

在实际操作中,一是教师可随时在看到学生个体学习或活动过程中的优点时及时将对应的蒲公英币奖励给学生;二是教师可以在班级设置个性化积分规则,当学生个体或小组积分达到标准后,奖励对应的蒲公英币。学生当天得到蒲公英币后回家与家长一同通过"学校智慧评价平台"扫描蒲公英币,生成学生的即时性评价数据,并且自动生成学生"五育"发展的动态雷达图。

(2)强化应用指导,便捷评价流程管理。利用蒲公英币的"五育"发展评价是基于便捷的流程实现,强化教师的应用指导尤为重要。为此,学校首先对全校教师进行专题培训,包括蒲公英币的领用申请、使用要领、数据查看等方向。流程为:第一步,每位教师结合自身岗位、所教学科在二十六个评价关键词中选择符合本学科或者本阶段的重点,进行蒲公英币的申领。教师在平台中申请领用后,每个蒲公英币会自动对应到该教师名下。申领成功后,教师直接到管理员处领取打印好的蒲公英币即可。第二步,教师在课前、课中或课后对学生进行有效的评价。当学生早读认真的时候,当学生作业完成较好的时候,当学生帮助他人的时候,当学生拾金不昧的时候,在这些场景中,每一位看到的教师都可以奖励学生一张对应的蒲公英币。

学生得到蒲公英币表明当天某一方面或某几方面表现优秀,当他们拿着蒲公英币回家时,家长对孩子当天或近期的表现有一个大概的估量,手机扫描蒲公英币上的二维码记录到"学校智慧评价平台"后,即可以清楚地看见变化后的数据、成长量表及"五育"发展雷达图。

整个流程从应用准备到领取奖币,从发现学生优点到对应评价,从评价结果记录到数据分析,快捷方便且高效。学生的即时表现、成长过程都可以通过一个个的评价关键词体现出来,而评价的数据自动记录,生成各种类型的量表,则精准地反映了学生的成长情况和教师的评价过程。

3."五育"发展评价数据呈现及使用

(1)评价数据及时呈现。评价数据的呈现有三个端口,一个是学生端(家长可以查看),一个是教师端,一个是学校端。学生端数据呈现学生获得蒲公英币的总币值、学生的"五育"发展雷达图、学生成长目标达成雷达图、教师对该学生的评价量表、获得的关键词汇总雷达图等。

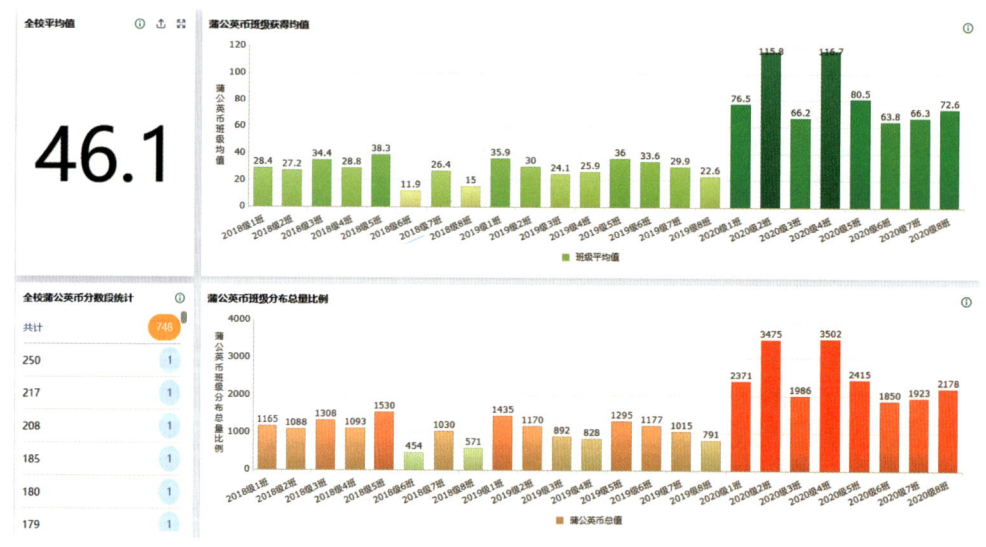

图5　永丰小学学生蒲公英币统计图(部分)

教师端数据呈现教师"五育"评价使用明细雷达图、教师育人目标雷达图、教师领取蒲公英币和学生反馈率模型对比、教师个人评价关键词模型、教师评价周期统计等。

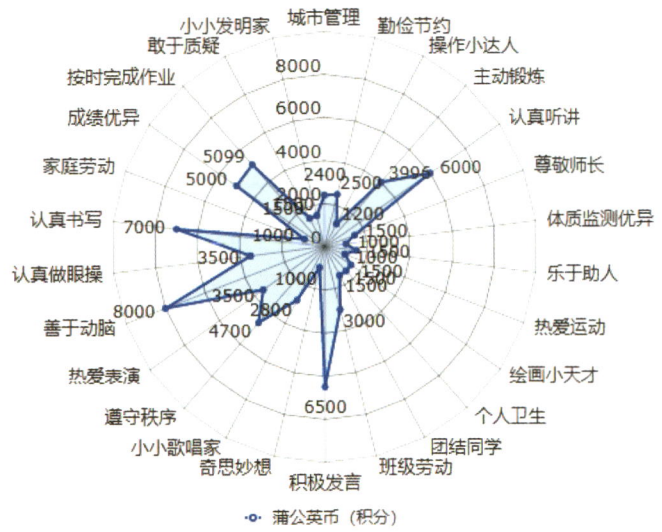

图 6　永丰小学教师蒲公英币统计模型（部分）

学校端数据呈现学校教师"五育"评价模型、学校设定五育评价模型、教师蒲公英领取使用情况、教师评价周期变化统计、教师评价偏好等。每一类数据呈现实时更新，动态显示每位教师、学生在评价过程中的生长情况，学校定期对数据进行分析，测定学校教师评价情况，掌握学生发展情况，为课程、教育教学改革及评价做出实证参考。

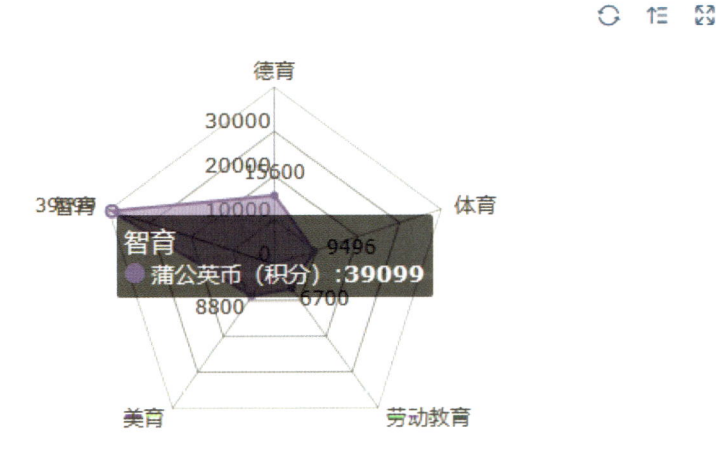

图 7　永丰小学学校端蒲公英币管理报表（部分）

（2）评价数据的使用。评价数据由一个个点的积累，汇聚成学生"五育"发展的面，多个面生成学生各方面的成长模型，通过这些数据的改变分析，教师和家长能快速判断学生的发展情况。

学生成长数据使用及分析。蒲公英币的累计值以学期为周期进行物质奖励和精神奖励的兑换，提高教师评价和学生参与的积极性；"五育"成长雷达图可以看见学生"五育"周期的成长变化；育人目标成长雷达图可以对标学校育人目标，看见学生目标阶段性达成和总结性达成情况，六年后形成一个完整的数据画像；教师评价量表可以关注到教师对学生个体的关注度情况。通过这些数据反馈与分析，一方面在给学生的成长赋能，激励学生不断看见自己的进步；另一方面在有力地告诉家长该如何关注孩子的成长，界定孩子的发展，以及该如何改变自己的教育意识和方式，为孩子的丰盈生长做出积极的努力。

教师评价数据使用及分析。利用评价数据模型看见教师在"五育"评价、育人目标达成、评价关键词使用等方面的情况，分析教师评价的合理性和科学性。前期数据表明各位老师对育人目标的整体关注和把握比较欠缺，这为教师改变育人观念，改进育人方式等方面提供了实证参考，使学校有意识引导教师提升评价意识和评价水平，促进教师专业快速成长。

学校大数据使用及分析。利用教师和学生各班级的数据模型看见学生发展的整体情况和教师的发展情况，建立基于师生真实成长的大数据库，为调整教育教学，优化教育策略提供实证，为学校教育改革与发展提供依据参考。

四、改革成效

"美丽蒲公英""五育"发展评价体系实施一年以来，评价者和被评价者由过去只关注结果性评价转变为关注过程性评价与结果性评价并重；由过去只关注单一评价转变为关注多元评价；由过去只关注评价结果的横向对比转变为关注评价结果的纵向贯通。学生在学校里的表现、在课堂上的学习状态，不再是过去期末几个学科质量等级加几句教师评语构成的静态评价，而是由六个维度中的二十六个关键词勾勒而成的学生"五育"发展动态雷达图。教师和家长可以随时通过孩子的动态报告图，一目了然地掌握孩子德智体美劳的发展水平，并能通过数据的纵向对比，关注学生各方面的发展趋势以及阶段性内生动力，及时进行行为干预，促进学生参与，提升学生全面发展水平。

反思提升

纵观我校的"美丽蒲公英""五育"发展综合评价体系,虽然对传统的结果性评价方式进行了改革,但仍然存在以下几点不足:

第一,评价面不足。对学生在校内、课内的表现关注较多,对学生在校外、家庭、社会的表现关注不足。教师在校内主要通过学生的课间活动、课堂学习、人际交往等情况实施过程性评价,但学生在家庭生活中的表现如何、在社会参与中的表现如何却没有被纳入到本评价体系中来。

第二,评价主体较集中。目前本评价体系中的评价主体主要是教师,重点对学生在学校中的学习和生活情况做到全程参与。下一步,学校将继续研究同学、家长等多元评价主体的评价,实现教师评、同学评、家长评三维融合性评价。

探索学生综合全面的、客观的、立体的评价范式,我们在路上!永丰小学将会努力找准学生发展的尺度引导孩子"成这样",应用大数据、人工智能等现代信息技术看见学生"怎么样",分析学生"为什么这样","我们能为学生做什么",为每一个独特的生命积极赋能。

(供稿:都江堰市永丰小学,钟雪兰、梁黎、钟海刚)

专家点评

都江堰市永丰小学重视教育评价促进师生成长的转化功能,依据"改进结果评价、强化过程评价、探索增值评价、健全综合评价"的基本原则,重点落实过程评价,打造"全人、全纳、共生、共赢"的评价格局。本案例生动地以"美丽蒲公英"为标识,借助其自然向上、朴素坚韧的特色,并将其作为"五育"并举综合发展评价改革的核心,在此基础上构建确立综合评价目标体系,体现了学校自身特色和主张,本质上符合小学生身心特点和国家倡导的价值取向。在评价手段上创造性地使用了有自身特色的信息化手段和具有可操作性的大数据收集方式,体现了该校的探索精神,值得肯定。

在具体实践中该校也有两个很有特色的做法。第一,为了实现即时评价,他们很好地利用了现有技术手段,设置了有二维码和防伪编号的蒲公英币作为评价专属媒介。为落实"五育"并举,有创意地在每张蒲公英币上明确了对应于评价教师的"五育"发展的类别、目标和评价关键词,并在此基础上扫描使用。第二,为便捷评价流程管理,使用了大数据信息化处理,根据学生表现评价数据处理结果发放蒲公英币。这一系统评价体系不仅可以激励学生,而且可使教师与家长随时掌握学生各方面表现情况和发展趋势,关注学生异常并及时进行行为干预,以提升学生全面发展水平。这一系统是目前同类方式中最完善并最具有操作性的。

正如案例中所述,本系统在指标筛选、数据收集和具体实施中仍有一些需改进和探究的问题,其教育效能和学生、教师与家长对使用情况的反馈还需更客观地了解,如确有优良表现,可在更大范围内试用。

——李小融

后记

2021年是实施"十四五"规划、开启全面建设社会主义现代化国家新征程的第一年，是中国共产党建党100周年，也是"高品质学校"理念提出并展开研究和实践的第十年。

十年守初心。自2012年提出"高品质学校建设"任务以来，我们一直聚焦"培养什么人、怎样培养人、为谁培养人"的根本问题，以落实立德树人、"五育"并举为根本任务，引导各级各类学校全面实施素质教育，致力于高品质愿景导向和完整框架意识的结构性变革，全面提升办学的品位和质量。2017年成立课题组，同时课题被四川省教育厅评选立项为重大课题。同时，在四川省教科院转型改革背景下，践行新时代教育科研为政府部门教育决策服务和为学校教育质量提升服务的宗旨，试图以高质量的教育科研支撑教育高质量发展，建构起高质量教育体系下学校高品质建设的理论体系与实践策略。

十年累硕果。"高品质学校建设"成果已从部分学校和地区的探索上升为省域的全面推广，直接带动幼儿园、小学、初中、高中学校共计1200余所，发表研究论文123篇，编辑出版四川"高品质学校建设的探索与实践"课题研究系列丛书4部，凝练和推广实践案例520个、学校改革样本110个。在理论研究上，提出了高品质学校建设的内涵特征、基本主张、发展规律、建设重点、核心量标和各学段的建设策略；在成果推广运用上，充分发挥全省21个市州和183个区市县教科研机构、全省520所学术"共同体"单位和87个子课题单位的核心作用，先后举办省级学术研讨活动60余场，校长和教师线上线下参会参研340余万人次。

十年获认可。"高品质学校建设"的研究方式方法和成果经验得到全国近100位知名专家学者的指导与认可，被全国全省多家知名媒体竞相报道，逐步得到各级教育行政部门的关注。目前全省有20余个区域把学校高品质建设纳入新时代教育改革发展的规划部署，2021年初成都市发布建设高品质幼儿园的通知。四川省教育厅主要领导先后调研课题研究，出席研讨活动。2021年1月，四川省教育厅在全省推广高品质学校建设成果，正式将高品质学校建设纳入全省基础教育综合改革的"四个一"学校示范引领工程，计划用3年时间在全省遴选建设1000所义务教育高品质学校，四川省教育厅印发《四川省义务教育高品质学校遴选实施办法》。四川省人民政府发布《新时代深化改革推进基础教育高质量发展实施方案》，明确提出要建设高品质示范高中。

十年磨一剑。"高品质学校建设"研究有许多创新之处，其中的一大亮点就是创新了子课题管理方式。四川省教科院发文集中立项子课题87个，从更多角度对高品质学校建设问题展开全面研究，并且专门制定《子课题管理办法》，进行严格管理，精准指导。各子课题单位深入研究，加强探索，在改革实践中凝练成果，通过专家组的评审，共评出一等奖16项、二等奖30项、三等奖32项。子课题的立项和研究不仅丰富了"高品质学校建设"研究的视角，还凝聚了子课题单位的研究热情与实践力量，同时也构成了本书内容的主体。

本书为四川"高品质学校建设的探索与实践"课题研究系列丛书的收官之作之一，是在全面推广实践经验阶段出版的重要专著，其姊妹篇《高品质学校建设·理论之思》为理论卷，本书《高品质学校走向建设·实践之行》为实践卷。"实践卷"以高品质学校理论建设为基础，呈现了高品质学校的多元实践路径，也展示了各个学段（区域）探索高品质学校建设的共同路径。本书从109个单位中遴选收录了38个子课题和3个典型学校的优秀成果案例，涵盖四川省2个行政区域教育主管部门、11所幼儿园、18所小学、9所中学、1所职校和1所特校，共计43篇。

在此，首先要感谢专著编撰过程中，在主题确定、提纲设计、内容完善、统稿定稿上提供指导的四川省教育科学研究院刘涛院长、成都市第十六幼儿园余琳园长、峨眉山市教育局李庆九总督学、成都市锦江区教育局何伦忠总学监、成都七中实验学校毛道生校长，以及做出重要贡献的绵阳市花园实验幼儿园何云竹园长、乐山市实验幼儿园涂蓉园长、四川立事达教育集团张必友总经理。

其次，要感谢为本书作序的成都师范学院李小融教授，以及为本书撰写前言的原郫县教育局教研室陈兴中老师。

同时，要感谢为案例做点评的四川师范大学吴定初教授、成都大学周小山教授、成都师范学院李小融教授、四川教育学会纪大海研究员、四川师范大学鄢超云教授、四川大学罗哲教授、中国教育科学研究院《教育文摘周报》王磊主编、中国人民大学书报资料中心《幼儿教育导读》杂志社熊志刚社长。

本书能够出版，要衷心感谢提供了丰富选材，并热心关注支持的学校和个人，他们是（见表1）：

表1 《高品质学校建设·实践之行》参编单位与成员名单

类型	序号	单位名称	参编校长（负责人）	参编教师
子课题一等奖	1	泸州市江阳区教育和体育局	周 玉	肖世林、李芝伦、黄正萍
	2	成都市第十六幼儿园	余 琳	赵三苏、杨勤、陈倩
	3	成都市金牛区机关第三幼儿园	高 翔	黄莉、胡露、朱燕
	4	成都市第十四幼儿园	何世红	王亚丽、罗屹
	5	绵阳市花园实验幼儿园	何云竹	李敏、何苗、乔晓丽
	6	成都市实验小学	李 蓓	王威威、张红梅、黎明
	7	四川大学附属实验小学集团	刘 晏	黄颖、龚艳、刘芸
	8	成都市成华实验小学	张家明	杨晓文、巫晓翠、杨溢
	9	成都市茶店子小学校	李 强	胡笛、黄俭、温佳瑜
	10	成都七中育才学校（水井坊校区）	吴明平	臧玲、杨静、周玲
	11	成都七中初中学校	李笑非	肖丽萍、郑长宏、郭建
	12	四川师范大学附属中学	胡 昳	李文超、刘显平、工贵飞
	13	泸州市特殊教育学校	胡启军	肖敏、袁玉梅、袁莎
	14	成都七中实验学校	毛道生	税长荣、李继、许丽萍
	15	四川交通运输职业学校	刘新江	何陶华、熊瑛、张瑶瑶
子课题二等奖	16	攀枝花市实验幼儿园	刁 玲	郜美
	17	宜宾市市级机关幼儿园	邹晓敏	谢鑫、曾滟茹、曾珂
	18	成都市温江区实验幼儿园	彭海霞	梁中秀、叶敏霞、孙佳一
	19	成都市第十幼儿园教育集团	王艳林	范颖、陈文君、古红
	20	成都市双流区实验小学	祝 波	闫瑾、林琳、何燕莉
	21	成都高新区实验小学	朱祥烈	胡文东、温红丽、陈璐
	22	泸州师范附属小学校	李维兵	林艳、甘玉穗、孙霞
	23	都江堰市灌州小学校	马长俊	吴鸿雁、向荣丽、任红
	24	成都市成华小学校	宿 强	廖佳秋、罗锦霞、张怡
	25	成都市石笋街小学校	张友红	张瑶
	26	峨眉山市第一小学校	曹永超	何玉树、张丽平、申丽芳
	27	达州市通川区七小新锦学校	王仕斌	付黎明
	28	四川省双流棠湖中学	刘 凯	廖勤生、朱元根、先有利
	29	眉山市东坡区苏祠初级中学	岳家军	戴霞、杨洋
	30	成都市棕北中学	丁世明	张家明、姜祺、刘一锦
	31	四川省成都市第八中学校	王 宇	徐光杰、王永、杨槐

续表

类型	序号	单位名称	参编校长（负责人）	参编教师
子课题三等奖	32	成都市温江区光华实验幼儿园	何 煦	唐蜜、梁银平
	33	乐山市实验幼儿园	涂 蓉	赵咏梅、蔡敏艳、廖媛
	34	乐山市外国语小学	张 立	雷丽、张勤丽
	35	四川师范大学附属上东学校	曾小钢	张周、周洋、龚雪
	36	巴中市巴州区第七小学校	唐振华	苟海艳、向文泉、熊燕
	37	成都市龙泉驿区实验小学校	孙 超	魏蓉开、邓清华
	38	宜宾市兴文县香山民族初级中学校	陈 铸	胡忠、王义金
典型区域及学校	39	成都市金牛区教育局	文贤代	刘启平、吴庆国、孙丹、高汉宁
	40	电子科技大学附属实验小学	康永邦	张鸥、李雪梅、何亚新
	41	成都市新都区机关幼儿园	杨 雪	邓富玉、熊仕蓉、崔奂
	42	成都高新区中和小学	邹泽君	洪梦露、彭应美、李然
	43	都江堰市永丰小学	钟雪兰	梁黎、钟海刚

最后，感谢课题负责人崔勇主编带领的《教育科学论坛》编辑部同志自始至终的辛勤付出，感谢四川教育出版社对课题研究和本书编辑出版提供的大力支持！

本书的撰稿时间正值新冠肺炎疫情防控的关键时期，统稿的最后时间又恰逢寒假，参编同志利用自己休息的时间，在家办公、在线交流、多次研讨、倾力撰写，力求每一个案例的高品质呈现。在此，向每一位参编的同志表达感谢与敬意！

流水十年间，品质十年行。亲爱的读者，十年研究路，希望你能在品读中勾画出高品质学校的理想样态；十年教育情，希望你能在细读中感受我们对教育永不改变的初心；十年奋斗途，希望你能在阅读中收获满眼的芬芳……

编者